HOW TO
TEPS

점수대별 TEPS 실전 모의고사
실전력
600

How to TEPS 실전력 600

지은이 넥서스 TEPS연구소
펴낸이 **안용백**
펴낸곳 **(주)넥서스**

초판 1쇄 발행 2010년 3월 5일
초판 6쇄 발행 2016년 4월 10일

출판신고 1992년 4월 3일 제311-2002-2호
04044 서울시 마포구 양화로 8길 24
Tel (02)330-5500 Fax (02)330-5555

ISBN 978-89-6000-695-9 18740

www.nexusbook.com

텝스 입문자를 위한 최고의 실전 모의고사

HOW TO
TEPS

넥서스 TEPS연구소 지음

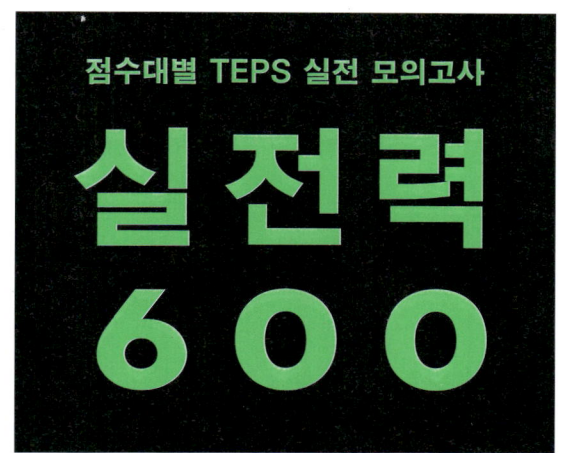

점수대별 TEPS 실전 모의고사

실전력 600

넥서스

Preface

1999년 1월 첫 TEPS 정기시험 시행 이후 100회를 훌쩍 넘으면서 TEPS는 이제 명실공히 한국인의 영어능력을 가장 객관적이면서 과학적으로 테스팅하는 시험으로 자리매김을 하였습니다.

TEPS 시험 유형을 자세히 분석해 보면 기존의 영어능력 검정시험과 확연히 다른 두 가지 점을 파악할 수 있을 겁니다. 문법과 어휘 영역에서 문어체 표현뿐만 아니라 구어체 표현까지 다양하게 출시된다는 것과 테스팅 타임(2시간 20분) 동안 처리해야 할 문제 정보량이 너무나 방대하기 때문에 TEPS만의 독특한 문제 유형에 익숙해지지 않으면 시간 안에 주어진 문제를 다 풀기가 버겁다는 것입니다. 따라서 TEPS 문제 유형에 익숙해지도록, 소위 말해서 전천후 TEPS 체질로 영어 공부 환경을 완전히 바꾸어야 TEPS 시험에서 고득점을 얻을 수 있습니다.

이러한 문제 유형 파악을 위해 단시간에 가장 효과적인 학습 방법은 시험 출제 경향과 유사한 문제들을 많이 경험하는 것이라는 것을 TEPS를 준비해 본 수험생이라면 누구나 알 것입니다. 시중에 TEPS 모의고사 문제집은 이미 많이 나와 있지만 수험생 각자의 학업 성취 목표에 따라 난이도를 제대로 조절한 모의고사 교재는 아직 없는 것을 발견하고 이번에 넥서스 TEPS연구소 연구원들이 난이도별 모의고사 시리즈를 개발하게 됐습니다.

보다 TEPS 기출문제와 유사한 문제들을 개발하기 위해 연구원들 전원 수시로 TEPS 시험에 응시하며 데이터를 정리했으며, 매력적인 지문과 질문 개발을 위해 미국에 있는 Henry J. Amen Ⅳ, 맨빌(Manhattan Village) 교육 Sue Kim 원장님, 양준희 선생님 외 국내외 여러 박사님들이 끝까지 많은 도움을 주셨습니다. TEPS 입문자들의 니즈를 먼저 파악하고 그들이 TEPS 평균점수인 600점을 획득하기 위해 반드시 알아야 할 문제들로만 각 세트를 구성해 이제 〈How to TEPS 실전력 600〉을 이 세상에 내놓게 됐습니다. TEPS 600점 획득이 독자들에게 또 다른 새로운 도전과 꿈을 향한 전진이 될 것입니다. TEPS 이상의 비전 성취를 준비하는 수험생들에게 본책이 유익한 동반자가 될 수 있기를 바랍니다.

넥서스 TEPS연구소 연구원 일동

Contents

Actual **Test 3** 해설

별책부록

 출제 유형 매뉴얼

 MP3 CD 1장

All about the Book

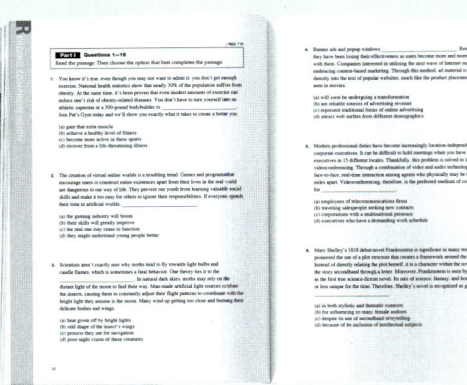

1 / TEPS 기출문제 재구성

국내외 유수한 TEPS 전문가가 출제한 양질의 문제를 수록하였습니다. 최신 출제 경향 및 출제 유형 완벽 분석 후 실제 TEPS와 동일하게 구성하였습니다.

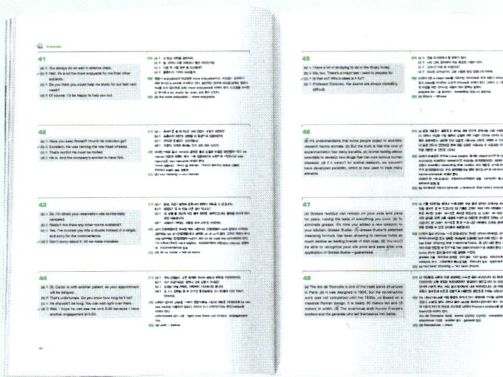

2 / 답이 보이는 명쾌한 해법

문제 출제 원리를 명쾌하게 풀어내어 혼자 학습하는 수험생에게 어려움이 없도록 했습니다. 또한 수험생의 편의를 고려하여 해설집에 문제집의 문제를 다시 한번 수록하였습니다.

3 / 600점 맞춤 난이도

너무 어려운 고난도 문제나 답이 뻔한 문제는 배제하고, TEPS 600점 획득을 위해 꼭 알고 있어야 하는 요소들로 문제를 구성했습니다.

4 / 어휘 학습 강화

청해 Part 4와 독해 지문 속 어휘를 별도의 컬러로 처리하였습니다. 단어 찾는 시간을 줄이고, 단어가 문장 속에서 어떤 역할을 하는지 한눈에 알아볼 수 있도록 독자들의 편의를 도모하였습니다.

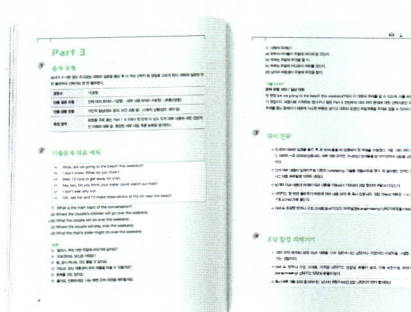

5 / 출제 유형 매뉴얼

TEPS 600점 획득을 위해 반드시 숙지하고 있어야 할 텝스 파트별 유형들을 별책부록으로 엮었습니다. 휴대하기 편한 사이즈라 TEPS 시험 당일 고사장에서도 요긴하게 활용할 수 있습니다.

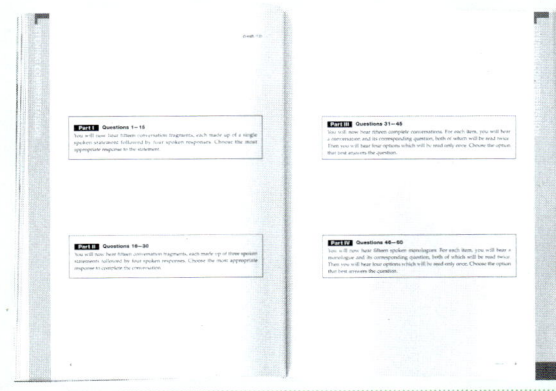

6 / 무료 MP3

실제 TEPS 시험 문제 녹음에 참여한 원어민 성우들이 읽는 속도, 억양, 발음 등을 TEPS 정기시험과 유사하게 구현해 냈습니다.

TEPS Q & A

1 / TEPS란?

❶ Test of English Proficiency developed by Seoul National University의 약자로 서울대학교 언어교육원에서 개발하고, TEPS관리위원회에서 주관하는 국가공인 영어시험

❷ 1999년 1월 처음 시행 이후 2010년 2월 현재 115회 실시했으며, 연 16회 실시

❸ 정부기관 및 기업의 직원 채용, 인사고과, 해외 파견 근무자 선발과 더불어 대학과 특목고 입학 및 졸업 자격 요건, 국가고시 및 자격 시험의 영어 대체 시험으로 활용

❹ 100여 명의 국내외 유수 대학의 최고 수준 영어 전문가들이 출제하고, 언어 테스팅 분야의 세계적인 권위자인 Bachman 교수(미국 UCLA)와 Oller 교수(미국 뉴멕시코대)로부터 타당성을 검증받음

❺ 말하기–쓰기 시험인 TEPS Speaking & Writing도 별도로 실시 중이며, 2009년 10월부터 이를 통합한 *i*-TEPS 실시

2 / TEPS 시험 구성

영역	Part별 내용	문항수	시간/배점
청해 Listening Comprehension	Part I : 문장 하나를 듣고 이어질 대화 고르기	15	55분 400점
	Part II : 3문장의 대화를 듣고 이어질 대화 고르기	15	
	Part III : 6~8 문장의 대화를 듣고 질문에 해당하는 답 고르기	15	
	Part IV : 담화문의 내용을 듣고 질문에 해당하는 답 고르기	15	
문법 Grammar	Part I : 대화문의 빈칸에 적절한 표현 고르기	20	25분 100점
	Part II : 문장의 빈칸에 적절한 표현 고르기	20	
	Part III : 대화에서 어법상 틀리거나 어색한 부분 고르기	5	
	Part IV : 단문에서 문법상 틀리거나 어색한 부분 고르기	5	
어휘 Vocabulary	Part I : 대화문의 빈칸에 적절한 단어 고르기	25	15분 100점
	Part II : 단문의 빈칸에 적절한 단어 고르기	25	
독해 Reading Comprehension	Part I : 지문을 읽고 빈칸에 들어갈 내용 고르기	16	45분 400점
	Part II : 지문을 읽고 질문에 가장 적절한 내용 고르기	21	
	Part III : 지문을 읽고 문맥상 어색한 내용 고르기	3	
총계	13개 Parts	200	140분 990점

☆ **IRT** (Item Response Theory)에 의하여 최고점이 990점, 최저점이 10점으로 조정됨.

3 / TEPS 시험 응시 정보

현장 접수
❶ www.teps.or.kr에서 인근 접수처 확인
❷ 준비물: 응시료 33,000원(현금만 가능), 증명사진 1매(3×4 cm)
❸ 접수처 방문: 해당 접수기간 평일 오전 10시 ~ 오후 5시

인터넷 접수
❶ TEPS관리위원회 홈페이지 접속 www.teps.or.kr
❷ 준비물: 스캔한 사진 파일, 응시료 결제를 위한 신용카드 및 은행 계좌
❸ 응시료: 33,000원(일반) / 17,000원(군인) / 36,000원(추가 접수)

4 / TEPS 시험 당일 정보

❶ 고사장 입실 완료: 9시 30분(일요일) / 3시(토요일)
❷ 준비물: 신분증, 컴퓨터용 사인펜, 수정테이프, 수험표, 시계
❸ 유효한 신분증
   성인: 주민등록증, 운전면허증, 여권, 공무원증, 현역간부 신분증, 군무원증, 주민등록증 발급 신청 확인서, 외국인 등록증
   초·중고생: 학생증, 여권, 청소년증, 주민등록증, 주민등록증 발급 신청 확인서, TEPS 신분확인 증명서
❹ 시험 시간: 2시간 20분 (중간에 쉬는 시간 없음, 각 영역별 제한시간 엄수)
❺ 성적 확인: 약 2주 후 인터넷에서 조회 가능

All about the TEPS

 Listening Comprehension 60문항

PART I **Choose the most appropriate response to the statement.** (15문항)

문제유형 질의 응답 문제를 다루며 한 번만 들려주고, 내용은 일상의 구어체 표현으로 구성되어 있다.

> W I wish my French were as good as yours.
>
> M _____

(a) Yes, I'm going to visit France.
✔ (b) Thanks, but I still have a lot to learn.
(c) I hope it works out that way.
(d) You can say that again.

번역 W 당신처럼 프랑스어를 잘하면 좋을 텐데요.

M _____

(a) 네, 프랑스를 방문할 예정이에요.
(b) 고마워요. 하지만 아직도 배울 게 많아요.
(c) 그렇게 잘 되기를 바라요.
(d) 당신 말이 맞아요.

PART II **Choose the most appropriate response to complete the conversation.** (15문항)

문제유형 두 사람이 A–B–A–B 순으로 대화하는 형식이며, 한 번만 들려준다.

> W I wish I earned more money.
>
> M You could change jobs.
>
> W But I love the field I work in.
>
> M _____

(a) I think it would be better.
✔ (b) Ask for a raise then.
(c) You should have a choice in it.
(d) I'm not that interested in money.

번역 W 돈을 더 많이 벌면 좋을 텐데요.

M 직장을 바꾸지 그래요?

W 하지만 난 지금 일하고 있는 분야가 좋아요.

M _____

(a) 더 좋아질 거라고 생각해요.
(b) 그러면 급여를 올려 달라고 말해요.
(c) 그 안에서 선택권이 있어야 해요.
(d) 돈에 그렇게 관심이 있지는 않아요.

Choose the option that best answers the question. (15문항)

문제유형　비교적 긴 대화문. 대화문과 질문은 두 번, 선택지는 한 번 들려준다.

> M　Hello. You're new here, aren't you?
> W　Yes, it's my second week. I'm Karen.
> M　What department are you in?
> W　Customer service, on the first floor.
> M　I see. I'm in sales.
> W　So, you'll be working on commission, then.
> M　Yes. I like that, but it's very stressful sometimes.

Q: Which is correct according to the conversation?
(a) The man and woman work in the same department.
✔ (b) The woman works in the customer service department.
(c) The man thinks the woman's job is stressful.
(d) The woman likes working for commissions.

번역　M　안녕하세요. 새로 오신 분이시죠?
W　예, 여기 온 지 2주째예요. 전 캐런이에요.
M　어느 부서에서 근무하시나요?
W　1층 고객 지원부에서 일해요.
M　그렇군요. 전 영업부에서 일해요.
W　그러면 커미션제로 일하시는군요.
M　네. 좋기는 하지만 가끔은 스트레스를 많이 받아요.

Q: 대화에 따르면 옳은 것은?
(a) 남자와 여자는 같은 부서에서 일한다.
(b) 여자는 고객 지원부에서 일한다.
(c) 남자는 여자의 일이 스트레스가 많다고 생각한다.
(d) 여자는 커미션제로 일하는 것을 좋아한다.

13

 PART IV

Choose the option that best answers the question. (15문항)

문제유형 담화문의 주제, 세부 사항, 사실 여부 및 이를 근거로 한 추론 등을 다룬다.

> Confucian tradition placed an emphasis on the values of the group over the individual. It also taught that workers should not question authority. This helped industrialization by creating a pliant populace willing to accept long hours and low wages and not question government policies. The lack of dissent helped to produce stable government and this was crucial for investment and industrialization in East Asian countries.

Q: What can be inferred from the lecture?
(a) Confucianism promoted higher education in East Asia.
(b) East Asian people accept poverty as a Confucian virtue.
✔ (c) Confucianism fostered industrialization in East Asia.
(d) East Asian countries are used to authoritarian rule.

번역 유교 전통은 개인보다 조직의 가치를 강조했습니다. 또한 노동자들에게 권위에 대해 의문을 제기하지 말라고 가르쳤습니다. 이것은 장시간 노동과 저임금을 기꺼이 감수하고 정부의 정책에 의문을 제기하지 않는 고분고분한 민중을 만들어 냄으로써 산업화에 도움이 되었습니다. 반대의 부재는 안정적인 정부를 만드는 데 도움이 되었고, 이는 동아시아 국가들에서 투자와 산업화에 결정적이었습니다.

Q: 강의로부터 유추할 수 있는 것은?
(a) 유교는 동아시아에서 고등교육을 장려했다.
(b) 동아시아 사람들은 유교의 미덕으로 가난을 받아들인다.
(c) 유교는 동아시아에서 산업화를 촉진했다.
(d) 동아시아 국가들은 독재주의 법칙에 익숙하다.

 ## Grammar 50문항

Choose the best answer for the blank. (20문항)

문제유형 A, B 두 사람의 짧은 대화 중에 빈칸이 있다. 동사의 시제 및 수 일치, 문장의 어순 등이 주로 출제되며, 구어체 문법의 독특한 표현들을 숙지하고 있어야 한다.

> A   Should I just keep waiting _____ me back?
>
> B   Well, just waiting doesn't get anything done, does it?

(a) for the editor write

✔ (b) until the editor writes

(c) till the editor writing

(d) that the editor writes

번역 A   편집자가 나한테 답장을 쓸 때까지 기다리고만 있어야 합니까?

B   글쎄요, 단지 기다리고 있다고 해서 무슨 일이 이루어지는 건 아니겠죠?

Choose the best answer for the blank. (20문항)

문제유형 문어체 문장을 읽고 어법상 빈칸에 적절한 표현을 고르는 유형으로 세부적인 문법 자체에 대한 이해는 물론 구문에 대한 이해력도 테스트한다.

> All passengers should remain seated at _____ times.

(a) any

(b) some

✔ (c) all

(d) each

번역 모든 승객들은 항상 앉아 있어야 합니다.

All about the TEPS

PART III

Identify the option that contains an awkward expression or an error in grammar. (5문항)

문제유형   대화문에서 어법상 틀리거나 어색한 부분이 있는 문장을 고르는 문제로 구성되어 있다.

> (a)   A   Where did you go on your honeymoon?
>
> (b)   B   We flew to Bali, Indonesia.
>
> ✔ (c)   A   Did you have good time?
>
> (d)   B   Sure. It was a lot of fun.

번역

(a)   A   신혼여행은 어디로 가셨나요?

(b)   B   인도네시아 발리로 갔어요.

(c)   A   좋은 시간 보내셨어요?

(d)   B   물론이죠. 정말 재미있었어요.

PART IV

Identify the option that contains an awkward expression or an error in grammar. (5문항)

문제유형   한 문단 속에 문법적으로 틀리거나 어색한 문장을 고르는 유형이다.

> (a) Morality is not the only reason for putting human rights on the West's foreign policy agenda. (b) Self-interest also plays a part in the process. (c) Political freedom tends to go hand in hand with economic freedom, which in turn tends to bring international trade and prosperity. ✔(d) A world in which more countries respect basic human rights would be more peaceful place.

번역

(a) 서양의 외교정책 의제에 인권을 상정하는 유일한 이유가 도덕성은 아니다. (b) 자국의 이익 또한 그 과정에 일정 부분 관여한다. (c) 정치적 자유는 경제적 자유와 나란히 나아가는 경향이 있는데, 경제적 자유는 국제 무역과 번영을 가져오는 경향이 있다. (d) 더 많은 국가들이 기본적인 인권을 존중하는 세상은 더 평화로운 곳이 될 것이다.

Vocabulary 50문항

PART I

Choose the best answer for the blank. (25문항)

문제유형 A, B 대화 빈칸에 가장 적절한 단어를 넣는 유형이다. 단어의 단편적인 의미보다는 문맥에서 어떻게 쓰였는지 아는 것이 중요하다.

> A   Let's take a coffee break.
> B   I wish I could, but I'm _____ in work.

✔ (a) up to my eyeballs
   (b) green around the gills
   (c) against the grain
   (d) keeping my chin up

번역   A 잠깐 휴식 시간을 가집시다.
          B 그러면 좋겠는데 일 때문에 꼼짝도 할 수가 없네요.

    (a) ~에 몰두하여
    (b) 안색이 나빠 보이는
    (c) 뜻이 맞지 않는
    (d) 기운 내는

PART II

Choose the best answer for the blank. (25문항)

문제유형 문어체 문장의 빈칸에 가장 적절한 단어를 고르는 유형이다. 고난도 어휘의 독특한 용례를 따로 학습해 두어야 고득점이 가능하다.

> It takes a year for the earth to make one _____ around the sun.

   (a) conversion
   (b) circulation
   (c) restoration
✔ (d) revolution

번역   지구가 태양 주위를 한 번 공전하는 데 일 년이 걸린다.
    (a) 전환
    (b) 순환
    (c) 복구
    (d) 공전

 Reading Comprehension 40문항

 **PART I**

Choose the option that best completes the passage. (16문항)

문제유형 지문의 논리적인 흐름을 파악하여 문맥상 빈칸에 가장 적절한 선택지를 고르는 문제이다.

> This product is a VCR-sized box that sits on or near a television and automatically records and stores television shows, sporting events and other TV programs, making them available for viewing later. This product lets users watch their favorite program _____ . It's TV-on-demand that actually works, and no monthly fees.

✔ (a) whenever they want to
  (b) wherever they watch TV
  (c) whenever they are on TV
  (d) when the TV set is out of order

번역 이 제품은 텔레비전 옆에 놓인 VCR 크기의 상자로 TV 쇼, 스포츠 이벤트 및 다른 TV 프로그램을 자동으로 녹화 저장하여 나중에 볼 수 있게 해준다. 이 제품은 사용자가 자신이 가장 좋아하는 프로그램을 원하는 시간 언제나 볼 수 있게 해준다. 이것은 실제로 작동하는 주문형 TV로 매달 내는 시청료도 없다.

(a) 원하는 시간 언제나
(b) TV를 보는 곳 어디든지
(c) TV에 나오는 언제나
(d) TV가 작동되지 않을 때

Choose the option that best answers the question. (21문항)

문제유형 지문에 대한 이해를 측정하는 유형으로 주제 파악, 세부 내용 파악, 논리적 추론을 묻는 문제로 구성되어 있다.

 **PART II**

> The pace of bank mergers is likely to accelerate. Recently Westbank has gained far more profit than it has lost through mergers, earning a record of $2.11 billion in 2003. Its shareholders have enjoyed an average gain of 28% a year over the past decade, beating the 18% annual return for the benchmark S&P stock index. However, when big banks get bigger, they have little interest in competing for those basic services many households prize. Consumers have to pay an average of 15% more a year, or $27.95, to maintain a regular checking account at a large bank instead of a smaller one.

Q: What is the main topic of the passage?
(a) Reasons for bank mergers
✔ (b) Effects of bank mergers
(c) The merits of big banks
(d) Increased profits of merged banks

번역
은행 합병 속도가 가속화될 전망이다. 최근 웨스트 뱅크가 2003년 21억 1천만 달러의 수익을 기록함으로써 합병으로 잃은 것보다 훨씬 더 많은 수익을 얻었다. 웨스트 뱅크 주주들은 지난 10년간 S&P 지수의 연간 수익률 18%를 웃도는 연평균 수익률 28%를 누려왔다. 하지만 규모가 더욱 커진 대형 은행들은 많은 가구가 중요하게 생각하는 기본 서비스에 대한 경쟁에는 별 관심을 두고 있지 않다. 소비자들은 작은 은행 대신 대형 은행의 보통 당좌예금 계정을 유지하기 위해 연평균 15% 이상, 즉 27달러 95센트를 지불해야 한다.

Q: 지문의 소재는?
(a) 은행 합병의 이유
(b) 은행 합병의 영향
(c) 대형 은행의 장점
(d) 합병된 은행들의 수익 증가

PART III

Identify the option that does NOT belong. (3문항)

문제유형 한 문단에서 전체의 흐름상 어색한 내용을 고르는 유형이다.

> Communication with language is carried out through two basic human activities: speaking and listening. (a) These are of particular importance to psychologists, for they are mental activities that hold clues to the very nature of the human mind. (b) In speaking, people put ideas into words, talking about perceptions, feelings, and intentions they want other people to grasp. (c) In listening, people decode the sounds of words they hear to gain the intended meaning. (d) Language has stood at the center of human affairs throughout human history.

번역 언어로 이루어지는 의사소통은 두 가지 기본적인 인간 활동인 말하기와 듣기에 의해 수행된다. (a) 이 두 가지는 심리학자들에게 각별한 중요성을 지니는데, 이는 두 가지가 인간의 심성 본질 자체에 대한 단서를 쥐고 있는 정신적 활동이기 때문이다. (b) 말할 때 사람들은 다른 사람들이 이해하기를 원하는 지각과 감정, 의도 등을 말하면서 아이디어들을 단어로 표현한다. (c) 들을 때 사람들은 의도된 뜻을 간파하기 위해 들리는 단어의 소리를 해독한다. (d) 언어는 인류의 역사를 통틀어 인간 활동의 중심에 있어 왔다.

1

M   Excuse me, can you direct me to the elevators?
W   _____

(a) No, I'm going up.
(b) On the fifth floor.
(c) Yes, please hold the door.
✔ (d) They're down that hallway.

번역 M 실례합니다. 엘리베이터가 어디 있는지 알려주시겠어요?
　　W _____
　　(a) 아니요, 전 올라갑니다.
　　(b) 5층에 있어요.
　　(c) 네, 문을 잡아 주세요.
　　(d) 저 복도 끝에 있어요.

해법 엘리베이터가 있는 곳을 찾는 질문에 '복도 끝으로 가면 된다'는 (d)가 응답으로 알맞다. (a)는 엘리베이터에서 올라간다고 할 때, (c)는 엘리베이터의 문을 잡아 달라는 말이다.
　　direct ~에게 길을 가리키다　**hold** 붙잡다　**hallway** 복도

2

W   I can't believe my computer crashed again.
M   _____

✔ (a) You must have a virus.
(b) I'll give you the disc later.
(c) It's performing really well.
(d) These computers are on sale.

번역 W 내 컴퓨터가 또 고장 났다는 게 믿기지 않아요.
　　M _____
　　(a) 바이러스가 있는 게 틀림없어요.
　　(b) 그 디스크는 나중에 줄게요.
　　(c) 그거 아주 잘 작동하고 있어요.
　　(d) 이 컴퓨터들은 할인 중이에요.

해법 crash는 컴퓨터가 갑자기 멈춰 버리는 고장을 나타내는 단어이다. I can't believe…는 놀라거나 화날 때 쓰는 표현이고 그 응답으로 '바이러스가 있는 게 틀림없다'는 (a)가 가장 적절하다. 조동사 must는 강한 추측을 나타낸다.
　　crash 고장 나다　**perform** 작동하다　**on sale** 할인 중인

3

M   Where do they sell bread around here?
W   _____

(a) Look in the top right cabinet.
✔ (b) Try the bakery on the next block.
(c) I'd like a slice when you get a chance.
(d) I like whole grain for my sandwiches.

번역 M 주변에 빵을 파는 곳이 어디지?
　　W _____
　　(a) 맨위 오른쪽 캐비닛 안을 봐.
　　(b) 다음 블록에 있는 빵집을 가봐.
　　(c) 기회가 되면 난 한 조각 먹고 싶어.
　　(d) 난 샌드위치에는 곡물 빵이 좋아.

해법 빵을 파는 곳을 묻고 있으므로 가까운 곳에 있는 빵집을 알려주는 (b)가 적절하다. (d)는 샌드위치 가게에서 빵 종류 등을 말할 때 사용할 수 있는 표현이다.
　　slice 조각　**when you get a chance** 기회가 되면　**whole grain** 곡물

4

W   Ben, which Internet provider do you recommend?
M   _____

(a) You have to log in first.
(b) Either cable will be fine.
✔ (c) They all offer similar services.
(d) Really? I use them for my Internet.

번역 W 벤, 어떤 인터넷 서비스 제공업체를 추천하니?
　　M _____
　　(a) 우선 로그인을 해야 해.
　　(b) 두 케이블 모두 괜찮아.
　　(c) 그들은 전부 비슷한 서비스를 제공해.
　　(d) 정말? 내 인터넷에 그걸 쓰고 있어.

해법 Internet provider는 '인터넷 서비스 제공업체'를 가리킨다. 어느 하나를 추천하지 않고 '다 비슷한 서비스를 제공한다'는 (c)가 자연스러운 응답이다.
　　provider 서비스업체　**recommend** 추천하다　**either** 둘 중 하나　**cable** 케이블 방송　**offer** 제공하다

5

M Hello. I'm calling to speak to your manager, please.

W _____

(a) Mr. Smith is a great boss.
(b) Great, I'll tell him you called.
✔ (c) I'm sorry, she's not in at the moment.
(d) Cynthia handles all job applications.

번역 M 여보세요. 팀장님 좀 바꿔주세요.

W _____

(a) 스미스 씨는 훌륭한 상사예요.
(b) 좋아요, 전화하셨다고 그에게 전할게요.
(c) 죄송하지만 그녀는 지금 없어요.
(d) 신시아가 모든 취업 지원서를 관리해요.

해법 전화상에서 I'm calling to speak to…는 May I speak to…와 같은 표현이다. 찾는 사람이 자리에 없을 때 She's not in right now[at the moment]/ She's not available now 등으로 대답할 수 있다.
at the moment 지금 **handle** 관리하다. 다루다 **job application** 취업 지원서

6

W Do you have change for a ten, by chance?

M _____

(a) Sure, I'll take one.
(b) No, a five and five ones.
✔ (c) No, I only have big bills.
(d) Yes, I think that's the price.

번역 W 혹시 10달러짜리 바꿔 줄 잔돈 있니?

M _____

(a) 물론이지, 하나 살게.
(b) 아니, 5달러짜리 하나와 1달러짜리 다섯 개야.
(c) 아니, 큰돈밖에 없어.
(d) 응, 값이 그거였던 것 같아.

해법 change for a ten은 '10달러를 바꿔 줄 잔돈'을 가리키는 말이다. 잔돈 표현법을 알아두어야 한다. two tens는 10달러짜리 2장, a five는 5달러짜리 1장, five ones는 1달러짜리 5장을 나타낸다. big bill은 단위가 큰돈을 가리킨다.
by chance 혹시 **big bill** 단위가 큰돈

7

M Where can we get together later?

W _____

(a) When you are free.
(b) I'll get there at noon.
(c) We have a meeting then.
✔ (d) Wilson Park would be best.

번역 M 우리 나중에 어디서 모일까?

W _____

(a) 네가 시간이 날 때.
(b) 정오에 거기 도착할게.
(c) 그 때 우리는 회의가 있어.
(d) 윌슨 공원이 제일 좋겠어.

해법 의문사에 유의해서 들어야 한다. 모이는 장소에 대해 상대방의 의견을 묻고 있으므로 제안하는 표현 '~일 것이다'라는 would be를 쓴 (d)가 적절하다. 의문사를 놓치면 (a)와 (b)를 답으로 착각할 수 있다.
get together 모이다 **free** 한가한

8

W Chris, is that your cell phone that's ringing?

M _____

✔ (a) No, mine's out of batteries.
(b) I'll call you from my office.
(c) Let me give you my number.
(d) No, I already called yesterday.

번역 W 크리스, 울리고 있는 게 네 핸드폰이니?

M _____

(a) 아니, 내 것은 배터리가 떨어졌어.
(b) 내 사무실에서 전화를 걸게.
(c) 내 전화번호를 줄게.
(d) 아니, 어제 벌써 전화했어.

해법 부정의 응답으로 out of batteries를 써서 내 것은 배터리가 다 되었다. 꺼져 있다는 (a)가 가장 적절하다.
ring 벨이 울리다 **be out of battery** 배터리가 떨어지다

9

M The latest budget report looks really bad.
W _____

(a) It came out last month.
(b) I'm not sure. Read it first.
(c) I'll have it on your desk by tomorrow.
✔ (d) I know. The company is losing money.

번역 M 최근 예산 보고서가 아주 나쁜 것 같더라.
W _____

(a) 그건 지난달에 나왔어.
(b) 난 잘 모르겠어. 우선 그걸 읽어 봐.
(c) 내일까지 네 책상에 가져다 놓을게.
(d) 알아. 회사가 적자를 보고 있어.

해법 보고서가 나쁘다는 것은 회사의 현 상황이 좋지 않다는 것을 의미한다. 따라서 (d)와 같은 응답이 가장 알맞다.
budget report 예산 보고서 **come out** 나오다 **lose money** 손해를 보다, 적자를 보다

10

W What do you say about going to the movies tonight?
M _____

✔ (a) No, thanks. I'm not feeling well.
(b) I just bought a new DVD player.
(c) Yes, the film won several awards.
(d) That's a good idea. Let's ask him.

번역 W 오늘 밤 영화 보러 가는 거 어때?
M _____

(a) 고맙지만 안 돼. 몸이 좋지 않아.
(b) 나 DVD 플레이어를 새로 샀어.
(c) 그래. 그 영화가 상을 몇 개 탔어.
(d) 그거 좋은 생각이야. 그에게 물어보자.

해법 제안하며 상대방의 의견을 묻는 표현인 How about…?과 같은 말로 What do you say about…?과 What do you say to…?를 쓸 수 있다. 거절의 의사를 밝히고 이유로 '몸이 좋지 않다'고 한 (a)가 자연스러운 응답이다.
not feel well 몸이 좋지 않다 **award** 상

11

M Morning break time is being cut by five minutes.
W _____

(a) It takes longer in traffic.
✔ (b) I was upset to hear that.
(c) I brought a snack from home.
(d) OK, I'll find it and stick it back.

번역 M 아침 휴식 시간이 5분 줄어들 거야.
W _____

(a) 교통 체증으로 더 오래 걸려.
(b) 난 그 소식을 듣고 별로 안 좋았어.
(c) 난 집에서 먹을 걸 싸왔어.
(d) 좋아, 그걸 찾아서 제자리에 둘게.

해법 be cut by는 '~만큼 줄다, 감축되다'는 말이다. 휴식 시간을 줄일 거라는 말을 듣고 기분이 안 좋았다는 (b)가 응답으로 가장 알맞다.
in traffic 교통 체증으로 **upset** 화난, 기분이 안 좋은 **snack** 간단한 음식 **stick back** (물건을) 제자리에 두다

12

W Have you seen the new volleyball court in the park?
M _____

(a) Tickets are on sale now.
(b) I'm not sure how to play.
(c) The game's been postponed.
✔ (d) Not yet. But I'll check it out.

번역 W 공원에 새로 생긴 배구 코트 본 적 있니?
M _____

(a) 입장권이 지금 판매 중이야.
(b) 경기하는 방법을 잘 모르겠어.
(c) 그 경기는 연기되었어.
(d) 아니 아직. 하지만 확인해 볼 거야.

해법 Have you seen…?은 ~을 본 적이 있는지 묻는 말이다. Not yet은 I have not seen it yet의 줄인 말이고, check out은 '확인하다'이므로 (d)가 알맞은 응답이다.
volleyball 배구 **court** 코트, 경기장 **on sale** 판매 중인 **postpone** 연기하다

13

M Thank you for your help. I couldn't have done it without you.

W _____

(a) No problem. I'll give you a hand.
✔ (b) Don't mention it. It was my pleasure.
(c) Well, I think it's already been done.
(d) My project was easier than I thought.

번역 M 도와줘서 고마워. 네가 없었으면 못했을 거야.

W _____

(a) 문제 없어. 내가 도와줄게.
(b) 천만에. 내가 오히려 기뻤어.
(c) 음, 그건 이미 다 한 것 같아.
(d) 내 프로젝트는 생각했던 것보다 더 쉬웠어.

해법 도움에 대해 감사하는 말로 I couldn't have done it without you를 썼다. 가정법 문장으로 네 도움이 없었더라면 하지 못했을 것이라는 뜻이다. 응답으로는 (b)가 적절하다. (a)는 상대가 도움을 요청할 때 가능한 응답이다. You're welcome/ My pleasure/ No problem/ Any time 등도 가능하다.
give a hand 도와주다 **Don't mention it.** 천만에요.

14

W The apartment is only about 500 square feet in total.

M _____

✔ (a) It seems bigger than that.
(b) That's out of my price range.
(c) I have to know the actual size.
(d) That's a good goal to aim for.

번역 W 아파트는 총 500평방 피트 정도밖에 안 돼.

M _____

(a) 그것보단 더 커 보이는데.
(b) 그건 내 예상 가격대를 넘어.
(c) 실제 크기를 알아야 해.
(d) 그건 목표로 삼기 좋은 것이야.

해법 square feet는 면적을 나타내는 단위이다. 아파트의 면적을 듣고 '그것보단 커 보인다'는 (a)와 같은 응답을 할 수 있다.
square foot 평방 피트 **in total** 총, 통틀어 **range** 범위 **goal** 목표 **aim for** 겨냥하다

15

M Shall we all get one birthday card for John?

W _____

(a) It sounded like fun.
✔ (b) Yeah, we can all sign it.
(c) I think everyone's invited.
(d) Sure, he sent one to me, too.

번역 M 우리 존에게 생일 카드를 함께 써줄까?

W _____

(a) 그거 재미있었겠는걸.
(b) 응. 우리 모두 사인을 하면 되겠다.
(c) 모두가 초대받은 것 같아.
(d) 물론이지. 그는 나에게도 하나 보냈어.

해법 Shall we...?는 제안의 표현이다. 생일 선물로 카드를 함께 써서 주자는 제안에 대한 응답으로 (b)가 가장 적절하다.
sound like ~인 것 같다 **sign** 서명하다

16

M Where's the family reunion being held?

W At Luigi's Restaurant, on 6th Street.

M Great! That's my favorite Italian place.

W _____

✔ (a) Mine, too. That's why I suggested it.
(b) But everyone's coming on the 14th.
(c) I know. I'll probably have dinner alone.
(d) When I called there, it was already booked.

번역 M 가족 모임이 어디서 열리지?
W 6번 가에 있는 루이기 식당에서.
M 잘됐다! 거기 내가 제일 좋아하는 이탈리아 음식점이야.

W _____

(a) 나도 그래. 그래서 내가 제안한 거야.
(b) 하지만 모두 14번 가로 올 거야.
(c) 알아. 난 아마 혼자서 저녁을 먹을 거야.
(d) 내가 전화했을 때 그곳은 이미 예약이 되어 있었어.

해법 남자가 가장 좋아하는 식당이라고 하자 이에 동의하는 (a)가 가장 적절하다. 이미 식당을 정했으므로 (d)는 오답이다.
family reunion 가족 모임 **place** (어떤 목적을 위한) 건물 **book** 예약하다

17

W Hello, I'm calling for Ms. DeSheeney.
M She just stepped out a moment ago.
W Do you have any idea when she'll be back?
M _____

(a) I'll just go and ask her.
(b) She's at a doctor's appointment.
✔ (c) She said she'd only be a minute.
(d) OK, then, I'll give her the message.

번역 W 여보세요, 드쉬니 씨와 통화하고 싶습니다.
M 방금 전에 막 나가셨어요.
W 혹시 언제 돌아오지 아시나요?
M _____

(a) 제가 가서 그녀에게 물어볼게요.
(b) 그녀는 병원에 가 있어요.
(c) 그녀가 잠시 후 돌아온다고 했어요.
(d) 알겠어요, 그럼 메시지를 그녀에게 전해 드릴게요.

해법 Do you have any idea...?는 '혹시 ~을 아시나요?'라는 질문이며 그 다음에 이어지는 의문사 when에 유의해야 하는 문제이다. 금방 오겠다고 말했다는 (c)가 적절한 응답이다.
I'm calling for ~와 통화하고 싶다 **step out** 나가다 **doctor's appointment** 진료 예약

18

M Susan, have you ever been to Carlson State Park?
W Yes, I went hiking there last year. Why?
M I'm wondering what its camping facilities are like.
W _____

(a) Certainly, I'd love to go!
(b) We already went camping there.
✔ (c) Oh, we only stayed for the day.
(d) The hiking is the best in the state.

번역 M 수잔, 칼슨 스테이트 공원에 가본 적 있어?
W 응, 작년에 거기로 하이킹 갔었어. 왜?
M 그곳의 캠핑 시설이 어떤지 궁금해서.
W _____

(a) 물론이지, 가고 싶어!
(b) 우리는 벌써 거기로 캠핑을 갔었어.
(c) 아, 우리는 당일치기로 갔었어.
(d) 하이킹은 주에서 최고야.

해법 I'm wondering 다음에 의문사절이 와서 '~이 궁금하다'가 된다. 참고로 if절이 오면 '~인지 궁금하다'가 된다. what ... like는 '~이 어떤지'라는 뜻으로 사람의 성격이나 일의 상태를 묻는 표현이다. 공원에서 야영을 한 것이 아니므로 야영 시설은 모른다는 응답이 적절하다.
go hiking 하이킹을 가다 **facility** 시설, 설비

19

W How many donuts come in the family size order?
M A total of 12.
W Can I choose any kind of donut?
M _____

(a) Good. I'll bring you the menu.
✔ (b) You can have a mix, if you like.
(c) Actually, you can only have 12.
(d) A family size order is the right choice.

번역 W 패밀리 사이즈를 주문하면 도넛이 몇 개가 나오나요?
M 총 12개입니다.
W 도넛 종류를 고를 수 있나요?
M _____

(a) 좋아요. 메뉴를 가져다 드릴게요.
(b) 원하시면 섞어서 드려요.
(c) 사실 12개만 가져갈 수 있어요.
(d) 패밀리 사이즈 주문이 옳은 선택이에요.

해법 도넛을 주문하는 상황이다. 종류를 고를 수 있냐는 질문에 원하시면 섞어서 고를 수 있다는 (b)가 적절한 대답이다. (a)는 메뉴판을 갖다 달라고 할 때 가능한 응답이다.
order 주문 **total** 전체 **mix** 섞은 것

20

M There's a special on soy products in aisle 14.
W I don't like soy very much.
M I just want to go have a look, anyway.
W _____

(a) Everything's on sale at two for one.
(b) I don't know where soy products are.
(c) Pick me up some soy milk on the way.
✔ (d) Then, meet me in the produce section.

번역 M 14번 통로에서 콩 제품 특별 행사를 하고 있어.
W 난 콩을 별로 좋아하지 않는데.
M 난 그래도 가서 보고 싶어.
W _____

(a) 모든 게 1+1 할인을 하고 있어.
(b) 콩 제품이 어디 있는지 모르겠어.
(c) 오는 길에 두유를 좀 사다 줘.
(d) 그럼 농산물 코너에서 만나자.

해법 go have a look은 '가서 한번 보다'는 뜻이다. 가서 보고 싶다는 남자의 말에 그렇다면 농산물 코너에서 보자는 (d)가 가장 어울린다. (a)는 남자가 함 직한 말이다.
special 특별 행사 판매 **soy** 콩 **aisle** 통로 **two for one** 1+1, 하나의 값에 두 개 **soy milk** 두유 **produce** 농산물

21

W There. That's the last of my college applications.
M You sure are applying to a lot of schools.
W Yes, I want to increase my chances of success.
M _____

(a) You can at graduation.
✔ (b) That's a smart policy.
(c) I thought you accepted it.
(d) You'll get very good grades.

번역 W 여기. 그게 내 대학 지원서 중 마지막이야.
M 너 정말 많은 학교에 지원하는구나.
W 응. 난 성공 확률을 높이고 싶어.
M _____

(a) 졸업식에서 그럴 수 있어.
(b) 그거 영리한 방법이구나.
(c) 네가 수락을 한 줄 알았어.
(d) 너 아주 좋은 점수를 받겠구나.

해법 많은 대학에 지원을 한다고 했으므로 chances of success는 대학에 합격할 가능성을 말한다. 여러 곳에 지원해서 붙을 확률을 높이고 싶다는 여자의 말에 적절한 응답은 (b)이다.
application 지원서 **apply to** ~에 지원하다 **increase** 증대시키다
graduation 졸업식 **policy** 방책 **grade** 성적, 점수

22

M I can't find a gas station open around here.
W There's one two blocks away on Main Street.
M It's already closed. Are there any others?
W _____

(a) I can drive you there, if you'd like.
✔ (b) No, you'll have to go out to the highway.
(c) Yes, the cost of a gallon has gone way up.
(d) I know this town like the back of my hand.

번역 M 이 주변에서 문을 연 주유소를 찾을 수가 없어.
W 두 블록 떨어진 메인 가에 하나 있어.
M 그건 이미 문을 닫았어. 다른 곳은 없니?
W _____

(a) 네가 원하면 거기 태워다 줄 수 있어.
(b) 아니, 고속도로로 나가야 할 거야.
(c) 응, 1갤런 값이 상당히 올랐어.
(d) 난 이 시내를 훤히 잘 알아.

해법 다른 주유소가 또 있는지 물었으므로 가까이에는 없고 고속도로까지 나가야 한다는 응답이 가장 알맞다. go way up에서 way는 up을 강조하는 '훨씬'의 뜻이므로 '상당히 오르다'라는 어구가 된다.
gas station 주유소 **highway** 고속도로 **go up** 값이 오르다 **know ... like the back of one's hand** ~을 훤히 다 알다

23

W Welcome to the Pine Tree Resort.
M Thanks. Do you have any four-person suites available?
W It depends. How long will you be staying with us?
M _____

(a) I'd prefer a suite near the pool.
✔ (b) At least a week, maybe longer.
(c) My wife and our two daughters.
(d) I seem to have lost my room key.

번역 W 파인 트리 리조트에 오신 것을 환영합니다.
M 고마워요. 4인용 스위트 룸 비어 있는 것이 있나요?
W 상황에 따라 다릅니다. 여기 얼마나 묵으실 건가요?
M _____

(a) 수영장과 가까운 스위트 룸을 선호해요.
(b) 최소한 일주일이고 더 길 수도 있어요.
(c) 제 부인과 두 딸이요.
(d) 객실 열쇠를 잃어버린 것 같아요.

해법 호텔의 체크인 상황이다. 얼마나 묵을지를 묻고 있으므로 기간을 답하는 (b)가 정답이다. 4인실을 요청했으므로 일행에 대해 다시 언급하는 (c)는 어색하다.
suite 스위트 룸 **It depends.** 상황에 따라 다르다. **pool** 수영장

24

M How's the food in the university cafeteria?
W It's OK, but nothing's very tasty.
M At least it's cheap.
W _____

(a) I can pay for yours, then.
(b) In that case, I'll give it a try.
(c) The Mexican food is delicious.
✔ (d) Actually, I find it rather pricey.

번역 M 대학 구내 식당 음식이 어떠니?
W 괜찮은데, 맛있는 건 없지.
M 적어도 값은 싸잖아.
W _____

(a) 그럼 네 것을 내줄게.
(b) 그런 경우라면 내가 한번 해볼게.
(c) 멕시칸 음식이 맛있어.
(d) 사실 난 오히려 비싸다고 생각해.

해법 남자의 의견에 반대의 의견을 제시한 (d)가 적절하다. Actually는 In fact와 같은 말로 '사실, 실제로'의 뜻이다. 자신의 의견을 말할 때 I find it...이라는 표현을 쓴다.
cafeteria 구내 식당 **tasty** 맛이 좋은 **give it a try** 한번 해보다 **pricey** 비싼

25

W What's the matter, Sam? You look awful.

M I just found out I don't have enough credits to graduate.

W Oh! You'll have to take classes over the summer.

M _____

✔ (a) It still wouldn't be enough.

  (b) I have another class at 3 p.m.

  (c) I just got back from vacation.

  (d) You should talk to my advisor.

번역 W 문제가 뭐니, 샘? 너 안 좋아 보여.

M 졸업 학점이 부족하다는 걸 이제 알게 되었어.

W 아! 여름에 수업을 들어야 하겠구나.

M _____

(a) 그래도 여전히 충분치 않을 것 같아.

(b) 오후 3시에 수업이 또 있어.

(c) 막 휴가에서 돌아왔어.

(d) 내 지도 교수님과 상의해야겠다.

해법 부족한 학점을 위해 여름 학기 수강을 해야겠다는 말에 대해 그렇게 해도 여전히 부족할 거라는 (a)가 가장 어울린다. 문제가 있는 사람은 남자이므로 (d)는 알맞은 응답이 될 수 없다.

awful 끔찍한 **credit** 학점 **graduate** 졸업하다 **take class** 수업을 듣다 **advisor** 지도 교수

26

M Doctor, how do I shower with this cast on my arm?

W You'll have to cover it with a plastic bag.

M That sounds like a hassle.

W _____

  (a) Broken arms are sometimes painful.

  (b) We can set up another appointment.

  (c) I don't think you'll fit it all in one bag.

✔ (d) Well, it's very important to keep it dry.

번역 M 선생님, 팔에 깁스를 하고 샤워를 어떻게 하죠?

W 비닐 봉지로 싸고 해야 합니다.

M 그거 번거롭겠네요.

W _____

(a) 팔 골절은 때때로 통증이 있어요.

(b) 다른 예약 시간을 잡아도 돼요.

(c) 가방 하나에 그걸 넣을 수는 없을 것 같은데요.

(d) 음, 젖지 않게 하는 것이 아주 중요해요.

해법 의사가 깁스를 젖지 않게 해야 한다고 충고하는 것이 적절한 응답이다. (a)는 일반적인 사실에 불과하므로 답이 될 수 없다.

cast 깁스 **plastic bag** 비닐 봉지 **hassle** 귀찮은 일 **painful** 아픈 **set up** ~을 정하다

27

W What are you doing over the summer, Max?

M I got a job overseas with a research company.

W Was it difficult to get a work visa?

M _____

  (a) I'll need to see your documents.

  (b) Research company jobs are hard to find.

  (c) Thanks, I was happy with how it turned out.

✔ (d) It took months to process my application.

번역 W 여름 동안 무엇을 할 거니, 맥스?

M 해외에서 리서치 회사에 취직했어.

W 취업 비자를 받기가 어려웠지?

M _____

(a) 네 서류를 봐야 할 것 같아.

(b) 리서치 회사 일은 찾기가 어려워.

(c) 고마워, 일이 그렇게 되서 기뻤어.

(d) 내 신청서를 처리하는 데 몇 달이 걸렸지.

해법 해외에 취업한 사람에게 취업 비자를 받기가 어려웠는지 물어보고 있다. my application은 취업 비자 신청서를 가리키는 것이며 it takes는 '시간이나 비용이 ~가 걸리다, 들다'의 표현이므로 (d)가 적절한 응답이다.

overseas 해외에서 **work visa** 취업 비자 **document** 서류 **turn out** 결국은 ~이 되다 **application** 지원서

28

M Do you have a minute to go over this memo?

W Sorry, I need to finish this report ASAP.

M I see, then come see me when you're done.

W _____

✔ (a) It'll be a couple of hours.

  (b) I appreciate the feedback.

  (c) I can make a copy for you.

  (d) No, this report is top priority.

번역 M 잠시 이 메모 검토할 시간 있어?

W 미안해, 이 보고서를 최대한 빨리 끝내야만 해.

M 알았어, 그럼 끝나면 나한테 와줘.

W _____

(a) 몇 시간 정도 있어야 할 거야.

(b) 피드백을 줘서 고마워.

(c) 너를 위해 복사를 해 줄 수 있어.

(d) 아니, 이 보고서가 최우선이야.

해법 급한 보고서가 끝나면 와 달라는 부탁에 대해 몇 시간 정도 있어야 한다는 (a)가 가장 알맞다. 아직 피드백을 준 것이 아니므로 (b)는 어색하고, (d)는 남자가 자신의 것을 먼저 봐달라고 했을 때 할 수 있는 응답이다.

ASAP 최대한 빨리(as soon as possible) **appreciate** 감사하다 **feedback** 피드백 **top priority** 최우선 순위

29

W　My roof was damaged pretty badly in the storm.
M　You should call F&T Roofers. They do good work.
W　Really? What are their rates like?
M　_____

(a) They get the job done quickly.
(b) Better repair it sooner than later.
(c) Let me call them for you instead.
✔ (d) They're expensive, but it's worth it.

번역　W 우리 집 지붕이 폭풍 때문에 상당히 심하게 망가졌어.
M F&T 지붕 수리업체에 전화해 봐. 그 회사가 일을 잘해.
W 그래? 값이 어떻게 되는데?
M _____

(a) 그들은 일을 빨리 끝내.
(b) 더 늦기 전에 수리하는 게 낫겠어.
(c) 내가 너 대신 전화해 줄게.
(d) 비싸지만 그만큼 가치가 있어.

해법　rate는 '요금', 특히 일정하게 정해진 금액을 가리킬 때 쓰는 말로 insurance rate/ hotel rate/ hourly rate 등의 표현으로 쓰인다. What ... like?는 사람의 성격이나 일의 상태를 묻는 말로 여기서는 지붕 수리 요금이 어떤지 묻고 있으므로 적절한 답은 (d)이다.
damage 망치다, 상하게 하다　roofer 지붕 고치는 회사　rate 요금　instead 대신에　worth ~의 가치가 있는

30

M　I got a great interest rate on a bank loan.
W　What did they give you?
M　I'm only paying 6.3 percent.
W　_____

(a) I'd like to lower it more.
(b) I prefer First Union Bank.
✔ (c) That's less than half my rate!
(d) The mortgage market is tough.

번역　M 은행 대출에서 좋은 이자율을 받게 되었어.
W 얼마로 해줬는데?
M 6.3퍼센트만 내면 돼.
W _____

(a) 내가 더 낮춰 주고 싶어.
(b) 난 퍼스트 유니온 은행을 선호해.
(c) 내 이자율의 반도 안 되잖아!
(d) 주택 담보 대출 시장은 힘든 시기에 있어.

해법　interest rate는 '이자율'을, bank loan은 '은행 대출'을 가리키는 말이다. 좋은 이자율로 대출을 받았다는 것은 낮은 이자율로 대출을 했다는 뜻이다. 그러므로 자신의 이자율의 절반도 안 된다는 (c)가 가장 자연스러운 응답이다.
loan 대출, 융자　lower 낮추다　half 절반　mortgage 주택 담보 대출　tough 힘든, 거친

31

W　Do you have a landline at home, John?
M　No, I use my cell phone. Why?
W　I'm trying to decide whether to have a home phone.
M　If you have a cell phone, it's a waste of money.
W　Yeah, but cell phone reception isn't good in my house.
M　Then a home phone might be your only option.

Q: What is mainly being discussed about the woman?
(a) Her new cell phone.
(b) Her monthly telephone bill.
(c) Her phone reception problem.
✔ (d) Her need to install a home phone.

번역　W 집에 일반 전화 있니, 존?
M 아니, 난 휴대 전화 써. 왜?
W 집 전화를 둘까 해서.
M 휴대 전화가 있으면 그건 돈 낭비지.
W 그래. 하지만 집에서 휴대폰 수신이 별로 좋지가 않아.
M 그럼 일반 전화가 유일한 선택이 될지도 모르겠네.

Q: 여자에 관해 얘기되고 있는 것은?
(a) 새 휴대폰.
(b) 월 전화 비용.
(c) 전화 수신 문제점.
(d) 일반 전화 설치 필요성.

해법　여자는 집에 일반 전화를 설치할지 결정하려 하고 있다. 남자의 조언에 대해 여자는 집 전화가 필요한 이유를 설명하고 있으므로 정답은 (d)이다.
landline 일반 전화　cell phone 휴대 전화　waste of money 돈 낭비　reception 수신　option 선택안　install 설치하다

32

M Excuse me, how much is this box of pens?

W It's on sale for $2.99.

M That's only around 5 cents a pen. Why are they so cheap?

W We're having a sale this week.

M Is everything on sale?

W Yes, we have a lot of bargains.

Q: What is the man mainly doing?
(a) Requesting a discount.
(b) Looking for more pens to buy.
(c) Asking about product quality.
✔ (d) Inquiring about cheap products.

번역 M 실례합니다. 이 펜 한 박스가 얼마죠?
W 할인해서 2.99달러예요.
M 펜 하나에 겨우 5센트 정도인 거네요. 왜 이렇게 싼 거죠?
W 이번 주에 할인을 하는 중이에요.
M 전부 다 할인해 주나요?
W 네, 싸게 파는 물건들이 많아요.

Q: 남자가 주로 하고 있는 것은?
(a) 할인 요청하기.
(b) 구매할 더 많은 펜 찾기.
(c) 상품 품질에 대해 묻기.
(d) 싼 물건에 대해 문의하기.

해법 남자는 하나에 5센트밖에 안 되는 싼 펜에 대해서 물어보고 있는 중이다. 값이 싼 이유를 묻고 있으므로 (d)가 알맞은 답이다.
on sale 할인 중인 **bargain** 싸게 파는 물건 **request** 요청하다 **discount** 할인 **quality** 품질 **inquire** 문의하다

33

W Can I interest you in a ping pong match?

M No, thanks. I'm awful at it.

W Then, how about some pool?

M You have a table here? I didn't know that.

W Yes, I bought one last month.

M In that case, sure, I'd love to.

Q: What are they mainly doing?
(a) Playing a game of pool.
(b) Touring a recreation facility.
✔ (c) Deciding which game to play.
(d) Discussing their favorite sports.

번역 W 탁구 시합 어때요?
M 고맙지만 안 되겠네요. 전 탁구 못 쳐요.
W 그럼 당구는 어때요?
M 여기 당구대가 있어요? 그건 몰랐네요.
W 네, 지난 달에 하나 샀어요.
M 그렇다면, 물론이죠, 하고 싶어요.

Q: 두 사람이 주로 하고 있는 것은?
(a) 당구 게임 하기.
(b) 오락 시설 둘러보기.
(c) 어떤 게임을 할지 결정하기.
(d) 제일 좋아하는 게임에 대해 토론하기.

해법 탁구를 칠까, 당구를 칠까 의견을 나누고 있는 내용이므로 어떤 게임을 할지 결정하는 중(c)임을 알 수 있다.
Can I interest you in...? ~에 관심 있어요? ~어때요? **ping pong** 탁구 **awful** 형편 없는 **pool** 당구 **recreation facility** 오락 시설

34

W Dad, have you fixed the hole in the wall?

M Yes, but it took me longer than I expected.

W Let me see. Wow, you can't tell there was a hole there.

M Right. I smoothed things over pretty good.

W You're becoming an expert home handyman.

M Yeah, it takes a little practice.

Q: What is mainly happening in the conversation?
✔ (a) The woman is admiring her father's work.
(b) The woman is asking her father to fix a wall.
(c) The man is showing his daughter a hole in the wall.
(d) The man is instructing his daughter on home repair.

번역 W 아빠, 벽에 있는 구멍 수리했어요?
M 응, 그런데 예상했던 것보다 오래 걸렸어.
W 어디 봐요. 와, 거기 구멍이 있었는지조차 모르겠는데요.
M 그래. 내가 매끈하게 꽤 잘했지.
W 아빠가 집안일 기술자가 되고 있네요.
M 응, 약간의 연습이 필요하긴 해.

Q: 대화에서 주로 일어나고 있는 것은?
(a) 여자가 아버지가 한 일에 감탄하고 있다.
(b) 여자가 아버지에게 벽을 수리해 달라고 부탁하고 있다.
(c) 남자가 딸에게 벽의 구멍을 보여주고 있다.
(d) 남자가 딸에게 집안 수리에 대해 가르치고 있다.

해법 아버지가 벽에 있던 구멍을 깨끗하게 수리한 것을 보고 딸이 아버지의 솜씨에 감탄하는 내용이다. You can't tell there was a hole there와 expert home handyman 등이 일에 대한 칭찬의 말이다.
smooth 매끈하게 하다 **expert** 전문가 **handyman** 집 안팎의 일을 잘 하는 사람 **practice** 연습 **admire** 칭찬하다 **instruct** 가르치다 **repair** 수리

35

W Tom, are you doing anything this afternoon?

M No, I have nothing planned. What's up?

W My friend was supposed to drive me to the airport, but she can't now.

M Oh, that's too bad. Do you need a ride?

W Yes, but I don't want to put you out.

M Not at all. I'd be happy to help.

Q: What is the woman mainly doing?

(a) Seeking information about her flight.

✔ (b) Asking the man for a lift to the airport.

(c) Going to the airport for an afternoon flight.

(d) Informing the man about her friend's problem.

번역 W 톰, 오늘 오후에 뭐 일 있어?
M 아니, 계획 없어. 무슨 일인데?
W 내 친구가 공항에 날 태워다 주기로 했었는데 이제 와서 못하겠대.
M 아, 그거 안됐구나. 태워다 줄까?
W 응, 하지만 너에게 폐가 되고 싶진 않아.
M 전혀. 돕게 되어 기뻐.

Q: 여자가 주로 하고 있는 것은?
(a) 자신의 항공편에 대한 정보 구하기.
(b) 남자에게 공항까지 태워다 달라고 부탁하기.
(c) 오후 비행을 위해 공항으로 가기.
(d) 자기 친구의 문제점에 대해 남자에게 알려주기.

해법 여자는 친구가 공항까지 태워다 주기로 한 약속을 지키지 못하게 됐다는 얘기를 하며 남자에게 오후에 다른 계획이 있는지 물었으므로 남자에게 태워다 달라고 부탁(b)하기 위한 것임을 알 수 있다.
be supposed to ~하기로 예정되어 있다 **ride** 태워다 주기 **put … out** ~에게 폐를 끼치다 **lift** 태워다 주기 **inform** 알리다

36

M What do you think of the new market on 5th Street?

W I wasn't at all impressed with their fruits and vegetables.

M Oh, why was that?

W Everything looked like it had been sitting out for days.

M It sounds like they need to find a new supplier.

W I hope they do.

Q: What is mainly being discussed?

✔ (a) The quality of a store's produce.

(b) The change of a market's supplier.

(c) The planned opening of a supermarket.

(d) The types of fruits and vegetable shops.

번역 M 5번 가에 있는 새로 생긴 상점 어떤 것 같아?
W 과일과 채소가 전혀 좋아 보이지 않았어.
M 아, 왜 그렇지?
W 모든 게 며칠 동안 진열되어 있었던 것처럼 보였어.
M 그들에게 새로운 공급자가 필요하다는 말처럼 들리네.
W 그랬으면 해.

Q: 주로 논의되고 있는 것은?
(a) 상점 농산물 품질.
(b) 시장 공급업자 변경.
(c) 슈퍼마켓 개점 계획.
(d) 과일과 채소 가게 종류.

해법 상점에 대한 의견을 물었는데 과일과 채소가 별로 좋아 보이지 않다고 했다. 부연 설명으로 며칠 동안 팔리지 않고 진열되어 있었던 것 같다, 즉 농산물이 신선하지 못하다는 평가이므로 품질(a)에 관한 대화임을 알 수 있다.
be impressed with ~에 깊은 인상을 받다 **sit out** 진열하다 **supplier** 공급업자 **produce** 농산물

37

M Have you had any luck selling your house yet?

W No. A few people have looked, but no one's made an offer.

M Maybe you should hire a realtor.

W But they charge such a high percentage fee.

M Not all of them. I can put you in touch with a good one.

W Oh, how wonderful! I'd really appreciate it.

Q: What is the main topic of the conversation?

(a) The woman's failure to buy a house.

(b) The man's attempt to become a realtor.

(c) The man's offer to be the woman's realtor.

✔ (d) The woman's need to hire a real estate agent.

번역 M 집이 혹시 팔렸니?
W 아니. 몇몇 사람들이 봤는데 아무도 제안을 하지는 않았어.
M 아마도 부동산 업자를 써야 할 것 같은데.
W 하지만 그들은 아주 높은 수수료를 청구하잖아.
M 모두 그런 건 아냐. 내가 좋은 곳을 소개시켜 줄 수 있어.
W 아, 정말 잘됐다! 정말 고마워.

Q: 대화의 주제는?
(a) 여자가 집을 사려다 실패한 일.
(b) 남자가 부동산 업자가 되려는 시도.
(c) 남자가 여자의 부동산 업자가 되겠다고 제안한 일.
(d) 여자가 부동산 중개업자를 고용할 필요성.

해법 집을 팔지 못하고 있는 상황에서 부동산 업자를 쓰라고 조언하고 있는 대화이다. 적절한 비용을 청구하는 부동산 업자를 소개해 주겠다고 제안하는 내용이므로 (d)가 주제로 적절하다. 남자가 직접 부동산 업자를 하겠다는 것이 아니므로 (c)는 답이 아니다.
Have you had any luck...? 혹시 ~할 수 있었니? **make an offer** (값을) 제안하다 **realtor** 부동산 업자 **charge** 청구하다 **fee** 수수료, 대금 **put A in touch with B** A에게 B를 소개시켜 주다 **appreciate** 감사하다 **attempt** 시도

38

W Casey and Brett still aren't speaking to each other.
M Why, because of the argument they had over the weekend?
W Neither one is willing to apologize to the other.
M Don't worry. They probably just need some time.
W I don't know. They're both so stubborn.
M Yeah, they're both similar in that way.

Q: Which is correct about the woman?
(a) She isn't speaking to Casey or Brett.
(b) She had an argument over the weekend.
(c) She would like to apologize to the man.
✔ (d) She thinks Casey and Brett are stubborn.

번역 W 케이시와 브렛은 아직도 서로 말을 하지 않아.
M 왜, 주말에 있었던 언쟁 때문인 거야?
W 둘 중 아무도 사과하려고 하지 않아.
M 걱정 마. 아마도 시간이 좀 필요할 거야.
W 모르겠어. 둘 다 고집이 아주 세.
M 맞아, 그 점에서 둘이 비슷하지.

Q: 여자에 관해 옳은 것은?
(a) 케이시나 브렛과 말을 하지 않는다.
(b) 주말에 언쟁을 했다.
(c) 남자에게 사과하고 싶어 한다.
(d) 케이시와 브렛이 고집이 세다고 생각한다.

해법 여자의 마지막 말을 통해 (d)가 정답임을 알 수 있다. 여자가 언쟁을 한 것이 아니므로 나머지는 틀린 정보들이다.
speak to ~에게 말을 걸다 **argument** 언쟁 **be willing to** 기꺼이 ~하려 하다 **apologize** 사과하다 **stubborn** 고집이 센 **similar** 유사한

39

M Melinda, what do you recommend at this restaurant?
W The catfish is the best in the city.
M Really? I heard that the salmon is supposed to be delicious.
W It is, but the catfish is better.
M In what way?
W The chef's method of preparation is very unique.

Q: Which is correct according to the conversation?
✔ (a) The woman recommends a catfish dish.
(b) The restaurant does not serve any salmon.
(c) The man prefers to eat catfish over salmon.
(d) The restaurant chef prepares salmon uniquely.

번역 M 멜린다, 이 음식점에서 뭘 추천해 줄래?
W 메기가 이 도시에서 최고야.
M 정말? 난 연어가 맛있을 거라고 들었는데.
W 그래, 하지만 메기가 더 나아.
M 어떤 점에서?
W 주방장의 조리 방법이 아주 독특해.

Q: 대화에 따르면 옳은 것은?
(a) 여자는 메기 요리를 추천한다.
(b) 음식점은 연어를 취급하지 않는다.
(c) 남자는 연어보다 메기를 더 먹고 싶어 한다.
(d) 음식점 주방장은 연어를 독특하게 조리한다.

해법 여자는 음식점에서 메기가 최고라고 추천하고 있다. 남자는 연어가 아니냐며 다시 물어보지만 여자는 메기 조리법이 독특한 것으로 알려져 있다는 설명을 해준다. 남자는 연어가 좋다는 얘기를 듣고 왔으므로 (b)는 답이 될 수 없다.
catfish 메기 **salmon** 연어 **chef** 주방장 **preparation** 조리법 **unique** 독특한

40

M Hey, Carly, how's your sore knee?
W It's getting worse. I have a doctor's appointment tomorrow.
M That's probably the best thing to do.
W Yes, but I'm worried my medical insurance won't cover this type of injury.
M What will you do if it doesn't?
W I guess I'll have to take out a loan to pay the bills.

Q: Which is correct about the woman according to the conversation?
(a) She has injured her arm and her leg.
✔ (b) She made an appointment to see a doctor.
(c) She is not covered by any medical insurance.
(d) She has taken out a loan to pay for utility bills.

번역 M 이봐, 칼리, 시린 무릎은 어때?
W 더 나빠지고 있어. 내일 진료 예약이 있어.
M 그게 아마도 최선인 것 같다.
W 그래, 하지만 내 의료 보험이 이런 종류의 부상을 보상하지 않을까 걱정이야.
M 보상하지 않는다면 어떻게 할 거야?
W 병원비를 내려면 대출을 받아야 할 것 같아.

Q: 대화에 따르면 여자에 관해 옳은 것은?
(a) 팔과 다리를 다쳤다.
(b) 의사와 진료 예약을 했다.
(c) 의료 보험 혜택을 받지 못한다.
(d) 공공요금을 내기 위해 대출을 받았다.

해법 여자는 무릎을 다쳐서 진료를 받으려 하고 있는데 의료 보험 적용이 안 되는 부상일까 봐 걱정을 하고 있다. 보험 적용이 되지 않으면 대출을 받을 것을 생각하고 있으므로 진료 예약을 했다는 (b)만 옳다.
sore 시린 **medical insurance** 의료 보험 **cover** (비용 등을) 보상하다 **injury** 부상 **take out a loan** 대출을 받다 **utility bill** 공공요금

41

W Hank, do you want to come with us to the club tonight?

M Sorry, I can't have a late night. I have to get up early tomorrow.

W Oh? What are you doing?

M I'm running in the city marathon.

W Wow, I didn't know that! Well, best of luck to you!

M Thanks, and I hope you have fun tonight.

Q: Which is correct about the man?

✔ (a) He does not want to stay up late.

(b) He had risen early in the morning.

(c) He decided to pull out of a marathon.

(d) He does not want the woman to go out.

번역 W 행크, 오늘 밤 우리와 클럽에 갈래?

M 미안, 난 오늘 밤 늦게 자면 안 돼. 내일 일찍 일어나야 해.

W 아? 뭐 할 건데?

M 시 마라톤에 나갈 거야.

W 와, 몰랐네! 음, 행운을 빌게!

M 고마워, 그리고 오늘 밤 재미있게 보내.

Q: 남자에 관해 옳은 것은?

(a) 밤 늦게까지 깨어 있고 싶어 하지 않는다.

(b) 아침에 일찍 일어났다.

(c) 마라톤에서 빠지기로 결정했다.

(d) 여자가 외출하기를 바라지 않는다.

해법 have a late night은 '밤 늦게 자다'는 뜻이다. 밤에 클럽에 가자는 제안에 남자는 일찍 자야 한다고 말했다. 내일 아침 마라톤에 나가야 하기 때문이라고 했으므로 옳은 내용은 (a)뿐이다.

Best of luck to you. 행운을 빌게. **stay up late** 밤 늦게까지 자지 않고 있다 **pull out of** ~에서 빠지다

42

M This chicken dish looks healthy.

W I wouldn't say that. Look at all that oil!

M But it's not red meat. That means less cholesterol, right?

W Well, no. A lean steak would have less cholesterol than that oily chicken dish.

M I never thought much about the oil in my meals.

W You should. Many oils are bad for you.

Q: Which is correct according to the conversation?

(a) The woman agrees the man's dish is healthy.

✔ (b) The man believes chicken has less cholesterol.

(c) The woman prefers to eat chicken than lean steak.

(d) The man disagrees with the woman's point of view.

번역 M 이 닭 요리는 건강에 좋아 보여.

W 난 그렇게 생각하지 않아. 저 기름 좀 봐!

M 하지만 붉은 고기가 아니잖아. 그건 콜레스테롤이 적다는 의미잖아.

W 음, 아니. 저렇게 기름진 닭 요리보다는 살코기가 콜레스테롤이 적을 거야.

M 난 기름진 음식에 대해서는 그렇게 생각해 본 적이 없어.

W 생각해 봐. 기름이 많은 것은 나빠.

Q: 대화에 따르면 옳은 것은?

(a) 여자는 남자의 음식이 건강에 좋다는 데 동의한다.

(b) 남자는 닭이 콜레스테롤이 적다고 믿는다.

(c) 여자는 살코기보다 닭고기 먹기를 선호한다.

(d) 남자는 여자의 의견에 동의하지 않는다.

해법 남자는 닭고기가 건강에 좋다고 생각하지만 여자는 닭고기가 기름진 것이기 때문에 건강에 나쁘다고 주장하고 있다. 또한 남자는 닭고기가 붉은 고기가 아니라서 콜레스테롤이 적다고 생각한다. 따라서 올바른 진술은 (b)이다.

dish 음식 **red meat** 붉은 고기 **cholesterol** 콜레스테롤 **lean** 살코기 **oily** 기름진 **point of view** 관점, 의견

43

W Is that the invitation for the office Christmas party?

M Yes, didn't you get one?

W I did, but I don't think I'll be going.

M Why not?

W I prefer not to mix my work with my personal life.

M Suit yourself. But the party is always a lot of fun.

Q: What can be inferred about the man?

✔ (a) He plans to attend the party.

(b) He has not received his invitation.

(c) He does not enjoy office functions.

(d) He will invite the woman to the party.

번역 W 저게 회사 크리스마스 파티 초대장이니?

M 응, 너 안 받았어?

W 받았어, 근데 가지 않을 거 같아.

M 왜 안 가?

W 난 사생활을 일과 섞이게 하고 싶지 않아.

M 맘대로 해. 하지만 파티는 항상 아주 재미있잖아.

Q: 남자에 관해 추론할 수 있는 것은?

(a) 파티에 참석할 계획이다.

(b) 초대장을 받지 않았다.

(c) 회사 행사를 즐기지 않는다.

(d) 여자를 파티에 초대할 것이다.

해법 여자는 회사 파티에 가지 않는 이유로 개인 생활과 회사 생활을 별개로 하고 싶다는 점을 들었다. 남자는 이 말을 듣고 파티는 재미있는 거라고 답하고 있으므로 파티에 참석할 것임을 추론할 수 있다. 회사의 행사를 즐기지 않는 사람은 여자일 것이므로 (c)는 오답이다.

invitation (card) 초대장 **Suit yourself.** 맘대로 해. **function** 행사

44

M Kathy, you work in the student café, don't you?

W That's right.

M Is your boss looking for any extra help? I've got to find a job.

W Well, we just put an ad in the paper yesterday for a dishwasher.

M I guess I could do that!

W Great. Come in tomorrow and see the boss.

Q: What can be inferred from the conversation?
(a) The school café is currently overstaffed.
(b) The man has experience as a dishwasher.
✔ (c) The woman thinks the man can do the job.
(d) The woman's boss is unlikely to hire the man.

번역 M 캐시, 학생 카페에서 일하지 않니?

W 맞아.

M 너희 매니저가 추가 일손을 찾고 있지 않니? 일을 구해야 해.

W 음, 어제 설거지 직원 구한다고 신문에 광고를 냈어.

M 내가 그걸 할 수 있을 거 같아!

W 좋아. 내일 와서 매니저를 만나 봐.

Q: 대화에서 추론할 수 있는 것은?
(a) 학교 카페는 현재 직원이 너무 많다.
(b) 남자는 설거지 일을 해 본 경험이 있다.
(c) 여자는 남자가 그 일을 할 수 있다고 생각한다.
(d) 여자의 상사는 남자를 고용할 것 같지 않다.

해법 여자는 마지막에 내일 와서 상사를 만나보라고 권하고 있으므로 남자가 그 일을 할 수 있을 거라고 생각한다(c)고 추론할 수 있다. 남자가 설거지 경험이 있는(b)지는 알 수 없다.

extra 추가의 put an ad 광고를 내다 dishwasher 설거지 담당자
overstaffed 직원이 과다한 be unlikely to ~할 것 같지 않다

45

W Hi, I'm here to pick up my copy of *Being Assertive*.

M I'm sorry, we're all sold out of that book at the moment.

W But I reserved a copy two months ago, before it was released.

M Under what name?

W My name is Helen Patrick.

M That's odd. There's a record of your order, but we don't have any more copies.

W That's unacceptable. I want to speak with a manager.

Q: What can be inferred from the conversation?
(a) The man mis-recorded the woman's name.
✔ (b) The woman will submit a formal complaint.
(c) The book was released after its scheduled date.
(d) The manager will issue the woman a full refund.

번역 W 안녕하세요, 〈자기 주장을 펼쳐라〉 찾으러 왔어요.

M 미안해요, 현재 그 책은 품절이에요.

W 하지만 출판되기 전인 두 달 전에 한 부를 예약했어요.

M 누구 이름으로요?

W 제 이름은 헬렌 패트릭이에요.

M 그거 이상하네요. 손님의 주문 기록이 있는데 책은 더 이상 없거든요.

W 그거 이해가 안 되네요. 관리인과 얘기할래요.

Q: 대화에서 추론할 수 있는 것은?
(a) 남자는 여자의 이름을 잘못 기록했다.
(b) 여자는 공식적인 불만을 제기할 것이다.
(c) 책은 예정된 날짜 이후에 출간되었다.
(d) 사장은 여자에게 전액 환불을 해줄 것이다.

해법 마지막 말에서 여자는 관리인과 이야기하겠다고 했으므로 공식적으로 불만을 제기하겠다(b)는 것을 추론할 수 있다. 관리인이 이 불만 사항에 대해 어떤 처리를 해줄지는 추론할 수 없으므로 (d)는 답이 아니다.

copy (책의) 한 부 assertive 자기 주장이 강한 be sold out 품절되다
reserve 예약하다 release 발행하다, 출간하다 unacceptable 마음에 들지 않는 submit 제기하다 complaint 불만 issue 주다, 발부하다 full
refund 전액 환불

46

Up until the 1930s, the wives of US Presidents served a mainly ceremonial role. This changed in 1933 when Eleanor Roosevelt, wife of Franklin Roosevelt, became the country's First Lady. In an era when few women worked outside the home, Eleanor took on many responsibilities. She held weekly press conferences, wrote newspaper columns, and traveled the country giving speeches. Because of her, it is now taken for granted that First Ladies are active players within their husbands' administrations.

Q: What is mainly being discussed?
(a) Eleanor Roosevelt's ceremonial role in the 1930s.
(b) Why Eleanor Roosevelt is the best-known First Lady.
(c) Tactics used by Eleanor Roosevelt to increase her power.
✔ (d) How Eleanor Roosevelt changed the image of the First Lady.

번역 1930년대까지 미국 대통령의 부인들은 주로 의례적인 역할을 맡았습니다. 이것은 프랭클린 루즈벨트의 부인인 엘리너 루즈벨트가 영부인이 된 1933년에 바뀌게 되었습니다. 집밖에서 일하는 여성이 거의 없었던 시대에 엘리너는 많은 책임을 맡았습니다. 그녀는 매주 기자 회견을 열었고 신문 사설을 썼으며 연설을 하면서 나라를 돌아다녔습니다. 그녀 때문에 영부인은 남편의 행정 안에서 활동적인 역할을 하는 사람이라는 것이 당연시되었습니다.

Q: 주로 논의되고 있는 것은?
(a) 1930년대 엘리너 루즈벨트의 의례적인 역할.
(b) 엘리너 루즈벨트가 왜 가장 유명한 영부인인지.
(c) 엘리너 루즈벨트가 자신의 권력을 키우는 데 사용한 전략.
(d) 엘리너 루즈벨트가 어떻게 영부인 상을 바꿨는지.

해법 엘리너 루즈벨트가 영부인이 되기 전에는 영부인의 역할이 의례적인 것에 불과했으나 그녀의 많은 활동으로 인해 영부인 상이 바뀌었다(d)는 내용이다.

serve 맡다, 수행하다 ceremonial 의식적인 role 역할 First Lady 영부인
era 시대 responsibility 책임감 press conference 기자 회견 be
taken for granted 당연시되다 administration 행정, 관리 tactic 전략

47

Ms. Donahue, this is Lee Sanchez calling from the Immigration Department. We've received your application for a travel visa to Russia, but I'm afraid there's some information missing. Please call me at your earliest convenience to provide me with more details about your background. I can be reached at 555-3489 between the hours of 9:00 a.m. and 5:30 p.m, Monday to Friday.

Q: What is Lee Sanchez's purpose for calling?
(a) To confirm Ms. Donahue's travel itinerary to Russia.
✔ (b) To inform Ms. Donahue that she needs to give more details.
(c) To ask Ms. Donahue to come to the Immigration Department.
(d) To report that Ms. Donahue's visa application has been denied.

번역 도나휴 씨, 저는 이민 부서의 리 산체스입니다. 당신의 러시아 여행 비자 신청을 받았는데 유감스럽게도 몇 가지 정보가 빠져 있습니다. 편리하신 가장 빠른 시간에 전화를 주셔서 당신의 정보에 대해 더 자세히 알려 주시길 바랍니다. 월요일에서 금요일, 오전 9시에서 오후 5시 30분 사이에 555-3489로 연락 주시면 되겠습니다.

Q: 리 산체스가 전화를 한 목적은?
(a) 도나휴 씨의 러시아 여행 일정을 확정하기 위해.
(b) 도나휴 씨에게 더 자세한 정보를 보내 달라고 알려 주기 위해.
(c) 도나휴 씨에게 이민부서로 와 달라고 하기 위해.
(d) 도나휴 씨에게 비자 신청이 거부되었음을 알리기 위해.

해법 이민부의 산체스는 도나휴 씨에게 러시아 여행 비자 신청서에 정보가 누락되었고 빨리 정보를 달라고 통보하기 위해(b) 전화했다.
missing 빠져 있는　at one's earliest convenience 편리한 가장 빠른 때에
detail 세부 사항　background 배경　confirm 확정하다　itinerary 여정, 일정　deny 거부하다

48

Your days of sweeping up dust and cleaning up liquid spills are over, thanks to the Smart Vac. This self-propelled robotic vacuum cleaner has all the tools to keep your floors spick and span. Powered by just one 9-volt battery, the Smart Vac will patrol your home 24 hours a day for up to a week. Its built-in sensors detect both solid and liquid debris, and it cleans up both in a matter of seconds.

Q: What is mainly being introduced?
(a) A floor polisher intended for home use.
(b) A long-lasting battery for home electronics.
✔ (c) An automatic vacuum cleaner for the home.
(d) An appliance that helps you clean liquids spills.

번역 스마트 백 덕분에 먼지를 쓸고 흘린 액체를 닦는 시대는 끝났습니다. 이 자동 추진식 로봇 진공 청소기는 여러분의 바닥을 깔끔하게 해줄 모든 도구를 갖추고 있습니다. 9볼트 배터리 한 개로만 움직이는 스마트 백이 여러분의 집을 하루 24시간 일주일까지 돌아다닐 것입니다. 내장 센서가 고체와 액체 쓰레기 모두를 찾아내어 수초 안에 치워버립니다.

Q: 주로 소개되고 있는 것은?
(a) 가정용 바닥 닦는 기구.
(b) 오래 가는 가전 제품용 배터리.
(c) 가정용 자동 진공 청소기.
(d) 흘린 액체를 청소하는 데 도움이 되는 가정용 기기.

해법 스마트 백은 쓸고 닦지 않아도 되는 청소 도구이며 자동으로 움직이며 쓰레기를 찾고 치워준다고 했으므로 이것은 자동 로봇 진공 청소기 광고임을 알 수 있다.
sweep up 쓸다　liquid spill 쏟은 액체　self-propelled 자동 추진식의
robotic vacuum cleaner 로봇 진공 청소기　spick and span 깔끔한
patrol 순찰하다　built-in 내장형의　debris 쓰레기　in a matter of seconds 수초 안에　polisher 닦는 기구　long-lasting 오래 가는　home electronics 가전 제품

49

Esperanto is a constructed language dating from the late 1800s. The purpose of its creation was to facilitate international communication and thus encourage world peace. However, while the language may have up to 2 million speakers, it also has many critics. They argue that Esperanto's Indo-European grammar and vocabulary is difficult to learn for Asian speakers. A true universal language must be made up of elements from all the world's languages, they say.

Q: What is the main topic of the talk?
(a) How Esperanto was constructed.
✔ (b) A supposed shortcoming of Esperanto.
(c) The community of Esperanto speakers.
(d) A change to Esperanto's grammar structure.

번역 에스페란토어는 1800년대 후반부터 있었던 인공어입니다. 이 언어를 만든 목적은 국제적인 의사소통을 용이하게 해서 세계 평화를 증진하자는 것이었습니다. 그러나 이 언어는 2백만 명이나 되는 사용자가 있는 반면 비판하는 사람들 또한 많습니다. 그들은 에스페란토어의 인도 유럽식 문법과 어휘가 아시아 사용자들이 배우기 어렵다고 주장합니다. 진정한 만국 공통어는 세계의 모든 언어 요소들로 구성되어야 한다고 그들은 말합니다.

Q: 담화의 주제는?
(a) 에스페란토어가 만들어지게 된 경위.
(b) 에스페란토어의 단점으로 제기된 것.
(c) 에스페란토어 사용자들의 단체.
(d) 에스페란토어의 문법 구조 변화.

해법 에스페란토어를 만든 목적에 대해 언급하고 그에 대한 비판을 소개하고 있다. 문법과 어휘가 인도 유럽식이라 아시아인들에게 어렵다는 단점(b)을 소개하고 세계 모든 언어의 요소를 담아야 한다는 주장을 제시하고 있다.
constructed language 인공어　date from ~에서부터 존재하다
facilitate 용이하게 하다　up to ~에 이르는　be made up of ~로 구성되다
element 요소　supposed 제기된　shortcoming 단점

50

"Bring Your Child to Work Day" will be held next Friday, August 15. All employees are welcome to bring their son or daughter to the office on that day. Please remember, though, that due to space restrictions, only one child per employee will be permitted. You will also have to supervise your child for the entire day, as the daycare workers we usually hire for the event will not be here this year.

Q: What is the announcement mainly about?
(a) A project employees should volunteer for.
(b) The right date for bringing a child to work.
(c) New regulations to follow in the workplace.
✔ (d) Employee guidelines for a child-at-work day.

번역 '자녀 초청 데이'는 8월 15일, 다음 금요일에 열릴 것입니다. 모든 직원들이 당일 자녀를 회사에 데리고 와도 됩니다. 하지만 공간 제한으로 인해 직원당 한 명의 아이만 허용된다는 것을 기억하세요. 또한 아이를 하루 종일 보호해야 하는데 이 행사를 위해 고용했던 놀이방 담당 직원이 올해에는 없을 것이기 때문입니다.

Q: 이 공고는 주로 무엇에 관한 것인가?
(a) 직원들이 자원해야 하는 프로젝트.
(b) 아이를 직장에 데려올 정확한 날짜.
(c) 직장에서 따라야 할 새로운 규칙.
(d) 회사에 자녀 데려오는 날에 대한 직원 지침.

해법 자녀를 회사에 데려오는 행사에 대한 내용이다. 직원당 한 명의 아이만 허용되고, 놀이방 담당 직원이 없으므로 직접 아이를 돌봐야 한다는 규칙을 설명하고 있으므로 정답은 (d)이다.

employee 직원 **be welcome to** ~하기를 환영하다 **restriction** 제한 **supervise** 감시하다 **entire** 전체의 **daycare** 보육, 탁아 **volunteer for** ~에 자원(봉사)하다 **regulation** 규칙 **guideline** 지침

51

Back in 1993, the average yearly tuition for a public 4-year college was just 3,000 dollars. In 2004, the cost was around 5,000 dollars. But the rise in private college tuition has been even more severe, jumping from 11,000 dollars in 1993 to 16,000 in 2004. These increases are well above the rate of inflation, and it's becoming more and more difficult to attend college in this country.

Q: What is the main idea of the talk?
(a) The number of college enrollments declined in 2004.
(b) The rise in tuition costs can be explained by rising inflation.
✔ (c) The cost of attending college was higher in 2004 than in 1993.
(d) The quality of college education has been consistently declining.

번역 과거 1993년에는 4년제 공립 대학의 일년치 평균 등록금이 3,000달러였습니다. 2004년에는 그 비용이 약 5,000달러였습니다. 그런데 사립 대학의 대학 등록금 인상은 훨씬 더 심해서 1993년에 11,000달러에서 2004년에는 16,000달러로 뛰었습니다. 이러한 증가는 인플레이션 비율보다 훨씬 높으며 이 나라에서 대학을 다니는 것이 점점 더 어려워지고 있습니다.

Q: 담화의 요지는?
(a) 대학 입학 등록자수는 2004년에 감소했다.
(b) 등록금 인상은 치솟는 인플레이션 때문으로 설명될 수 있다.
(c) 대학에 다니는 비용은 1993년보다 2004년에 더 높았다.
(d) 대학 교육의 질은 지속적으로 하락하고 있다.

해법 공립대와 사립대의 등록금 인상에 대한 내용이다. 1993년과 2004년을 비교하며 사립대의 상승폭이 더 크다는 설명을 하고 있다. 이는 인플레이션을 훨씬 상회하는 상승 폭이므로 대학에 다니는 비용은 2004년이 더 비싸다(c)는 것이 요지로 적절하다.

tuition 등록금 **rise** 상승 **severe** 심한 **inflation** 인플레이션 **enrollment** 입학 등록 **decline** 감소하다 **consistently** 지속적으로

52

There are a number of drugs on the market designed to lower a patient's risk of cholesterol-related illnesses. Some drugs concentrate on breaking down "bad" or unhealthy cholesterol within the body, while others focus on building up the levels of "good" or healthy cholesterol. Unfortunately, there are potentially severe side effects related with every cholesterol medication. These include muscle damage, digestion problems, and liver and kidney failure.

Q: What is the purpose of the report?
(a) To recommend a new medication to patients.
✔ (b) To give an overview of existing cholesterol drugs.
(c) To warn against the prescription of cholesterol drugs.
(d) To explain the different kinds of cholesterol in the body.

번역 환자의 콜레스테롤과 관련된 질병 위험을 줄이기 위해 마련된 수많은 약들이 시판되고 있습니다. 몇몇 약들은 몸 안에 있는 '나쁜', 즉 건강에 좋지 않은 콜레스테롤을 분해하는 데 집중하는 반면, 다른 약들은 '좋은' 즉 건강에 좋은 콜레스테롤을 키우는 데 중점을 둡니다. 불행히도 모든 콜레스테롤 약과 관련해서 잠재적으로 심각한 부작용이 있습니다. 이들은 근육 손상과, 소화 불량, 간과 신장 부전 등을 포함합니다.

Q: 보도의 목적은?
(a) 환자들에게 새로운 약품을 추천하기 위해.
(b) 현존하는 콜레스테롤 약품에 대한 개요를 설명하기 위해.
(c) 콜레스테롤 약 처방에 대해 경고하기 위해.
(d) 몸 안의 다른 종류의 콜레스테롤에 대해 설명하기 위해.

해법 콜레스테롤 약에는 나쁜 콜레스테롤을 없애는 약과 좋은 콜레스테롤을 키우는 약, 두 가지 종류가 있고 이들은 모두 심각한 부작용이 있다며 약에 대한 개략적인 소개(b)를 하는 글이다.

designed to ~하기로 고안된 **-related** ~와 연관된 **concentrate on** ~에 집중하다 **break down** 분해하다 **build up** 키우다. 늘리다 **potentially** 잠재적으로 **side effect** 부작용 **medication** 약물 **digestion** 소화 **liver** 간 **kidney** 신장 **failure** 고장. 부전 **overview** 개요 **prescription** 처방

53

It's common knowledge that, after a big earthquake, a series of mini-quakes known as aftershocks occur throughout the area. However, scientists have learned that major earthquakes can also cause small tremors thousands of miles away. During a serious seismic event, the ground vibrates violently, sending out waves of movement in the earth like ripples in a pond. These waves travel slowly, but they can continue for days. The instability they create often leads to minor tremors in distant regions, even if earthquakes do not usually occur there.

Q: Which is correct about major earthquakes?
(a) They can occur anywhere in the world.
(b) Their waves move rapidly through the earth.
✔ (c) Their aftershocks can be felt at great distances.
(d) They are sometimes accompanied by aftershocks.

번역 큰 지진 이후에 여진이라고 알려진 일련의 소지진들이 그 지역 전체에 걸쳐 발생한다는 것은 상식입니다. 그러나 과학자들은 주 지진이 수천 마일 먼 곳까지도 작은 미진을 일으킬 수 있다는 것을 밝혀냈습니다. 극심한 지진 활동 중에 땅은 연못의 물결과 같이 땅에 움직임의 물결을 퍼뜨리면서 격렬하게 진동합니다. 이 파동은 천천히 이동하는데 며칠간 지속될 수 있습니다. 그것들이 만들어내는 불안정 상태는 지진이 보통 발생하지 않는 곳임에도 불구하고 먼 지역에 종종 미세한 진동이 생기게 합니다.

Q: 주 지진에 관해 옳은 것은?
(a) 세계 어디서나 발생할 수 있다.
(b) 파동은 땅을 통해 빠르게 움직인다.
(c) 여진은 먼 거리에서도 느껴질 수 있다.
(d) 때때로 여진을 동반한다.

해법 주 지진은 여진을 동반하는데 이것이 수천 마일 떨어진 곳까지 그 진동이 퍼질 수 있다는 내용이다. 이것이 만들어내는 파동은 물결처럼 천천히 이동한다고 했고 여진은 항상 생긴다고 했으므로 (c)만 옳다.
common knowledge 상식 **a series of** 일련의 **aftershock** 여진 **throughout** 도처에 **tremor** 미진 **seismic** 지진의 **vibrate** 진동하다 **violently** 과격하게 **ripples** 물결 **instability** 불안정 **accompany** 동반하다

54

Ladies and gentlemen, the tour will be departing in approximately five minutes. I'd like to ask that everyone sitting in the last ten rows of the bus please board now. That's rows 10 to 20. You can find your row number on the top right of your ticket. Once these folks are aboard, we'll continue with the front 10 rows, and finally everyone who's sitting in the upper level can board. Thanks for coming out today, and we hope you enjoy the tour.

Q: Who should board now?
(a) Everyone with tickets for the tour.
✔ (b) People with tickets for the rear of the bus.
(c) Those who have tickets for the front rows.
(d) All passengers that will sit at the upper level.

번역 신사 숙녀 여러분, 투어는 약 5분 후에 출발하겠습니다. 버스의 뒤쪽 열 줄에 앉으실 분들은 모두 지금 탑승해 주시기 바라며 10번부터 20번 열입니다. 여러분 승차권의 오른쪽 맨 위에 열 번호가 있습니다. 이분들이 탑승하고 나면 앞쪽 열 줄이 탑승하고 마지막으로 위층에 앉으실 분들이 탑승하시겠습니다. 오늘 나와 주셔서 감사드리며 즐거운 투어 되시길 바랍니다.

Q: 지금 탑승할 사람은 누구인가?
(a) 투어 승차권이 있는 사람 누구나.
(b) 버스의 뒷줄 승차권을 가진 사람들.
(c) 앞 열 승차권을 가진 사람들.
(d) 위층에 앉을 모든 승객들.

해법 두 번째 말에서 지금 탑승할 사람들이 언급되고 있다. 버스 뒤쪽에 앉는 승객들이 먼저 타고 그 다음이 앞 열, 마지막으로 위층 승객들이 탄다고 했다.
approximately 대략 **row** 열 **board** 탑승하다 **folk** 사람 **aboard** 탑승한 **upper** 위쪽의 **rear** 뒤쪽의

55

It's tempting to believe you can counteract the effects of alcohol by drinking coffee. Yet, scientists say adding caffeine to alcohol may actually worsen the situation. People who drink only alcohol feel themselves becoming intoxicated and are more likely to admit they're drunk. However, drinking coffee with alcohol makes them feel more awake and they might think they have "sobered up" even though their level of intoxication hasn't changed. This misconception can lead to poor decision making.

Q: Which is correct according to the talk?
(a) Caffeine can help a person recover from alcoholism.
(b) Drinking coffee may be harmful if drunk with alcohol.
(c) People who mix coffee and alcohol tend to get drunker.
✔ (d) Coffee drinking cannot alter a person's intoxication level.

번역 커피를 마시면 술의 영향에 대항할 수 있다고 믿는 것은 솔깃한 일입니다. 그러나 과학자들은 술에 카페인을 더하는 것은 사실 상황을 더 악화시킨다고 말합니다. 술만 마신 사람들은 취해가는 것을 느끼고 자신이 취했다는 것을 더 인정합니다. 그러나 술과 커피를 마신 사람은 더 깨어 있는 것처럼 느끼게 되어 취한 정도가 변하지 않았음에도 불구하고 자신이 '술이 깼다'고 생각할 수도 있습니다. 이 착각은 잘못된 결정을 가져올 수 있습니다.

Q: 담화에 따르면 옳은 것은?
(a) 카페인은 알코올 중독에서 회복하는 것을 돕는다.
(b) 술과 함께 커피를 마시는 것은 해로울지도 모른다.
(c) 커피와 술을 섞는 사람들은 술이 더 취하는 경향이 있다.
(d) 커피를 마시는 것은 취하는 정도를 바꿀 수 없다.

해법 술을 마시고 나서 커피를 마시면 카페인의 영향으로 깨어 있다고 생각하게 될 뿐이지 취한 정도가 바뀌는 것은 아니며 그러한 착각으로 인해 잘못된 판단을 할 수도 있다는 것이다. 술과 카페인이 섞여서 해롭거나 술이 더 취하거나 하는 것이 아니므로 (d)가 정답이다.
tempting 솔깃한 **counteract** (악영향에) 대응하다 **worsen** 악화시키다 **intoxicated** 취한 **drunk** 술이 취한 **awake** 깨어 있는 **sober up** 깨다 **misconception** 착각 **decision making** 결정 **alcoholism** 알코올 중독 **alter** 바꾸다

56

The airline industry has largely recovered from the turbulent economic times of a few years ago. Companies are no longer living in daily fear of bankruptcy, and passenger numbers are on the rise. Still, analysts suggest that we may never return to the era of low-cost, fee-free flights. Charges for checked bags and meals are expected to remain, and as time goes on, airlines that traditionally provide complimentary services will likely add costs.

Q: Which is correct according to the report?
(a) Passengers pay lower airfares than in the past.
(b) Some airlines are still on the verge of bankruptcy.
(c) The fees charged for checked bags will soon double.
✔ (d) The situation for airlines has improved in recent years.

번역 항공 산업은 몇 년 전 격동의 경제 시기에서 대체로 회복되었습니다. 기업들은 더 이상 매일 파산의 공포 속에 살지 않고 승객의 수는 증가하고 있습니다. 그럼에도 분석가들은 저비용, 무료 비행의 시대로 돌아갈 수는 없을 거라고 합니다. 위탁 수하물과 식사 요금은 남아 있을 것이며, 시간이 감에 따라 전통적으로 무료 서비스를 제공하던 항공사는 비용을 추가하게 될 것 같습니다.

Q: 보도에 따르면 옳은 것은?
(a) 승객들은 과거보다 더 낮은 항공료를 낸다.
(b) 몇몇 항공사는 여전히 파산 직전에 있다.
(c) 위탁 수하물 요금은 곧 두 배가 될 것이다.
(d) 항공사의 상황은 최근 개선되었다.

해법 몇 년 전 격동의 시기에서 회복했고 파산의 공포에서 벗어났으며 승객의 수가 증가하고 있다고 했으므로 상황이 최근에 개선되었음을 알 수 있다. 하지만 무료 비행은 사라지고 서비스 비용이 늘어날 것이라고 했으므로 (a)와, 두 배라고 지정하지 않았으므로 (c)는 오답이다.

turbulent 격동의 bankruptcy 파산 analyst 분석가 era 시대
low-cost 저비용 checked bag 위탁 수하물 complimentary 무료의
on the verge of 막 ~하려는

57

The nineteenth-century inhabitants of the plains regions of South America are referred to as "gauchos." Often compared to the North American cowboy, the gaucho followed a nomadic lifestyle and relied on horses for transport. They were renowned for their honor, honesty, and their ability to endure harsh conditions. Today, the gaucho is often used to symbolize traditional values that have been lost in the process of modernization.

Q: Which is correct about gauchos?
(a) They still exist in South America in the present day.
✔ (b) They led simple lives on the South American plains.
(c) They were descended from North American cowboys.
(d) They were instrumental in the process of modernization.

번역 19세기 남아메리카의 평원 지역 거주민들은 '가우초'라고 불렸습니다. 북아메리카의 카우보이와 비교되는 가우초는 유목민 생활 방식을 따랐고 이동하는 데 말을 필요로 했습니다. 그들은 명예와 정직, 가혹한 조건을 견디는 능력으로 유명했습니다. 오늘날 가우초는 종종 근대화 과정에서 잃어버린 전통적인 가치를 상징하는 데 사용됩니다.

Q: 가우초에 관해 옳은 것은?
(a) 현재까지도 여전히 남아메리카에 존재한다.
(b) 남아메리카 평원에서 소박한 삶을 살았다.
(c) 북아메리카 카우보이의 자손이다.
(d) 근대화 과정에서 중요했다.

해법 가우초가 현재도 남아메리카에 산다는 언급은 없고 카우보이와 자주 비교는 되지만 그들의 자손이라는 언급 또한 없다. 유목민의 생활 방식을 따랐다고 했으므로 정답은 (b)이다.

inhabitant 거주민 plains 평원 be referred to ~라고 불리다
compared to ~와 비교되어 nomadic 유목민의 rely on ~에 의지하다
be renowned for ~로 잘 알려지다 endure 견디다 symbolize 상징하다 modernization 근대화 be descended from ~의 자손이다
instrumental 중요한

58

The Bedford Institute is pleased to announce the launch of our beginner's Chinese class. The class will meet Monday and Wednesday evenings, starting next Monday, from 6:30 to 9:15. Registration will open tomorrow and will remain open through the first week of class. The cost for the eight-week course is an economical $95. Learners who already have a beginner's grasp of Chinese should watch for the launch of our intermediate class, currently under development.

Q: What can be inferred from the announcement?
(a) Bedford has traditionally offered Chinese classes.
✔ (b) Intermediate Chinese classes are not available.
(c) Registrants need to pass a level test exam.
(d) Places for the classes are limited to 30.

번역 베드포드 학원은 초급 중국어 수업의 시작을 발표하게 되어 기쁩니다. 수업은 다음 주 월요일에 시작하며 월요일과 수요일 저녁 6시 30분부터 9시 15분까지입니다. 등록은 내일 시작되고 수업의 첫째 주까지 열려 있을 것입니다. 8주 과정의 비용은 경제적인 95달러입니다. 기초 중국어 능력을 가진 학습자들은 최근에 개발 중인 중급 수업의 시작을 기다려 주십시오.

Q: 공고에서 유추할 수 있는 것은?
(a) 베드포드는 전통적으로 중국어 수업을 제공했다.
(b) 중급 중국어 수업은 현재 수강할 수가 없다.
(c) 등록자들은 레벨 테스트 시험을 통과해야 한다.
(d) 수업은 30명으로 제한된다.

해법 이 학원은 기초 중국어 수업을 개설했고 중급 수업은 개발 중이라고 했으므로 현재로서는 들을 수가 없다(b)는 것을 유추할 수 있다. 이번에 개설한 것이므로 전통적으로 중국어 수업이 있었다는 것은 맞지 않다. 레벨 테스트나 인원 제한도 알 수 없는 내용이다.

institute 학원 launch 시작 economical 경제적인 grasp 능력
intermediate 중급의 under development 개발 중인 registrant 등록자 place 좌석, 자리 be limited to ~로 제한되다

59

A study carried out in the African nation of the Democratic Republic of Congo suggests that mosquito bed nets may be the most cost-effective method for reducing infant deaths from malaria. The nets, treated with insecticide, are hung over beds to protect sleeping infants from bites. Within the study sample of 18,000 mothers and their children, it is estimated the nets prevented 414 infant deaths. The cost of $6 US dollars per net is a small price to pay for such positive results.

Q: What can be inferred about the Democratic Republic of Congo?

✔ (a) It is likely more than 400 children die from malaria every year.
(b) It has the highest incidence of malaria of any African nation.
(c) Its government will begin providing free mosquito nets.
(d) Its infant population grows by 18,000 annually.

번역 콩고 민주 공화국이라는 아프리카 국가에서 시행한 연구는 침대 모기장이 말라리아로 인한 유아 사망을 줄이는 가장 비용 효율이 높은 방법일 수 있다고 제안하고 있습니다. 살충제 처리가 된 모기장은 잠자는 유아들이 물리지 않도록 침대에 드리워집니다. 18,000명의 어머니와 아이들을 대상으로 한 연구에서 모기장은 414명의 유아 사망을 예방했다고 추정됩니다. 모기장당 미화 6달러 비용은 이러한 긍정적인 결과에 지불하기에는 적은 돈입니다.

Q: 콩고 민주 공화국에 관해 유추할 수 있는 것은?
(a) 매년 말라리아로 400명 이상의 아이들이 죽을 가능성이 있다.
(b) 아프리카 국가 중에서 말라리아 발병률이 가장 높다.
(c) 정부는 무료 모기장을 제공하기 시작할 것이다.
(d) 유아 인구가 매년 18,000명씩 증가한다.

해법 18,000명 중에서 414명의 유아 사망을 모기장을 통해 예방했다고 추정된 연구 결과의 내용을 볼 때 매년 400명 이상의 유아들이 말라리아를 통해 죽을 가능성이 있다(a)는 유추가 가능하다.
carry out 시행하다 **cost-effective** 비용 효율이 좋은 **treated with** ~로 처리된 **insecticide** 살충제 **bite** 물림 **estimate** 추정하다 **incidence** 발생 **annually** 매년

60

General George Patton was one of the most controversial US figures of World War II. In 1943, he physically struck one of his wounded soldiers who had admitted to being afraid of battle, calling him a coward. After this incident, he was temporarily relieved of command and nearly discharged from the service. However, later in the war, he led troops to victory in decisive battles in Germany. Once the war was over, Patton was treated to a hero's welcome on his return to the United States.

Q: What can be inferred about General Patton?

✔ (a) His harsh reprimand was not condoned by his superiors.
(b) The 1943 incident has tarnished his historical legacy.
(c) He continued to serve in the army after the war.
(d) The soldier he struck later forgave the action.

번역 조지 패튼 장관은 제2차 세계대전 중 미국에서 가장 논쟁이 되는 인물 중 하나였습니다. 1943년에 그는 전쟁이 무섭다고 인정했던 자신의 부상병 중 하나를 겁쟁이라고 부르며 때렸습니다. 이 사건 이후 그는 일시적으로 지휘권을 박탈당했고 거의 군복을 벗을 뻔했습니다. 그러나 전쟁 후반에 그는 독일과의 결정적인 전투에서 군대를 승리로 이끌었습니다. 전쟁이 끝나자 패튼은 미국으로 돌아오는 길에 영웅으로서 환대를 받았습니다.

Q: 패튼 장군에 관해 유추할 수 있는 것은?
(a) 그의 가혹한 질책은 상관들에 의해 용납되지 않았다.
(b) 1943년 사건은 그의 역사적인 유산을 손상시켰다.
(c) 그는 전쟁 후에도 군대에서 계속 복무했다.
(d) 그가 때린 병사는 나중에 그 행동을 용서했다.

해법 자신의 병사를 때린 사건 때문에 그는 일시적으로 지휘권을 잃고 전역을 할 뻔했다고 했으므로 그 가혹한 질책 행위가 용납되지 않았고 처벌을 받았음(a)을 유추할 수 있다. 이 사건으로 징계는 당했지만 나중의 업적까지 영향을 미치지는 않았으므로 (b)는 답이 될 수 없고, (c)와 (d)는 확인할 근거가 없어 오답이다.
general 장군 **controversial** 논쟁적인 **physically** 신체적으로 **wounded soldier** 부상병 **be afraid of** ~을 두려워하다 **coward** 겁쟁이 **temporarily** 일시적으로 **relieved of command** 지휘권을 박탈당한 **discharged from the service** 전역한 **troop** 군대 **decisive** 결정적인 **reprimand** 질책 **condone** 용납하다 **tarnish** 더럽히다 **legacy** 유산

1

A   When is Liam getting here?

B   I expect him _____ sometime after 6:30.

(a) arriving

(b) arrived

✔ (c) to arrive

(d) having arrived

번역 A 리암은 언제 여기 도착하니?

     B 그는 6시 30분 이후에 도착할 것 같아.

해법 expect는 〈expect+(목적어)+to+동사원형〉 또는 〈expect+that절〉의 형태로 쓰인다. 목적어 him은 to arrive의 의미상 주어로 쓰인 것이므로 '그가 도착할 것을 예상하다'는 뜻이 된다.

get 도착하다   **expect** 예상하다

2

A   Is Gertrude still afraid of flying?

B   Yes, she gets quite nervous _____.

(a) whenever travels

(b) traveling whenever

✔ (c) whenever she travels

(d) she travels whenever

번역 A 거트루드는 여전히 비행을 두려워하지?

     B 응. 그녀는 여행할 때마다 상당히 긴장해.

해법 whenever는 '~할 때는 언제든지, ~할 때마다'의 뜻으로 쓰이는 접속사이다. 접속사가 이끄는 절이므로 whenever 다음에 주어+동사의 어순으로 와야 한다.

be afraid of ~을 두려워하다   **nervous** 긴장한

3

A   Downtown Recording Studio, this is Matt _____.

B   Please connect me with your sound manager.

(a) having spoken

✔ (b) speaking

(c) to speak

(d) speaks

번역 A 다운타운 녹음 스튜디오의 맷입니다.

     B 음향 팀장님 바꿔주세요.

해법 전화상에서 자신의 이름을 밝힐 때는 I am이 아니라 speaking을 써서 This is … speaking이라고 한다.

connect 연결하다

4

A   Don't you just love the ballet?

B   Actually, as live performances go, it's _____.

(a) a favorite not mine

(b) a favorite not one of

✔ (c) not one of my favorites

(d) not a favorite one of me

번역 A 발레를 좋아하지 않니?

     B 사실, 라이브 공연치고는 내가 가장 좋아하는 건 아냐.

해법 as … go는 '~을 기준으로 말한다면, ~치고는'의 어구이다. 발레가 one of my favorites가 아니라는 말이므로 부정어인 not이 be동사 다음에 연결되어야 한다.

performance 공연   **favorite** 가장 좋아하는 것

5

A   Check out the price of that laptop.

B   Wow, it _____ by more than 50%!

(a) reduces

(b) is reducing

✔ (c) has been reduced

(d) must have reduced

번역 A 저 노트북 가격을 봐.

     B 와, 50퍼센트 이상 값이 떨어졌어!

해법 the price와 동사 reduce의 관계를 볼 때 가격은 감소되는 것이므로 수동형이 되어야 한다. 따라서 (c)가 답이다.

reduce 감소하다   **by** ~만큼

6

A Hi, I heard there was an open position in the kitchen.
B That's right. We're _____ an experienced line cook.

(a) of need
✔ (b) in need of
(c) in needing
(d) needing of

번역 A 안녕하세요, 주방에 자리가 났다고 들었어요.
B 맞습니다. 숙련된 보조 주방장이 필요해요.

해법 '~을 필요로 하다'의 어구로 need가 들어간 표현 중 명사가 목적어로 올 수 있는 be in need of를 써야 한다. have no need of(~이 필요하지 않다)/ there's no need to(~할 필요가 없다, ~하지 말아야 한다) 등의 표현도 많이 쓰인다.

open position 공석 **experienced** 숙련된 **line cook** 보조 주방장

7

A Where were you while we _____ the cake, Tom?
B Sorry, I had to go buy the ice cream.

(a) had been cutting
✔ (b) were cutting
(c) had cut
(d) will cut

번역 A 우리가 케이크 자르는 동안 넌 어디 있었니, 톰?
B 미안, 난 아이스크림을 사러 가야 했어.

해법 시간을 나타내는 접속사 while은 '~하는 동안에'의 뜻으로 주로 일정한 시간이 주어질 때 쓰인다. while절의 시제는 주절의 were you와 같아야 하므로 과거시제인 were cutting이 정답이다.

8

A Doesn't this movie end with a car chase scene?
B No, you must be thinking of _____.

(a) one another
✔ (b) another one
(c) other one
(d) each other

번역 A 이 영화 자동차 추격 장면으로 끝나지 않나?
B 아니, 너 다른 영화를 생각하고 있구나.

해법 this movie가 아니라 다른 영화를 가리키므로 another movie를 대신할 수 있는 another one이 알맞다. one은 앞에 나온 명사를 대신하는 말로 단독으로 쓰이거나 앞에 수식어구와 함께 쓰이기도 한다. 또한 복수로도 쓸 수 있다.

chase 추격

9

A Going through airport security is _____ a hassle these days!
B I know, but it's for our own safety.

✔ (a) such
(b) very
(c) too
(d) so

번역 A 공항 보안을 통과하는 것이 요즘은 아주 성가신 일이야!
B 맞아, 하지만 우리 자신의 안전을 위한 거잖아.

해법 such는 such nice people/ such a fine day/ such an idiot과 같이 〈such+(관사)+(형용사)+명사〉의 형태로 쓰이므로 정답은 (a)이다.

security 보안 **hassle** 성가신 일 **safety** 안전

10

A Can I change rooms? Mine smells like cigarettes.
B You _____ earlier. We're fully booked.

(a) should be saying something
✔ (b) should have said something
(c) have something to say
(d) said something

번역 A 객실을 바꿔도 될까요? 제 방에 담배 냄새 같은 것이 나요.
B 좀 더 일찍 말씀해 주셨어야 했는데요. 예약이 다 찼습니다.

해법 좀 더 일찍 말했어야 했다는 말이 적절하므로 과거에 하지 못한 것에 대한 후회나 안타까움을 나타내는 should have p.p.를 써야 한다. 따라서 (b)가 정답이다.

be fully booked 예약이 다 차다

11

A　Let's go to the restaurant at 7:00.
B　Okay, but _____ to wait for a table.

(a) to be preparing
(b) being prepared
(c) be preparing
✔ (d) be prepared

번역　A 7시에 음식점에 가자.
　　B 좋아, 하지만 자리가 날 때까지 기다릴 각오를 해.

해법　음식점의 자리가 날 때까지 기다릴 각오를 하라는 말이다. 명령형이 되어야 하며 '준비가 된, 각오가 되어 있는'의 뜻이 되어야 하므로 be prepared가 와야 한다.
wait for ~을 기다리다

12

A　I'll let you know as soon as I get the results of my exam.
B　Yes, please _____.

✔ (a) do
(b) to do
(c) have done
(d) will have done

번역　A 시험 결과를 받는 대로 너에게 알려줄게.
　　B 그래, 꼭 그래 줘.

해법　빈칸에는 let me know as soon as you get the results of your exam을 대신하는 말이 들어가야 한다. 명령형이 되어야 하고 동사(구)를 대신하는 대동사 do가 쓰여서 '제발 그렇게 해줘'라는 말이 된다.
as soon as ~하자마자

13

A　This candidate is way down in the polls.
B　He _____.

(a) needed a miracle winning
✔ (b) needs a miracle to win
(c) needs to win a miracle
(d) will win the miracle

번역　A 이 후보자는 득표수가 아주 저조해.
　　B 그가 당선되려면 기적이 필요하겠네.

해법　득표수가 아주 저조하다고 했으므로 이기기 위해서는 기적이 필요하다는 내용이 되어야 한다. '이기기 위해서'는 to win이므로 needs a miracle to win이 맞는 형태이다.
candidate 후보자　**way** 아주, 많이　**down** (수량이) 적게　**poll** 득표수

14

A　_____ I got a parking ticket?
B　That's really bad luck.

(a) Can you believe it
✔ (b) Can you believe
(c) Can't believe it
(d) Can it believe

번역　A 내가 주차 위반 딱지를 받았다는 걸 믿을 수 있니?
　　B 참 운이 나빴구나.

해법　놀랍고 충격적인 감정을 나타내는 표현이다. I got a parking ticket은 절이므로 절 앞에 쓸 수 있는 Can you believe (that)...?이 되어야 하며 목적어가 있으므로 it이 나오면 안 된다.
parking ticket 주차 위반 딱지

15

A　We can't give up. My keys have to be here somewhere!
B　Sorry, Kim, there's nowhere left _____.

✔ (a) to look
(b) looking
(c) having looked
(d) to have looked

번역　A 우리는 포기할 수 없어. 내 열쇠가 여기 어딘가에 있어야 하는데!
　　B 미안해, 킴, 더 찾아볼 곳이 남아 있지 않아.

해법　포기하지 않고 열쇠를 찾으려는 사람에게 이제 더 이상 찾아볼 곳이 남아 있지 않다는 내용의 답이 되어야 한다. 명사인 nowhere left를 뒤에서 수식하는 to부정사 to look이 나와야 한다.
give up 포기하다　**somewhere** 어딘가에

16

A That taxi driver cheated me!
B Come on, it's not _____ he stole your wallet.

(a) if
(b) that
✔ (c) as if
(d) whether

번역 A 저 택시 운전자가 날 속였어!
B 진정해. 그가 네 지갑을 훔친 것도 아니잖아.

해법 it's not as if는 '~라면 모를까, ~한 것도 아니잖아'라는 뜻의 어구로 쓰인다. 상대방의 말에 대해 놀라움을 표시하고 올바른 말이나 행동이 아님을 뜻하는 표현이다. 훔친 것도 아닌데 뭘 그렇게까지 하느냐는 의미를 담는다.
cheat 속이다 **steal** 훔치다 **wallet** 지갑

17

A Why are you buying that? You already have a cell phone.
B Yeah, but I _____ use a backup.

(a) would
(b) ought
(c) have
✔ (d) could

번역 A 왜 그걸 사는 거야? 핸드폰이 이미 있잖아.
B 응, 하지만 예비로 쓸 수 있을 거야.

해법 조동사 could는 '~일 수도 있다'는 가능성을 나타낸다. would를 쓰면 의지의 표현으로 '나라면 ~하겠다'는 뜻이 되므로 내용과 어울리지 않는다.
backup 여벌, 예비품

18

A This dish _____.
B Yes, but it tastes delicious.

✔ (a) is difficult to make
(b) to make is difficult
(c) difficult that I make
(d) is difficult for to make

번역 A 이 음식은 만들기 힘들어.
B 응, 하지만 맛이 좋아.

해법 〈형용사+to+동사원형〉 구문이다. 형용사 difficult가 들어가는 이 구문은 This dish is difficult to make와 It is difficult to make this dish 두 가지로 표현할 수 있다.
dish 음식

19

A Shelly got an A in her English literature class.
B Wow, I _____ that.

(a) haven't expected
(b) wouldn't be expecting
(c) expected she wouldn't
✔ (d) wouldn't have expected

번역 A 셸리가 영문학 수업에서 A를 받았어.
B 와, 그건 예상하지 못했는데.

해법 놀라운 사실을 듣고 그것을 예상하지 못했을 것이라는 가정의 뜻을 나타내려면 wouldn't expected that이나 wouldn't have expected를 써야 한다. 여기에서는 과거 사실의 반대이므로 현재완료형인 wouldn't have p.p.가 쓰인 (d)가 정답이다.
literature 문학

20

A Can I turn in my paper a little late, Professor?
B You know _____ deadline extensions.

(a) I'm feeling about
(b) about how I feel
(c) how about I feel
✔ (d) how I feel about

번역 A 과제물을 조금 늦게 제출할 수 있을까요, 교수님?
B 내가 마감 연장에 대해 어떻게 생각하는지 알잖니.

해법 know의 목적어로 how가 이끄는 의문사절이 와야 한다. 의문사절은 〈주어+동사〉의 어순이 되어야 하는데 '~에 대해 어떻게 느끼는지를 안다'는 뜻이 되려면 how I feel about이 알맞은 어순이다. 전치사 about의 목적어가 deadline extensions이다.
turn in ~을 제출하다 **paper** 과제물, (연구) 논문 **extension** 연장

21

Annette _____ in the garden for over two hours when her friend finally showed up to help.

(a) worked
(b) has worked
(c) was working
✔ (d) had been working

번역 아네트는 친구가 마침내 도와주려고 나타났을 때 두 시간 이상 정원에서 일하고 있던 중이었다.

해법 친구가 나타난 때는 과거시제이다. 아네트는 그 이전부터 친구가 나타난 때까지 계속 일하고 있었다는 내용이므로 이전 시점을 나타내는 대과거가 되고 동작의 진행을 강조하는 진행형을 쓴 (d)가 정답이다.
show up 나타나다

22

Portugal led Europe's expansion with _____ sea voyages down the west coast of Africa.

✔ (a) a series of
(b) series of
(c) a series
(d) series

번역 포르투갈은 일련의 아프리카의 서부 해안 아래 항해를 통해 유럽의 확장을 이끌었다.

해법 이어져서 발생하는 몇 개의 사건이나 행동을 나타내는 단어가 '일련, 연속'이라는 뜻의 series이다. 명사 series는 단수로 다른 명사 앞에서 전치사 of를 동반하여 a series of 형태의 어구로 쓰인다.
expansion 확장 **voyage** 항해, 여행 **coast** 해안

23

It was easy to notice John's happiness at _____ the scholarship.

(a) awarding
✔ (b) being awarded
(c) having awarded
(d) having an award

번역 장학금 수상에 대해 존이 기뻐하는 것은 알아채기 쉬웠다.

해법 전치사 다음에 동사가 나올 때는 -ing의 형태가 되어야 한다. 여기서는 존이 상을 받은 것이므로 수동형으로 being awarded가 되어야 하므로 정답은 (b)이다.
notice 알아보다 **scholarship** 장학금 **award** 상을 주다

24

The Christian priest Thomas Merton was largely responsible _____ the practice of Zen Buddhism in the United States.

(a) popularizing
(b) to popularize
✔ (c) for popularizing
(d) to be popularized

번역 기독교 사제인 토마스 머튼이 미국에서 선종을 유행시킨 데 기여한 바가 크다.

해법 '~에 대한 책임이 있다, ~의 원인이 되다'는 어구는 전치사 for를 동반하여 be responsible for를 쓴다.
Christian 기독교의 **priest** 사제 **practice** 실행, 실천 **Zen Buddhism** 선종 **popularize** 유행시키다

25

It took Ricardo twenty minutes to figure out _____ classroom to report to.

✔ (a) which
(b) that
(c) where
(d) whatever

번역 리카르도는 어떤 교실로 가야 하는지 알아내는 데 20분이 걸렸다.

해법 〈의문사+to+동사원형〉이 동사 figure out의 목적어로 쓰인 문장이다. where to report to로 '출석해야 할 곳'을 나타낼 수 있는데 여기에는 의문사 뒤에 명사 classroom이 있으므로 명사를 수식할 수 있는 의문사 which를 써서 '어떤 교실'이라는 which classroom이 되어야 한다.
figure out 파악하다 **report to** ~에 가다, 출석하다

26

Those who often try new diets are _____ a serious eating disorder.

(a) developing the most likely
(b) likely most developing
✔ (c) more likely to develop
(d) the most of to develop

번역 자주 새로운 다이어트를 시도하는 사람들은 심각한 식이장애를 일으킬 가능성이 더 많다.

해법 '~하기 쉽다. ~할 가능성이 크다'의 뜻으로 be likely to를 쓴다. 더 가능성이 크다는 말이 되어야 하므로 비교급을 사용한 (c)가 정답이다.
serious 심각한   **eating disorder** 식이장애

27

Large planets called "Super-Earths" have been discovered _____ nearby stars.

(a) having orbited
(b) to be orbited
✔ (c) orbiting
(d) to orbit

번역 '슈퍼 지구'라고 불리는 큰 행성들이 인근의 별 주위 궤도를 돌고 있는 것이 발견되었다.

해법 능동 문장 have discovered large planets orbiting에서 large planets이 주어 자리로 가서 have been discovered orbiting이 된 것이다. 동사 discover는 〈discover+목적어+-ing〉 형태로 쓰였으며 discover 다음에 that절이나 의문사절 등이 쓰이기도 한다.
planet 행성   **nearby** 인근의, 가까운   **orbit** 궤도를 돌다

28

Many local newspapers are so desperate to increase readership _____ they are offering very cheap subscription deals.

(a) as
(b) yet
(c) for
✔ (d) that

번역 많은 지역 신문들은 구독자를 늘리는 것이 절박하기 때문에 아주 싼 구독료로 제공하고 있다.

해법 so … that은 '아주 ~해서 that 이하가 되었다'는 결과를 나타내는 어구이다. to increase readership은 desperate을 수식하는 어구이므로 제외하고 생각하면 빈칸에는 that이 들어가야 한다.
desperate 절박한   **readership** 구독자   **subscription** 구독   **deal** 매매, 거래

29

The wingspan of an adult Andean condor can be _____ 10 feet.

(a) as great
(b) greatly
✔ (c) as great as
(d) much greater

번역 다 자란 안데스 콘도르의 날개 길이는 10피트까지 거대할 수 있다.

해법 '~만큼 …한'의 어구로 동등 비교를 나타낼 때 as … as를 쓴다. as great as 10 feet는 '10피트 만큼 거대한'이라는 뜻을 나타낸다. 〈as+형용사+as+명사〉 형태를 알아두자.
wingspan 날개 길이   **Andean** 안데스 산맥의   **condor** 콘도르(남미산 독수리)

30

Since the 1500s, guide dogs have been trained _____ the blind move about more easily.

(a) being helped
(b) with help
(c) helping
✔ (d) to help

번역 1500년대 이후로 안내견은 시각 장애인들이 더욱 쉽게 이동할 수 있게 돕도록 훈련되어 왔다.

해법 〈train+목적어+to+동사원형〉은 '목적어를 ~하도록 길들이다. 훈련시키다'는 어구이다. 여기서는 guide dogs가 주어로 왔기 때문에 수동태가 되어 have been trained to help가 되었다.
the blind 시각 장애인   **move** 이동하다

31

Mentoring young students is _____ to promote education in their communities.

(a) something citizens to do
(b) doing citizens something
(c) what citizens do something
✔ (d) something citizens can do

번역 어린 학생들을 지도하는 것은 시민들이 지역 사회 교육 증진을 위해 할 수 있는 일이다.

해법 대명사 something은 '어떤 것, 무엇'을 뜻하는 말로 that을 생략한 절이 뒤에서 수식하여 something (that) citizens can do 어순이 되어야 알맞다.
mentor 지도하다 **promote** 증진하다 **community** 지역 사회 **citizen** 시민

32

Many hospitals _____ the time patients spend in their care due to space limitations.

(a) had been reduced
✔ (b) have begun reducing
(c) having to be reducing
(d) have a beginning reduction

번역 많은 병원들이 공간 제한 때문에 환자 진료 시간을 줄이기 시작했다.

해법 주어인 Many hospitals와 동사 reduce의 관계를 볼 때 능동이 되어야 하므로 begin 역시 능동이 되고, begin의 목적어 reduce는 -ing형으로 쓰여야 하므로 (b)가 정답이다.
due to ~때문에 **limitation** 제약, 제한

33

Illegal immigrants traveling between Mexico and the US face not only border patrols _____ dangerous environmental conditions.

✔ (a) but also
(b) and so
(c) as well as
(d) but only

번역 멕시코와 미국 사이를 이동하는 불법 이민자들은 국경 순찰대뿐 아니라 위험한 환경 상황과도 맞닥뜨리게 된다.

해법 동사 face의 목적어로 border patrols와 dangerous environmental conditions가 쓰였는데 not only가 있으므로 '~뿐만 아니라 …도'라는 어구를 쓸 수 있도록 but also가 나와야 한다.
illegal 불법의 **immigrant** 이민자 **face** 직면하다 **border** 국경 **patrol** 순찰대

34

The poaching of the Sumatran rhinoceros for its horn has nearly driven the species _____.

(a) extinction
✔ (b) to extinction
(c) being extinct
(d) to being extinct

번역 뿔을 얻기 위한 수마트라 코뿔소 밀렵은 종을 거의 멸종 상태에 빠뜨렸다.

해법 drive A into[to] B는 'A를 B의 상태로 빠뜨리다'로 (b)가 정답이다. drive A to+동사원형 형태로 'A를 ~하도록 몰고 가다'의 뜻으로도 쓰인다.
poach 밀렵하다 **rhinoceros** 코뿔소 **drive** 강제로 ~하게 하다; ~한 상태로 만들다 **extinction** 멸종 **extinct** 멸종한

35

_____ the popularity of digital photography, there is still a loyal community of film photographers.

✔ (a) Despite
(b) However
(c) Although
(d) Without

번역 디지털 사진의 인기에도 불구하고 아직 필름 사진사들의 충실한 공동체가 있다.

해법 디지털 사진과 필름 사진은 상반되는 것이므로 이것을 연결하는 접속사가 필요하다. 또한 명사를 목적어로 해야 하므로 Despite와 Without만 가능한데 문맥상 '~에도 불구하고'라는 (a)가 적합하다. despite는 in spite of와 같은 표현이다.
popularity 인기 **digital photography** 디지털 사진 **loyal** 충실한 **community** 공동체 **photographer** 사진사

36

Olive oil, which is rich in monounsaturated fats, has been shown to lower the risk of _____ heart disease.

(a) mostly a type
(b) the most of
✔ (c) most types of
(d) most of types

번역 불포화 지방이 풍부한 올리브 오일은 거의 모든 종류의 심장 질환의 위험을 낮추는 것으로 드러났다.

해법 '대부분'을 나타내는 형용사 most는 명사 앞에 쓰이는데 명사 앞에 인칭대명사나 지시대명사 등의 수식어구가 있으면 most of가 되어 most of the people/ most of my books 등으로 쓰인다. type은 '~의 종류, 유형'을 나타낼 때 types of의 형태로 쓰므로 (c)가 알맞은 표현이다.
be rich in ~이 풍부하다 **monounsaturated fat** 불포화 지방 **lower** 낮추다 **risk** 위험 **heart disease** 심장 질환

37

Management _____ their overtime to the accounts department than to their immediate supervisors.

(a) would report employees rather
(b) rather employees would report
✔ (c) would rather employees report
(d) report employees would rather

번역 경영진은 직원들이 시간 외 근무를 자신의 직속 상관이 아니라 재무부에 보고하기를 선호한다.

해법 would rather A than B는 'A보다 B를 선호하다'는 어구로 보통 would rather 다음에 〈동사+than+동사〉 형태로 쓰이지만 〈주어+동사〉가 나오기도 한다. 따라서 (c)가 올바른 어순이다.
management 경영(진) **overtime** 시간 외 근무 **accounts department** 재무부 **immediate supervisor** 직속 상관

38

There _____ be a link to a product order form on the website's homepage.

(a) in the past
✔ (b) used to
(c) once
(d) was

번역 예전에는 홈페이지에 상품 주문서 링크가 있었다.

해법 used to는 '(과거에) ~했었다'는 의미로 현재는 그렇지 않다는 뜻을 담고 있는 표현이다. 빈칸 다음에 동사원형(be)이 왔으므로 조동사 성격을 띤 (b) used to가 정답이다.
link 연결 **product** 상품 **order form** 주문서 **past** 과거

39

The order _____ siblings are born can affect their personality development.

✔ (a) in which
(b) in what
(c) which
(d) what

번역 형제나 자매가 태어난 순서는 그들의 인성 발달에 영향을 줄 수 있다.

해법 선행사 The order를 수식하는 관계대명사를 찾아야 하는데 siblings are born에서 The order는 부사구로 쓰여야 하므로 전치사+관계대명사 형태인 in which나 관계부사 where를 써야 한다.
siblings 형제, 자매 **affect** 영향을 주다 **personality development** 인성 발달

40

Some actors who use the technique of "Method acting" remain in character _____ off the screen or stage.

✔ (a) even
(b) as
(c) yet
(d) during

번역 '매서드 연기' 기법을 사용하는 몇몇 배우들은 스크린이나 무대 밖에서조차 극중 인물 그대로 남아 있다.

해법 remain in character는 '인물 그대로 남아 있다'라는 뜻이고 off the screen or stage는 '스크린이나 무대 밖'을 가리키므로 '배우들이 연기를 하고 있지 않을 때조차 극중 인물로 남아 있다'는 내용이 된다. 따라서 '~조차'의 뜻인 (a)가 정답이다.
method acting 맡은 배역에 몰입하여 연기하는 것 **remain** 남아 있다, 유지하다 **character** 인물 **off** 떨어져서

41

(a) A How did you like the rock concert last night?
✔ (b) B It was great, but my ears were still ringing!
(c) A I told you not to stand near the speakers.
(d) B I know, but I couldn't help myself.

번역 (a) A 어젯밤 록 콘서트 어땠니?
(b) B 멋졌어. 그런데 귀가 아직도 울리고 있어!
(c) A 내가 스피커 가까이에 서 있지 말라고 했잖아.
(d) B 알아, 하지만 어쩔 수 없더라고.

해법 (b)에서 부사 still을 통해 현재 귀가 울리고 있는 것임을 알 수 있다. 따라서 현재진행형 are ringing이 되어야 한다.
I can't help myself. 자신을 통제할 수 없다.

정답 (b) were → are

42

✔ (a) A Is everything okay, Kevin? You look really distracting.
(b) B There's trouble at work. I'm in danger of losing my job.
(c) A What? But you're one of the top salespeople.
(d) B I know, but the company's been bought by a foreign firm.

번역 (a) A 별 문제 없지, 케빈? 너 아주 정신이 없어 보여.
(b) B 직장에서 문제가 있어. 나 직장을 잃을 위험에 처해 있어.
(c) A 뭐? 하지만 너 최우수 판매원 중 하나잖아.
(d) B 맞아. 그런데 회사가 외국 회사에 매각되었어.

해법 (a)에서 distracting은 '정신을 산란하게 하는'이라는 뜻으로 distracting noise/ It is distracting to read with the TV on 등으로 쓰인다. 여기서는 distracted가 되어야 '정신이 산만한, 생각을 똑바로 할 수 없는'의 뜻이 된다. You seem distracted/ I got distracted by it 등으로 쓰인다.
distracted 정신이 산만한 **foreign** 외국의 **firm** 회사

정답 (a) distracting → distracted

43

(a) A I'm sorry to hear you didn't win the award.
(b) B That's OK. I was up against a lot of worthy candidates.
(c) A Are you going to enter the contest again next year?
✔ (d) B I'm sure not, but I'll probably end up doing that.

번역 (a) A 네가 상을 못 탔다니 유감이야.
(b) B 괜찮아. 난 자격을 갖춘 많은 후보자들과 싸웠어.
(c) A 내년에 다시 경연대회에 나갈 거야?
(d) B 확실하지 않아. 하지만 아마도 하게 될 거야.

해법 (d)에서 '확실하지 않아, 잘 모르겠어'라는 표현은 I'm not sure다. 절을 대신해서 not을 쓰는 표현은 I hope not/ I'm afraid not/ I guess not 등이다.
up against ~에 직면하여 **worthy** 자격이 있는, 훌륭한 **candidate** 후보자 **end up -ing** 결국 ~하게 되다

정답 (d) I'm sure not → I'm not sure

44

(a) A Is there anything special you want to do tonight?
(b) B I thought it might be fun to play a board game.
✔ (c) A Can't we watch for a movie instead?
(d) B That's fine with me if you don't like board games.

번역 (a) A 오늘 밤에 특별히 하고 싶은 거 있니?
(b) B 보드 게임을 하면 재미있을 것 같아.
(c) A 대신 영화를 보면 안 될까?
(d) B 네가 보드 게임을 좋아하지 않으면 난 괜찮아.

해법 (c)에 나오는 watch for는 '(~이 나타나기를) 기다리다'라는 뜻의 어구이므로 적절하지 않다. '영화를 보다'는 watch a movie가 되어야 한다.
board game 보드 게임 (체스, 장기 등) **instead** 대신에

정답 (c) watch for a movie → watch a movie

45

(a) A I've been very impressed with Michael's work this semester.

(b) B His grades have improved, but they're still not as high as they should be.

(c) A Give him time. In a few months he'll be getting all As.

✔(d) B I guess so. He has a long way to go, but he's on right track.

번역 (a) A 이번 학기 마이클의 학업에 깊은 인상을 받았어.

(b) B 그의 점수가 향상되었지만 아직까지는 필요한 만큼 높지는 않아.

(c) A 그에게 시간을 줘. 몇 달 후면 그가 전과목 A를 받게 될 거야.

(d) B 나도 그럴 거라 생각해. 그는 갈 길이 멀지만 제대로 길을 찾아가고 있으니까.

해법 (d)에 나오는 have a long way to go는 '목표까지는 갈 길이 멀다'는 뜻이고, '올바른 길을 가고 있다'는 말로 be on the right track을 써야 한다. right는 left, east, south 등과 같이 방향을 나타내는 유일한 것이기 때문에 정관사 the가 함께 쓰여야 한다.

be impressed with ~에 감동을 받다 **work** 학업, 연구 **semester** 학기

정답 (d) on right track → on the right track

46

(a) There are many reasons vegetarians give for following a meatless diet. (b) Some avoid meat products because they believe they are unhealthy and prefer eating more fruits, vegetables, and grains. (c) Others do so because they find the raising of animals on factory farms cruel. ✔(d) Still others are against the environmental drawbacks of meat production, which includes water waste and deforestation.

번역 (a) 채식주의자들은 고기가 없는 식단을 따르는 것에 대해 많은 이유를 든다. (b) 몇몇은 고기 제품이 건강에 좋지 않다고 믿기 때문에 피하며 과일과 채소, 곡물을 더 선호한다. (c) 다른 사람들은 공장식 농장에서 동물을 키우는 것이 잔인하다고 여기기 때문에 그렇게 한다. (d) 또 다른 사람들은 육류 생산의 환경적인 문제점에 반대하는데 이는 물 낭비와 삼림 파괴를 포함한다.

해법 (d)에서 관계대명사 which의 선행사는 the environmental drawbacks이다. 선행사가 which절에서 주어로 쓰이므로 동사는 includes가 아니라 include가 되어야 한다.

vegetarian 채식주의자 **meatless** 고기가 없는 **grain** 곡물 **raise** 기르다, 키우다 **cruel** 잔인한 **be against** ~에 반대하다 **drawback** 결점, 문제점 **deforestation** 삼림 파괴

정답 (d) includes → include

47

(a) Northern Guatemala's Tikal is one of the best-preserved sites of the Maya civilization. ✔(b) This ancient city was once the capital of a powerful Mayan state, which was reached its peak from 200 to 900 AD. (c) It was abandoned sometime around the 10th century, most likely after being conquered by another Mayan population. (d) Today, Tikal enjoys UNESCO World Heritage status and is visited by many thousands of tourists each year.

번역 (a) 북부 과테말라의 티칼은 가장 잘 보존된 마야 문명 유적지 중의 하나이다. (b) 이 고대 도시는 한때 강성한 마야 국가의 수도였는데 그 절정기는 AD 200년부터 900년까지였다. (c) 이 도시는 10세기 즈음에 버려졌는데 아마 다른 마야 주민들에 의해 정복을 당한 후일 가능성이 높다. (d) 오늘날 티칼은 유네스코 세계 문화유산 지위를 누리고 있으며 매년 수천 명의 관광객들이 방문하고 있다.

해법 (b)에서 관계대명사 which의 선행사는 a powerful Mayan state이고 which절에서 주어로 쓰이고 있으므로 동사 reach는 수동이 아니라 능동이 되어 reached its peak가 올바른 형태이다.

best-preserved 가장 잘 보존된 **site** 유적지 **civilization** 문명 **ancient** 고대의 **peak** 절정기, 정점 **abandon** 버리다 **conquer** 정복하다 **heritage** 유산 **status** 지위

정답 (b) was reached → reached

48

(a) A serious debate is being held over the value of standardized testing for high school students. (b) For decades, these tests have been used to both define the quality of schools' educations and measure students' intelligence. (c) Now, some education experts are calling for school districts to do away with standardized tests. ✔(d) The tests, they say, do not accuracy reflect students' knowledge.

번역 (a) 고등학교 학생들을 위한 표준화된 시험의 가치에 관한 진지한 논쟁이 열리고 있다. (b) 수십 년 동안 이런 시험들이 학교 교육의 질을 규정하고 학생들의 지적 능력을 측정하기 위해 사용됐다. (c) 이제 몇몇 교육 전문가들은 표준화된 시험을 폐지할 것을 학군에 요청하고 있다. (d) 그들은 시험이 학생들의 지식을 정확히 반영하지 않는다고 말한다.

해법 (d)에서 주어는 The tests이고 동사가 do not reflect이다. 동사 do not reflect를 수식해야 하므로 명사(accuracy)를 부사 accurately로 바꿔야 한다.

debate 논쟁 **value** 가치 **standardized** 표준화된 **decade** 십 년 **define** 밝히다 **measure** 측정하다 **intelligence** 지적 능력 **call for** ~을 요구하다 **district** 지역, 구역 **do away with** ~을 없애다, 폐지하다

정답 (d) accuracy → accurately

49

(a) If you've ever been stranded somewhere, you know how important emergency transportation services can be. (b) Emergency Taxi Service knows it too, and that's why we'll always be there for you when you need us. (c) Whether your car won't start and you've broken down in a bad part of town, help is just a phone call away. (d) Emergency Taxi Service operators are standing by 24 hours a day, seven days a week to take your call.

번역 (a) 어딘가에서 오도 가도 못 한 적이 있었다면 응급 수송 서비스가 얼마나 중요한지 아실 것입니다. (b) 응급 택시 서비스도 그 점을 알고 있기 때문에 여러분이 저희를 필요로할 때 항상 곁에 있을 것입니다. (c) 여러분의 차가 출발하지 않거나 시내의 위험한 구역에서 고장이 나면 전화 한 통이면 도움을 받을 수 있습니다. (d) 응급 택시 서비스 안내원은 매일 24시간 여러분의 전화를 받기 위해 대기하고 있습니다.

해법 (c)에서 Whether 다음에 두 문장인 your car won't start와 you've broken down in a bad part of town을 연결하는 접속사로는 and가 아니라 or가 쓰인다. whether A or B는 'A든 B든 상관없이'라는 뜻이 된다.
strand 오도 가도 못 하다 **emergency** 응급 **transportation** 수송 **break down** 고장이 나다

정답 (c) and → or

50

(a) The tomb of the Egyptian King Tutankhamen was discovered in 1922 by Howard Carter, an English archaeologist. (b) Soon afterwards, several members of Howard's team experienced strange accidents, resulting in more than one death. (c) These incidents encouraged the media reporting that the team was "cursed" for entering the ancient tomb. (d) Howard himself, however, lived 17 more years before dying of cancer in 1939.

번역 (a) 이집트의 왕 투탕카멘의 무덤은 영국 고고학자인 하워드 카터에 의해 1922년 발견되었다. (b) 바로 뒤에 몇 명의 하워드 팀 팀원들이 이상한 사건을 경험했는데, 한 명 이상 죽었다. (c) 이 사건은 언론이 팀이 고대 무덤에 들어가서 저주를 받았다고 보도하게끔 부추겼다. (d) 그러나 하워드 자신은 1939년 암으로 죽기 전까지 17년 이상을 살았다.

해법 (c)에서 동사 encourage는 〈encourage A+to+동사원형〉 형태로 'A가 ~하도록 부추기다'는 뜻이 되므로 reporting을 to report로 고쳐야 한다.
archaeologist 고고학자 **afterwards** 이후에 **result in** ~의 결과가 되다 **incident** 사고 **curse** 저주하다 **cancer** 암

정답 (c) reporting → to report

➡ Vocabulary

1

A Be careful. The floor is a little _____.
B Thanks for the warning. I wouldn't want to slip.

✔ (a) wet
(b) hard
(c) dark
(d) dry

번역 A 조심해. 바닥이 약간 축축해.
　　B 얘기해 줘서 고마워. 미끄러지고 싶진 않아.

(a) 축축한
(b) 딱딱한
(c) 어두운
(d) 마른

해법 응답에서 slip은 '미끄러지다'는 뜻이므로 바닥이 물기 때문에 축축하다는 것을 알 수 있다.
warning 경고 **wet** 젖은

2

A Welcome to Ruth's, may I _____ your order?
B I need a minute.

(a) hear
(b) point
✔ (c) take
(d) find

번역 A 루스에 오신 것을 환영합니다. 주문을 받아도 될까요?
　　B 잠시만요.

(a) 듣다
(b) 지적하다
(c) 받다
(d) 찾다

해법 상점이나 음식점에서 종업원이 '주문하시겠어요?'라고 할 때 May I take your order?/ Can I take your order?/ Are you ready to order?/ What would you like to order? 등의 표현을 쓴다.
order 주문 **I need a minute.** 잠시만요. 시간을 좀 주세요.

3

A Hello. My name is Sam Cunningham.
B Hi, Sam. It's great to make your _____.

✔ (a) acquaintance
(b) admission
(c) acknowledgement
(d) appointment

번역 A 안녕하세요. 제 이름은 샘 커닝햄입니다.
　　B 안녕하세요, 샘. 알게 되어 기뻐요.

(a) 친분
(b) 입장
(c) 인정
(d) 예약

해법 처음 만났을 때 '알게[만나게] 되어 기쁘다'는 표현은 It's great to make your acquaintance이다. acquaintance은 '아는 사이'를 말하며, make one's acquaintance는 '~를 처음으로 만나게 되다'는 뜻이다.
admission 입장 **acknowledgement** 인정 **appointment** 예약

4

A It's supposed to freeze tonight.
B I guess we should _____ in the plants.

(a) set
✔ (b) bring
(c) lift
(d) hold

번역 A 오늘 밤 아주 추울 거래.
　　B 화초들을 들여다 놔야 할 것 같아.

(a) 놓다
(b) 가져오다
(c) 들어올리다
(d) 잡다

해법 freeze는 날씨가 아주 춥다는 말이므로 화초들을 실내로 가져온다. 안으로 들여다 놓는다는 말이 되어야 자연스러운 응답이다. '들여 오다'는 bring in을 쓴다.
be supposed to ~할 예정이다 **freeze** 아주 춥다 **plant** 식물, 화초

5

A I _____ my friend a lot since he moved away.
B Why don't you give him a call?

✔ (a) miss
(b) care
(c) lose
(d) cry

번역 A 친구가 멀리 떠나니까 그리워.
　　B 그에게 전화를 해보는 게 어때?

(a) 그리워하다
(b) 돌보다
(c) 잃다
(d) 울다

해법 miss는 '~가 없어서 섭섭하게 생각하다'는 뜻 외에도 '~을 놓치다'의 뜻으로 출발 시간을 놓치거나 이해를 하지 못한 경우에도 써서 miss the train/ miss the ball/ miss the point/ miss lunch 등으로 표현한다.
since ~이므로 **move away** 멀리 가다 **give ... a call** ~에게 전화하다

6

A   Why are you working on a second class project?
B   I'm hoping to get some extra _____.

(a) grade
(b) value
(c) score
✔ (d) credit

번역   A 왜 부전공 과제를 하는 거야?
B 추가 학점을 얻고 싶어서.

(a) 평점
(b) 가치
(c) 점수
(d) 학점

해법   부전공은 추가 학점을 얻기 위해서 하는 것이므로 '학점'을 가리키는 credit을 써야 한다. grade는 '학과 평점'을 가리키는 말로 good grade/ low grade/ grade A 등으로 쓰인다.
second class 부전공   **extra** 추가의   **value** 가치

7

A   I can't believe I left my umbrella at home.
B   Here, you can _____ mine.

(a) loan
✔ (b) borrow
(c) lend
(d) trade

번역   A 내가 우산을 집에 두고 왔다니 믿을 수 없군.
B 자, 내 걸 빌려도 돼.

(a) 대출하다
(b) 빌리다
(c) 빌려주다
(d) 바꾸다

해법   주어가 you이기 때문에 '빌리다'인 borrow가 들어가야 한다. '빌려주다'는 lend를 써야 한다. 즉 You can borrow mine은 I can lend you mine과 같은 의미의 표현이다.
loan 대출하다   **trade** 바꾸다

8

A   I'm very concerned about next week's test.
B   Don't worry. I'm sure you will _____.

✔ (a) pass
(b) win
(c) catch
(d) beat

번역   A 다음 주 시험 때문에 아주 걱정이 돼.
B 걱정 마. 네가 통과할 거라고 확신해.

(a) 통과하다
(b) 이기다
(c) 잡다
(d) 이기다

해법   exam이나 test와 같은 시험을 '통과하다, 합격하다'의 뜻으로 동사 pass를 쓴다. win은 game, battle, election 등에서 '이기다, 획득하다'는 뜻으로 쓰이고, beat는 경기나 경쟁에서 '이기다'는 뜻으로 상대나 상대팀을 목적어로 해서 beat him/ beat the team 등으로 쓴다.
concerned about ~에 대해 걱정하는

9

A   Isn't it great that they _____ paved this road?
B   Yes, it was in a terrible state for years.

(a) tryingly
(b) basely
✔ (c) finally
(d) mainly

번역   A 그들이 마침내 이 길을 닦았다는 게 대단하지 않니?
B 응, 오랫동안 엉망이었는데.

(a) 고통스럽게
(b) 기본적으로
(c) 마침내
(d) 주로

해법   for years는 '오랜 세월 동안'이라는 뜻이다. 오랜 시간이나 기다림 후에 어떤 일이 이루어졌을 때 '드디어, 마침내'의 뜻으로 쓸 수 있는 부사는 finally이다. after a long time, eventually와 바꿔 쓸 수 있다.
pave (길을) 내다, 포장하다   **state** 상태   **tryingly** 고통스럽게, 아니꼽게
basely 기본적으로   **mainly** 주로

10

A   Laura, nice to see you. It's been such a long time!
B   I know. Let's grab a cup of coffee and _____.

(a) dig down
✔ (b) catch up
(c) talk about
(d) think over

번역   A 로라, 만나서 반가워. 정말 오랜만이야!
B 응, 커피 마시면서 지난 얘기 좀 하자.

(a) 파 내려가다
(b) 밀린 얘기를 하다
(c) 상의하다
(d) 고려하다

해법   It's been such a long time!은 '정말 오랜만이야'라는 말이다. 오랜만에 만난 사람과 그 동안의 소식을 나눈다는 뜻으로 catch up을 쓴다. catch up with 다음에 사람을 쓰기도 한다.
grab ~을 먹다   **dig down** 파 내려가다   **think over** 고려하다

11

A This jacket is nice, but it's too expensive.
B Not really. I have a _____ for half off.

✔ (a) coupon
  (b) receipt
  (c) sale
  (d) ticket

번역 A 이 재킷은 멋지지만 너무 비싸.
　　　B 꼭 그렇진 않아. 나한테 반값 할인 쿠폰이 있어.

　　　(a) 쿠폰
　　　(b) 영수증
　　　(c) 할인
　　　(d) 표

해법 '할인권, 경품 교환권'을 가리키는 단어는 coupon이다. ticket은 승차권(train ticket/ airline ticket), 공연 입장권, 교통 위반 딱지(speeding ticket/ parking ticket) 등으로 쓰인다.
　　　half 반 off ~을 할인하여 receipt 영수증

12

A Which _____ of the building do you live on?
B My apartment is at the very top.

  (a) stack
✔ (b) floor
  (c) height
  (d) room

번역 A 건물 몇 층에 살고 있니?
　　　B 내 아파트는 맨 꼭대기에 있어.

　　　(a) 더미
　　　(b) 층
　　　(c) 높이
　　　(d) 방

해법 건물의 '층'을 의미하는 단어는 floor이다. the second floor/ ground floor/ top floor 등으로 쓰인다. stack은 쌓아놓은 더미를 의미하며 a stack of books/ stacks of money 등으로 쓰인다.
　　　top 꼭대기, 맨 위 height 높이

13

A Why did you return that coat?
B It was a little too _____ for this warm climate.

  (a) fancy
✔ (b) heavy
  (c) bright
  (d) cold

번역 A 왜 그 코트를 반품했니?
　　　B 이런 따뜻한 날씨에 비해 좀 너무 두꺼웠어.

　　　(a) 비싼
　　　(b) 두꺼운
　　　(c) 밝은
　　　(d) 차가운

해법 warm climate을 언급한 것으로 보아 옷이 두껍다는 내용이 되어야 하므로 thick와 같은 뜻의 heavy가 적절하다. '무거운, 정도가 심한'의 뜻으로 '(직물이나 재료가) 두꺼운' 경우에도 사용한다.
　　　return 반환하다 climate 날씨 fancy 비싼

14

A I had to take my dog to the vet yesterday.
B Oh no, I hope he doesn't have a health _____.

✔ (a) problem
  (b) debate
  (c) obstacle
  (d) limit

번역 A 어제 내 개를 동물병원에 데리고 가야 했어.
　　　B 오 저런, 건강에 문제가 없어야 할 텐데.

　　　(a) 문제점
　　　(b) 논쟁
　　　(c) 장애
　　　(d) 한계

해법 다루기 힘든 문제점을 가리키는 단어는 problem이며 특히 건강 상의 문제점을 말할 때 health problem/ weight problem 등으로 표현한다. obstacle은 '장애, 장애물'의 뜻으로 main obstacle/ serious obstacle 등으로 쓰이며 명사가 앞에 오는 경우는 없다.
　　　vet 수의사 debate 논쟁 obstacle 장애물 limit 한계

15

A This chicken is pretty _____.
B You're right. It could use more spices.

✔ (a) bland
  (b) broiled
  (c) filling
  (d) juicy

번역 A 이 치킨이 아주 싱거워.
　　　B 맞아. 양념을 더 써도 되겠다.

　　　(a) 싱거운
　　　(b) 구운
　　　(c) 포만감을 주는
　　　(d) 즙이 많은

해법 '양념이 더 들어가도 되겠다'는 말로 볼 때 맛이 싱거울 때 쓰는 bland가 들어가야 가장 알맞다. 형용사 bland는 '단조로운, 재미없는'의 뜻으로도 쓰인다.
　　　spice 양념 broiled 구운 filling 포만감을 주는 juicy 즙이 많은

16

A Have you used the new lakeside path yet?

B Yes, it's perfect for evening _____.

(a) scenes
(b) drives
(c) moves
✔ (d) strolls

번역 A 새로운 호숫가 길을 사용해 본 적 있어?
B 응, 저녁 산책 하기에 최고야.

(a) 장면
(b) 운전
(c) 이동
(d) 산책

해법 path는 '산책로'란 뜻이므로 저녁 산책에 딱 좋다는 내용이 적절하다. stroll은 '산책'이며 go for a stroll과 같은 형태로도 쓰인다. path는 사람이 다녀서 생기게 된 길을 가리키는 말이므로 drive와는 어울리지 않아 (b)는 오답이다.
lakeside 호숫가 **path** 좁은 보도, 산책로 **scene** 장면

17

A Roger, have you met my aunt Linda?

B Yes, we were _____ at your summer party last year.

(a) formalized
(b) knowledgeable
✔ (c) introduced
(d) aware

번역 A 로저, 우리 린다 고모를 만난 적 있니?
B 응, 작년 너네 여름 파티에서 인사를 나눴어.

(a) 공식화한
(b) 아는 것이 많은
(c) 소개한
(d) 알고 있는

해법 introduce는 모르는 사람을 '소개하다'는 뜻이며 '소개로 만나다, 인사를 나누다'는 표현으로 be introduced를 쓴다. aware는 '알고 있는'으로 aware 다음에 of나 that을 동반하여 쓴다.
formalize 공식화하다 **knowledgeable** 아는 것이 많은

18

A Do you know why Main Street was closed this afternoon?

B There was a really bad traffic _____.

✔ (a) accident
(b) trouble
(c) construction
(d) direction

번역 A 메인 가가 오늘 오후에 왜 폐쇄되었는지 아니?
B 아주 심한 교통 사고가 있었어.

(a) 사고
(b) 문제
(c) 건축
(d) 방향

해법 '교통 사고'를 가리키는 말은 traffic accident이다. traffic이 들어간 표현으로 heavy traffic(많은 교통량)/ traffic jam(교통 체증)/ traffic congestion(교통 체증) 등이 있다.
construction 건축 **direction** 방향

19

A Have you heard any news about Sarah yet?

B No, but I'll call you as soon as I _____ anything.

(a) come over
(b) cover up
✔ (c) find out
(d) look after

번역 A 사라에 관한 소식을 들었니?
B 아니, 하지만 내가 뭐든 알아내는 대로 전화해 줄게.

(a) 갑자기 들다
(b) 감추다
(c) 알아내다
(d) 돌보다

해법 모르던 사실을 '알아내다, 발견하다'는 뜻으로 쓸 수 있는 어구는 find out이다. come over는 '멀리서 오다, (어떤 기분이) 갑자기 들다'는 뜻이며, '~을 뜻밖에 발견하다'는 come across를 써야 한다.
as soon as ~하는 대로 **cover up** 감추다 **look after** 돌보다

20

A I need to buy an evening gown, but I'm not sure how to choose one.

B Take Edith shopping with you. She has great _____.

✔ (a) taste
(b) passion
(c) choice
(d) eye

번역 A 이브닝 가운을 하나 사야 하는데 어떻게 골라야 할지 잘 모르겠어.
B 쇼핑할 때 이디스를 데리고 가. 그 앤 훌륭한 감각이 있어.

(a) 감각
(b) 열정
(c) 선택
(d) 감별력

해법 taste는 보통 '맛'이라는 뜻으로 쓰이지만, '심미안, 감식력, 감각'의 뜻으로도 쓰인다. have a good taste in fashion/ great taste in music/ a man of taste 등의 표현으로 쓰인다. eye는 have an eye for 형태로 쓰이며 '~에 대한 안목이 있다'는 뜻이다.
taste 감각 **passion** 열정

21

A This class is really hard. Should I drop it?
B No, you don't want to _____ your chances of getting into college.

(a) submit
✔ (b) jeopardize
(c) isolate
(d) resume

번역 A 이 수업은 아주 어려워. 철회해야 할까?
B 아니, 넌 대학에 들어갈 가능성을 위태롭게 하고 싶지 않을 거야.

(a) 제출하다
(b) 위태롭게 하다
(c) 고립시키다
(d) 다시 시작하다

해법 drop the class는 수업을 중간에 포기한다. 즉 '수강 철회한다'는 뜻이다. 철회하는 것은 대학 입학 가능성을 위태롭게 한다는 내용이 되어야 하므로 jeopardize가 들어가야 한다.
drop 그만두다 **jeopardize** 위태롭게 하다 **isolate** 고립시키다 **resume** 다시 시작하다

22

A You must be nervous.
B I am! There's a lot _____ this interview.

✔ (a) riding on
(b) following up
(c) sticking on
(d) falling out

번역 A 너 긴장했구나.
B 그래! 이 면접에 많은 게 달려 있어.

(a) 달려 있다
(b) 따르고 있다
(c) 들러붙다
(d) 떨어져 나가다

해법 긴장했다는 말로 볼 때 인터뷰에 많은 것이 달려 있다는 말이 적절하다. ride on은 depend on과 같은 뜻으로 '~에 달려 있다. ~에 의지하다'는 뜻이다.
nervous 긴장한 **interview** 면접 **follow up** 따르다 **stick on** ~에 들러붙다 **fall out** 떨어져 나가다

23

A I can't eat this dish if it _____ nuts.
B It doesn't look like there are any nuts in it.

(a) regards
(b) mixes
✔ (c) contains
(d) simmers

번역 A 이 음식에 견과가 들어 있으면 난 못 먹어.
B 견과가 들어 있는 것 같지 않은데.

(a) 고려하다
(b) 섞다
(c) 포함하다
(d) 끓이다

해법 contain은 '~을 포함하다'는 동사이므로 '이 음식에 견과가 들어 있다'는 뜻이 된다. This bottle contains wine/ The book contains lots of information 등으로 쓰인다.
dish 음식 **nut** 견과 **regard** 고려하다 **simmer** 끓이다

24

A Why did Tom move here from Canada?
B He said he finally got tired of the _____ winters there.

✔ (a) harsh
(b) furious
(c) complex
(d) rabid

번역 A 왜 톰이 캐나다에서 여기로 이사 왔지?
B 그가 결국 거기 혹독한 겨울에 질렸다고 했어.

(a) 혹독한
(b) 무시무시한
(c) 복잡한
(d) 과격한

해법 get tired of는 '~에 질리다'는 뜻의 어구이다. winter를 수식하기에 내용상 적절한 것은 '혹독한'에 해당되는 형용사 harsh다. harsh는 날씨나 상황 조건이 열악하거나 살기 힘든 상태를 가리키는 말이다. furious는 파도나 바람 따위가 휘몰아치는 상태를 말한다.
complex 복잡한 **rabid** 과격한

25

A How do you know the new boss?
B She and I _____ Stetson University together.

✔ (a) attended
(b) related
(c) addressed
(d) bettered

번역 A 새로 온 상사를 어떻게 아니?
B 그녀와 난 스테트슨 대학을 같이 다녔어.

(a) 다니다
(b) 관련시키다
(c) 말을 걸다
(d) 더 좋게 하다

해법 attend는 '참석하다'는 뜻 외에 '(~에) 다니다'라는 뜻이 있어서 attend the same school/ attend college/ attend church 등으로 쓰인다. relate은 relate A to B 형태로 주로 써서 'A를 B와 관련시키다'는 의미이다.
address 말을 걸다 **better** 더 좋게 하다. 향상시키다

26

The United Nations Secretary General _____ the role of spokesperson for the international organization.

(a) shifts
(b) absorbs
✔ (c) fills
(d) deals

번역 유엔 사무총장은 국제 조직의 대변인 역할을 다한다.

(a) 바꾸다
(b) 흡수하다
(c) 수행하다
(d) 분배하다

해법 spokesperson은 '대변인'이며 fill the role of는 '~의 임무를 다하다'이다. 동사 fill은 요구나 직무를 충족시킨다는 뜻으로 쓰일 수 있다.
secretary general 사무총장 **role** 역할 **organization** 조직 **shift** 바꾸다 **absorb** 흡수하다 **deal** 분배하다

27

Habitat loss is a major factor driving species to _____.

✔ (a) extinction
(b) nature
(c) investigation
(d) discovery

번역 서식지 유실은 종을 멸종으로 몰아가는 주된 요인이다.

(a) 소멸
(b) 자연
(c) 조사
(d) 발견

해법 habitat는 동식물의 '서식지'를 가리키며 drive A to B는 'A를 B로 내몰다'는 뜻의 어구이다. 생물 종을 소멸로 내몬다, 즉 생물 종이 멸종하게 만든다는 의미가 되어야 하므로 extinction이 들어가야 한다.
habitat 서식지 **major** 주된 **factor** 요인 **drive** ~하게 몰아가다 **extinction** 소멸 **investigation** 조사

28

Jazz was greatly _____ by an earlier American music form: the blues.

✔ (a) influenced
(b) directed
(c) handled
(d) respected

번역 재즈는 초기 미국 음악 형식인 블루스에 의해 크게 영향을 받았다.

(a) 영향을 받다
(b) 지도하다
(c) 다루다
(d) 존경하다

해법 jazz와 blues는 음악의 장르이므로 다른 음악 장르의 영향을 받았다는 내용이 적절하다. 따라서 '영향을 주다'라는 동사 influenced가 들어가야 한다.
blues 블루스 **direct** 지도하다 **handle** 다루다 **respect** 존경하다

29

Customers who require a printed purchase receipt should request one at the beginning of their _____.

✔ (a) transaction
(b) result
(c) discount
(d) exchange

번역 구매 영수증 발행이 필요한 고객들은 거래 초기에 요청해야 한다.

(a) 거래
(b) 결과
(c) 할인
(d) 교환

해법 purchase receipt는 '구매 영수증'을 가리키는 말이므로 문맥상 사업상 '상거래'나 '매매'를 뜻하는 transaction이 적절하다. 종이 영수증이 필요하면 거래가 이루어지는 초반에 미리 요청을 해야 한다는 내용이다.
require 필요하다 **purchase** 구매 **request** 요청하다 **exchange** 교환

30

The publication date for next month's issue was _____ due to an editing error.

(a) picked up
(b) caught up
(c) sent away
✔ (d) pushed back

번역 다음 달 호의 출간 날짜는 편집 실수 때문에 미뤄졌다.

(a) 발견하다
(b) 잡다
(c) 보내다
(d) 미루다

해법 due to는 이유를 나타내는 표현이므로 편집 실수의 결과로 발생한 일을 나타내는 단어가 적절하다. push back은 시간 등을 뒤로 미룬다는 뜻으로 사용되어 출간 날짜가 미뤄지게 되었다는 내용이 된다.
publication 출간 **issue** (발행) 호 **due to** ~때문에 **editing** 편집 **pick up** 발견하다, 입수하다 **catch up** 잡다 **send away** 멀리 보내다

31

If you lose your textbook, it will take up to a month to receive a _____.

✔ (a) replacement
(b) renewal
(c) reception
(d) restoration

번역 교과서를 잃어버리면 대용품을 받는 데 최대 1개월 걸릴 것이다.

(a) 대용품
(b) 재생
(c) 환영
(d) 복원물

해법 이전 것이 오래되거나 파손, 분실되었을 때 이를 대신하는 것을 가리키는 말로 '대용품'의 뜻인 replacement를 써야 한다.
up to ~까지 **renewal** 재생 **reception** 환영, 응대 **restoration** 복원물

32

The conservative party is expected to _____ the local elections next month.

(a) clean
✔ (b) sweep
(c) wipe
(d) rub

번역 보수당은 다음 달 지방 선거에서 압승할 것으로 예상된다.

(a) 치우다
(b) 압도적으로 이기다
(c) 닦다
(d) 문지르다

해법 sweep은 보통 '쓸어버리다, 청소하다'의 뜻으로 쓰이는데 경쟁이나 경기에서 '연승을 하다'와 선거에서 '압승을 거두다'라는 뜻으로도 쓰인다.
The conservative party 보수당 **election** 선거 **wipe** 닦다 **rub** 문지르다

33

It was only five minutes to _____ and still the actor had not arrived.

✔ (a) showtime
(b) lifework
(c) checkout
(d) leeway

번역 공연 시작 시간까지 겨우 5분 남았는데 아직 배우가 도착하지 않았다.

(a) 시작 시간
(b) 평생의 일
(c) 점검
(d) 지연

해법 actor가 나오는 것으로 보아 '공연의 시작 시간'이라는 단어가 들어가는 것이 가장 적절하므로 showtime을 써야 한다. checkout은 '점검, 검사' 또는 '(호텔의) 체크아웃'을 뜻하는 단어이다.
showtime 프로그램의 개시 시각 **lifework** 평생의 일 **leeway** 지연

34

Despite protests from the director, the budget of the science department was _____ by 17%.

(a) zipped
✔ (b) cut
(c) hit
(d) sold

번역 학과장의 항의에도 불구하고 과학과의 예산은 17퍼센트가 삭감되었다.

(a) 말을 하지 않다
(b) 삭감하다
(c) 타격을 입히다
(d) 팔다

해법 '~만큼 줄다, 삭감되다'는 표현은 수동태를 사용하여 be cut by를 쓴다. by 다음에는 금액, 퍼센트 등의 수량이 온다. by 다음에 나오는 수치인 17퍼센트만큼 줄었다는 것이지 삭감되어 17%가 되었다는 뜻이 아님에 유의한다.
despite ~에도 불구하고 **protest** 항의 **director** 학과장, 교장 **budget** 예산 **department** 학과, 부서 **hit** 치다

35

Rebecca was forced to use one of her _____ days to recover from the flu.

(a) illness
(b) doctor
✔ (c) sick
(d) cold

번역 레베카는 감기가 낫도록 병가를 써야만 했다.

(a) 병
(b) 의사
(c) 병
(d) 감기

해법 아파서 휴가를 내는 것, 즉 '병가'를 가리키는 말은 sick days다. days 대신 '휴가'라는 명사 leave를 써서 sick leave라는 말도 쓴다. '연차'는 annual leave, '출산 휴가'는 maternity leave, '유급 휴가'는 paid leave라고 한다.
be forced to ~해야만 하다 **recover from** ~의 병이 낫다 **flu** 독감

36

Many fine wines are allowed to _____ for several years before they are bottled and sold to consumers.

✔ (a) age
  (b) grow
  (c) build
  (d) settle

번역 많은 좋은 와인들이 병에 포장되어 소비자들에게 팔리기 전까지 여러 해 동안 숙성된다.

(a) 숙성하다
(b) 자라다
(c) 짓다
(d) 자리잡다

해법 be allowed to는 '~하게 하다'이고 문맥상 와인이 숙성되게 둔다는 뜻이 돼야 하므로 '숙성하다'에 해당하는 age가 정답이다.
consumer 소비자   **settle** 자리잡다

37

Almost one fifth of the electricity _____ of Denmark is met by the country's burgeoning wind power industry.

  (a) desires
  (b) requisites
✔ (c) needs
  (d) wishes

번역 덴마크 전기 수요의 거의 5분의 1이 국가에서 부상하고 있는 풍력 산업에 의해 충족된다.

(a) 욕구
(b) 필수품
(c) 수요
(d) 소망

해법 풍력 산업이 덴마크 전기 수요의 5분의 1가량을 충족시킨다는 내용이다. 동사 meet가 '필요나 요구를 충족시킨다'는 뜻으로 쓰인 것에 유의한다. '필요, 수요'를 가리키는 단어는 주로 복수형 needs를 쓴다.
electricity 전기   **burgeoning** 부상하는   **wind power** 풍력   **requisite** 필수품

38

Most school counseling positions require that applicants have a _____ of five years' experience in a related field.

  (a) motion
  (b) stock
✔ (c) minimum
  (d) holding

번역 대부분의 학교 상담직 지원자는 관련 분야에서 최소 5년의 경력이 있어야 한다.

(a) 활동
(b) 축적
(c) 최소 한도
(d) 보유

해법 minimum은 명사로 '최소 한도'를 가리키는 말이다. 보통 a minimum of 다음에 수량 명사가 와서 '최소한 ~의'라는 표현이다. 반대말은 a maximum of 이다. stock은 '저장, 축적'의 뜻이고 holding은 '보유'의 뜻으로 쓰인다.
counseling position 상담직   **applicant** 지원자   **related** 관련 있는   **field** 분야

39

The lobster at the Sea Shack is always _____, purchased the same day from local fishermen.

  (a) tame
✔ (b) fresh
  (c) subtle
  (d) thorough

번역 씨색의 바닷가재는 그날 지역 어부에게서 산 것이어서 항상 신선하다.

(a) 온순한
(b) 신선한
(c) 미묘한
(d) 철저한

해법 가까운 어부에게서 그날 산 것이므로 해산물이 '신선하다'는 fresh가 가장 알맞다. thorough는 '빈틈없는, 철저한'의 뜻이고 subtle은 '미묘한, 교묘한'의 뜻이므로 어울리지 않는 말들이다.
lobster 바닷가재   **purchase** 구매하다   **local** 인근의   **fisherman** 어부   **tame** 온순한

40

It is estimated that one in four people has _____ severe migraine headaches at some point in their life.

  (a) hailed
  (b) turned
  (c) carried
✔ (d) suffered

번역 네 명 중 한 명이 인생의 한때 심한 편두통을 겪은 걸로 추정된다.

(a) 부르다
(b) 변하다
(c) 옮기다
(d) 겪다

해법 질병이나 고통을 겪는다는 뜻으로 동사 suffer를 쓴다. '~으로 고생하다'는 suffer from을 쓴다.
estimate 추정하다   **migraine headache** 편두통   **hail** 부르다

41

After getting off to a slow start this quarter, business is beginning to _____.

(a) resist
✔ (b) improve
(c) nourish
(d) congratulate

번역 이번 분기에 서서히 출발을 보이며 경기가 개선되기 시작하고 있다.

(a) 저항하다
(b) 개선되다
(c) 기르다
(d) 축하하다

해법 get off to a … start는 '~한 출발을 보이다'라는 뜻으로 쓰인다. quarter는 '분기'이며 business는 '경기'이므로 경기가 '호전되다, 개선되다'는 improve가 가장 적절하다.
get off 출발하다 **quarter** 분기 **resist** 저항하다 **nourish** 기르다, 키우다 **congratulate** 축하하다

42

Of the Allied powers in World War I, Russia had the highest _____ among both military and civilians.

✔ (a) casualties
(b) officers
(c) victories
(d) battles

번역 1차 세계대전 연합국 중 러시아는 군과 민간 둘 다 최고의 사상자를 냈다.

(a) 사상자
(b) 공무원
(c) 승리
(d) 전투

해법 사고나 전쟁에서 죽거나 상해를 입은 '피해자, 사상자'를 가리키는 말로 casualty를 쓴다. 여기서 military and civilians는 '군과 민간인'을 가리키는 말이다.
Allied 연합국의 **military** 군대 **civilian** 민간

43

All of the leaders of the top 10 telecommunications firms were _____ for the summit.

✔ (a) present
(b) patted
(c) perplexed
(d) peopled

번역 10대 통신 기업 대표들 모두가 정상 회담에 참석했다.

(a) 참석하다
(b) 쓰다듬다
(c) 당황하다
(d) 가득 채우다

해법 사람이 특정한 장소에 '참석한, 출석한'의 뜻으로 쓸 수 있는 형용사는 present 이다. people은 be peopled with[by] 형태로 '~로 채워지다'는 뜻이다.
telecommunications firm 통신 기업 **summit** 정상 회담 **pat** 쓰다듬다 **perplex** 당황시키다 **people** ~에 사람을 살게 하다

44

Travelers should make a(n) _____ to learn basic words and expressions in the local language before they go abroad.

(a) impulse
(b) meaning
✔ (c) effort
(d) try

번역 여행자들은 외국으로 가기 전에 현지 언어의 기본 단어와 표현을 배우는 노력을 해야 한다.

(a) 충동
(b) 의미
(c) 노력
(d) 시도

해법 make an effort to는 '~하려고 노력하다'는 뜻으로, 여행 전에 그 나라 언어의 기본 표현을 배우려는 노력을 해야 한다는 내용이 되어야 적절하다. '시도'를 뜻하는 try도 가능하지만 try는 give나 have와 함께 어구를 만들어 give it a try/ have a try 등으로 써야 한다.
expression 표현 **go abroad** 외국에 가다 **impulse** 충동

45

Green leafy plants transform sunlight into usable food energy through the _____ of photosynthesis.

(a) control
(b) journey
(c) hassle
✔ (d) process

번역 푸른 잎 식물은 광합성 과정을 통해 햇빛을 유용한 영양분으로 바꾼다.

(a) 통제
(b) 여정
(c) 귀찮은 일
(d) 과정

해법 광합성을 가리키는 말로 적절한 것은 '과정, 절차'를 뜻하는 process이다. transform A into B는 'A를 B로 바꾸다'는 뜻이다.
leafy 잎이 많은 **transform** 바꾸다 **photosynthesis** 광합성 **hassle** 귀찮은 일

 **Vocabulary**

46

Rearview cameras that assist during parallel parking come _____ in many SUVs.

(a) ready
(b) noted
✔ (c) standard
(d) obvious

번역 평행 주차를 도와주는 후방 카메라는 많은 SUV에 기본으로 갖추어져 있다.

(a) 준비된
(b) 유명한
(c) 표준의
(d) 분명한

해법 standard는 '기준의, 표준의'라는 뜻의 형용사로 come standard가 상품과 관련되어 쓰이면 '기본으로 갖추다'는 뜻이 된다.
rearview camera 후방 카메라 **assist** 돕다 **parallel parking** 평행 주차 **SUV** 스포츠 실용차(Sport Utility Vehicle) **noted** 유명한 **obvious** 분명한

47

The town's chief of police has been _____ for his success in reducing traffic congestion.

(a) reserved
✔ (b) lauded
(c) colluded
(d) pledged

번역 마을의 경찰서장은 교통 체증을 줄이는 데 성공한 것으로 칭송을 받았다.

(a) 보류하다
(b) 칭찬받다
(c) 공모하다
(d) 보증인이 되다

해법 laud는 '칭찬하다, 칭송하다'는 뜻의 동사로 praise보다 격식을 갖춘 단어이다. be lauded for는 '~때문에 칭찬받다'는 의미이다. pledge는 '맹세하다'의 동사이며, pledge for는 '~의 보증인이 되다'로 어울리지 않는다.
traffic congestion 교통 체증 **reserve** 보류하다 **collude** 공모하다

48

With so many news networks providing 24-hour coverage, it is easier than ever to _____ the latest stories.

(a) hold off on
✔ (b) keep up on
(c) stay away from
(d) make up with

번역 24시간 서비스를 제공하는 많은 뉴스 네트워크가 있어서 최신 기사를 얻는 것이 더 쉽다.

(a) 연기하다
(b) 얻다
(c) 멀리하다
(d) 화해하다

해법 keep up on은 '~에 대해 정보를 얻다'는 뜻으로 진행되는 상황이나 최근의 소식을 알고 있다는 의미로 많이 쓰이는 표현이다.
coverage 서비스 범위 **story** 기사 **hold off** 연기하다 **stay away from** ~를 멀리하다 **make up with** ~와 화해하다

49

An economic panel was convened to discuss the great _____ in wealth that exists between the richest and poorest citizens.

(a) voracity
(b) ambience
✔ (c) disparity
(d) salience

번역 경제 위원단이 가장 부유한 층과 극빈자 간에 존재하는 부의 큰 불균형에 대해 토론하기 위해 모였다.

(a) 탐욕
(b) 분위기
(c) 불일치
(d) 특징

해법 exists between the richest and poorest라는 부분을 볼 때 부의 불균형 이라는 말이 되어야 함을 알 수 있다. disparity는 '차이'나 '불일치'를 가리키는 말인데 주로 정당하지 않거나 바람직하지 않은 경우에 쓰이는 단어이다.
panel 토론자단, 위원단 **convene** 소집하다 **voracity** 탐욕 **ambience** 분위기 **salience** 특징

50

The various groups protesting outside the mayor's office quickly _____ into an unruly mob.

(a) intended
(b) dabbled
(c) entrenched
✔ (d) coalesced

번역 시장 사무실 앞에서 항의하고 있는 다양한 집단들은 금방 사나운 폭도로 뭉쳤다.

(a) 의도하다
(b) 취미삼아 해보다
(c) (단단히) 자리잡게 하다
(d) 뭉치다

해법 various groups가 an unruly mob으로 된 것이므로 '뭉치다, 연합하다'는 coalesced가 들어가는 것이 가장 알맞다. coalesce 다음에 주로 into나 with가 쓰여 '~로 뭉치다, ~와 연합하다'는 의미이다. entrench는 사상이나 관습이 변하지 않도록 단단히 자리를 잡았다고 할 때 쓰이는 단어이다.
mayor 시장 **unruly** 통제하기 힘든 **mob** 군중, 폭도 **intend** 의도하다 **dabble** 취미삼아 해보다 **entrench** 단단히 자리잡게 하다

Reading Comprehension

1 Cities around the world are experimenting with providing large-scale wireless Internet networks to consumers at no cost. Some people are against the idea, saying that offering free wireless access will hurt the telecommunications industry. I disagree with this opinion. Helping all citizens stay connected to the World Wide Web will benefit the economy as a whole, as well as individuals. In today's age of information technology, _____.

(a) wireless Internet is a profitable industry
✔ (b) Internet access should be a right, not a privilege
(c) protecting business is the job of the government
(d) preserving market competition is an important goal

번역 세계 곳곳의 도시들은 대규모 무선 인터넷 네트워크를 소비자들에게 무료로 제공하는 실험을 하고 있다. 어떤 사람들은 무선 액세스를 무료로 제공하는 것은 통신 산업을 해칠 수 있다고 주장하며 이에 반대한다. 나는 이 의견에 동의하지 않는다. 모든 시민들이 월드 와이드 웹에 접속할 수 있게 하는 것은 개인뿐만 아니라 경제를 전반적으로 이롭게 할 것이다. 오늘날 정보 기술의 시대에는 인터넷 액세스는 특권이 아니라 권리여야 한다.

(a) 무선 인터넷은 수익성이 있는 산업이다
(b) 인터넷 액세스는 특권이 아니라 권리여야 한다
(c) 사업을 보호하는 것이 정부의 일이다
(d) 시장 경쟁을 보존하는 것이 중요한 목적이다

해법 무선 인터넷 서비스 무료 제공에 대한 자신의 의견을 제시하고 있다. 필자가 무료 무선 인터넷의 실험을 찬성하는 이유에서 information technology가 언급되는 것을 볼 때 특권층만이 아니라 모두가 인터넷 액세스를 할 수 있어야 한다고 주장하는 것이 자연스럽다.
experiment 실험하다 **large-scale** 대규모의 **wireless** 무선의 **at no cost** 무료로 **access** 액세스, 접근 **benefit** 이롭게 하다 **as a whole** 전체적으로 **as well as** ~뿐만 아니라 **profitable** 수익성이 있는 **privilege** 특권 **preserve** 보존하다 **competition** 경쟁

2 Travel insurance, which covers events like canceled flights, theft, and medical emergencies abroad, is often thought of as a luxury and an added expense. Many travelers do not want to add this extra cost to their vacation budget, so they choose not to purchase a policy. This can prove to be a serious mistake. You have less control over your surroundings when you travel, and consequently you are at greater risk of experiencing an unfortunate event. For this reason, most travel agents _____.

(a) offer a trip cancellation policy along with your tickets
(b) can provide you with information on a variety of policies
✔ (c) recommend that you purchase insurance before you travel
(d) advise that you select the cheapest insurance available to you

번역 여행자 보험은 취소된 항공편, 절도, 해외에서의 의료 위급 상황 등과 같은 사고를 보상하는 것인데 종종 사치이며 추가 비용이라고 생각되기도 한다. 많은 여행자들이 이 추가 비용을 휴가 예산에 넣고 싶지 않아 보험에 들지 않기도 한다. 이것은 심각한 실수로 판명될 수 있다. 여행을 할 때는 주변 상황에 대해 통제력을 덜 갖게 되며 결과적으로 불행한 사건을 겪을 수 있는 더 큰 위험에 놓이게 된다. 이런 이유로 대부분의 여행사들은 여행하기 전 보험에 들라고 권한다.

(a) 티켓과 함께 여행 취소 방침을 제공한다
(b) 다양한 약관에 대해 정보를 제공할 수 있다
(c) 여행하기 전 보험에 들라고 권한다
(d) 가능한 가장 저렴한 보험을 선택하도록 조언한다

해법 여행자 보험을 추가 비용으로 생각하는 오류에 대해 지적하고 그 이유를 제시하고 있는 글이다. 여행 시에는 낯선 주변 환경에 대한 통제력이 적어지고 사고 위험이 커지기 때문에 여행사에서는 보험에 들라고 권한다는 결론이 가장 적절하다.
travel insurance 여행자 보험 **emergency** 위급 상황 **luxury** 사치 **added expense** 추가 비용 **extra** 추가의 **budget** 예산 **policy** 보험 **consequently** 결과적으로 **unfortunate** 불행한

3 Dear homeowner,

Are you looking to renovate your home but afraid you can't afford it? Did you know the most expensive part of renovation is contractor fees? That means you can cut your costs by half _____. *House & Home Magazine* has all the information you need to learn to do big renovation projects on your own. Order your subscription today and we'll throw in a $10 coupon to the Home Supply Store. What are you waiting for?

(a) and double your rewards
✔ (b) if you do the work yourself
(c) when hiring a cheap contractor
(d) when spending less on your supplies

번역 주택 소유주께.

집을 개조하려고 하는데 비용을 낼 여유가 없어서 두려우세요? 개조의 가장 비싼 부분이 계약업체 비용이라는 것을 아셨나요? 그것은 스스로 작업을 하면 비용을 반으로 줄일 수 있다는 뜻입니다. 〈하우스 앤 홈 매거진〉에는 스스로 큰 개조 프로젝트를 하는 데 필요한 모든 정보가 있습니다. 오늘 구독을 신청하시면 가정용품 상가에서 쓰실 10달러짜리 쿠폰도 덤으로 드립니다. 무엇을 기다리십니까?

(a) 그리고 보상금을 두 배로 드립니다
(b) 스스로 작업을 하면
(c) 저렴한 계약업체를 고용하면
(d) 비품에 더 적은 돈을 쓰면

해법 contractor fee는 '계약업체 비용'이라는 뜻이며 뒤 문장 do big renovation projects on your own을 참조하면 빈칸에는 업체에 맡기지 않고 스스로 작업을 한다는 내용이 들어가야 함을 알 수 있다.
renovate 개조하다 **contractor** 계약업체 **fee** 비용 **by half** 반으로 **subscription** 구독 **throw in** ~을 덤으로 주다

4 A new study suggests that the people who follow the healthiest behaviors are those who think in the long term. That is, they are more willing to give up small short-term gains for larger gains in the future. Smoking and drinking, for example, may provide immediate pleasure but lead to poor health down the road. Therefore, long-term thinkers choose not to participate in these unhealthy activities. They understand that _____.

(a) short-term gains are unhealthy
(b) pleasure is not a long-term goal
✔ (c) health is a long-term commitment
(d) health and pleasure are not the same

번역 새로운 연구는 가장 건강한 행동 방식을 따르는 사람은 장기적으로 생각하는 사람들이라고 제안한다. 그것은 그들이 미래의 더 큰 이득을 위해 작은 단기적인 이득을 기꺼이 포기하고자 하는 사람들이라는 뜻이다. 예를 들어 흡연과 음주는 즉각적인 즐거움을 제공할지 모르지만 장차 언젠가는 건강이 나빠진다. 그래서 장기적인 사고를 하는 사람들은 이러한 건강하지 않은 행동에 참가하지 않으려 한다. 그들은 건강은 장기적인 약속임을 이해하고 있다.

(a) 단기적인 이득은 건강하지 않다
(b) 즐거움은 장기적인 목표가 아니다
(c) 건강은 장기적인 약속이다
(d) 건강과 즐거움은 같은 것이 아니다

해법 첫 문장에 주제가 들어 있다. 건강한 행동 방식을 갖고 있는 사람들은 장기적인 생각을 한다는 것이다. 단기적인 즐거움보다 장기적인 이득을 중시하기 때문에 건강에 좋지 않은 행위들은 삼간다고 했다. 따라서 그들의 생각을 대변하는 것은 건강은 장기적인 책무, 약속이라는 (c)이다.
term 기간 **be willing to** 기꺼이 ~하다 **gain** 이득 **immediate** 즉각적인 **lead to** ~에 이르게 하다 **down the road** 장래에 **participate in** ~에 참가하다 **commitment** 약속, 책무

5 The theory of plate tectonics is seen as _____. It describes how Earth's crust is made up of multiple moving plates that float above a liquid interior. Our planet's continents and oceans rest on these plates and move along with them. Plate movement explains many geologic phenomena that were once considered separate. For instance, mountains are formed as one plate runs into another, while some volcanoes are the result of two plates moving away from each other. Not only that, but many earthquakes are caused by the edges of two plates sliding past one another.

(a) a reason to study Earth further
(b) a theory that is impossible to prove
✔ (c) a unifying concept in Earth geology
(d) an explanation of the creation of mountains

번역 판 구조론은 지구 지질학의 통합적인 개념으로 간주된다. 그것은 지각이 액체 내부 위에 떠다니는 여러 개의 움직이는 판으로 어떻게 구성되었는지 설명한다. 우리 행성의 대륙과 해양은 이들 판에 기초를 두고 그것들과 함께 움직인다. 판 이동은 한때 별개의 것으로 간주되던 많은 지질학적인 현상을 설명한다. 예를 들어 산은 하나의 판이 다른 판에 부딪힐 때 형성되는 반면, 일부 화산은 두 개의 판이 서로 멀리 이동한 결과이다. 그뿐 아니라 많은 지진들이 두 개의 판이 서로 미끄러지면서 지나는 말단에 의해 일어난다.

(a) 지구를 심화적으로 공부하는 이유
(b) 증명하기 불가능한 이론
(c) 지구 지질학의 통합적인 개념
(d) 산의 생성에 대한 설명

해법 판 구조론의 내용을 소개하고 판 운동의 의의에 관한 설명이 이어지고 있다. 판 이동은 과거에 별개의 것으로 여겨졌던 지질학적인 현상을 설명해 내며 이 예로 산과 화산의 생성 작용을 들고 있다. 지질학의 현상을 통합적으로 설명하는 역할을 하는 것이 판 구조론이므로 (c)가 가장 적절하다.
theory 이론 **plate tectonics** 판 구조론 **crust** 껍데기, 지각 **be made up of** ~으로 구성되다 **interior** 내부 **continent** 대륙 **rest on** ~에 기초하다 **geologic** 지질학적인 **phenomenon** 현상 **edge** 끝 **unifying** 통합적인 **concept** 개념 **creation** 창조

6 The novelist Stephen King was born in Maine, and although his family moved several times during his childhood, that is where he ultimately settled. King is best known for his horror stories, though he has also written fantasy and science fiction books. His first success came in 1973 with the publication of *Carrie*, a story about a high-school girl with psychic powers. Since then, over 350 million copies of his many works have been sold worldwide. In addition, dozens of his stories have been adapted into movies or television shows. All of this has made King _____.

(a) consider moving out of Maine
(b) concerned about maintaining his fame
(c) think of writing different kinds of stories
✔ (d) one of the most successful modern authors

번역 소설가 스티븐 킹은 메인 주에서 태어났고 비록 유년기 때 가족이 여러 번 이사를 다녔지만 메인 주가 결국 그가 정착한 곳이다. 킹은 비록 판타지와 공상 과학 소설도 쓰긴 했지만 공포 소설로 가장 잘 알려져 있다. 그의 첫 성공은 초자연적인 능력을 가진 여고생에 관한 이야기인 〈캐리〉의 출판과 더불어 1973년에 이루어졌다. 그 이후로 그의 여러 작품들이 3억 5천만 부 이상 세계적으로 판매되었다. 게다가 수십 개의 소설이 영화나 텔레비전 프로그램으로 각색되었다. 이 모든 것이 킹을 가장 성공적인 현대 작가 중의 하나로 만들었다.

(a) 메인 주를 떠나 이사하는 것을 고려하게
(b) 인기를 유지하는 것을 걱정하게
(c) 다른 종류의 소설을 쓰는 것을 고려하게
(d) 가장 성공적인 현대 작가 중의 하나로

해법 스티븐 킹의 소설가로서의 성공에 관한 글이다. 1973년에 처음으로 성공을 거두게 되고 이후 엄청난 양의 책이 팔리며 인기 작가가 되었다는 설명과 함께 그의 소설이 영화나 텔레비전 프로그램으로 각색이 되었다고 했으므로 성공한 현대 작가로서의 면모를 드러내고 있다고 할 수 있다.
ultimately 결국, 궁극적으로 **be best known for** ~으로 가장 잘 알려져 있다 **science fiction** 공상 과학 **publication** 출간 **psychic** 초자연적인 **copy** (책·잡지의) 한 부, 한 권 **dozens of** 수십 개의 **adapt** 각색하다 **fame** 명성

7 Any major purchase, whether it is a car, a house, or four years of university tuition, requires careful planning. Many experts recommend that you set up a separate savings account to save up for your big expense. Each month, put a portion of your income into the account and only use your accumulated funds for their intended purpose. Some banks offer special account plans designed for this type of saving. You can earn a higher level of interest if you leave your money in the account for a certain amount of time. But most importantly, with a separate account, you can _____.

(a) make more major purchases
(b) save money twice as quickly
✔ (c) stay focused on your main goal
(d) qualify for a higher interest rate

번역 차든, 집이든, 대학 4년간 등록금이든 중대한 구매에는 신중한 계획이 필요하다. 많은 전문가들은 규모가 큰 지출에 대비해서 별개의 예금 계좌를 설정하라고 권고한다. 매달 수입의 일부를 계좌에 넣고 모은 자금을 의도한 목적을 위해서만 사용하라. 일부 은행은 이런 종류의 예금을 위해 고안된 특별 계좌 계획을 제공하기도 한다. 일정 기간 동안 계좌에 돈을 넣어두면 더 높은 수준의 이자를 얻을 수 있다. 그러나 가장 중요한 것은 별도 계좌를 가지고 있으면 주된 목표에 집중하게 된다는 것이다.

(a) 더 중대한 구매를 할 수 있다
(b) 두 배 더 빨리 돈을 모을 수 있다
(c) 주된 목표에 집중하게 된다
(d) 더 높은 이자율을 받을 자격이 된다

해법 중대한 구매를 위해서는 그 목표에 맞는 별도의 계좌를 만들어 돈을 모으라고 권하는 글이다. 정해진 목표를 위해서만 별도의 돈을 저축하는 것이므로 그 목표에 계속 집중하는 상태를 만들어 준다는 점이 가장 중요하다고 할 수 있다.
tuition 등록금 **expert** 전문가 **set up** ~을 설정하다, 세우다 **savings account** 예금 계좌 **save up for** ~에 대비해 저축하다 **portion** 분량 **income** 수입 **accumulate** 축적하다, 쌓아두다 **fund** 자금 **interest** 이자 **qualify for** ~의 자격이 되다

8 Germany is not remembered as a colonial power. However, between 1884 and 1918 the German Empire _____. Most of its holdings were in Africa, including the modern-day nations of Namibia, Tanzania, Cameroon, and Togo. In addition, other small colonies were founded on the coast of China, Papua New Guinea, and several small Pacific Islands. During World War I, Germany's colonies were taken over by its enemies, and the Empire's failure to win the war meant the permanent loss of these territories.

(a) conceded many regions
(b) developed a large military
✔ (c) established a global presence
(d) made treaties with smaller nations

번역 독일은 식민 강대국으로 기억되지 않는다. 그러나 1884년부터 1918년까지 독일 제국은 전세계에 주둔했다. 대부분의 점유지는 아프리카에 있었는데 현재의 나미비아, 탄자니아, 카메룬, 토고와 같은 나라들이 포함된다. 그 외에도 다른 작은 식민지들은 중국 해안이나 파푸아 뉴기니, 태평양의 작은 섬들에서 찾을 수 있다. 1차 세계대전 중에 독일의 식민지는 적들에게 넘어갔고 제국이 전쟁에서 승리하지 못함으로써 이들 영토를 영구적으로 상실하게 되었다.

(a) 많은 지역을 내주었다
(b) 대규모 군대를 발달시켰다
(c) 전세계에 주둔했다
(d) 더 작은 나라들과 조약을 체결했다

해법 접속사 However를 볼 때 식민 강대국으로 기억되지 않는다는 사실과 상반되는 내용이 되어야 한다. 따라서 독일 제국이 과거 세계 곳곳의 식민지에 주둔하고 있었다는 (c)가 가장 적절하다. 그 식민지의 위치가 아프리카와 중국, 태평양 섬 등에 퍼져 있다는 설명이 이어지고 결국 전쟁에 패배하면서 영구적으로 잃게 되었다고 했으므로 세계적으로 주둔하고 있었음을 대조시키는 것이 알맞다.
colonial power 식민 강대국 **empire** 제국 **holding** 점유지 **colony** 식민지 **Pacific** 태평양 **take over** 넘기다 **permanent** 영원한 **territory** 영토 **concede** 내주다, 허락하다 **establish** 수립하다 **presence** 주둔 **treaty** 조약

9 A small group of teachers in a school district in Pennsylvania is doing something radical: questioning the value of homework. At least, they feel that homework in its present form does not benefit students. They point out that most homework consists of textbook exercises and memorization drills that _____. Instead, these teachers think students should be asked to go out into their communities after school. There, they can use what they've learned to solve real-world problems.

(a) follow a national standard
✔ (b) lack any practical application
(c) are generally very time consuming
(d) help students advance their skill sets

번역 펜실베니아 학군의 교사들로 이루어진 작은 집단이 급진적인 일을 하고 있다. 그것은 숙제의 가치를 의문시하는 것이다. 최소한 그들은 현재 형태의 숙제는 학생들에게 이롭지 않다고 생각한다. 그들은 대부분의 숙제가 실제적인 적용이 결여된 교과서 연습 문제와 암기 훈련으로 이루어져 있다고 지적한다. 이 교사들은 대신에 학생들을 방과 후에 지역 사회로 나가게 해야 한다고 생각한다. 거기에서 그들은 현실의 문제들을 해결하기 위해 그들이 배운 것을 사용해 볼 수 있다.

(a) 국가 표준을 따르는
(b) 실제적인 적용이 결여된
(c) 일반적으로 매우 시간 소모적인
(d) 학생들이 기술 능력을 증진시키는 데 도움이 되는

해법 현재 형태의 숙제의 문제점을 설명하는 부분이다. 접속사 Instead로 볼 때 지역 사회로 나가야 한다는 내용과 상반되는 것이 와야 한다. 마지막 문장에서 현실의 문제점을 해결하는 데 사용해 봐야 한다는 주장과 상반되는 내용으로 숙제의 실제적인 적용이 결여된 측면을 제시하는 (b)가 가장 적절하다.
school district 학군 **radical** 급진적인 **consist of** ~로 구성되다 **memorization** 암기 **drill** 훈련 **community** 지역 사회 **application** 적용 **time consuming** 시간 소모적인 **advance** 증진시키다

10 The Home Insurance Building, constructed in Chicago in 1884, is considered _____. Although it was only ten stories tall, its height was unique for the time. Additionally, it was one of the first buildings to have an interior steel frame supporting its weight. This was the innovation that enabled the creation of much taller skyscrapers in later years. Despite its historical significance, the Home Insurance Building was torn down in 1931.

(a) too expensive to refurbish
(b) America's oldest existing building
✔ (c) the world's first modern skyscraper
(d) dangerous because of structural flaws

번역 1884년 시카고에 세워진 가정 보험 빌딩은 세계 최초의 현대 초고층 건물로 여겨진다. 비록 10층짜리에 불과한 높이지만 당시에는 그 높이가 유일무이한 것이었다. 게다가 무게를 지탱하는 내부 철골 구조를 가진 최초의 건물 중의 하나였다. 이것은 이후에 더욱 높은 초고층 건물의 제작을 가능하게 한 혁신이었다. 역사적인 중요성에도 불구하고 가정 보험 빌딩은 1931년에 허물어졌다.

(a) 새로 단장하기에는 너무 비싼
(b) 현존하는 미국 최고의 건물
(c) 세계 최초의 현대 초고층 건물
(d) 구조적 결함 때문에 위험한

해법 세계 최초의 초고층 건물인 가정 보험 빌딩의 의의에 대한 글이다. 이 빌딩은 당시 높이가 유일무이했으며 내부 철골 구조는 이후 초고층 건물의 제작을 가능하게 했다는 것을 통해 이 건물이 최초의 초고층 건물이라는 측면을 말하고자 함을 알 수 있다. 따라서 (c)가 정답이다.
insurance 보험 construct 건축하다 additionally 게다가 interior 내부의 frame 구조 innovation 혁신 enable 가능하게 하다 skyscraper 초고층 건물 significance 중요성 tear down 허물다 refurbish 단장하다 flaw 결함

11 Currently in the United States, teenagers are allowed to get their driver's license at 16. But in my opinion, the government should consider raising this age limit to 17 or 18. My reasons are that 16-year-olds do not have the maturity to operate a motor vehicle by themselves. Statistics show they are much more likely to be involved in an accident than drivers just a few years older. Teens at this age also do not have a good understanding of the consequences of their actions. In conclusion, I think they_____.

✔ (a) should not be allowed to drive a car
(b) are unable to follow basic traffic laws
(c) are too nervous when behind the wheel
(d) must pass similar tests to be able to drive

번역 최근 미국에서 십대들은 16세에 운전 면허증을 딸 수 있게 허용된다. 그러나 나는 정부가 그 나이 제한을 17세나 18세로 올리는 것을 고려해야 한다고 본다. 이유는 16세 아이들은 스스로 자동차를 조작할 성숙함을 갖추지 않았다는 것이다. 그들은 나이가 몇 살 더 많은 운전자보다 교통 사고에 연관되기가 훨씬 더 쉽다는 것을 통계가 보여준다. 이 나이의 십대들은 또한 자신의 행동의 결과를 잘 이해하지 못한다. 결론적으로 나는 그들이 차를 운전하도록 허용하지 않아야 한다고 생각한다.

(a) 차를 운전하도록 허용하지 않아야 한다
(b) 기초적인 교통 법규를 따를 수 없다
(c) 운전을 하면 너무 긴장한다
(d) 운전을 할 수 있는 비슷한 시험을 통과해야 한다

해법 In conclusion으로 시작되는 자신의 의견을 정리하는 결론 문장이다. 필자는 현재 16세부터 운전 면허증을 허용하고 있는 것이 부당하며 나이 제한을 올려야 한다고 주장하고 있다. 아직 미성숙한 16세들의 운전을 할 때의 문제점을 들어 주장을 뒷받침하는 구조이다. 따라서 (a)가 정답이다.
currently 최근에 be allowed to ~하도록 허용되다 raise 올리다 age limit 나이 제한 maturity 성숙함 operate 조작하다. 다루다 motor vehicle 자동차 by oneself 스스로 statistics 통계 consequence 결과 behind the wheel 운전하여

12 In the past, the most important international economic meeting was that of the G-8. This summit was attended by the leaders of the eight most powerful world economies. Recently, however, the decision was made to _____. The result was the G-20, comprising 19 nations plus the European Union. The G-20 has held only a handful of summits so far, but analysts are pleased with the results. By including more countries, they say, there are greater opportunities for meaningful international cooperation.

(a) meet more often
(b) stop the tradition
✔ (c) expand the group
(d) include all countries

번역 과거에 가장 중요한 국제 경제 회의는 G-8 회의였다. 이 정상 회담에는 세계 8대 경제 대국의 지도자들이 참석했다. 그러나 최근에 집단을 확대해야 한다는 결정이 났다. 결과는 유럽 연합 외에 19개국으로 구성된 G-20이다. G-20은 지금까지 몇 안 되는 정상 회담을 개최했지만 분석가들은 그 결과에 만족하고 있다. 그들은 더 많은 나라들을 포함함으로써 의미 있는 국제적인 협력을 위한 기회가 더 많이 있다고 한다.

(a) 더 자주 만나야 한다는
(b) 전통을 중지해야 한다는
(c) 집단을 확대해야 한다는
(d) 모든 나라를 포함해야 한다는

해법 접속사 however로 연결되고 있음에 유의한다. G-8을 설명하는 문장에서 세계에서 가장 강력한 8개국이라고 했는데 빈칸 뒤에서는 그 결과가 G-20, 즉 20개국이라는 내용이 이어지고 있다. 그러므로 20개국으로 그 집단을 확대하기로 결정을 내렸다는 문장이 되어야 하므로 (c)가 가장 적절하다.
economic 경제적인 summit 정상 회담 comprise 구성하다 European Union 유럽 연합 a handful of 소수의 analyst 분석가 be pleased with ~에 기뻐하다 cooperation 협력 expand 확대하다

13 To me, the best movies are those in which _____. This is why I enjoy the film noir genre. Films of this type feature characters who have good intentions but are forced to behave immorally to achieve their goals. For example, a private detective may bend the law to solve a case, or a man may decide to rob a bank in order to feed his family. In this way, film noir is a more accurate reflection of real life, where people are never completely good or completely evil.

(a) characters are forgiven for past mistakes
✔ (b) the main character is not a perfect hero
(c) a real-life, historical event is retold
(d) villains decide to become heroes

번역 나에게 있어 가장 훌륭한 영화는 주인공이 완벽한 영웅이 아닌 것들이다. 이는 내가 필름 느와르 장르를 좋아하는 이유이다. 이런 종류의 영화는 선한 의도를 가지고 있지만 자신의 목표를 달성하기 위해 비도덕적으로 행동하도록 강요되는 인물을 등장시킨다. 예를 들어 사설 탐정이 사건을 해결하기 위해 법을 슬쩍 속이기도 하고 한 사람이 가족을 먹여 살리기 위해 은행을 털 결심을 하기도 한다. 이런 점에서 필름 느와르는 사람들이 완전히 선하지도 완전히 악하지도 않은 현실의 더 정확한 반영이다.

(a) 인물들이 과거 실수에 대해 용서를 받는
(b) 주인공이 완벽한 영웅이 아닌
(c) 실제 삶의 역사적인 사건을 고쳐 쓴
(d) 악당이 영웅이 되기로 결심한

해법 필자는 자신이 좋아하는 영화 장르인 필름 느와르에 대해 설명하고 있다. 필름 느와르의 특징으로 선한 의도를 가지지만 비도덕적인 행동을 해야만 하는 주인공을 들었고 그 예를 들고 있다. 이런 면에서 필름 느와르가 사람이 완전히 선하거나 완전히 악하지 않는다는 현실을 그리고 있다는 측면을 강조하는 글이다.
genre 장르 **feature** 등장시키다 **intention** 의도 **immorally** 비도덕적으로 **private detective** 사설 탐정 **bend the law** 슬쩍 속이다 **rob** 강탈하다 **in order to** ~하기 위해서 **accurate** 정확한 **reflection** 반영 **completely** 완전하게 **evil** 악한 **villain** 악당

14 Dear building residents,

Everyone is concerned about global warming, and the building administration committee is no exception. We are challenging all residents to decrease their carbon footprint by 10% over the next year. You can do this by using less electricity, creating less waste, and conserving water. The committee will be holding monthly meetings to monitor your progress, and those who meet the target next year will pay less rent. So you can save money as well as _____.

✔ (a) help out the planet
(b) improve your health
(c) attend less meetings
(d) manage investments

번역 건물 거주자께,

누구나 지구 온난화에 대해 걱정하고 있고 건물 관리 위원회도 예외는 아닙니다. 저희는 모든 거주자들이 내년에 탄소 배출량을 10퍼센트 줄일 것을 요구하고자 합니다. 전기를 덜 사용하고, 쓰레기를 덜 만들고, 물을 절약함으로써 할 수 있습니다. 위원회는 여러분의 진행 상황을 관찰하기 위해 월례 회의를 열 것이며 내년에 목표를 충족시키는 분들은 집세를 적게 낼 것입니다. 그래서 지구를 도울 뿐만 아니라 돈도 절약할 수도 있습니다.

(a) 지구를 돕다
(b) 건강을 증진시키다
(c) 더 적은 회의에 참석하다
(d) 투자를 관리하다

해법 지구 온난화를 막기 위해 탄소 배출량을 줄이자는 제안의 글이다. 탄소 배출량을 줄이면 집세 삭감의 혜택 외에도 지구를 돕는 일을 가능하게 한다는 (a)가 적절한 답이다.
resident 거주자 **be concerned about** ~에 대해 걱정하다 **global warming** 지구 온난화 **administration committee** 관리 위원회 **exception** 예외 **challenge** 요구하다 **carbon footprint** 탄소 배출량 **conserve** 절약하다 **monitor** 통제하다 **progress** 진전 **rent** 집세

15 We are very concerned about the melting of Earth's glaciers, and rightly so. However, some organisms may be benefiting from this trend. Scientists have discovered that glacial ice contains a high concentration of nutrients, usually in the form of frozen plant matter. As the glaciers melt and enter ocean and river systems, these frozen nutrients become available to the creatures living in there. _____, ecosystems located close to melting glaciers are experiencing faster-than-normal growth.

(a) However
(b) Likewise
(c) Despite this
✔ (d) Consequently

번역 우리는 지구 빙하가 녹는 것에 대해 매우 우려하고 있으며 당연히 그래야 한다. 그러나 일부 유기체들은 이런 추세 덕분에 혜택을 보고 있을지도 모른다. 과학자들은 빙하의 얼음이 일반적으로 냉동 식물체의 형태로 된 고농축 영양분을 함유하고 있다는 것을 발견했다. 빙하가 녹아 해양과 하천으로 들어가면서 이 냉동 영양분은 거기 살고 있는 생명체에 유용하게 된다. 결과적으로 녹는 빙하 가까이에 위치한 생태계는 평균보다 빠른 성장을 하게 된다.

(a) 그러나
(b) 이처럼
(c) 이것에도 불구하고
(d) 결과적으로

해법 접속사의 앞뒤 문장 관계를 살펴야 한다. 빙하 속에는 냉동 영양분이 있는데 빙하가 녹으면서 주변의 생명체들이 그 영양분을 섭취할 수 있다고 설명하고 있다. 빙하 주변 생태계에서 빠른 성장을 할 수 있다는 것은 앞선 설명에 대한 결과이므로 (d)가 적절한 접속사이다.
glacier 빙하 **rightly** 당연히 **organism** 유기체 **benefit from** ~에서 혜택을 얻다 **concentration** 농축 **nutrient** 영양분 **frozen** 냉동된 **creature** 생명체 **ecosystem** 생태계 **faster-than-normal** 평균보다 빠른

16 In 1991, entrepreneur Sam Lee came up with a best-selling idea: a soft drink that combined the great taste of a cola with a mix of healthful ingredients. Lee was lucky to have friends in the health and nutrition industry. _____, he was able to get expert advice in the creation of a recipe for his "good-for-you soda." It didn't take him long to perfect the drink, and before he knew it he was receiving demands from beverage distributors around the nation.

(a) On the other hand
(b) Nevertheless
(c) Otherwise
✔ (d) As a result

번역 1991년에 사업가 샘 리는 베스트셀러 아이디어를 생각해 냈는데 그것은 건강에 좋은 성분의 혼합물을 콜라의 좋은 맛과 결합시킨 탄산 음료였다. 리는 운 좋게도 건강과 영양업계에 친구들이 있었다. 결과적으로 그는 '건강에 좋은 소다' 조리법을 만들어 내는 데 전문가의 조언을 얻을 수 있었다. 그가 음료를 완성하기까지 오래 걸리지 않았고 그가 알아차리기도 전에 전국의 음료 대리점으로부터 요청을 받게 되었다.

(a) 다른 한편
(b) 그럼에도 불구하고
(c) 그렇지 않다면
(d) 결과적으로

해법 접속사 앞뒤 문장인 그에게 건강과 영양업계에서 일하는 친구들이 있었다는 내용과 건강에 좋은 소다의 조리법을 만들어 내는 데 전문가의 조언을 얻을 수 있었다는 내용의 관계를 살펴본다. 인과 관계이므로 (d)가 알맞다.
entrepreneur 사업가 **come up with** ~이 떠오르다 **combine A with B** A를 B와 결합하다 **ingredient** 성분 **nutrition** 영양 **expert** 전문가 **recipe** 조리법 **perfect** 완성하다 **distributor** 대리점

17 During the gold rushes of the nineteenth century, gold mining made headlines as a way for individuals to get rich quick. Though mining operations are still in the news today, the stories are not as positive. These days, stories are more about the harmful environmental effects of gold mining. Powerful chemicals are used to extract gold from the surrounding rock, and these chemicals can contaminate the landscape and threaten nearby populations. In many areas, gold mining is unpopular and strongly protested by the locals.

Q: What is the best title for the passage?
(a) A Metal Desired by Fortune Hunters
(b) The Opening of Small, Local Gold Mines
✔ (c) The Harsh Reality of Modern Gold Mining
(d) A Search for Environmentally Friendly Mining

번역 19세기 골드 러시 동안에 금광은 개인이 빠르게 부자가 되는 방법으로 주요 기사의 표제가 되었다. 비록 광산 운영은 오늘날에도 여전히 뉴스에 나오지만 기사는 긍정적이지 않다. 요즈음 기사는 금광의 해로운 환경적인 영향에 관한 것이 더 많다. 주변 암석에서 금을 추출하는 데 강한 화학 물질이 사용되는데 이 화학 물질은 주변 환경을 오염시킬 수 있고 인근 주민들을 위협할 수 있다. 많은 지역에서 금광은 인기가 없고 지역 주민들은 강하게 반대한다.

Q: 지문의 가장 적절한 제목은?
(a) 재산을 노린 구혼자들이 바라던 금속
(b) 작은 지역 금광의 개장
(c) 오늘날 금광의 혹독한 현실
(d) 환경 친화적인 광산 탐구

해법 19세기 골드 러시 때와 현재의 금광을 비교하는 글이다. 현재의 금광 운영은 긍정적 시선을 받지 못하고 있으며 환경을 오염시키는 문제점이 부각되고 있음을 지적하고 있다. 따라서 (c)가 적절한 제목이다.
rush 쇄도; 돌진 **gold mining** 금광 **operation** 운영 **harmful** 해로운 **chemical** 화학 물질 **extract** 추출하다 **contaminate** 오염시키다 **landscape** 풍경 **threaten** 위협하다 **protest** 항의하다 **fortune hunter** 재산을 노린 구혼자 **harsh** 혹독한 **environmentally friendly** 환경 친화적인

18 Business travelers are often thrown into situations where a foreign language is being spoken. This experience can be overwhelming, and if the businessperson is unprepared, an important opportunity will be lost. To prevent this from happening, Wilson Business International has created the Babel Phone. Compatible with any cell phone or handheld device, the Babel Phone contains basic words and phrases from over 100 of the world's languages. Simply select a language, speak into the phone, and Babel Phone will respond with the correct translation.

Q: What is mainly being advertised?
(a) A collection of language-learning texts
✔ (b) A voice-activated language translator
(c) An overseas cell phone plan
(d) An electronic dictionary

번역 비즈니스 여행객들은 종종 외국어가 사용되는 상황에 놓이게 된다. 이 경험은 대응하기 힘든 것일 수도 있으며 사업가가 준비되어 있지 않으면 중요한 기회를 잃게 될 것이다. 이런 일이 발생하는 것을 막기 위해 윌슨 비즈니스 인터내셔널은 바벨 폰을 만들었다. 어떠한 핸드폰이나 소형 기기와도 호환이 되는 바벨 폰은 세계 100개 이상의 언어의 기초 단어 및 어구를 포함하고 있다. 언어를 선택하고 전화에다 말을 하면 바벨 폰은 정확한 통역으로 응답할 것이다.

Q: 주로 광고되고 있는 것은?
(a) 언어 학습 교재 모음집
(b) 음성으로 작동하는 언어 번역기
(c) 해외 핸드폰 프로그램
(d) 전자 사전

해법 해외에서 언어 때문에 비즈니스상 문제가 생길 수 있는데 이것을 막기 위한 제품이 바벨 폰이라고 소개하고 있다. 핸드폰이나 소형 기기와 함께 사용하는 이 기기는 100개 이상의 언어를 음성으로 통역해주는 기능을 가지고 있다고 설명하고 있으므로 음성 가동의 언어 번역기(b)임을 알 수 있다.
be thrown into ~상황에 빠지다 **overwhelming** 대응하기 힘든 **unprepared** 준비가 안 된 **prevent** 예방하다 **compatible with** ~와 호환이 되는 **handheld** 소형의 **phrase** 구 **respond** 대답하다 **translation** 번역 **voice-activated** 음성 가동의

19 At the Eastman School of Music in Rochester, New York, a new "old" church organ has been constructed. The massive instrument is an exact copy of a Lithuanian organ originally built in 1776. Its 2,200 pipes are handmade from lead and tin and the organ body is made entirely of wood. The goal of the project was to create music that sounds exactly the same as that played in the late 1700s.

Q: What is the passage mainly about?
(a) How sound is created in an organ
(b) A study of the music of the late 1700s
✔ (c) The recreation of a large musical instrument
(d) How building large church organs is difficult

번역 뉴욕 주 로체스터에 있는 이스트만 음악 학교에서 새로운 '옛날' 교회 오르간이 만들어졌다. 이 거대한 악기는 원래 1776년에 지어진 리투아니아 오르간의 정확한 복사판이다. 납과 양철을 이용한 2,200개의 파이프는 수작업으로 만들어졌고, 오르간의 몸체는 전체가 나무로 만들어졌다. 이 프로젝트의 목적은 1700년대 후반에 연주된 것과 똑같은 소리를 내는 음악을 만들어 내기 위한 것이었다.

Q: 지문의 주된 내용은?
(a) 오르간 소리가 어떻게 나는지
(b) 1700년대 후반 음악 연구
(c) 거대한 악기의 재창조
(d) 거대한 교회 오르간을 만드는 것이 얼마나 어려운지

해법 1700년대 후반에 지어진 교회 오르간과 똑같은 파이프 오르간에 관한 소개이다. 오르간의 제작 재료와 오르간을 만든 목적에 대한 설명이 이어지므로 과거의 거대한 악기인 파이프 오르간의 재창조라는 (c)가 주된 내용으로 가장 적절하다.

construct 건축하다　massive 거대한　exact 정확한　copy 복사판
Lithuanian 리투아니아의　originally 본래　handmade 수제의　lead 납
tin 양철　entirely 전체적으로　recreation 재창조

20 Just when you think you have them figured out, children can really surprise you. Last weekend, I took my nephew for a walk in the woods. He didn't want to go, but I insisted he come to get some exercise. During the walk, he kept complaining about the dampness and smells of the forest. By the time we returned to the car, I was exhausted and in a bad mood. But suddenly, my nephew reached into his pocket and gave me a flower he had picked on the walk. The gift made my day.

Q: What is the passage mainly about?
(a) A tiring walk through the woods
(b) A fun weekend I had with a nephew
(c) A child that does not stop complaining
✔ (d) A child's mix of good and bad behavior

번역 아이들을 파악했다고 생각할 때쯤 아이들은 당신을 아주 놀라게 하기도 한다. 지난 주말에 나는 조카를 데리고 숲으로 산책을 갔다. 아이는 가고 싶지 않아 했지만 나는 운동을 해야 한다고 주장했다. 산책하는 동안 그 애는 숲의 습기와 냄새에 대해 계속 불평했다. 차에 돌아왔을 때쯤 나는 지쳤고 기분이 나빴다. 그런데 갑자기 조카는 자기 주머니에 손을 넣어 산책 중에 꺾은 꽃을 나에게 줬다. 그 선물을 받고 난 정말 기뻤다.

Q: 지문의 주된 내용은?
(a) 숲에서의 힘든 산책
(b) 조카와 보낸 재미있는 주말
(c) 불평을 멈추지 않는 아이
(d) 아이의 좋은 행동과 나쁜 행동의 혼합

해법 첫 문장에 유의해야 한다. 아이를 다 파악했다고 생각하더라도 아이가 예상하지 못한 행동으로 놀라게 할 수 있다는 내용이다. 숲에서 산책하면서 계속 불평하던 아이가 마지막에 갑자기 꽃을 주는 행동은 아이의 좋은 행동과 나쁜 행동이 혼합(d)되어 있는, 예상하기 힘든 측면을 말하기 위한 것이다.

figure out 파악하다, 알아내다　insist 주장하다　complain 불평하다
dampness 습기　by the time ~할 때　exhausted 지친　make one's
day ~를 기쁘게 하다

21 After eight years of work and several delays, the city of Southbridge is pleased to announce that the Southbridge Regional Hospital will open its doors on Saturday, May 15. We would like to invite all city residents to attend the opening ceremony, which will take place at noon. Local government officials will be in attendance, in addition to members of the Southbridge Medical Association. The hospital will begin accepting its first patients the following Monday. Please join us in celebrating this historic achievement.

Q: What is the announcement mainly about?
✔ (a) The opening of a new hospital
(b) A ceremony to award local officials
(c) The new regulations for hospital staff
(d) A new building for the medical association

번역 8년간의 공사와 몇 번의 지연 후에 사우스브리지 시는 사우스브리지 지역 병원이 5월 15일, 토요일에 개원함을 발표하게 되어 기쁩니다. 정오에 개최되는 개원식에 모든 도시 주민들을 초대하려고 합니다. 지방 정부 공무원들과 사우스브리지 의학 협회 회원들 역시 참석할 것입니다. 병원은 오는 월요일에 첫 환자를 받기 시작할 것입니다. 이 역사적인 성과를 축하하는 자리에 함께해 주세요.

Q: 공고의 주된 내용은?
(a) 새로운 병원 개원
(b) 지방 공무원 시상식
(c) 병원 직원들을 위한 새로운 규칙
(d) 의학 협회를 위한 새로운 건물

해법 첫 번째 문장에서 주된 내용이 제시되어 있다. 지역 병원이 완공되어 문을 열게 된다는 발표가 주된 내용이므로 (a)가 정답이다. 병원 개원식에 지역 주민들과 관련 공무원들이 참석하도록 초대하고 있다.

announce 발표하다　resident 거주자　opening ceremony 개막식
take place 개최하다　local government 지방 정부　official 공무원　in
attendance 참석한　in addition to 게다가　achievement 성과　award
시상하다　regulation 규칙　staff 직원

22 We commonly use over-the-counter painkillers to treat physical pain, such as headaches and sore muscles. However, a new study suggests these same drugs can be used to ease emotional pain as well. In the experiment, subjects were divided into two groups: those who took over-the-counter painkillers on a regular basis, and those who did not. Over a period of months, all subjects were asked to report their levels of depression and social discomfort. People in the group that took painkillers regularly had lower reported levels of emotional distress.

Q: What is the best title for the passage?
(a) The End of Depression
(b) Avoiding Pain in Our Lives
(c) Treating Severe Physical Pain
✔ (d) Painkillers May Help Depression

번역 우리는 보통 두통이나 근육통과 같은 신체적인 통증을 치료하기 위해 처방전 없이 살 수 있는 진통제를 사용한다. 그러나 새로운 연구는 이런 동일한 약을 감정적인 통증을 완화하는 데에도 쓸 수 있다는 것을 제시하고 있다. 실험에서 피실험자들은 처방전 없이 사는 진통제를 정기적으로 복용한 사람들과 그러지 않은 사람들 두 집단으로 나누었다. 몇 달 동안 모든 피실험자들에게 우울증과 사회적인 불안감의 수준을 보고하도록 했다. 진통제를 규칙적으로 복용한 집단의 사람들은 더 낮은 수준의 감정적인 고통을 보고했다.

Q: 지문의 제목으로 가장 좋은 것은?
(a) 우울증의 끝
(b) 삶에서 통증 피하기
(c) 심각한 신체적인 통증 치료하기
(d) 우울증 치료에 도움이 될지도 모르는 진통제

해법 a new study suggests 이하에서 연구의 요지를 밝히고 있다. 신체적인 통증을 치료하는 진통제를 정기적으로 복용한 집단의 우울증 정도가 낮게 보고되었다는 결과를 통해 진통제가 심리적인 통증도 치료할 수 있다는 (d)가 가장 적절하다.

over-the-counter 처방전 없이 살 수 있는 **painkiller** 진통제 **sore** 시린 **ease** 완화시키다 **subject** 피실험자 **depression** 우울증 **discomfort** 불편 **lower** 낮추다 **distress** 고통

23 There are different types of business organizations, but the corporation is perhaps the most familiar. Businesses that are incorporated have a special legal status and are considered to be individuals. In other words, they exist independently of the people who own and work for them. If a corporation is sued, it may lose money and fail as a business. However, its owners and workers are never in danger of losing their personal savings in a lawsuit against the corporation.

Q: Which of the following is correct about corporations?
✔ (a) They are treated like people by law.
(b) They cannot lose money in a lawsuit.
(c) They are represented by their workers.
(d) They are financially linked to owners.

번역 여러 종류의 비즈니스 조직들이 있지만 기업이 아마도 가장 친숙할 것이다. 법인화된 사업체는 특수한 법적인 지위를 갖게 되고 개인으로 간주된다. 바꾸어 말하면 그것은 그것을 소유하고 그것을 위해 일하는 사람들과는 독립적으로 존재한다. 기업이 고소를 당하면 돈을 잃고 사업체로서 실패할 수도 있다. 그러나 그 소유주와 직원들은 절대 기업을 상대로 한 소송에서 개인적인 예금을 잃게 될 위험에 처하지 않는다.

Q: 기업에 관해 다음 중 옳은 것은?
(a) 법에 의해 사람으로 취급된다.
(b) 소송에서 돈을 잃지 않는다.
(c) 직원에 의해 대표된다.
(d) 재정적으로 소유주와 연관되어 있다.

해법 두 번째 문장에서 법인 사업체는 특수한 법적 지위를 가지며 개인으로 간주된다는 내용이 나온다. 기업은 독립적인 개인처럼 소유나 직원들과는 별개의 존재로 취급되고 소송에서 돈을 잃거나 사업체로서 실패를 할 수도 있다고 했으므로 옳은 정보는 (a)뿐이다.

organization 조직 **incorporate** 법인화하다 **legal** 법적인 **status** 지위 **in other words** 바꾸어 말하면 **independently** 독립적으로 **sue** 고소하다 **savings** 예금 **lawsuit** 소송

24 The inventor of the game of basketball was a teacher named Dr. James Naismith. Living in Massachusetts, Naismith was searching for a sport that could be played indoors during the long, cold winters and would help his students stay fit. He failed to find a suitable game and decided to create his own. The object of his game was to throw a ball into a peach basket that had been nailed to a wall ten feet off the ground. The peach basket gave the sport its name, and the rest is history.

Q: Which of the following is correct about Dr. Naismith?
(a) He originally invented an outdoor game.
✔ (b) He wanted his students to maintain fitness.
(c) He copied another game to create basketball.
(d) He first used apple boxes as goals to shoot for.

번역 농구 경기의 발명자는 제임스 네이스미스 박사라는 이름의 교사였다. 매사추세츠 주에 살고 있던 네이스미스는 길고 추운 겨울 동안 실내에서 할 수 있고 학생들의 건강을 유지하도록 돕는 운동을 찾고 있었다. 그는 적합한 경기를 찾는 데 실패하고 자신만의 것을 만들겠다고 결심했다. 그의 경기의 목적은 지상 10피트 위의 벽에 고정된 복숭아 바구니에 공을 던져 넣는 것이었다. 복숭아 바구니에서 스포츠의 이름이 붙여졌고 그 나머지는 모두가 다 잘 알고 있다.

Q: 네이스미스 박사에 관해 다음 중 옳은 것은?
(a) 실외 경기를 독창적으로 고안했다.
(b) 학생들이 건강을 유지하기를 원했다.
(c) 농구를 만들기 위해 다른 경기를 모방했다.
(d) 골을 던져 넣을 곳으로 처음에 사과 상자를 사용했다.

해법 길고 추운 겨울에 실내에서 할 수 있고 학생들을 건강하게 유지하게 할 만한 경기를 찾고 있었고 독창적으로 만든 것이며 복숭아 바구니를 지상에 고정해 두고 골을 넣게 했다고 했으므로 (b)만 옳다. 적당한 경기를 찾지 못해서 새로운 경기를 만들었다고 했으므로 (c)는 오답이다.

search for ~을 찾다 **indoors** 실내에서 **stay fit** 건강을 유지하다 **suitable** 적당한 **be nailed to** ~에 고정되어 있다 **off the ground** 지상에서 떨어져 **The rest is history.** 모두가 다 알고 있다. **shoot** (공 따위를) 슛하다

25 Many ancient civilizations inhabited Mesoamerica—the region including modern-day Mexico and northern Central America—but the Olmec was the first. They controlled the region from approximately 1400 to 400 BC. The most recognizable remains of this civilization are rock carvings of giant heads. While little is known about the day-to-day life of the Olmec, it is believed they greatly influenced the cultures of all later Mesoamerican peoples. Traces of the Olmec can be seen in the Maya, the Aztec, and many others.

Q: Which of the following is correct according to the passage?
(a) Mayans were contemporary rivals of the Olmec.
(b) The Olmec created life-sized carvings of humans.
(c) All Mesoamerican civilizations shared a single culture.
✔ (d) No Mesoamerican cultures are known prior to 1400 BC.

번역 많은 고대 문명이 메소아메리카에 존재했다. 이 지역은 현재의 멕시코와 북부 중앙 아메리카를 포함하는데 올멕이 최초였다. 그들은 대략 BC 1400년에서 BC 400년까지 이 지역을 지배했다. 이 문명의 가장 두드러지는 유적은 거대한 머리의 바위 조각이다. 올멕족의 일상에 관해 알려진 것은 거의 없는 반면 그들은 이후의 모든 메소아메리카 부족의 문화에 크게 영향을 주었다고 믿어진다. 올멕의 자취는 마야, 아즈텍과 많은 다른 곳에서 볼 수 있다.

Q: 지문에 따르면 다음 중 옳은 것은?
(a) 마야인들은 올멕족의 동시대의 경쟁자였다.
(b) 올멕족은 실물 크기의 인간 조각을 제작했다.
(c) 모든 메소아메리카 문명은 단일 문화를 공유했다.
(d) BC 1400년 이전의 메소아메리카 문화는 알려져 있지 않다.

해법 첫 번째 문장에서 올멕이 최초의 메소아메리카를 지배한 민족이며 BC 1400년에서 BC 400년까지 지배했다고 했으므로 BC 1400년 이전의 문화는 알려져 있지 않다(d). 메소아메리카 문화는 올멕을 시작으로 마야, 아즈텍 등 많은 다른 문화에 그 자취를 찾을 수 있다고 했으므로 동일한 문화를 공유한 것은 아니다.
civilization 문명 **inhabit** 존재하다 **approximately** 대략
recognizable 두드러진 **remains** 유적 **day-to-day life** 일상 **trace** 자취, 흔적 **contemporary** 동시대의 **life-sized** 동시대의

---

26 Do you think bread is boring? Then you haven't tried Lippincott's All Natural Breads! Our loaves are made with all natural ingredients and come in three varieties: whole wheat, four grain, and sourdough. Not only that, but we have won national awards for our breads for the past three years in a row! If you'd like to see what makes Lippincott's All Natural Breads so special, pick up a loaf at your local supermarket.

Q: Which of the following is correct about Lippincott's breads?
(a) They are healthier than other breads.
(b) They come in four tasty varieties.
✔ (c) They have won multiple awards.
(d) They are sold in online malls.

번역 빵이 지루하다고 생각하세요? 그렇다면 립핀컷의 올 내추럴 브레드를 먹어보지 않으셨군요! 저희 빵은 모두 자연 재료로 만들어지고 통밀과 네 가지 곡물, 발효 반죽의 세 가지 종류로 나옵니다. 그뿐 아니라 저희 빵은 지난 3년 연속 전국 규모의 상을 수상했습니다! 립핀컷의 올 내추럴 브레드를 특별하게 만드는 것이 무엇인지 알고 싶으시다면 인근 슈퍼마켓에서 한 덩이 사보세요.

Q: 립핀컷 빵에 관해 다음 중 옳은 것은?
(a) 다른 빵보다 건강에 더 좋다.
(b) 맛있는 네 가지 종류로 나온다.
(c) 여러 상을 수상했다.
(d) 온라인 몰에서 판매된다.

해법 모두 자연 재료를 사용하고 세 가지 종류로 나온다고 했으며 3년 연속 상을 수상했다고 했으므로 (c)만 옳은 정보이다. 자연 재료 사용만 언급되었고 다른 빵보다 건강에 좋다는 내용은 나오지 않았고 온라인 몰에 관한 언급도 없다.
loaf (빵의) 덩이 **ingredient** 재료 **variety** 종류 **whole wheat** 통밀
grain 곡물 **sourdough** 발효 반죽 **in a row** 연이어 **pick up** 사다

---

27 In America's current economic crisis, millions of people are losing their homes. The process, known as foreclosure, occurs when the homeowner can no longer afford to make mortgage payments and the lender takes ownership of the home. Frequently, the bank is then forced to sell the home at a loss. To prevent this from happening, some banks are offering alternatives to homeowners in trouble. These could include lower monthly rates, longer mortgage terms, or, in rare cases, a portion of the debt may be dismissed.

Q: Which of the following is correct according to the passage?
(a) Foreclosures now number less than a million.
✔ (b) Banks can experience financial loss from foreclosures.
(c) Homeowners have less loan options now than in the past.
(d) Many mortgage holders are getting government assistance.

번역 미국의 현재 경제 위기 속에서 수백만의 사람들이 집을 잃고 있다. 압류라고 알려진 절차는 집주인이 더 이상 담보 대출금을 낼 형편이 안 돼 대출 기관이 집의 소유권을 갖게 되는 것이다. 빈번하게 은행은 손해를 보고 집을 팔아야만 한다. 이런 일의 발생을 막기 위해 일부 은행은 어려움에 처한 집 소유주에게 대안을 제공하기도 한다. 여기에는 더 낮은 월 이자율이나, 더 긴 담보 기간, 드문 경우에는 부채의 일부를 제하는 것이 포함될 수 있다.

Q: 지문에 따르면 다음 중 옳은 것은?
(a) 압류 건수는 현재 백만이 안 된다.
(b) 은행은 압류 때문에 재정적인 손해를 겪을 수 있다.
(c) 집 소유주는 과거보다 더 적은 대출 선택권을 갖는다.
(d) 많은 담보 설정자들은 정부의 도움을 받는다.

해법 수백만 명이 집을 잃는다고 했으므로 압류의 수는 백만보다 적은 것이 아니며 집 소유주에게 이자율을 낮춰주거나 담보 기간을 연장해 주거나 부채의 일부를 감면해 주는 등의 대안을 제공하고 있다고 했다. 대출 기관인 은행은 압류한 집을 손해를 보고 파는 경우가 빈번하므로 은행이 재정적인 손해를 겪을 수 있다는 (b)만 옳다.
crisis 위기 **known as** ~라고 알려진 **foreclosure** 압류 **can afford to** ~할 여유가 있다 **mortgage** 담보 **lender** 대출 기관 **ownership** 소유권
frequently 빈번하게 **at a loss** 손해를 보고 **alternative** 대안 **portion** 일부 **debt** 부채 **dismiss** 제하다 **number** ~의 수에 이르다

28 The word "gulag" comes from the name of a Russian agency in charge of labor camps during the Soviet Union era. Today, the camps themselves are known as gulags. They were typically located in remote, frozen areas of Siberia. Violent criminals were sometimes sent to gulags, but the camps were most infamous for holding political prisoners. If an individual spoke out against the Soviet government, he or she risked being sent to a gulag.

Q: Which of the following is correct about gulags?
(a) They were first conceived as military camps.
✔ (b) They were named after an administrative agency.
(c) Their locations were primarily near Siberian cities.
(d) Their prisoner populations consisted of violent criminals.

번역 '강제 노동 수용소'라는 단어는 소비에트 연방 시대에 노동 수용소를 맡고 있는 러시아 기관의 이름에서 유래되었다. 오늘날에는 수용소 자체가 강제 노동 수용소로 알려져 있다. 그것은 일반적으로 멀리 떨어진 시베리아의 극한 지역에 위치하고 있었다. 강력범들이 때때로 노동 수용소에 보내지기도 했지만 수용소는 정치범들을 수감하는 것으로 가장 악명 높았다. 개인이 소비에트 정부에 맞서 솔직한 의견을 말하면 그 사람은 노동 수용소에 보내질 위험에 처했다.

Q: 노동 수용소에 관해 다음 중 옳은 것은?
(a) 처음에는 군사 기지로 고안된 것이다.
(b) 행정 기관의 이름에서 유래되었다.
(c) 위치는 주로 시베리아 도시 근처였다.
(d) 죄수들은 강력범으로 구성되었다.

해법 소비에트 연방 시대의 노동 수용소를 맡고 있던 기관의 이름에서 유래되었고 시베리아의 외진 극한 지역에 있었으며 강력범과 정치범들이 수감되었던 곳이라고 했으므로 행정 기관 이름에서 왔다는 (b)만 옳다.
gulag 강제 노동 수용소 **come from** ~에서 유래하다 **in charge of** ~을 맡고 있는 **labor camp** 노동 수용소 **remote** 멀리 떨어진 **infamous for** ~로 오명이 높은 **political prisoner** 정치범 **speak out** 거리낌 없이 말하다 **risk** 위험에 빠뜨리다 **conceive** 착상하다 **administrative** 행정의 **primarily** 주로 **consist of** ~로 구성되다

29 The American pianist and composer Scott Joplin was one of the most influential musicians around the turn of the twentieth century. He wrote dozens of pieces in the genre known as ragtime, an early version of jazz. The popularity of Joplin's songs helped introduce American music to an international audience for the first time. His work went through a second phase of popularity in the early 1970s. In 1976, 59 years after his death, Joplin was awarded the Pulitzer Prize.

Q: Which of the following is correct according to the passage?
(a) Joplin gained prominence in the early 1800s.
(b) The American public was never fond of ragtime.
✔ (c) Joplin found fame from his music during his lifetime.
(d) The appreciation of Joplin did not wane until the 1970s.

번역 미국 피아니스트이자 작곡가인 스콧 조플린은 20세기에 들어 가장 영향력이 있는 음악가 중의 하나였다. 그는 래그타임이라고 알려진 재즈의 초기 버전 장르의 곡 수십 개를 썼다. 조플린 곡의 인기는 최초로 미국 음악을 전세계 청중에게 소개할 수 있게 만들었다. 그의 작품은 1970년대 초반에 두 번째 전성기를 맞게 되었다. 그의 사후 59년째인 1976년에 조플린은 퓰리처 상을 수상하게 되었다.

Q: 지문에 따르면 다음 중 옳은 것은?
(a) 조플린은 1800년대 초반에 명성을 얻었다.
(b) 미국 대중은 래그타임을 좋아하지 않았다.
(c) 조플린은 생전에 자신의 음악으로 유명해졌다.
(d) 조플린에 대한 평가는 1970년대까지 쇠퇴하지 않았다.

해법 조플린은 20세기의 음악가이며 래그타임은 국제적인 파급 효과가 있을 만큼 인기가 높은 장르였다. 그는 생전에 명성을 누렸으므로 (c)만 옳은 정보이다. 1970년대에 또 한 번 인기를 누렸고, 1976년에 퓰리처 상을 수상했지만 1970년대 이전의 상황은 알 수 없으므로 (d)는 알맞지 않다.
composer 작곡자 **influential** 영향력이 있는 **turn** 변화 **ragtime** 래그타임 **popularity** 인기 **phase** 시기 **prominence** 명성 **be fond of** ~을 좋아하다 **appreciation** 평가 **wane** 쇠퇴하다, 시들다

30 New research into the lives of female office workers shows that certain exercises can help prevent shoulder and neck pain in the workplace. According to the firm that carried out the research, over half of all female office workers report this type of pain. The firm suggests specific exercises that can strengthen the shoulders and neck and thus cut down on soreness. One-arm weight lifts, using small weights, is the easiest way to strengthen this region of the body. However, aerobic exercise like running and cycling is most beneficial.

Q: Which of the following is correct according to the passage?
(a) Female office workers often get lower back pain.
✔ (b) Neck pain is felt by a majority of women in offices.
(c) One-arm lifts do little to cut down shoulder soreness.
(d) Females should avoid aerobics if they have neck pain.

번역 여성 사무직 근로자들의 생활에 관한 새로운 연구 조사는 특정 운동이 직장에서 겪는 어깨와 목 통증을 예방할 수 있게 한다는 것을 제시한다. 이 조사를 시행한 회사에 따르면 절반 이상의 여성 사무직 근로자들은 이런 종류의 통증을 보고한다고 한다. 회사는 어깨와 목을 강화해서 통증을 줄여주는 특정 운동을 제안한다. 작은 웨이트 기구를 사용하는 한 팔 웨이트 리프트가 신체의 이 부분을 강화하는 가장 쉬운 방법이다. 그러나 달리기와 사이클링과 같은 유산소 운동이 가장 이롭다.

Q: 지문에 따르면 다음 중 옳은 것은?
(a) 여성 사무직 근로자들은 종종 허리 통증을 겪는다.
(b) 목 통증은 사무실에서 일하는 다수의 여성들이 느낀다.
(c) 한 팔 리프트는 어깨의 통증을 줄이는 데 거의 효과가 없다.
(d) 목 통증이 있는 여성들은 에어로빅을 피해야 한다.

해법 다수의 여성 사무직 근로자들이 주로 어깨와 목 통증을 겪고 있는데 이를 예방하는 운동이 한 팔 웨이트 리프트라고 했다. 이 운동은 어깨와 목을 강화해서 통증을 줄이게 해준다는 내용이며 유산소 운동이 가장 이롭다고 설명하고 있다. 따라서 (b)만 올바른 진술이다.
workplace 직장 **carry out** 시행하다 **strengthen** 강화하다 **cut down** 줄이다 **soreness** 쑤심, 아픔 **weight** 웨이트, 역기 **region** 부근 **aerobic exercise** 유산소 운동 **beneficial** 이로운 **lower back** 허리

31 Dear Mr. Miller,

This is your third and final notice that your credit card payment for the month of March is overdue. If you do not respond to this letter within a week, we will be forced to take further action. You can avoid this by making a payment for the amount specified on your credit card statement. If you have any questions about your balance, or if you believe you have received this letter in error, contact us immediately at 1-888-555-5398.

Sincerely,
A-Plus Credit Services

Q: Which of the following is correct according to the letter?
(a) There is an error in Mr. Miller's account.
✔ (b) Mr. Miller has not responded to previous letters.
(c) Mr. Miller has one month to respond to the letter.
(d) The credit company has closed Mr. Miller's account.

번역 밀러 씨에게,

이것은 귀하의 3월분 신용 카드 지불 기한이 지났다는 세 번째이자 마지막 통보입니다. 이 편지에 일주일 안에 응답하지 않으면 저희는 후속 조치를 취해야만 할 것입니다. 신용 카드 내역서에 명시된 금액을 지불하시면 이것을 피하실 수 있습니다. 잔고에 관해 질문이 있거나 이 편지를 잘못 받았다고 생각되시면 즉각 1-888-555-5398로 연락 주십시오.

에이플러스 신용 사업부 드림

Q: 편지에 따르면 다음 중 옳은 것은?
(a) 밀러 씨의 계좌에 착오가 있다.
(b) 밀러 씨는 이전 편지에 답하지 않았다.
(c) 밀러 씨는 편지에 응답할 시간이 한 달 있다.
(d) 신용 카드 회사는 밀러 씨의 계좌를 해지했다.

해법 밀러 씨의 신용 카드 지불 기한이 지난 상태에 있어서 이를 알리는 내용의 편지이다. 세 번째이자 마지막이라고 했으므로 이전 편지에 응답이 없었음을 알 수 있다(b). 한 달이 아니라 일주일 안에 응답을 보내야 한다.

overdue 기한이 지난 **respond to** ~에 응답하다 **further action** 후속 조치 **specify** 명시하다 **statement** 내역서 **balance** 잔고 **close** 해지하다 **account** 계좌

---

32 Many vegetables begin their lives in greenhouses before being moved to outdoor farm fields. Unfortunately, the transition can cause quite a shock for the plant, and a small percentage is lost during each transfer. Researchers are looking for ways to help the vegetables survive the move. They have found that, by exposing young plants to certain types of acid while still in the greenhouse, they can actually "teach" them how to survive in the real world.

Q: Which of the following is correct according to the passage?
✔ (a) Some vegetable seeds are not planted outdoors.
(b) Moving a young vegetable plant usually kills it.
(c) Vegetable transplant losses are a mystery to researchers.
(d) Farmers have started treating vegetable crops with acids.

번역 많은 채소가 실외 농장 밭으로 옮겨지기 전에 온실에서 삶을 시작한다. 불행히도 그 변화는 식물에게 상당한 충격을 줄 수 있으며 적은 비율의 채소가 옮길 때마다 손실된다. 연구원들은 채소가 이동을 견뎌내게 하는 방법을 찾고 있다. 그들은 온실에 있는 동안에 어린 식물을 특정 종류의 산에 노출시킴으로써 실제 세상에서 살아남는 방법을 정말 '가르칠' 수 있다는 것을 밝혀냈다.

Q: 지문에 따르면 다음 중 옳은 것은?
(a) 실외에 심지 않는 채소 씨도 있다.
(b) 어린 채소 식물을 옮기게 되면 보통 죽는다.
(c) 채소 이식 시 생기는 손실은 연구원들에게 미스터리이다.
(d) 농부들은 산으로 채소 작물을 처리하기 시작했다.

해법 첫 번째 문장에서 여러 채소들이 온실에서 씨를 심어 키우다가 외부의 농장 밭으로 옮겨 심는 과정을 따른다는 것을 알 수 있으므로 (a)가 옳다. 이런 이식 과정이 식물에게 충격을 주어 그중 적은 수가 죽게 되는데 산 처리를 하면 이 이식 충격을 견뎌내는 데 도움을 준다고 했다. 과학자들이 이런 방법을 알아낸 것이므로 (c)는 답이 될 수 없다.

greenhouse 온실 **outdoor** 실외의 **unfortunately** 불행히도 **transition** 이행, 변화 **transfer** 옮기다 **expose** 노출시키다 **acid** 산, 산성 **transplant** 이식 **treat** 처리하다

---

33 Some people feel that playing games of any kind is a waste of time. They believe board games, video games, and word or number games only exist for entertainment. But it has been scientifically proven that the type of thinking stimulated by game play is good for the mind. Solving problems and coming up with creative answers to difficult questions helps us develop our critical thinking skills. These skills come in handy when we are faced with problems in the real world.

Q: What can be inferred from the passage?
(a) The writer enjoys playing games with family members.
✔ (b) The writer thinks people should play games more often.
(c) Certain types of games are more educational than others.
(d) Problem solving skills are hard to develop without games.

번역 일부 사람들은 어떤 종류의 게임이든 시간 낭비라고 생각한다. 그들은 보드 게임과 비디오 게임, 단어나 숫자 게임은 오락을 위해서만 존재한다고 믿는다. 그러나 게임에 의해 자극된 사고가 정신에 좋다는 것이 과학적으로 증명되었다. 문제를 해결하고 어려운 문제에 대해 독창적인 해답을 생각해 내는 것은 비판적인 사고 능력을 키워 주게 된다. 이 능력은 실제 세상에서 문제에 직면했을 때 유용하게 쓰인다.

Q: 지문에서 추론할 수 있는 것은?
(a) 필자는 가족들과 게임을 하는 것을 즐긴다.
(b) 필자는 사람들이 더 자주 게임을 해야 한다고 생각한다.
(c) 특정 종류의 게임이 다른 것보다 더욱 교육적이다.
(d) 게임 없이 문제 해결 능력을 발달시키기 어렵다.

해법 게임의 장점에 관한 글이다. 단순한 오락이 아니고 게임을 하면서 자극을 받게 되는 사고력이 정신에 좋다는 것이 과학적으로 증명되었고, 비판적인 사고 능력을 키워 주며 실제 생활의 문제를 해결하는 데 유용한 도구로 쓰인다는 주장을 볼 때 필자는 게임을 더 자주 해야 한다고 생각한다(b)는 것을 추론할 수 있다.

scientifically 과학적으로 **prove** 증명하다 **stimulate** 자극하다 **come up with** ~을 생각해 내다 **creative** 독창적인 **critical** 비판적인 **come in handy** 편리하다; ~에 도움이 되다 **educational** 교육적인

34 Dear Editor,

I would like to say thank you to you and your staff for including the article on volunteer medical workers in yesterday's newspaper. We do not receive nearly enough recognition for the work we do. Millions of sick people all over the world are being treating by volunteers right now, but you don't hear their stories. This is why your article, which I found both thoughtful and informative, is so important. Hopefully, it will help educate the public about the vital services that volunteer medical workers provide.

Sincerely yours,
Dorothy M. Smith

Q: What can be inferred about Ms. Smith?
(a) She was mentioned in the article by name.
(b) She personally knows the newspaper editor.
✔ (c) She has participated in volunteer medical work.
(d) She is interested in writing an article for the paper.

번역 편집자께

어제 신문에 의료 자원 봉사자에 관한 기사를 실어주신 당신과 여러 직원들께 감사를 표하고 싶습니다. 저희는 하고 있는 일에 대해 충분한 인식을 얻고 있지 못합니다. 세계 곳곳에서 수백 만의 아픈 사람들이 현재 자원 봉사자들에 의해 돌보아지고 있지만 사람들은 그들의 이야기를 듣지 못하고 있습니다. 이런 이유로 제가 보기에 사려 깊고 유익하기도 했던 귀사의 기사가 아주 중요한 것입니다. 바라기는 대중들이 의료 자원 봉사자들이 제공하는 극히 중대한 서비스에 관해 배우게 되었으면 합니다.

도로시 엠 스미스 드림

Q: 스미스 씨에 관해 추론할 수 있는 것은?
(a) 기사에서 이름이 언급되었다.
(b) 개인적으로 신문 편집자를 안다.
(c) 의료 자원 봉사에 참가했다.
(d) 신문에 기사를 쓰는 것에 관심이 있다.

해법 편지를 쓴 스미스 씨는 첫 문장에서 언급한 의료 자원 봉사자를 다음 문장에서 We do not receive nearly enough recognition for the work we do라고 we로 지칭하고 있으므로 그녀 자신도 봉사자(c)임을 추론할 수 있다.

staff 직원 recognition 인정 thoughtful 사려 깊은 informative 유익한 educate 교육하다 vital 극히 중대한 participate in ~에 참가하다

35 Before cable television became widespread, most people got their news once a day from a local or national newspaper. However, with cable came the introduction of 24-hour news networks. These networks report on domestic and international news all day long, and currently a large percentage of the population watches cable news. Some believe that 24-hour news reporting has negative side effects. In an effort to fill every moment with news stories, these people say, the networks report on issues that were not considered newsworthy two decades ago. Also, to increase their ratings, they provide information that is not always accurate.

Q: What can be inferred about 24-hour news networks?
(a) They operate in collusion with each other.
(b) They have recently seen a decline in popularity.
✔ (c) They are more influential than newspapers today.
(d) They report more international than domestic news.

번역 케이블 텔레비전이 널리 보급되기 전에 대부분의 사람들은 지방이나 중앙 신문에서 하루 한 번 뉴스를 들었다. 그러나 케이블은 24시간 뉴스 네트워크의 도입을 가져왔다. 이들 네트워크는 하루 종일 국내와 국제 뉴스를 보도하는데 현재 많은 퍼센트의 사람들이 케이블 뉴스를 본다. 일부는 24시간 뉴스 보도는 부정적인 부작용이 있다고 생각한다. 매분을 뉴스 기사로 채우기 위한 노력으로 네트워크가 20년 전에는 뉴스로 가치가 있다고 여겨지지 않은 문제들을 보도한다는 것이다. 또한 이들은 시청률을 높이기 위해 완전히 정확하지 않은 정보를 제공하기도 한다.

Q: 24시간 뉴스 네트워크에 관해 추론할 수 있는 것은?
(a) 서로 결탁하여 운영된다.
(b) 최근에 인기가 쇠퇴했다.
(c) 오늘날 신문보다 더 영향력이 있다.
(d) 국내보다 국제 뉴스를 더 많이 보도한다.

해법 첫 문장과 currently a large percentage of the population watches cable news를 볼 때 과거 신문에서 뉴스를 얻던 것과 달리 현재는 케이블 텔레비전이 널리 보급되었으며 대다수의 사람들이 케이블 방송을 통해 뉴스를 얻고 있으므로 신문보다 더 영향력이 있다(c)고 추론할 수 있다.

widespread 널리 보급된 domestic 국내의 negative 부정적인 side effect 부작용 fill 채우다 newsworthy 뉴스가 될 만한 rating 시청률 accurate 정확한 collusion 공모, 결탁 decline 쇠퇴 influential 영향력이 있는

36 The passenger pigeon was one of the most common animals in North America. When Europeans first arrived on the continent there were between three and five billion passenger pigeons living there. The bird's abundance quickly made it a popular source of cheap meat, and the pigeons were hunted by the millions in the 1800s. In the final decades of that century, officials realized the species was in danger, and laws were passed to protect it. Unfortunately, these laws were not well enforced, and the last major flock was hunted and killed in 1896. Individual passenger pigeons survived in captivity until 1914, when the species went extinct.

Q: What can be inferred from the passage?
(a) A large percentage of passenger pigeons died of natural causes.
(b) Hunters were aware that the species was close to extinction.
✔ (c) Lawmakers were in favor of saving the passenger pigeon.
(d) Passenger pigeons were considered a pest by Europeans.

번역 나그네 비둘기는 북미에서 가장 흔한 동물 중 하나였다. 유럽인들이 처음 대륙에 도착했을 때 거기에는 30에서 50억 마리의 나그네 비둘기가 살고 있었다. 새가 풍족했기 때문에 싼 고기의 인기 있는 원료가 되었고 비둘기들은 1800년대에 수백만 사람들에 의해 사냥을 당했다. 19세기 마지막 수십 년에 공무원들은 이 종이 위험에 처했다는 것을 깨닫고 이것을 보호하기 위한 법을 통과시켰다. 불행히도 이 법은 잘 집행되지 않아서 마지막 주요 종은 1896년 사냥되어 죽게 되었다. 개개의 나그네 비둘기는 사육되어 종이 멸종된 1914년까지 살아남았다.

Q: 지문에서 추론할 수 있는 것은?
(a) 많은 퍼센트의 나그네 비둘기가 자연적인 이유로 죽었다.
(b) 사냥꾼들은 이 종이 멸종에 가까웠다는 것을 알고 있었다.
(c) 입법자들은 나그네 비둘기를 살리는 것에 찬성했다.
(d) 유럽인들은 나그네 비둘기를 유해 동물로 간주했다.

해법 In the final decades 이하에서 입법자들은 종이 위험에 처했다고 판단하고 보호하는 법을 통과시켰다고 했으므로 그들이 나그네 비둘기를 살리는 것에 찬성했다(c)는 것을 추론할 수 있다. 유럽인들은 나그네 비둘기를 유해 동물이 아니라 값싼 고기 원료로 사냥하여 멸종 위기에 처하게 된 것이므로 (d)는 답이 될 수 없다.

continent 대륙 abundance 풍부 decade 십 년 protect 보호하다 enforce 실시하다, 집행하다 flock 떼 individual 개별적인 in captivity 사육되어 extinct 멸종된 aware 알고 있는 in favor of ~을 찬성하는 pest 유해 동물

37 The United Nations was founded in 1945 to promote international cooperation and world peace. Many of the projects it takes on are admirable, but I feel it could do more. The UN should play a more active role in stopping violent conflicts around the world. It should also get serious about environmental protection. Strict regulations must be set, and the UN should punish countries that do not follow them. The problem is that, at present, the organization does not have the authority to act in this way.

Q: What can be inferred from the passage?
(a) The writer is an employee of the UN.
(b) The UN has not changed much since 1945.
✔ (c) The writer supports increasing the UN's power.
(d) The UN focuses more on conflicts than the environment.

번역 국제 연합은 국제 협력과 세계 평화를 증진하기 위해 1945년 설립되었다. 이것이 맡고 있는 다수의 프로젝트는 존경할 만하지만 나는 더 많은 일을 할 수 있을 거라 생각한다. UN은 세계적인 극심한 갈등을 중지하는 데 더욱 적극적인 역할을 해야 한다. 환경 보호에도 진지하게 임해야 할 것이다. 엄격한 규제가 제정되어야 하고 UN은 그것을 따르지 않는 나라들을 처벌해야 한다. 문제는 현재로서는 조직이 이렇게 활동할 수 있는 권한이 없다는 것이다.

Q: 지문에서 추론할 수 있는 것은?
(a) 필자는 UN의 직원이다.
(b) UN은 1945년 이후로 바뀌지 않았다.
(c) 필자는 UN의 권력 신장을 지지한다.
(d) UN은 환경보다 갈등에 더 많이 집중하고 있다.

해법 필자는 I feel it could do more라고 하면서 UN이 해야 할 일들에 대해 should 이하에서 강조한다. 갈등을 중지시키는 데 적극적인 역할을 해야 하고 환경 보호에 관한 엄격한 규제로 이를 위반하는 나라에 제재를 가해야 한다고 주장한다. 마지막에서 현재는 그런 권한이 없음을 지적하고 있으므로 권력이 더욱 커져야 한다고 믿는다(c)는 추론이 가능하다.

United Nations 국제 연합, 유엔 found 설립하다 promote 증진하다 cooperation 협력 take on 맡다 admirable 존경할 만한 play a ... role ~한 역할을 하다 conflict 갈등 protection 보호 authority 권위 focus on ~에 집중하다

38 With flights to more worldwide destinations than any other carrier, Jetway Airlines can get you where you need to go. (a) And now you have an even better reason to choose Jetway: bonus mileage. (b) Airlines typically award passengers a set number of "miles" per flight, depending on the length of travel. (c) Book a flight with us during the month of June and you'll receive double the mileage. (d) As always, these miles can be exchanged for free award tickets to any Jetway destination.

번역 제트웨이 항공사는 다른 항공사들보다 전세계 더 많은 도착지로 가는 항공편을 보유하고 있어서 여러분이 가야 할 곳 어디든 데려가 줍니다. (a) 그리고 이제 제트웨이를 선택할 훨씬 더 나은 이유가 있으니 바로 보너스 마일리지 때문입니다. (b) 항공사는 일반적으로 승객들에게 여정의 길이에 따른 비행당 정해진 마일리지를 제공합니다. (c) 6월에 항공편을 예약하시면 2배의 마일리지를 받으실 수 있습니다. (d) 항상 그렇듯이 이 마일리지는 제트웨이 도착지로 가는 모든 무료 항공권과 교환할 수 있습니다.

해법 제트웨이 항공사의 특혜인 보너스 마일리지를 알리는 광고이다. (b)에서 항공사가 여정일에 따른 정해진 마일리지를 준다는 것은 일반적인 항공사의 방침일 뿐이며 제트웨이 항공사의 특별한 혜택을 말하는 내용의 흐름과는 거리가 있다.
flight 항공편 **destination** 목적지 **carrier** 수송기 **typically** 일반적으로 **award** 주다 **per** 당 **depend on** ~에 달렸다 **book** 예약하다 **exchange** 교환하다

39 It has been well publicized that frequent use of antibiotics can create bacteria resistant to those drugs. (a) New research shows that the same may occur when disinfectants are used to kill bacteria. (b) Over time, the bacteria evolve to withstand the disinfectant and become more difficult to kill. (c) These findings may affect the policies for how hospitals use disinfectants when cleaning. (d) Several hospitals around the country have seen the death rates of patients rise in recent years.

번역 항생제의 빈번한 사용이 이들 약에 대한 내성을 갖는 박테리아를 만들 수 있다는 것은 널리 알려진 사실이다. (a) 새로운 연구는 살균제가 박테리아를 죽이는 데 사용될 때 같은 일이 발생할지도 모른다는 것을 제시하고 있다. (b) 시간이 지나면서 박테리아는 살균제를 견딜 수 있게 진화하며 죽이기가 더욱 힘들어진다. (c) 이러한 연구 결과들은 병원이 소독 시 살균제를 사용하는 방법에 대한 방안에 영향을 줄 수도 있다. (d) 전국의 몇몇 병원들은 최근에 환자의 사망률이 증가하는 것을 발견했다.

해법 항생제에 이어 살균제 역시 내성을 갖는 박테리아를 만들게 하며 병원에서 소독할 때 살균제를 사용하는 방식에 영향을 줄 것이라는 내용인데 (d)에서 몇몇 병원에서 환자의 사망률이 증가했다는 것은 흐름에 맞지 않는 내용이다.
publicize 공표하다 **frequent** 빈번한 **antibiotics** 항생제 **resistant to** ~에 저항하는 **disinfectant** 살균제 **evolve** 진화하다 **withstand** 견디다 **findings** 연구 결과 **affect** 영향을 주다 **policy** 정책 **death rate** 사망률

40 The type of grape used and the methods to make wine do not always totally influence a wine's taste. (a) How long and in what container the wine is aged can contribute significantly to how it tastes. (b) An experiment has shown that the type of lighting in the room where the wine is drunk can change the taste the drinker experiences. (c) Subjects gave the highest ratings to wines served in an environment featuring red or blue light. (d) Yet, when the same wines were served in green- and white-lit rooms, the subjects rated their taste lower.

번역 사용되는 포도의 종류와 만드는 방법이 와인의 맛에 전적으로 영향을 주는 것은 아니다. (a) 얼마나 오래 그리고 어떤 용기에 와인을 숙성하느냐가 어떤 맛을 내는지에 지대하게 기여할 수 있다. (b) 한 실험은 와인을 마신 방의 조명의 종류가 마시는 사람이 경험하는 맛을 변화시킬 수 있다는 것을 보여준다. (c) 피실험자들은 붉은색이나 푸른색 조명을 갖춘 환경에서 마신 와인에 최고 평점을 주었다. (d) 그러나 같은 와인을 녹색과 흰색 조명의 방에서 마시면 피실험자들은 맛을 더 낮게 평가했다.

해법 (b)부터 (d)까지는 와인을 마시는 방의 조명에 따라 와인의 맛을 다르게 느끼게 된다는 결과를 보여주는 한 실험에 관한 내용이다. 그러나 (a)는 와인을 숙성시키는 기간과 용기에 따라 맛이 매우 다르다는 점을 지적하므로 흐름과 다른 내용이다.
method 방법 **container** 그릇, 용기 **age** 숙성시키다 **contribute** 기여하다 **significantly** 두드러지게, 상당히 **experiment** 실험 **lightning** 조명 **subject** 피실험자 **rating** 평점 **serve** 음식을 제공하다 **feature** ~가 특징을 이루다 **light** 불을 밝히다

Answer Keys

🎧 Listening Comprehension

1 (d)	7 (d)	13 (b)	19 (b)	25 (a)	31 (d)	37 (d)	43 (a)	49 (b)	55 (d)
2 (a)	8 (a)	14 (a)	20 (d)	26 (d)	32 (d)	38 (d)	44 (c)	50 (d)	56 (d)
3 (b)	9 (d)	15 (b)	21 (b)	27 (d)	33 (c)	39 (a)	45 (b)	51 (c)	57 (b)
4 (c)	10 (a)	16 (a)	22 (b)	28 (a)	34 (a)	40 (b)	46 (d)	52 (b)	58 (b)
5 (c)	11 (b)	17 (c)	23 (b)	29 (d)	35 (b)	41 (a)	47 (b)	53 (c)	59 (a)
6 (c)	12 (d)	18 (c)	24 (d)	30 (c)	36 (a)	42 (b)	48 (c)	54 (b)	60 (a)

📝 Grammar

1 (c)	6 (b)	11 (d)	16 (c)	21 (d)	26 (c)	31 (d)	36 (c)	41 (b)	46 (d)
2 (c)	7 (b)	12 (a)	17 (d)	22 (a)	27 (c)	32 (b)	37 (c)	42 (a)	47 (b)
3 (b)	8 (b)	13 (b)	18 (a)	23 (b)	28 (d)	33 (a)	38 (b)	43 (d)	48 (d)
4 (c)	9 (a)	14 (b)	19 (d)	24 (c)	29 (c)	34 (b)	39 (a)	44 (c)	49 (c)
5 (c)	10 (b)	15 (a)	20 (d)	25 (a)	30 (d)	35 (a)	40 (a)	45 (d)	50 (c)

📖 Vocabulary

1 (a)	6 (d)	11 (a)	16 (d)	21 (b)	26 (c)	31 (a)	36 (a)	41 (b)	46 (c)
2 (c)	7 (b)	12 (b)	17 (c)	22 (a)	27 (a)	32 (b)	37 (c)	42 (a)	47 (b)
3 (a)	8 (a)	13 (b)	18 (a)	23 (c)	28 (a)	33 (a)	38 (c)	43 (a)	48 (b)
4 (b)	9 (c)	14 (a)	19 (c)	24 (a)	29 (a)	34 (b)	39 (b)	44 (c)	49 (c)
5 (a)	10 (b)	15 (a)	20 (a)	25 (a)	30 (d)	35 (c)	40 (d)	45 (d)	50 (d)

✏️ Reading Comprehension

1 (b)	5 (c)	9 (b)	13 (b)	17 (c)	21 (a)	25 (d)	29 (c)	33 (b)	37 (c)
2 (c)	6 (d)	10 (c)	14 (a)	18 (b)	22 (d)	26 (c)	30 (b)	34 (c)	38 (b)
3 (b)	7 (c)	11 (a)	15 (d)	19 (c)	23 (a)	27 (b)	31 (b)	35 (c)	39 (d)
4 (c)	8 (c)	12 (c)	16 (d)	20 (d)	24 (b)	28 (b)	32 (a)	36 (c)	40 (a)

1

W Hello, Jack. Great to see you.

M _____

✔ (a) Thanks, I'm happy to be here.
  (b) I'm not sure who he is.
  (c) No, I've been sick.
  (d) That's wonderful.

번역 W 안녕, 잭. 만나서 반가워.
     M _____
     (a) 고마워. 여기 오게 돼서 기뻐.
     (b) 그가 누구인지 잘 모르겠어.
     (c) 아니, 난 아팠어.
     (d) 그거 훌륭하구나.

해법 Great to see you는 It's great to see you의 간략한 표현으로, 만나서 반갑다는 의미이다. great 대신 good, nice 등으로도 쓸 수 있다. 이에 대한 대답으로 (a)가 가장 적절하다.
     sure 확신하는

2

M Would you like to take a walk?

W _____

  (a) Well, I'm a good runner.
✔ (b) Sure, that sounds nice.
  (c) I've done it before.
  (d) Go over there.

번역 M 산책하러 가실래요?
     W _____
     (a) 음, 저는 달리기를 잘해요.
     (b) 네, 그거 좋네요.
     (c) 전에 그거 끝냈어요.
     (d) 저쪽으로 가세요.

해법 Would you like to...?는 '~하고 싶으세요, ~하시겠습니까?'라는 뜻의 권유나 의견을 묻는 표현이다. 대답은 긍정 또는 부정의 의견을 나타내므로 (b)가 정답이다.
     runner 달리는 사람

3

W That's the last time I'll eat there.

M _____

  (a) I'll order it for you.
  (b) Yes. I'll eat anywhere.
  (c) It was a couple weeks ago.
✔ (d) Me, too. The food's terrible.

번역 W 저기에서 다시는 먹을 일 없을 거야.
     M _____
     (a) 내가 네 대신 그것을 주문할게.
     (b) 응. 나는 아무데서나 먹겠어.
     (c) 두어 주 전이었어.
     (d) 나도. 음식이 형편없어.

해법 That's the last time I'll eat there는 '거기에서 음식을 먹는 게 마지막이다', 즉 결코 다시는 거기에서 먹지 않겠다는 표현이다. 따라서 (d)가 적절한 반응이다.
     order 주문하다 **a couple (of)** 두어 개의, 몇몇의 **terrible** 지독한, 심한

4

M I can't work without a morning coffee.

W _____

  (a) But I had some already.
  (b) I usually get up by 6:30.
  (c) We just had to do without.
✔ (d) You must be addicted to it.

번역 M 저는 아침에 커피를 안 마시면 일을 할 수가 없어요.
     W _____
     (a) 하지만 저는 이미 조금 먹었어요.
     (b) 저는 보통 6시 30분까지 일어나요.
     (c) 우리는 없이 지낼 수밖에 없었어요.
     (d) 당신은 그것에 중독됐군요.

해법 must는 '~임에 틀림 없다'라는 강한 추측의 의미로, 커피를 안 마시면 일을 못 한다는 남자의 말에, 중독된 게 틀림 없다고 대답하는 (d)가 가장 적절한 반응이다.
     do without ~없이 지내다 **be addicted to** ~에 빠지다, 중독되다

5

W   Don't underestimate her skill.
M   _____

(a) Not really. She just arrived.
✔ (b) I won't. I've seen her play.
(c) That's all you need to do.
(d) I didn't think so at all.

번역 W 그녀의 기술을 과소평가하지 마세요.
M _____

(a) 아니요. 그녀는 방금 도착했어요.
(b) 저는 안 그래요. 그녀의 경기를 보았거든요.
(c) 그게 당신이 해야 할 일의 전부예요.
(d) 저는 전혀 그렇게 생각하지 않았어요.

해법 underestimate는 estimate(평가하다)에 under가 붙어서 '낮게 평가하다'의 뜻이다. 여자의 말에 대한 적당한 대답으로 I won't (underestimate)라고 한 (b)가 정답이다.
underestimate 과소평가하다 **skill** 기술

6

M   There's a concert tonight in Cherry Park.
W   _____

✔ (a) I know, it's free to the public.
(b) I heard about it but didn't go.
(c) It wasn't what I hoped for.
(d) No, I don't know where.

번역 M 오늘 밤에 체리 공원에서 콘서트가 있어.
W _____

(a) 알고 있어, 일반인들한테는 공짜야.
(b) 얘기는 들었는데 안 갔어.
(c) 내가 바라던 게 아니었어.
(d) 아니, 난 어디인지 몰라.

해법 남자가 말한 음악회가 열리는 시간을 주의해서 듣는다. tonight이라고 했으므로 (b), (c)는 시제에 어긋나며, (d)는 체리 공원이라고 이미 말했으므로 문맥과 어긋난다. 콘서트에 대해 알고 있다는 (a)가 가장 적절한 대답이다.
concert 음악회 **public** 대중의, 공공의

7

W   How's that school project coming along?
M   _____

(a) I think she'll come along to it.
✔ (b) It'll be done by the due date.
(c) That's just how it was.
(d) I am sure it can be.

번역 W 학교 연구 과제는 어떻게 되어가고 있어?
M _____

(a) 내 생각에 그녀는 같이 갈 것 같아.
(b) 제출 날짜까지 끝낼 수 있어.
(c) 그게 그렇게 됐어.
(d) 그럴 수 있다고 확신해.

해법 학교 과제의 진척 상황에 대한 질문이다. (c)는 이미 일어난 일에 관한 말이며, (d)는 문맥에 맞지 않는 대답이다. 제출일까지 완료할 거라는 (b)가 가장 적절한 대답이다.
project 연구 계획[과제] **come along** (일이) 되어가다; 함께 가다 **due** 만기가 된

8

M   Hi, I'm calling to speak to Mona. Is she available?
W   _____

(a) That's right. It's Ben.
✔ (b) Let me check. Hold on.
(c) I called yesterday afternoon.
(d) I already know what you mean.

번역 M 여보세요, 모나랑 통화하려고 전화했는데요. 지금 통화 가능한가요?
W _____

(a) 맞아요. 벤입니다.
(b) 확인해 볼게요. 잠깐만 기다리세요.
(c) 어제 오후에 전화했어요.
(d) 당신 말 뜻이 뭔지 이미 알고 있어요.

해법 남자가 모나라는 여자와 통화하려고 하는 상황이다. (b)가 가장 적절한 대답이고, 나머지는 문맥과 상관없는 내용이다.
available (사람을 만날) 시간이 있는 **hold on** 기다리다

9

W Can you help me with these files?

M _____

(a) I don't need help with them.

✔ (b) I can pitch in for a while.

(c) We can't let anything happen.

(d) Let me go find him.

번역 W 이 파일들 작업하는 것 좀 도와줄 수 있어요?

M _____

(a) 저는 그것들을 하는 데 도움이 필요 없어요.

(b) 제가 잠시 동안 도와드릴 수 있어요.

(c) 우리는 어떤 일도 일어나게 할 수 없어요.

(d) 제가 그 사람 찾아올게요.

해법 여자가 남자에게 파일 작업을 도와달라고 부탁하는 대화이다. pitch in은 작업이나 자금 등을 거들어서 함께 한다는 표현이다. 따라서 정답은 (b)이다.
file 파일, 철 **pitch in** (일·자금 등을 지원하며) 협력하다 **for a while** 잠시 동안

10

M Let's go to the meeting now.

W _____

(a) I saw you there.

(b) No, not very useful.

✔ (c) Yes, it's about to start.

(d) That's where we first met.

번역 M 지금 회의에 가자.

W _____

(a) 거기에서 널 봤어.

(b) 아냐, 그다지 쓸모없어.

(c) 응, 이제 막 시작할 거야.

(d) 우리가 처음 만난 장소가 거기야.

해법 회의에 참석하자는 말에 대해 be about to를 사용하여 '회의가 막 시작하려고 한다'라는 표현이 적절하다. 따라서 (c)가 정답이다.
be about to 막 ～하려면 참이다

11

W What time are you open until?

M _____

(a) We opened here last month.

(b) Until then you'd better not.

(c) It's time you let us know.

✔ (d) We'll close at sunset.

번역 W 몇 시까지 문을 여세요?

M _____

(a) 지난달에 여기에 문을 열었어요.

(b) 그때까지 그러지 않는 게 나아요.

(c) 당신이 우리에게 말해줄 시간이에요.

(d) 해질 때 문을 닫을 거예요.

해법 (b)의 had better not은 had better의 부정형으로, '～하지 않는 게 좋겠다'라는 뜻 이외에 should not의 '～하면 안 된다'라는 뜻이 있다. (c)의 It's time...은 '～해야 할 때이다'라는 의미의 가정법 과거로, 여기서 let은 과거형 태로 쓰였다. 문 닫는 시간을 묻고 있으므로 (d)가 정답이다.
sunset 일몰

12

M It looks like something's bothering you, Elsie.

W _____

(a) OK, I'll go see what it is.

(b) That wouldn't be a bother at all.

(c) No, I don't mind taking care of it.

✔ (d) I'm just feeling under the weather.

번역 M 너 오늘 무슨 문제가 있어 보여, 엘시.

W _____

(a) 알았어, 내가 가서 뭔지 보고 올게.

(b) 그것은 전혀 성가신 일이 아니야.

(c) 아니, 나는 그거 돌보는 거 개의치 않아.

(d) 그냥 몸이 좀 안 좋아.

해법 (b)에서 a bother는 '성가신 일[사람], 골칫거리'의 뜻이고, (d)의 under the weather는 몸이 무겁게 느껴지고, 찌뿌드드한 느낌이 들 때 사용하는 표현이다. 따라서 정답은 (d)이다.
bother 성가시게 하다, 괴롭히다 **mind** 신경 쓰다, 귀찮게 여기다

13

W   What's that chocolate cake for?

M   _____

(a) It's in the refrigerator for now.
(b) It should serve five people.
✔ (c) Today's Chloe's birthday.
(d) Thank you for baking it.

번역 W 그 초콜릿 케이크는 웬 거야?

M _____

(a) 지금은 냉장고 안에 있어.
(b) 5명이 먹을 수 있는 양이야.
(c) 오늘은 클로에의 생일이야.
(d) 이거 구워줘서 고마워.

해법 What's that chocolate cake for?에서 for가 쓰인 것은 초콜릿 케이크가 있는 이유, 즉 무슨 일로 초콜릿 케이크가 있냐는 뜻이다. 따라서 (c)가 적절한 대답이다.
refrigerator 냉장고   for now 당분간, 지금 당장은   serve 공급하다, (필요를) 만족시키다   bake 굽다

14

M   Do you have any plans this weekend?

W   _____

✔ (a) I'm going to hit the beach.
(b) That's what I planned to do.
(c) I didn't do anything exciting.
(d) You do know it's this Saturday.

번역 M 이번 주말에 무슨 계획 있어?

W _____

(a) 해변가로 갈 생각이야.
(b) 그게 내가 계획했던 거야.
(c) 재미있는 일은 아무 것도 안 했어.
(d) 그게 이번 토요일이라는 것 잘 알잖아.

해법 (a)에서 동사 hit은 구어로, '도착하다, 가다'의 뜻이며, hit the beach(해변에 가다), hit the sack(잠자리에 들다), hit the road(출발하다) 등의 표현으로 사용한다.
hit 도착하다, 가다

15

W   Have you tried the noodles here?

M   _____

(a) That's different to what I thought.
✔ (b) No, but I hear they're great.
(c) Yes, they've told me that.
(d) I've never made them before.

번역 W 여기에서 국수를 먹어 보았나요?

M _____

(a) 그것은 내가 생각했던 것과 다르네요.
(b) 아니요, 하지만 맛있다고 하던데요.
(c) 네, 그들이 저한테 그렇게 말했어요.
(d) 그것들을 전에 만들어 본 적이 없어요.

해법 try the noodles는 '국수를 맛보다, 먹어 보다'라는 뜻이다. (d)에서 동사가 tried가 아닌 made임을 주의하고, (b)에서 they가 noodles를 가리키므로 정답이다.
try 시도해 보다   noodle 국수

16

M   Have you seen the scissors?

W   You used them yesterday.

M   I wonder where I put them.

W   _____

(a) Glad you found them.
✔ (b) Check the coffee table.
(c) Sorry, we don't have any.
(d) That's when I used them.

번역 M 너 가위 봤니?

W 네가 어제 썼잖아.

M 어디다 두었는지 모르겠어.

W _____

(a) 찾았다니 기쁘구나.
(b) 커피 테이블을 확인해 봐.
(c) 미안해, 우리는 아무 것도 없어.
(d) 내가 그것을 썼던 때가 바로 그 때야.

해법 남자가 자신이 사용한 가위를 어디에 뒀는지 잊어서 여자에게 물어보는 상황이다. 따라서 (b)가 적절하다. (a)는 가위를 찾은 뒤에 여자가 할 수 있는 말이다.
scissors 가위

17

W Can you finish that report?
M No, I'm leaving early today.
W Oh, why's that?
M _____

✔ (a) I've got an appointment.
(b) Thanks for doing that.
(c) I hope it goes well.
(d) But it's due today.

번역 W 보고서 끝낼 수 있겠어요?
M 아니요, 오늘은 일찍 가려고 해요.
W 오, 왜요?
M _____

(a) 약속이 있어요.
(b) 그렇게 해주셔서 감사해요.
(c) 그게 잘되길 바랍니다.
(d) 하지만 오늘이 만기예요.

해법 남자가 보고서를 마치지 않고 일찍 가려는 이유를 묻고 있다. (c), (d)는 내용상 여자가 할 수 있는 말이고, (a)가 자연스러운 답이다.
appointment 약속 **due** 만기의, ~하기로 되어 있는

18

M Did you go for your run?
W No, I haven't been yet.
M Better do it soon. Looks like rain.
W _____

(a) That's why I went.
(b) Luckily, it didn't rain.
(c) Good, I'll go with you.
✔ (d) Thanks for the warning.

번역 M 조깅하러 갔었니?
W 아니, 아직 못 갔어.
M 빨리 하는 게 좋을 걸. 비가 올 것 같아.
W _____

(a) 그래서 내가 갔어.
(b) 다행히도 비가 오지 않았어.
(c) 좋아, 너와 함께 갈게.
(d) 알려 줘서 고마워.

해법 비가 올 것을 알려 줘서 고맙다는 (d)가 적절한 대답이다. 첫 문장의 〈go for+ 명사〉는 '~하러 가다'라는 표현으로, go for a run은 '달리기하러 가다'라는 뜻이다. Better do it soon은 You had better do it soon으로, 권고를 나타낸다.
luckily 다행히도, 운 좋게 **warning** 주의, 경고

19

W Where's the dog's bowl?
M Just inside the door.
W Back door or front door?
M _____

(a) I already checked both.
(b) I'll give him some food.
(c) Sorry, but I have no idea.
✔ (d) Actually, it's the garage door.

번역 W 개 밥그릇이 어디 있지?
M 문 바로 안쪽에 있어.
W 뒷문이야, 앞문이야?
M _____

(a) 이미 둘 다 확인했어.
(b) 내가 그에게 먹을 것을 좀 주려고.
(c) 미안하지만, 전혀 모르겠어.
(d) 실은, 차고 문이야.

해법 개 밥그릇을 찾는 여자가 남자에게 구체적인 장소를 되묻고 있으므로 (d)가 적절하다. (a), (b)는 내용상 여자가 할 수 있는 말이고, (c)는 남자가 장소를 알고 있으므로 논리적으로 어긋나는 대답이다.
bowl 사발, 그릇 **actually** 사실은 **garage** 차고

20

W I finished preparing the side dishes.
M That means it's time to start the grill.
W Do you need my help with that?
M _____

(a) Maybe I'd better cook it instead.
✔ (b) No, but thanks for the offer.
(c) I think the food looks fine.
(d) I already took care of it.

번역 W 반찬 준비를 끝냈어요.
M 그렇다면 구이를 시작할 시간이에요.
W 그걸 하는 데 내 도움이 필요해요?
M _____

(a) 그보다는 난 그걸 요리하는 게 나을 것 같아요.
(b) 아니에요, 그래도 제안해 줘서 고마워요.
(c) 음식이 괜찮아 보인다고 생각해요.
(d) 내가 이미 그걸 처리했어요.

해법 남자가 구이를 해야겠다는 말에 여자가 도와준다는 제의를 한다. 따라서 (b)가 적절하다. 여기서 offer는 여자의 도와주겠다는 말을 가리킨다.
side dish (주 요리에) 곁들이는 요리, 반찬 **grill** 석쇠, 불에 구운 요리 **instead** 그보다도, 그 대신에 **offer** 제의 **take care of** ~를 처리하다

21

W Hello, I'm calling about an apartment.
M OK. Which one in particular?
W The one on Oak Street.
M _____

✔ (a) I'm afraid it's no longer available.
(b) That's actually why I called.
(c) I just need the street name.
(d) That one is just like I said.

번역 W 여보세요, 아파트 때문에 전화하는데요.
M 네, 어떤 것 말씀하시나요?
W 오크 가에 있는 거요.
M _____

(a) 유감스럽지만 거기는 더 이상 입주하실 수 없어요.
(b) 사실은 그 때문에 전화했어요.
(c) 저는 그 도로명을 알고 싶어요.
(d) 그것이 딱 제가 말한 것과 같네요.

해법 아파트를 구하고 있는 여자의 문의 전화이다. 여기서 one은 아파트를 가리키며, 여자가 특정한(in particular) 아파트를 말했으므로 (a)가 적절한 답이다.
in particular 특히, 상세히   **available** (집 등이) 입주할 수 있는

22

M So, did Kobe finally call you?
W Yes, and he asked me out on a date!
M Good for you. When's your date?
W _____

(a) Thanks for taking care of it.
(b) I don't think I'll go again.
✔ (c) On Thursday after work.
(d) That's what I thought.

번역 M 그래서, 코비가 마침내 네게 전화했니?
W 응, 내게 데이트 신청했어!
M 잘됐다. 데이트가 언제야?
W _____

(a) 그걸 처리해 줘서 고마워.
(b) 나는 다시 가지 않을 거야.
(c) 목요일 일 끝난 후에.
(d) 그게 바로 내가 생각했던 거야.

해법 여자가 데이트 신청을 받았다는 말에 남자가 언제 데이트하느냐고 질문하고 있으므로 (c)가 답이다. ask A out on a date는 'A에게 데이트를 신청하다'라는 표현이다.
finally 마침내   **ask out** 데이트를 신청하다   **after work** 퇴근 후

23

W When are you driving back?
M I'll get going around 11 pm.
W Be careful, because the roads might be icy.
M _____

(a) Thankfully, it's not frozen yet.
(b) That's if I don't leave early.
(c) I know you drive too fast.
✔ (d) I plan to take it slow.

번역 W 차로 언제 돌아갈 거야?
M 밤 11시경에 갈 거야.
W 조심해. 도로가 빙판일지도 몰라.
M _____

(a) 다행히도 아직 얼지 않았어.
(b) 그건 내가 일찍 떠나지 않을 경우지.
(c) 난 네가 너무 빨리 운전한다는 것을 알아.
(d) 천천히 갈 생각이야.

해법 밤에 돌아가는 남자에게 얼었을지도 모를 도로를 주의하라는 당부를 하고 있다. 이에 대한 대답으로는 (d)가 적절하다.
icy 얼음으로 덮인   **thankfully** 고맙게도, 다행히도   **frozen** 얼은

24

M Did you get the job?
W I still don't know.
M When will you hear back?
W _____

(a) I spoke with them already.
(b) Probably two hours long.
✔ (c) Maybe early tomorrow.
(d) It's too late to call now.

번역 M 직장은 얻었나요?
W 아직 모르겠어요.
M 언제 소식을 듣게 되나요?
W _____

(a) 그들과 이미 이야기를 했습니다.
(b) 아마도 2시간 걸릴 겁니다.
(c) 아마 내일 일찍이요.
(d) 지금은 너무 늦어서 전화할 수 없습니다.

해법 직장의 지원 결과를 아직 모르는 여자에게 언제 소식을 알게 되느냐고 남자가 질문하고 있다. 여기서 hear back은 '답신을 받다'라는 표현이다. 이에 대한 대답으로는 (c)가 적절하다.
probably 아마도

25

W Hey, that restaurant is closed.
M Yes, they went out of business.
W But I ate there only last week!
M _____

(a) That's OK for now.
(b) Don't bother trying it out.
(c) No, I don't think I want to.
✔ (d) It only happened yesterday.

번역 W 어, 저 식당 닫았네.
M 응, 폐업했어.
W 하지만 난 바로 지난주에 저기에서 식사했어!
M _____

(a) 지금은 괜찮아.
(b) 그것을 굳이 해볼 필요는 없어.
(c) 아니, 나는 별로 원치 않아.
(d) 바로 어제 그렇게 됐어.

해법 바로 지난주에 식사를 한 식당이 폐업한 것에 대해 여자가 놀라는 상황이다. 이에 대한 반응은 (d)가 적절하다. (b)에서 Don't bother는 '굳이 ~할 것 없다'라는 표현이다.
out of business 파산하여 **bother -ing** 일부러 ~하다, ~하도록 애쓰다
try out 시험 삼아 해보다

26

W There's a new show at the Railroad Theater.
M Is that where we saw *Romeo and Juliet*?
W No, it's where we saw *Hamlet*.
M _____

(a) I can't wait to see *Hamlet*.
✔ (b) Now I remember the place.
(c) But I've already seen that one.
(d) Only when it's performed well.

번역 W 레일로드 극장에서 새 공연을 하고 있어.
M 우리가 〈로미오와 줄리엣〉을 본 곳 말이야?
W 아니, 〈햄릿〉을 본 곳이야.
M _____

(a) 〈햄릿〉을 어서 빨리 보고 싶어.
(b) 이제 그곳이 생각나.
(c) 하지만 난 그거 이미 봤어.
(d) 공연을 잘했을 때만이지.

해법 공연을 본 극장을 남자가 혼동한 것에 대해 여자가 정정하는 상황이다. 그에 대한 대답을 찾아야 하므로 (b)가 적절하다. 〈can't wait to+동사원형〉은 '~하는 게 몹시 기다려진다'라는 표현이다.
show 공연 **perform** 공연하다, 연기하다

27

W I have to stay after class tomorrow.
M But we're supposed to meet Hugo then.
W No, he's not arriving until Friday.
M _____

✔ (a) Oops, I forgot what day it is.
(b) I'll explain that you'll be late.
(c) I'm free on Thursday evening.
(d) Don't worry, Hugo will understand.

번역 W 난 내일 수업 마치고 남아 있어야 해.
M 하지만 우리는 그때 휴고를 마중하기로 했잖아.
W 아니, 그는 금요일이 되어야 도착해.
M _____

(a) 이런, 내가 요일을 잊어버렸네.
(b) 너는 늦을 거라고 설명할게.
(c) 나는 목요일 저녁에 시간이 나.
(d) 걱정 마, 휴고는 이해할 거야.

해법 남자가 함께 마중할 요일을 잘못 알고 있어서 여자가 상기시키는 상황이므로, 남자가 할 수 있는 대답은 (a)이다.
be supposed to ~하기로 예정되다

28

W Don't throw that bottle away!
M But it's trash.
W We have a recycling program here.
M _____

(a) Of course I recycle at home.
(b) We really should start one.
(c) But the trash is full.
✔ (d) I never knew that.

번역 W 그 병 버리지 마세요!
M 하지만 이건 쓰레기잖아요.
W 여기는 재활용 프로그램이 있어요.
M _____

(a) 물론 나는 집에서 재활용을 하고 있어요.
(b) 우리는 정말로 그걸 하나 시작해야 돼요.
(c) 하지만 쓰레기가 가득해요.
(d) 난 그걸 전혀 몰랐어요.

해법 병을 버리려고 했던 남자에게 재활용 프로그램이 있음을 알려주고 있는 상황이다. 따라서 (d)가 적절한 대답이다.
throw away 버리다 **trash** 쓰레기 **recycling** 재활용

29

W Can you turn up the heat?
M You can't possibly be cold.
W It's because my hair is wet.
M _____

(a) I didn't think you were cold.
(b) It's still not warm enough.
✔ (c) Well, that explains it.
(d) That's why I'm cold.

번역 W 난방을 좀 올려 주시겠어요?
M 추울 리가 없을 텐데요.
W 내 머리가 젖어서 그래요.
M _____

(a) 당신이 추울 거라 생각하지 않았어요.
(b) 아직도 충분히 따뜻하지 않아요.
(c) 저런, 그 말씀을 들으니 이해가 가는군요
(d) 그래서 제가 추운 거예요.

해법 여자가 난방을 올려 달라는 이유가 머리가 젖어서라는 설명을 하고 있다.
따라서 (c)가 적절한 반응이다. 남자가 (a), (b)의 답을 하기는 어색하고, (d)는
여자가 할 수 있는 말이다.
turn up ~을 켜다 **heat** 난방 **explain** 설명하다

30

W I'd like to reserve a table, please.
M For how many?
W There will be five of us.
M _____

(a) I'm not that hungry.
(b) We're going to be late.
✔ (c) I can fit you in at 6:30.
(d) You need to make a booking.

번역 W 테이블 하나를 예약하고 싶습니다.
M 몇 분이시죠?
W 5명이요.
M _____

(a) 전 그렇게 배가 고프지 않아요.
(b) 우리는 지각할 거예요.
(c) 6시 30분에 마련해 드릴 수 있습니다.
(d) 당신은 예약하셔야 합니다.

해법 식당 예약에 관한 대화이다. 예약 인원을 들은 직원의 반응으로 (c)가 가장 적절
하다. 여기서 fit A in은 '(모자라는 장소에서) A를 위한 곳을 마련하다'라는 뜻
이다. For how many?는 뒤에 of you가 생략된 표현이다.
reserve 예약하다 **make a booking** 예약하다

31

M Good luck in the Race Against Cancer.
W Well, thanks to your help it will be a success.
M But I'm not doing the running.
W No, but your sponsorship is what counts.
M No problem. It's for a good cause.
W We all appreciate such a big donation.

Q: What is the woman mainly doing in the conversation?
(a) Inviting the man to join a race.
(b) Asking the man to sponsor her.
✔ (c) Thanking the man for his support.
(d) Telling the man about a race she ran.

번역 M 암 퇴치 달리기 행사에 행운이 있기를 빌어요.
W 당신 도움 덕분에 성공적일 거예요.
M 하지만 나는 달리지 않는 걸요.
W 당신 후원이 중요한 거지요.
M 별 말씀을요. 좋은 취지를 위한 것이니까요.
W 우리 모두 그런 거액의 기부에 감사하게 생각하고 있어요.

Q: 여자가 대화에서 주로 하고 있는 것은?
(a) 남자가 경주에 참가하도록 초청하기.
(b) 남자에게 그녀를 후원해 주기를 부탁하기.
(c) 남자의 지원에 감사하기.
(d) 여자가 참가한 경주에 대해 남자에게 얘기하기.

해법 여자는 남자의 후원에 감사한다는 말과 더불어 후원의 중요성을 얘기하고 있고
남자는 달리기를 하지 않는다고 말하고 있다. 따라서 정답은 (c)이다.
cancer 암 **sponsorship** 후원 **count** 중요하다 **cause** 대의, 목적
appreciate 감사하다 **donation** 기부 **sponsor** 후원하다

32

W Oh dear, I forgot my wallet.
M Do you have your checkbook?
W I do, but I'm not sure they accept checks.
M Oh, good point.
W I guess we'll find out when the bill comes.
M Anyway, I can just put it on my credit card.

Q: What are the man and woman mainly discussing?
✔ (a) How to pay their bill.
(b) Whose turn it is to pay.
(c) What to order for lunch.
(d) How much their food will cost.

번역 W 이런, 지갑을 안 갖고 왔네.
M 수표장은 있나요?
W 그럼요, 그런데 그들이 수표를 받을지 모르겠어요.
M 오, 그렇군요.
W 계산서가 오면 알게 되겠지요.
M 아무튼 내 신용카드로 계산할 수 있어요

Q: 남녀는 무엇에 관해 이야기하고 있나?
(a) 어떻게 계산을 할지.
(b) 누가 계산할 차례인지.
(c) 점심으로 뭘 주문할지.
(d) 점심값이 얼마나 나올지.

해법 여자가 계산할 상황에서 지갑을 안 가져온 내용이지만, 주된 내용은 지불을 어떻게 해야 할지에 대한 대화이다. 따라서 (a)가 정답이다.
checkbook 수표장 accept 받아들이다 check 수표 bill 청구서 turn 순번, 차례

33

M Which pair of sunglasses do you like?
W I think the blue ones suit you well.
M What about the brown pair?
W They're not as fashionable.
M Yeah, but they're comfortable.
W Then you should get those.

Q: What is the conversation mainly about?
✔ (a) Which sunglasses the man should buy.
(b) Whether or not the man needs glasses.
(c) Which color suit the man looks best in.
(d) Whether the man likes his sunglasses.

번역 M 어느 선글라스가 좋아?
W 파란색이 네게 잘 어울리는 것 같아.
M 갈색은 어때?
W 그건 그다지 유행하진 않아.
M 그래, 하지만 편안해.
W 그럼 그걸로 해.

Q: 대화의 주요 내용은?
(a) 남자가 어떤 선글라스를 사야 할지.
(b) 남자가 선글라스를 필요로 하는지 아닌지.
(c) 어느 색 양복이 남자에게 가장 잘 어울리는지.
(d) 남자가 그의 선글라스를 좋아하는지.

해법 남자의 첫 말인 Which pair of sunglasses do you like?에서 두 가지 색상의 선글라스를 두고 선택하는 문제에 관한 대화이므로 (a)가 적절하다.
suit ~에 어울리다 fashionable 유행의 comfortable 편안한

34

M Did you try "grits" while you were in Atlanta?
W What are those?
M A breakfast food common in the southern US.
W No, I didn't try that. What's it made of?
M It's a kind of corn porridge.
W Well, I'll be sure to try it next time.

Q: What is the conversation mainly about?
(a) Places to visit in the southern US.
(b) Interesting foods produced in Atlanta.
✔ (c) A type of southern US breakfast food.
(d) A popular restaurant for breakfast in Atlanta.

번역 M 애틀랜타에 있을 때 그리츠 먹어 봤니?
W 그게 뭔데?
M 미국 남부에 흔한 아침 식사 음식이야.
W 아니, 안 먹어 봤어. 뭘로 만드는데?
M 일종의 옥수수 죽이야.
W 다음에는 꼭 먹어 봐야지.

Q: 대화의 주요 내용은?
(a) 미국 남부에 가볼 만한 곳.
(b) 애틀랜타에서 생산되는 흥미로운 음식.
(c) 미국 남부의 아침 식사용 음식 중 하나.
(d) 애틀랜타에 있는 인기 있는 아침 식사 식당.

해법 미국 남부의 그리츠라는 음식에 관해 설명하고 있다. 여기서 애틀랜타가 언급되었지만 그 지역에 국한된 음식은 아님을 주의한다. 답은 (c)이다.
make of ~으로 만들다 porridge (오트밀 등의) 포리지, 죽 produce 만들어 내다

35

W We've got to get a cake for Maria's birthday.
M Let's get her an ice cream cake.
W Good idea.
M We could try Amy's Cakes.
W No, they closed—remember?
M Oh yeah. How about Central Bakery?

Q: What is the main topic of the conversation?
(a) How to make an ice cream cake.
(b) Choices for a birthday present.
(c) Shops that sell ice cream.
✔ (d) Where to buy a cake.

번역 W 우리는 마리아의 생일 케이크를 사야 해.
M 아이스크림 케이크를 사주자.
W 좋은 생각이야.
M 에이미즈 케이크에서 사면 될 거야.
W 아니, 거기는 문 닫았어. 기억 나?
M 아, 그래. 센트럴 베이커리는 어때?

Q: 대화의 소재는?
(a) 아이스크림 케이크 만드는 방법.
(b) 생일 선물을 위한 선택.
(c) 아이스크림 파는 가게.
(d) 케이크를 어디서 살지.

해법 아이스크림 케이크를 사자는 것에 두 사람이 동의하고 있으며, 대화에서 두 개의 제과점이 언급되고 있다. 따라서 대화의 소재는 (d)이다.
choice 선택 **present** 선물

36

M Did you do today's reading assignment?
W I tried, but it was too long.
M Me, either. It was much longer than normal.
W Yes, I can't understand why.
M Maybe Professor Snow wrote down the wrong page numbers.
W That must have been what happened.

Q: What is the main topic of the conversation?
(a) An especially boring reading assignment.
✔ (b) The unusual length of an assignment.
(c) The strictness of Professor Snow.
(d) An unfair assignment policy.

번역 M 오늘 읽어야 할 과제물 다 읽었니?
W 노력은 했지만 너무 길었어.
M 나도 그래. 보통 때보다 훨씬 길었어.
W 그래, 왜 그런지 이해를 못 하겠어.
M 아마도 스노우 교수님이 페이지 번호를 잘못 적은 것 같아.
W 그렇게 된 게 분명해.

Q: 대화의 소재는?
(a) 특별히 지루한 읽기 과제.
(b) 보통 때와 다른 길이의 과제.
(c) 스노우 교수의 엄격함.
(d) 불공평한 과제 방침.

해법 교수가 내준 과제가 양이 너무 많아 혹시 교수가 실수한 것이 아닌가 하고 얘기하고 있다. 지루하다거나 공정성에 대한 불평은 아니므로, 답은 (b)이다.
assignment 과제 **normal** 정상의 **boring** 지루한 **length** 길이, 범위
strictness 엄격함 **unfair** 불공평한 **policy** 정책

37

W Hello, Willow Bistro. How can I help you?
M I need to order some lunch for my office.
W All right. This is for delivery to your workplace?
M Right. We want eleven orders of your special.
W The soup and sandwich lunch special?
M Yes. But two should be vegetarian.

Q: What is the man mainly doing?
(a) Telling the woman about a lunch meeting.
(b) Asking about the menu at a restaurant.
(c) Taking lunch orders at a restaurant.
✔ (d) Placing an order for lunch delivery.

번역 W 여보세요, 윌로우 비스트로입니다. 무엇을 도와 드릴까요?
M 우리 사무실로 점심을 주문하려고요.
W 그래요. 직장으로 배달을 원하시는 건가요?
M 예. 특선 메뉴 11개를 주문하고 싶어요.
W 수프와 샌드위치 점심 특선 말씀이지요?
M 예. 그런데 두 개는 야채만 넣어주세요.

Q: 남자는 무엇을 하고 있나?
(a) 여자에게 점심 약속에 대해 이야기하기.
(b) 식당 메뉴 묻기.
(c) 식당에서 점심 주문 받기.
(d) 점심 배달 주문하기.

해법 남자가 직장으로 점심을 배달해 달라며 음식을 주문하고 있다. 따라서 정답은 (d)이다. Bistro는 작은 식당이나 바를 말하며, (d) place an order는 order(주문하다)와 동일한 뜻이다.
order 주문하다 **delivery** 배달 **workplace** 일터 **vegetarian** 채식주의자

38

W Well, I finally heard from Dorset Engineering.

M You got the job, didn't you?

W I thought it was a long shot, but, yes, I got it!

M Congratulations, Lea. You must be thrilled.

W I am. But I'm nervous about moving interstate.

M Oh, don't worry. It'll be exciting.

Q: Which is correct about the woman according to the conversation?

(a) She recently started working at a new place.

(b) She is going to apply for another job.

(c) She had an application knocked back.

✔ (d) She is worried about moving.

번역 W 저기, 도셋 엔지니어링 사로부터 마침내 연락이 왔어.
M 취직이 됐구나, 그렇지?
W 별로 가망 없다고 생각했는데. 그래, 됐어!
M 축하해, 리아. 엄청 기쁘겠구나.
W 그래. 하지만 다른 주로 이사하는 거 걱정돼.
M 아, 걱정하지 마. 재미있을 거야.

Q: 대화에 따르면 여자에 관해 옳은 것은?
(a) 그녀는 최근 새 직장에서 일을 시작했다.
(b) 다른 직장에 지원하려 한다.
(c) 지원한 한 곳에서 퇴짜 맞았다.
(d) 이사에 대해 걱정하고 있다.

해법 여자가 취직이 되어 다른 주로 이사해야 하는 상황이며, 이에 대해 걱정하고 있다. 따라서 (d)가 정답이다. a long shot은 '승산[가망성]이 별로 없는 것'이라는 뜻이다.
thrill 감동하다, 떨리다 interstate 각 주 간의 recently 최근에 apply 지원하다 application 신청, 지원 knock back 퇴짜 맞다

39

M What can I help you with?

W I'm looking for a video game system.

M Do you know which one you want?

W I want whichever one has the best games.

M Well, what type of games do you like?

W Adventure games.

Q: Which is correct about the woman according to the conversation?

(a) She wants to buy some videos.

(b) She has just bought a video game.

(c) She is looking for a specific game.

✔ (d) She has not decided on a game system.

번역 M 무엇을 도와 드릴까요?
W 비디오 게임을 사려고요.
M 어떤 것을 원하시나요?
W 최상의 게임을 할 수 있는 것이면 아무거나 좋아요.
M 어떤 게임을 좋아하나요?
W 어드벤처 게임이요.

Q: 대화에 따르면 여자에 관해 옳은 것은?
(a) 비디오를 사려고 한다.
(b) 이제 막 비디오 게임을 샀다.
(c) 특정한 게임을 사기 원한다.
(d) 어느 게임을 살지 정하지 않았다.

해법 여자가 비디오 게임을 사려고 한다고 했지 비디오를 사려는 것은 아니며, 어드벤처 게임을 좋아한다고 했지 산다고는 하지 않았다. 비디오 게임을 구체적으로 정한 것은 아니므로 정답은 (d)이다.
adventure 모험 specific 명확한, 특정한

40

W Welcome to the Plaza Royale, sir.

M Thanks. I'd like to book a single room.

W I just need your ID and credit card.

M Here you go.

W Shall I have your bags brought upstairs?

M Yes. That would be great.

Q: Which is correct about the man according to the conversation?

(a) He does not have any luggage.

(b) He is checking out of the hotel.

✔ (c) He wants to stay in a single room.

(d) He will carry his own bags upstairs.

번역 W 플라자 로열 호텔에 오신 것을 환영합니다, 손님.
M 감사합니다. 1인실을 예약하고 싶어요.
W 신분증과 신용카드를 주십시오.
M 여기 있습니다.
W 짐을 방으로 올려 드릴까요?
M 예. 그래 주시면 좋겠군요.

Q: 대화에 따르면 남자에 관해 옳은 것은?
(a) 짐이 없다.
(b) 체크아웃을 하고 있다.
(c) 1인실에 투숙하고자 한다.
(d) 짐을 직접 가지고 올라갈 것이다.

해법 호텔에서 방을 예약하는 상황이다. 남자는 호텔 여직원에게 1인실(single room) 예약을 원한다고 했고, 가방을 방으로 올려 주기를 원하냐는 질문에 긍정의 대답을 하였다. 따라서 정답은 (c)이다.
book (방 · 좌석 등을) 예약하다 luggage 여행 가방, 수화물

41

M We're still going to the Kew Theater tonight, right?

W Oops—I'd forgotten about that!

M Remember, the film *Night Terror* is playing.

W Oh, yes. I want to go, but I can't tonight.

M Tonight's the only showing.

W Well, maybe I can figure out a way to go.

Q: Which is correct according to the conversation?

(a) There is no film on at Kew Theater tonight.

(b) The man forgot to watch *Night Terror.*

✔ (c) There is only one showing of the film.

(d) The woman declined to see the film.

번역 M 우리 오늘 밤 큐 극장에 가는 거 여전히 유효한 거지?

W 이런, 잊고 있었네!

M 기억해. 영화 〈밤의 공포〉 상영하는 거.

W 그래. 가고 싶지만 오늘 밤은 안 돼.

M 오늘 밤밖에 상영 안 하는데.

W 음, 갈 수 있는 방법을 찾을 수 있을 거야.

Q: 대화에 따르면 옳은 것은?

(a) 오늘 밤 큐 극장에는 영화 상영이 없다.

(b) 남자는 〈밤의 공포〉를 보는 것을 잊었다.

(c) 그 영화는 한 번만 상영한다.

(d) 여자는 영화 보는 것을 거절했다.

해법 영화를 함께 보자는 약속을 잊은 여자와 영화 보러 가고 싶어 하는 남자의 대화이다. 남자의 마지막 말인 Tonight's the only showing과 (c)의 내용이 일치한다.

showing 상영; 전시 figure out (문제 등을) 풀다, 생각해 내다 decline 거절하다

42

W You've been working so hard on that report!

M It has to be perfect because it's for Mr. Jones.

W But he's a great boss. Why are you worried?

M He thinks I'm lazy because I was late my first day.

W Oh, I can see why you want to get it right.

M Yeah, I hope it'll change his mind about me.

Q: Which is correct about the man?

(a) He is disrespectful to his boss.

(b) He cares little about the report.

(c) He has been late for many days in a row.

✔ (d) He wants his boss to think better of him.

번역 W 그 보고서에 많은 노력을 기울였구나!

M 존스 씨에게 제출하는 거라 완벽해야 돼.

W 하지만 그는 좋은 상사야. 뭘 걱정하는 거야?

M 그는 내가 첫날 지각해서 날 게으르다고 생각해.

W 아, 네가 왜 그걸 제대로 하려는지 알겠어.

M 그래, 이것으로 나에 대한 그의 생각이 달라지면 좋겠어.

Q: 남자에 관해서 옳은 것은?

(a) 상사를 존경하지 않는다.

(b) 보고서에 대해 걱정하지 않는다.

(c) 그는 여러 날 동안 연속적으로 지각했다.

(d) 상사가 자신을 더 좋게 보길 바란다.

해법 보고서를 완벽하게 쓰려는 남자의 목적이 드러나고 있는 대화이다. 따라서 정답은 (d)이다. (a), (b)의 내용은 대화상으로는 알 수 없으며, (c)는 잘못된 내용이다.

perfect 완벽한 boss 상사, 사장 disrespectful 존경하지 않는 care about ~에 대해 마음 쓰다 in a row 연속적으로 think better of ~을 고쳐 생각하다

43

M Excuse me.

W Yes, what is it?

M Could I move this empty chair to my table?

W Actually, I'm saving that seat for my friend.

M OK, sorry to bother you.

W There're some chairs at the table by the door.

Q: What can be inferred from the conversation?

(a) The man will go to a different café.

(b) The woman will offer the man her chair.

(c) The woman will move to a table by the door.

✔ (d) The man will get a chair from a different table.

번역 M 실례합니다.

W 예, 무슨 일인가요?

M 이 빈 의자를 내 테이블로 옮겨도 될까요?

W 사실은, 이 자리를 친구를 위해 맡아 두고 있어요.

M 예, 성가시게 해서 미안합니다.

W 문 옆 테이블에 의자가 몇 개 있어요.

Q: 대화에서 유추할 수 있는 것은?

(a) 남자는 다른 카페로 갈 것이다.

(b) 여자는 남자에게 자신의 의자를 줄 것이다.

(c) 여자는 문 옆에 있는 테이블로 옮길 것이다.

(d) 남자는 다른 테이블에서 의자를 가져올 것이다.

해법 남자가 여자 테이블에 있는 의자를 가져 가려고 양해를 구하는 상황이다. 여자가 맡아 둔 의자라며 다른 의자를 권했으므로 (d)가 적절한 답이다.

actually 사실은 save 남겨 두다, 저축하다 bother 성가시게 하다

44

M I'm afraid we don't have the book you want.
W But I really need it for my class.
M Well, we could order it for you.
W How long would that take?
M We could have the book by Friday.
W I guess that's my best option.

Q: What can be inferred about the woman?
(a) She will not buy the book.
(b) She will switch to a new class.
✔ (c) She will place an order for the book.
(d) She will borrow the book from the man.

번역 M 아쉽게도 귀하께서 원하시는 책이 없습니다.
W 수업을 위해 그 책이 정말 필요해요.
M 그럼 주문해 드릴 수 있습니다.
W 얼마나 걸릴까요?
M 금요일까지 도착할 수 있습니다.
W 그게 최선책인 것 같아요.

Q: 여자에 대해 유추할 수 있는 것은?
(a) 책을 사지 않을 것이다.
(b) 다른 강의를 들을 것이다.
(c) 그 책을 주문할 것이다.
(d) 남자로부터 책을 빌릴 것이다.

해법 책방에서의 대화로, 여자의 수업 교재를 새로 주문해야 하는 상황이다. 여자의 마지막 말에 따라 (c)가 정답이다. place an order는 '주문하다'의 뜻이다.
option 선택(권) **switch** 바꾸다

45

M The machine won't accept my subway card.
W Your balance is probably too low.
M I know it has enough for one more fare.
W You're sure it has a dollar forty-five on it?
M Forty-five? No, it's got a dollar twenty-five.
W The fare went up. It's one forty-five now.

Q: What can be inferred from the conversation?
✔ (a) The old fare was a dollar twenty-five.
(b) The cost of a fare increased last week.
(c) The man already knew about the fare increase.
(d) The man's card had less money than he thought.

번역 M 기계가 내 지하철 카드를 받지 않아요.
W 잔액이 너무 적은지도 몰라요.
M 한 번 더 승차할 만큼 충분히 있어요.
W 1달러 45센트 있는 거 확실해요?
M 45센트요? 아니요, 1달러 25센트 있어요.
W 요금이 올랐어요. 지금은 1달러 45센트예요.

Q: 대화에서 유추할 수 있는 것은?
(a) 예전 요금은 1달러 25센트였다.
(b) 요금이 지난주 올랐다.
(c) 남자는 이미 요금 인상에 대해 알고 있었다.
(d) 남자의 카드에는 그가 생각한 것보다 적은 액수가 있었다.

해법 요금 인상을 몰랐던 남자의 모자라는 지하철 카드 잔고에 대한 대화이므로 (c)는 어긋나며, 남자는 카드 잔고가 1달러 25센트라고 생각했으므로 (d)도 틀리다. (b)는 지난주라는 말이 언급되지 않았다. 남자의 말에서 오르기 전 요금을 알 수 있으므로 정답은 (a)이다.
accept 받아들이다 **balance** (계좌 등의) 잔고 **fare** 요금 **go up** (요금 등이) 오르다

46

John Adams was a politician who was born in North America in 1735. His family had come to the continent in the 1630s. Though his father wanted him to become a minister, Adams had other plans. He studied law and became a lawyer instead. As tensions grew between American colonists and the British government, Adams took on a political role. He voiced his ideas about colonists' rights by publishing articles and giving speeches. In the end, his arguments helped convince American leaders to declare independence.

Q: What is mainly being discussed about John Adams?
✔ (a) His background and role in American independence.
(b) His activities as a spokesman and political writer.
(c) His ideas about how to support colonial settlers.
(d) His early life before coming to North America.

번역 존 애덤스는 1735년 북아메리카에서 태어난 정치인이었다. 그의 가족은 1630년대에 북아메리카 대륙으로 이주했다. 그의 아버지는 애덤스가 목사가 되기를 원했지만, 그는 다른 계획이 있었다. 대신 그는 법률을 공부했고 변호사가 되었다. 미국 식민지 개척자들과 영국 정부 간의 긴장이 증가하자 애덤스는 정치적 역할을 담당했다. 그는 논문을 출판하고 강연을 함으로써 식민지 개척자들의 권리에 대한 그의 생각을 표현하였다. 결국 그의 논조는 미국 지도자들로 하여금 독립을 선언하도록 고무시켰다.

Q: 존 애덤스에 관해 논의된 주요 내용은?
(a) 미국 독립에서의 그의 배경과 역할.
(b) 연설가와 정치 문필가로서의 그의 활동.
(c) 식민지 이주자들을 어떻게 지원할지에 대한 그의 생각들.
(d) 북아메리카로 오기 전 그의 초기의 삶.

해법 내용 전반은 애덤스 가족의 미국 이주와 아버지의 바람과 다른 삶을 선택하는 과정을 설명했지만, 결국 미국 독립에 있어서 그의 중추적 역할을 강조한 글이다. 따라서 (a)가 정답이다.
continent 대륙 **minister** 목사, 성직자 **tension** 긴장 **colonist** 식민지 개척자 **take a role** 역할을 담당하다 **voice** 말로 나타내다 **article** (소)논문, 기사 **convince** ~를 설득[확신]시키다 **declare** 선언하다 **independence** 독립

47

This message is for Greg Dorsey. This is Martha Thomas calling from the Bicksworth Distribution Center. I wanted to inform you that we have a package here for you, which you can pick up any time during our business hours. We're open Monday through Friday from 9 a.m. to 5 p.m. One of our drivers attempted to deliver it to your house this morning, but no one was home to sign for it. Please call if you'd like to reschedule another drop-off time.

Q: What is the speaker's purpose for calling?
✔ (a) To let Greg know he has a package.
(b) To find out why Greg was not at home.
(c) To remind Greg of their business hours.
(d) To schedule another delivery time for Greg.

번역 그렉 도시에게 이 메시지를 남깁니다. 저는 빅스워스 유통 센터에서 전화를 걸고 있는 마서 토마스입니다. 여기 당신에게 온 소포를 저희가 가지고 있음을 알려드리며, 저희 근무 시간 어느 때든지 가지러 오실 수 있습니다. 저희는 월요일부터 금요일 오전 9시부터 오후 5시까지 문을 엽니다. 저희 운전기사 중 한 사람이 오늘 아침 댁으로 소포를 배달하려고 했으나, 집에 그것을 수령할 사람이 아무도 없었습니다. 만일 다른 배달 시간으로 다시 스케줄을 잡기 원하신다면 전화 주시기 바랍니다.

Q: 화자가 전화를 건 목적은?
(a) 그렉에게 온 소포가 있음을 알리려고.
(b) 왜 그렉이 집에 없는지 알려고.
(c) 그렉에게 그들의 근무 시간을 상기시키려고.
(d) 그렉에게 다른 배달 시간 일정을 잡으려고

해법 배달하지 못한 우편물을 안내하는 전화 메시지이다. 소포 수령자에게 와서 가져가라고 알려 주고 있다. 따라서 정답은 (a)이다. 단, 다시 배달을 원하면 전화로 알려 달라는 말을 했지만 (d)의 내용을 목적으로 한 전화가 아님을 주의한다.
distribution 유통, 배급 **inform** 통지하다 **package** 소포 **attempt** 시도하다 **deliver** 배달하다 **reschedule** 스케줄을 다시 잡다 **drop-off time** (우편물 등의) 배달 시간 **remind** 상기시키다 **business hours** 근무[영업] 시간

48

Our organization has been working for peace since 1993, and we now have programs all over the world. Our primary focus is on conflict resolution. This is because conflict over things like religion, ethnicity, and natural resources is all too often the cause of war. Dealing with such disputes can be very difficult, but carefully studying the issues and the local histories allows us to make great progress. To read more about our work or to get involved, please visit our website at www.worldsolution.com.

Q: What is mainly being introduced?
✔ (a) An organization that works to resolve conflicts.
(b) An online resource for conflict resolution.
(c) A program that protects the environment.
(d) A group that studies wars worldwide.

번역 우리 단체는 1993년 이후로 평화를 위해 일해 오고 있으며, 지금은 전세계적으로 프로그램을 갖고 있습니다. 우리의 주된 관심은 분쟁 해결에 있습니다. 종교, 민족성, 천연자원 등과 같은 것들에 대한 분쟁이 아주 종종 전쟁의 원인이 되기 때문입니다. 이러한 분쟁을 다루는 것은 아주 어렵지만, 관련 문제와 그 지역 역사를 신중하게 연구함으로써 우리는 대단한 진전을 이룰 수 있습니다. 우리 일에 대해 더 많은 것을 읽고 싶거나 동참하기를 원하시면 우리 웹사이트 www.worldsolution.com으로 방문해 주십시오.

Q: 주로 소개되고 있는 것은?
(a) 분쟁을 해결하는 조직.
(b) 분쟁 해결을 위한 온라인 자료.
(c) 환경 보호 프로그램.
(d) 세계의 전쟁을 연구하는 단체.

해법 전세계적인 평화를 위해 분쟁 해결 활동을 하는 한 단체를 소개하는 글이다. Our primary focus is on conflict resolution이 본문의 주요 내용으로, (a)와 일치한다.
organization 단체, 기관 **primary** 첫째의, 주요한 **focus** 초점 **conflict** 대립, 충돌 **resolution** 해결 **ethnicity** 민족성 **natural resources** 천연자원 **dispute** 논쟁 **get involved** 동참하다, 관여하다 **resolve** 해결하다

49

If you think you have the flu, it's important to stay home from work or school. This prevents other people from catching the illness from you. You should avoid contact with others until you have completely recovered. In fact, it's recommended that you stay home for 24 hours after your fever goes away. Otherwise, you could still pass along the flu, even though you might feel fine. If you need to leave your home while you're still sick, cover your mouth when you cough.

Q: What is the speaker mainly talking about?
✔ (a) Staying home when you have the flu.
(b) Dealing with a sick family member.
(c) Getting treatment when you are ill.
(d) Helping people who have the flu.

번역 당신이 독감에 걸렸다는 생각이 들면, 직장이나 학교에 가지 말고 집에 머무는 게 중요합니다. 이렇게 함으로써 당신이 다른 사람들에게 병을 옮기는 것을 예방합니다. 완전히 회복할 때까지는 다른 사람들과의 접촉을 피해야 합니다. 실제로 열이 사라진 후 24시간 동안은 집에 머물러 있도록 권하고 있습니다. 그렇지 않으면 당신이 괜찮다고 느낄지라도 여전히 독감을 옮길 수 있습니다. 아직 완쾌되기 전에 외출할 일이 생기면 기침할 때 입을 가리십시오.

Q: 화자가 주로 말하고 있는 내용은?
(a) 독감에 걸리면 집에 있기.
(b) 병에 걸린 가족에 대처하기.
(c) 아플 때 치료받기.
(d) 독감에 걸린 사람들 돕기.

해법 독감에 걸리면 집에 머물러야 하는 이유에 관한 설명이므로 (a)가 적절한 답이다. 나머지 항목은 언급되지 않은 내용이다.
flu 독감, 인플루엔자 **prevent** 예방하다 **avoid** 피하다 **contact** 접촉 **recommend** 권고하다 **pass along** 다음으로 전달하다 **deal with** 처리하다 **treatment** 치료

50

My name is Janet Archer, and there are several reasons why I'm confident I'm the right person for this job. For one thing, I've worked in this industry for seven years. This means I'm up to date with the technology we use. Secondly, I'm extremely self-disciplined and good with deadlines. This is especially important in an industry like ours, where we often work independently. Lastly, I'm really good at what I do. I've received a lot of official recognition for the work I have done.

Q: What is the speaker mainly talking about?
✔ (a) Her achievements suited for a job.
(b) Awards she won for her recent work.
(c) Specific deadlines she met at her job.
(d) Her desire to work in a new industry.

번역 저의 이름은 재닛 아처이고, 제가 이 직무에 꼭 맞는 사람임을 확신하는 여러 이유들이 있습니다. 첫째로, 저는 7년 동안 이 일에 종사했습니다. 이는 우리가 이용하는 최신 기술 체계를 제가 갖추고 있다는 말입니다. 두 번째로, 저는 대단히 자기 훈련적이고 마감시간을 잘 지킵니다. 이것은 종종 독립적으로 일하는 우리 업종에 있어서 특히 중요한 것입니다. 마지막으로, 저는 제가 하고 있는 일에 정말로 능숙합니다. 저는 제가 해온 작업에 대한 많은 공식적인 인정을 받았습니다.

Q: 화자가 주로 말하고 있는 내용은?
(a) 직무에 적합한 그녀의 업적.
(b) 그녀가 최근 업무로 받은 상.
(c) 자신의 직무에서 맞춘 특정 마감시간.
(d) 새로운 업종에서 일하고 싶은 그녀의 열망.

해법 구인자가 회사 담당자에게 자신을 소개하는 글이다. 자신이 직무에 적합함을 구체적으로 For one thing, Secondly, Lastly 등으로 열거하고 있다. 따라서 정답은 (a)이다. (b), (c)는 (a)를 주장하기 위한 부분적인 내용이고, (d)는 new industry가 글에 어긋난다.
confident 확신하는, 자신만만한 **up to date** 최신의 **extremely** 극히 **self-disciplined** 자기 수양의, 자기 훈련의 **independently** 자주적으로, 독립하여 **recognition** 인정, 표창 **achievement** 업적, 성취

51

Stopping youth from breaking the law is essential to cutting down on crime in any society. But efforts to prevent youth crime will fail unless all of society is involved. Families must be responsible for youth behavior. Teachers should offer encouragement and provide guidance. Communities need to create safe places for youth and assist kids who don't have safe homes. The media should portray young people in a positive way. Together, we can reduce the problem of youth crime in our society.

Q: What is the main idea of the lecture?
(a) Crime is a result of youth who are not looked after.
(b) People are not doing enough to help our youth.
✔ (c) Everyone should help to prevent youth crime.
(d) Youth crime is the biggest problem in society.

번역 청소년들이 법을 어기는 것을 막는 것은 어느 사회에서나 범죄를 줄이는 데 필수적이다. 하지만 모든 사회 구성원이 함께 참여하지 않으면 청소년 범죄를 예방하는 노력은 실패할 것이다. 가정들은 청소년 행동에 책임을 져야 한다. 교사들은 격려하고 지도해야 한다. 지역사회는 청소년을 위한 안전한 장소를 만들 필요가 있으며, 안전한 가정이 없는 아이들을 도와야 한다. 언론은 젊은이들을 긍정적인 방식으로 그려야 한다. 모두가 동참하면 우리는 사회에서의 청소년 범죄 문제를 줄일 수 있다.

Q: 강의 주제는?
(a) 범죄는 보살핌을 받지 못하는 청소년으로 인해 초래된다.
(b) 사람들이 청소년을 돕는 데 충분히 노력하지 않는다.
(c) 모든 사람이 청소년 범죄 예방을 도와야 한다.
(d) 청소년 범죄는 사회의 가장 큰 문제이다.

해법 청소년 범죄 예방이 사회 범죄 감소의 주요 요소임을 말하며, 이를 줄이는 데 사회 구성원 모두의 참여를 강조하고 있다. 따라서 (a), (d)는 부수적 내용이며, (c)가 중심 내용이다.
break the law 법을 어기다 **cut down on** ~를 삭감하다 **involve** 포함하다. 관련시키다 **behavior** 행동 **offer encouragement** 격려하다 **guidance** 지도, 안내 **assist** 조력하다 **portray** 묘사하다 **positive** 긍정적인, 건설적인 **reduce** 줄이다

52

Wolfgang Amadeus Mozart was one of the greatest musicians of the 1700s. In fact, he is considered a genius to this day. By the age of five, Mozart was performing the piano for royal Bavarian audiences. He had also started composing his own music at this time. His talent was so great that he could hear an orchestra play and later write down each instrument's part, note for note. Most of his adult life was spent performing and composing in Vienna.

Q: What is mainly being discussed?
(a) Mozart's early life in Vienna.
(b) Bavarian support for Mozart.
(c) Mozart's early compositions.
✔ (d) The musical genius of Mozart.

번역 볼프강 아마데우스 모차르트는 1700년대 가장 위대한 음악가 중 하나이다. 사실 그는 오늘날까지도 천재로 여겨진다. 다섯 살에 모차르트는 궁정의 바이에른 청중들을 위한 피아노 연주를 하였다. 그는 또한 이때 자신의 곡을 작곡하기 시작하였다. 그의 재능은 아주 탁월하여 오케스트라 연주를 들은 후, 이어서 각 악기의 악곡을 음표 하나하나씩 적어 내려갈 수 있었다. 성년기 삶 대부분은 비엔나에서 연주와 작곡을 하면서 보냈다.

Q: 주로 논의하고 있는 내용은?
(a) 비엔나에서의 모차르트의 어린 시절.
(b) 모차르트에 대한 바이에른 사람들의 지원.
(c) 모차르트의 초기 작품들.
(d) 모차르트의 음악적 천재성.

해법 모차르트에 대한 평가와 재능에 관한 짧은 담화문이다. (a), (b), (c)는 본문에서 부분적인 내용이 언급되기는 하였지만, 저자가 글을 쓴 목적은 모차르트의 음악적 재능을 알리는 것이므로 정답은 (d)이다.
genius 천재 **perform** 연주하다 **royal** 왕실의, 호화로운 **Bavarian** 바이에른의 **compose** 작곡하다 **instrument** 악기 **note** 음표

53

Contacts are lenses that you wear on your eye to correct vision problems. They focus light coming into the eye. Normal eyes do this automatically, but those with vision problems are unable to focus incoming light properly. Contacts bend the light in just the right way so that it is perfectly focused when it hits the retina. The retina is a layer of cells at the back of the eye that converts light into signals that are sent to the brain. Once the signals reach the brain, they are transformed into the image you see.

Q: Which is correct according to the talk?
✔ (a) Contacts help when eyes cannot focus light.
(b) Contacts improve the retina's sensitivity.
(c) Cells at the back of the eye focus light.
(d) Brain signals are sent to the retina.

번역 콘택트렌즈는 시력 문제를 교정하기 위해 눈에 착용하는 렌즈이다. 이것은 눈에 들어오는 빛을 모은다. 정상적인 눈은 이 과정을 자동적으로 실행하지만, 시력에 문제가 있는 눈은 들어오는 빛을 적절하게 모을 수 없다. 콘택트렌즈는 빛을 올바르게 굴절시켜서 빛이 망막에 닿을 때 완벽하게 초점이 맞도록 한다. 망막은 눈 뒤편에 있는 세포의 한 층으로, 빛을 신호로 전환시켜서 뇌로 보낸다. 이 신호가 뇌에 도달하면 우리가 보는 영상으로 변형된다.

Q: 담화에 따르면 옳은 것은?
(a) 콘택트렌즈는 눈이 빛을 모을 수 없을 때 도와준다.
(b) 콘택트렌즈는 망막의 민감도를 개선한다.
(c) 눈 뒤편에 있는 세포는 빛을 모은다.
(d) 뇌의 신호는 망막으로 보내진다.

해법 콘택트렌즈의 역할과 연관된 눈의 기능을 기술한 글이다. 콘택트렌즈가 눈에 들어오는 빛을 모은다고 했으므로 (a)가 정답이다. 눈이 빛을 모으는 것을, (c)는 눈 뒤편에 있는 세포가 빛을 모은다고 했으므로 틀리다. (b)는 언급되지 않았고, (d)에서 뇌의 신호는 망막에서 전환된다.

contacts 콘택트렌즈 **correct** 교정하다 **vision** 시력 **focus** 집중시키다 **automatically** 자동적으로 **incoming** 들어오는 **properly** 원활히, 적절하게 **perfectly** 완벽하게 **retina** 망막 **layer** 층 **convert** 전환하다 **sensitivity** 민감도

54

Attention passengers on flight 631 with service to Milan, we will begin boarding shortly. We would like to invite passengers needing special assistance to board the aircraft at this time. This includes people in wheelchairs and those traveling with small children. General boarding will commence in just a few moments. Your ID is not necessary at this time. Please have your boarding pass in your hand and ready to present to the attendant.

Q: Which is correct according to the announcement?
(a) Flight 631 to Milan has been delayed.
(b) General boarding was a few minutes ago.
✔ (c) People with special needs may board now.
(d) Passengers must present their IDs for boarding.

번역 밀라노행 631편 승객 여러분께 안내 말씀 드립니다. 곧 탑승을 시작할 예정입니다. 특별한 도움을 필요로 하시는 승객분들은 지금 비행기에 탑승하시기 바랍니다. 휠체어를 타신 분이나 어린아이를 동반하여 여행하시는 분들을 말합니다. 일반 탑승은 곧이어 시작될 것입니다. 지금은 여러분의 신분증이 필요치 않습니다. 탑승권을 소지하시고 안내원에게 제시할 준비를 해주십시오.

Q: 안내 방송에 따르면 옳은 것은?
(a) 밀라노로 가는 631편 항공편이 지연되었다.
(b) 일반 탑승은 몇 분 전에 있었다.
(c) 특별한 도움이 필요한 사람들은 지금 탑승할 것이다.
(d) 승객들은 탑승 시 신분증을 제시해야 한다.

해법 비행기 탑승을 알리는 안내 방송이다. 일반인 탑승 전에 도움이 필요한 특별 승객의 우선 탑승을 알리며, 신분증 제시는 필요 없다고 말하고 있다. 따라서 (c)가 정답이다.

attention 주목, 주의 **flight** 비행편 **Milan** 밀라노 **board** 올라타다 **assistance** 도움, 조력 **commence** 시작하다 **attendant** 안내원 **delay** 지체하다

55

The environmental impact committee has found that the proposed mall in Skyline Heights will have a negative effect on the mountain community. Although the mall developers said the mall would have no impact on population growth, we were not able to confirm this belief. In fact, the mall is likely to increase the local population and would certainly increase traffic in the community. Residents feel this would negatively impact the character of Skyline Heights.

Q: Which is correct according to the report?
(a) Construction of the proposed mall has been approved.
✔ (b) Mall developers deny growth in the local population.
(c) Residents of Skyline Heights support the new mall.
(d) The population of Skyline Heights has increased.

번역 환경 영향 위원회는 스카이라인 하이츠에 제안된 쇼핑센터가 그곳 산 지역사회에 부정적인 영향을 미칠 거라는 사실을 발견했습니다. 비록 쇼핑센터 개발업자들은 쇼핑센터가 인구 증가에 전혀 영향을 주지 않을 거라고 말했지만, 우리는 이를 확신할 수 없습니다. 실제로 쇼핑센터는 지역 인구를 증가시킬 가능성이 있으며 확실히 지역 교통량 증가를 가져올 것입니다. 주민들은 이것이 스카이라인 하이츠의 특성에 부정적인 영향을 미칠 거라고 생각합니다.

Q: 기사에 따르면 옳은 것은?
(a) 쇼핑센터 건설 제안이 승인되었다.
(b) 쇼핑센터 개발업자들은 지역 인구 증가를 부인했다.
(c) 스카이라인 하이츠 주민들은 새로운 쇼핑센터를 지지한다.
(d) 스카이라인 하이츠의 인구는 증가했다.

해법 한 지역에 제안된 쇼핑센터가 지역에 부정적인 영향을 미칠 거라는 논조의 기사이다. proposed mall이지 승인된 것은 아니므로 (a)는 어긋나며, 인구 증가는 예측적인 문제이므로 (d)도 어긋난다. 개발업자들이 쇼핑센터가 인구 증가에 아무 영향도 미치지 않을 거라고 했으므로 정답은 (b)이다.

environmental 환경의 **impact** 영향 **propose** 계획하다 **mall** 쇼핑센터 **developer** 개발업자 **confirm** 확신하다, 확인하다 **resident** 거주자 **deny** 부인하다 **support** 지지하다

56

You're watching WLBX News. I'm Melanie Stewart. Today, the President announced that the country would give financial assistance to the country's largest auto manufacturer. The company has been struggling to avoid bankruptcy for several months. According to the President, this move will help improve the economy. And now for local news: a Clark County student received first place at the State Spelling Competition over the weekend. Keep watching for your local weather, coming up next.

Q: Which is correct according to the news report?
(a) A large car company declared bankruptcy.
(b) The President refuses to aid the auto industry.
(c) The car company aid will worsen the economy.
✔ (d) A local student has won a spelling competition.

번역 여러분은 WLBX 뉴스를 보고 계십니다. 저는 멜라니 스튜어트입니다. 오늘 대통령이 정부가 이 나라의 최대 자동차 제조사에 금융 지원을 할 거라고 발표했습니다. 이 회사는 수개월 동안 파산을 피하려고 고군분투해 왔습니다. 대통령에 따르면 이 조치가 경제를 개선시키는 데 도움을 줄 것입니다. 이제 지역 뉴스를 전해드립니다. 클락 카운티의 한 학생이 주말 동안 열린 주 철자법 경연대회에서 1등상을 받았습니다. 이어서 지역 날씨를 전해드리니 계속 시청해 주십시오.

Q: 뉴스 보도에 따르면 옳은 것은?
(a) 큰 자동차 회사가 파산을 선언했다.
(b) 대통령은 자동차 회사를 도우려 하지 않는다.
(c) 자동차 회사의 원조는 경제를 악화시킬 것이다.
(d) 지역 학생 하나가 철자법 대회에서 우승했다.

해법 한 자동차 회사에 대한 대통령의 금융 지원 발표와 철자법 경연대회에 우승한 학생에 대한 뉴스이다. 따라서 (a), (b)는 어긋나는 내용이고, 금융 지원이 경제를 향상시킬 것이라고 했으므로 (c)는 적절하지 않다. 지역 뉴스 내용과 일치하는 (d)가 정답이다.

announce 선언하다 **financial** 재정적인 **assistance** 지원
manufacturer 제조업자 **avoid** 회피하다 **bankruptcy** 파산
competition 경쟁 **declare** 선언하다 **worsen** 악화시키다

57

During the 19th century, landscape painting became very popular. Some artists made their reputations painting detailed scenes of mountains, fields, and rivers. The most well-known artists of this period were male, while the women who were involved in the landscape painting movement have been largely forgotten. But female painters were certainly involved. In fact, by the end of the 19th century, women were attending schools that offered landscape painting classes specifically for them.

Q: Which is correct according to the lecture?
(a) Landscape painting was not popular until after the 19th century.
(b) Well-known landscape artists focused on painting lake scenery.
(c) Women artists became most popular for landscape painting.
✔ (d) Some 19th century women studied landscape painting.

번역 19세기 동안 풍경화는 매우 인기 있었다. 어떤 화가들은 산이나 들판, 강의 상세한 경치를 그려서 명성을 얻었다. 이 시기 가장 유명한 화가들은 남성이었는데, 반면에 풍경화 운동에 참여한 여성들은 대부분 잊혀졌다. 그러나 여성 화가들은 분명히 이 운동에 참여했다. 사실 19세기 말쯤, 여성들은 특별히 그들에게만 풍경화 수업을 제공했던 학교에 다녔다.

Q: 강의에 따르면 옳은 것은?
(a) 풍경화는 19세기 전까지는 유명하지 않았다.
(b) 유명한 풍경화 화가들은 호수 경치를 그리는 것에 중점을 두었다.
(c) 여자 화가들은 풍경화로 가장 유명해졌다.
(d) 어떤 19세기 여자들은 풍경화를 공부했다.

해법 19세기 풍경화 운동에 참여한 잊혀진 여성들을 다룬 글이다. (a)는 본문에서 확인할 수 없는 내용이고, (b), (c)는 글에 어긋나는 내용이다. 마지막 문장과 (d)의 내용이 일치한다.

landscape 풍경 **reputation** 평판, 명성 **detailed** 상세한
be involved in ∼에 참여하다 **specifically** 특히

58

F. Scott Fitzgerald's *The Great Gatsby* is at first glance a love story. Yet Fitzgerald used the novel to comment on the society he lived in, which was 1920s America. Through his writing, Fitzgerald described an America where the rich were greedy and wasteful. All people seemed to care about was getting what they wanted and making money. Fitzgerald's character of Gatsby exhibits many of the negative characteristics of wealthy Americans in the 1920s.

Q: What will likely be discussed next?
(a) Reasons why *The Great Gatsby* is still read.
(b) Other authors who wrote during the 1920s.
✔ (c) Fitzgerald's use of the character Gatsby.
(d) Common themes in Fitzgerald's books.

번역 스캇 피츠제럴드의 〈위대한 개츠비〉는 언뜻 보면 사랑 이야기이다. 그러나 피츠제럴드는 자신이 살았던 사회, 즉 1920년대 미국에 대해 말하기 위해 이 소설을 사용하였다. 그의 저술을 통해 피츠제럴드는 부자들이 탐욕스럽고 사치스러운 미국을 묘사하였다. 모든 사람들이 자신들이 원하는 것을 얻으려 하고 돈을 버는 데에만 관심을 가진 것처럼 보였다. 피츠제럴드가 만든 등장 인물 개츠비는 1920년대 부유한 미국인의 부정적인 특징들을 대부분 드러내고 있다.

Q: 다음에 논의될 가능성이 있는 것은?
(a) 〈위대한 개츠비〉가 여전히 읽히는 이유.
(b) 1920년대에 작품을 쓴 다른 작가들.
(c) 등장 인물 개츠비를 이용한 피츠제럴드.
(d) 피츠제럴드 저작들의 공통 주제.

해법 미국의 작가인 피츠제럴드의 〈위대한 개츠비〉에 관한 글이다. 피츠제럴드가 이 소설에서 나타내고자 하는 내용이 등장 인물을 통해서임을 제시하는 문장이 마지막에 나와 있다. 따라서 (c)가 적절하다.

at first glance 얼핏 보기에, 겉보기에 **comment on** ∼에 대해 발언하다
greedy 탐욕스러운 **wasteful** 사치스런, 헛된 **exhibit** 나타내다, 보이다
negative 부정적인 **characteristic** 특성 **author** 저자, 작가 **theme** 주제

59

We are thrilled to have your son or daughter as a student here at Courtland College this year, and we want to welcome you into our community. Community is very important to us here at Courtland, and your participation is key to the success of your student and our institution. Please take some time to look around during this Family Day and ask us any questions you like. We can explain all you need to know about what to expect during your child's time at Courtland. My staff and I look forward to meeting you all.

Q: What can be inferred from the speech?
(a) Courtland College is for gifted children only.
✔ (b) Parents of new students are being addressed.
(c) Many students' parents work as teachers.
(d) A college semester is about to end.

번역 우리는 여러분의 자녀분들이 이곳 코틀랜드 대학생이 된 것을 기뻐하며, 여러분이 이 지역사회에 오신 것을 환영합니다. 지역사회는 여기 코틀랜드에서는 매우 중요하며, 여러분의 참여가 학생과 학교 성공의 중요 요소입니다. 이 가족의 날 행사 동안 천천히 둘러보시고 묻고 싶으신 어떤 질문이라도 물어보십시오. 코틀랜드에서 여러분 자녀들이 보내는 시간 동안 무엇을 할지에 대해 아셔야 할 모든 것을 설명하겠습니다. 저희 직원과 저는 여러분 모두를 만나길 기대하고 있습니다.

Q: 담화에서 유추할 수 있는 것은?
(a) 코틀랜드 대학은 재능이 뛰어난 학생만을 위한 학교이다.
(b) 신입생의 부모는 연설을 듣고 있다.
(c) 많은 학생들의 부모가 교사로 일하고 있다.
(d) 대학 학기가 막 끝나려고 한다.

해법 대학 신입생 가족 초청의 날에 학교 관계자가 연설하는 내용이다. 따라서 (b)가 적절한 답이다. (d)는 신입생을 위한 행사로 학기 시작을 뜻하기 때문에 틀리고, (a), (c)는 언급된 내용이 아니다.
be thrilled to ~하는 것을 기뻐하다 **participation** 참여 **institution** (공공) 시설 **staff** 직원 **gifted** 재능이 뛰어난 **address** 연설하다 **semester** 학기

60

I'm Kasey Kim reporting live. As rush hour approaches, none of the main highways have any significant delays. Broadway was a little backed up due to construction, but traffic is now flowing normally. Keep in mind that the Pima exit is still closed after yesterday's accident, so commuters from Wilks County should find another route home. Wait a minute—I've received word of a major collision in the Ashdown Tunnel. We'll get back to you soon with more information about the crash.

Q: What can be inferred from the traffic report?
(a) The rush hour will cause traffic jams on all highways.
(b) Accidents are common for Wilks County residents.
(c) Broadway traffic will be worse tomorrow.
✔ (d) The Ashdown Tunnel should be avoided.

번역 생방송으로 진행하고 있는 케이시 킴입니다. 러시아워가 다가오고 있지만 주요 간선도로에는 심각한 정체는 없습니다. 브로드웨이는 건설 공사로 인해 약간 밀리기는 했지만, 현재 교통 흐름은 정상적입니다. 피마 출구가 어제의 사고 이후로 여전히 폐쇄되어 있음을 염두에 두시고, 따라서 윌크스 카운티에서 오는 교외 통근자들은 집에 가는 다른 도로를 이용하십시오. 잠시만요, 지금 막 애쉬다운 터널에서 대형 충돌 소식이 들어왔습니다. 이 충돌에 대한 추가 정보를 곧 보도하겠습니다.

Q: 교통 보도에서 유추할 수 있는 것은?
(a) 러시아워 때문에 간선도로에 정체가 있을 것이다.
(b) 사고는 윌크스 카운티 주민들에게 흔한 일이다.
(c) 브로드웨이 교통은 내일 더욱 악화될 것이다.
(d) 애쉬다운 터널은 피해야 한다.

해법 러시아워 무렵 한 지역의 교통 상황을 알리는 보도이다. 주요 간선도로에는 정체가 없다고 했으므로 (a)는 어긋나며, (b), (c)는 언급되지 않은 내용이다. 애쉬다운 터널에서 일어난 충돌 사고를 언급했으므로 (d)가 정답이다.
report 보도하다 **approach** 다가가다 **significant** 중대한 **back up** (교통이) 밀리다 **construction** (건설) 공사 **commuter** 교외 통근자 **route** 노선, 도로 **collision** 충돌 **crash** 충돌, 추락 **resident** 거주자 **avoid** 회피하다

1

A Should we eat before the show?

B Sure, we can _____.

(a) on the way grab something

✔ (b) grab something on the way

(c) something on the way grab

(d) grab on the way something

번역 A 공연 전에 뭐 좀 먹을까요?
　　B 그래요. 가는 길에 간단히 먹어요.

해법 '간단히 먹다'라는 표현으로 grab 다음에 음식을 쓴다. grab a sandwich [a cup of coffee, something, a bite] 등의 표현으로 쓰이므로 여기서는 grab something이 되고, on the way는 '가는 길에'라는 부사구이므로 그 다음에 와서 (b)의 어순이 되어야 한다.
grab 간단히 먹다　**on the way** 가는 도중에

2

A This house is supposed to be empty.

B It looks _____ to me.

(a) occupying

(b) to occupy

✔ (c) occupied

(d) occupy

번역 A 이 집은 비어 있어야 해요.
　　B 사람이 살고 있는 것처럼 보이는데요.

해법 동사 look 다음에 보어가 와서 '～처럼 보이다'라는 표현이 된다. 이처럼 쓰이는 동사로는 look, seem, appear, sound, smell 등이 있다. 형용사가 와야 하며, 따라서 여기서는 물건이나 방, 집, 건물 등이 '사용 중인'이라는 뜻으로 (c) occupied를 쓴다. occupied는 명사 앞에는 쓰지 않으며 The room [This seat] is occupied/ The house looks occupied의 형태로 쓰인다.
be supposed to ～하기로 되어 있다　**empty** 빈　**occupied** 사용 중인

3

A Is the score in the game still tied?

B Yes. It's unclear _____ will win in the end.

✔ (a) who

(b) whom

(c) whose

(d) whoever

번역 A 경기 점수 아직 동점이에요?
　　B 네. 마지막에 누가 이길지는 불투명해요.

해법 It이 가리키는 것은 의문사가 이끄는 명사절이다. 의문사가 이끄는 명사절은 주어나 목적어 역할을 하기 때문에 주어나 목적어가 없는 절이 된다. 이 절에서 빠져 있는 것은 주어이므로 주격 형태인 의문사 who가 들어가야 한다. 따라서 정답은 (a)이다. tie는 경기나 시합에서 '동점을 이루다'라는 뜻으로, The scores are tied at 2-2/ Germany was tied with France 등의 형태로 쓰인다.
tie 동점을 이루다, 비기다　**unclear** 불확실한　**in the end** 마침내

4

A Were you able to catch David at the office?

B By the time I got there, he _____.

(a) will have gone

✔ (b) had gone

(c) went

(d) goes

번역 A 사무실에서 데이빗을 만날 수 있었어요?
　　B 제가 거기 갔을 때엔 가고 없더군요.

해법 Were you able to...?라는 과거시제로 물었으므로 답은 과거나 그 이전 시제가 되어야 맞다. by the time은 '～할 때까지는'의 뜻을 나타내는 접속사이며, 그가 떠난 시점은 내가 도착한 과거보다 더 이전이므로 과거완료 (b) had gone을 써야 한다.
catch 때마침 만나다　**by the time** ～할 때까지(는)

5

A I certainly wasn't ready for a pop quiz today.

B No, _____.

✔ (a) neither was I

(b) wasn't neither

(c) I was neither

(d) I wasn't

번역 A 오늘은 정말로 쪽지 시험 볼 준비가 안 되어 있어.
　　B 나도 그래.

해법 바로 앞의 내용을 받아서 '～도 또한 그렇다'라는 표현은 〈So+동사+주어〉로 나타내는데, 부정문의 내용일 경우에는 so 대신 neither를 쓴다. 앞선 말에서 wasn't ready의 동사 was는 과거시제로, '나 역시 그렇지 않다'라는 동조의 말로 알맞은 것은 (a) neither was I이다.
be ready for ～에 준비가 되다　**pop quiz** 쪽지 시험, 예고 없는 시험

6

A   The news is showing all the debris in the streets.
B   Yeah, that _____ some storm.

(a) being
(b) could be
(c) had been
✔ (d) must have been

번역 A 뉴스에서 파편들 천지인 거리가 나오고 있어요.
      B 그래요. 폭풍이 있었음에 틀림없어요.

해법 뉴스에서 거리의 파괴된 잔해들을 보고 폭풍을 유추하는 내용이므로 추측의 의미를 나타낼 수 있는 조동사 must가 들어가야 함을 알 수 있다. 방송되는 시점보다 이전에 생긴 일이므로 완료 형태인 〈must+have p.p.〉가 알맞다. 따라서 정답은 (d) must have been이다.
debris 파편, 잔해

7

A   How could you tell Brad my secret?
B   I'm so sorry. I just said it without _____.

✔ (a) realizing
(b) realized
(c) realizes
(d) realize

번역 A 어떻게 브래드에게 내 비밀을 말할 수가 있니?
      B 정말 미안해. 나도 모르게 말해 버렸어.

해법 without 다음에 올 동사 realize의 형태를 골라야 한다. 전치사인 without은 목적어로 -ing형을 취하므로 (a) realizing이 알맞다. How could you...?는 '어떻게 ~할 수 있니?'라는 표현으로, 놀람이나 못마땅함을 나타내는 말로 쓰인다.
secret 비밀

8

A   Looks like the workers pruned the wrong tree.
B   _____, they broke several of its branches.

(a) Only that not
✔ (b) Not only that
(c) Only not that
(d) That not only

번역 A 작업자가 엉뚱한 나무를 가지치기한 것 같군요.
      B 그것뿐만이 아니라, 가지도 몇 개 부러뜨렸어요.

해법 Not only ... but also의 표현과 비슷하며 that은 앞에서 나온 the workers pruned the wrong tree를 가리킨다. '그뿐만 아니라'를 나타내는 표현으로는 (b) Not only that을 써야 한다.
prune (가지를) 잘라내다   **branch** 나뭇가지

9

A   Is there any way to lower construction costs?
B   I'm afraid there's not _____.

(a) doing a lot we can
(b) we a lot can't do
✔ (c) a lot we can do
(d) we can do a lot

번역 A 공사비를 낮출 방법이 있을까요?
      B 유감스럽게도 우리가 할 수 있는 게 많지 않아요.

해법 I'm afraid는 좋지 않은 내용 앞에 붙어 유감을 나타내는 말이므로, not과 이어져서 우리가 할 수 있는 일이 많지 않다는 내용이 나와야 적절하다. a lot은 의미가 분명하여 명사를 생략하고 단독으로 쓰인 것이다. not a lot 다음에는 that이 생략되어 있고, there's not a lot (that)은 '~한 것이 많지 않다'라는 표현이 되므로 (c)가 정답이다.
lower 낮추다, 줄이다   **construction** 공사, 건축   **cost** 비용

10

A   I'm interested in _____ this book, please.
B   OK, I'll need to see your library card.

(a) having checked out
(b) being checked out
(c) to checking out
✔ (d) checking out

번역 A 이 책을 대출하고 싶습니다.
      B 알겠어요. 도서관 카드를 보여주셔야 해요.

해법 be interested in 다음에 올 동사구인 check out의 형태를 골라야 한다. 전치사 in 다음에 -ing형이 와야 하고 이전 시점에 일어난 일을 말하는 것이 아니라 현재 일어나는 일을 말하므로 완료 형태가 아닌 (d) checking out이 들어가야 한다. be interested in은 '~에 관심이 있다' '~하고 싶다'라는 뜻을 나타내는 표현이다.
check out (도서관에서) 대출하다

11

A Did you hear about the subway crash this morning?
B Yes. Luckily, _____ were injured.

✔ (a) not many
 (b) not much
 (c) a few
 (d) little

번역 A 오늘 아침 지하철 충돌사고에 대해서 들었어요?
 B 네. 다행히 많은 사람이 다치진 않았대요.

해법 일반인이나 의미가 분명한 경우에 many 다음의 명사를 생략하고 단독으로 쓰기도 한다. 부상자를 가리키는 말이므로 셀 수 있는 명사 앞에 쓸 수 있는 many를 골라야 하고, '수가 적다'라는 표현이 되어야 하므로 (a) not many가 들어가야 한다.
 crash 충돌사고 **injure** 부상을 입히다

12

A Where are those weeds you saw?
B There, growing _____ the fence.

 (a) among
 (b) during
 (c) within
✔ (d) along

번역 A 네가 보았다는 잡초는 어디에 있니?
 B 저기, 울타리를 따라 자라고 있어.

해법 along은 '～을 (한 줄로) 따라'를 의미하는 전치사이다. along은 줄, 도로, 강 등 길다란 형태의 대상 옆으로 길게 늘어선 모습을 나타내는 표현에 쓰인다. fence(울타리) 역시 길게 이어지는 것이므로 (d)가 정답이다. (c) within은 건물 내부를 가리킬 때 쓰므로 맞지 않다.
 weed 잡초 **fence** 담, 울타리

13

A Have you been taking good care of your teeth?
B I _____ them at least two times a day.

 (a) would brush
 (b) had brushed
 (c) brushed
✔ (d) brush

번역 A 치아를 잘 관리하고 계시죠?
 B 적어도 하루에 두 번은 이를 닦아요.

해법 현재완료 진행인 Have you been taking...?은 현재까지 이어지는 일을 나타내는 말로, 이에 대한 응답은 현재완료 진행이 알맞고 현재시제도 가능하다. 현재의 반복적인 습관은 현재시제로 쓰므로 (d) brush를 쓸 수 있다.
 take good care of ～을 잘 돌보다 **at least** 최소한 **brush** 이를 닦다

14

A I'm looking for a _____.
B All lighting products are in aisle 7.

✔ (a) large desk lamp
 (b) lamp large desk
 (c) desk lamp large
 (d) desk large lamp

번역 A 큰 책상용 스탠드를 찾고 있어요.
 B 모든 조명기구는 7번 통로에 있어요.

해법 I'm looking for는 상점에서 찾는 물건을 말할 때 쓰는 표현이고, lighting products는 조명기구를 가리키므로 찾는 물건은 보기 중 desk lamp임을 알 수 있다. 형용사 large는 desk lamp를 수식하는 것이므로 앞에 놓여 (a)의 형태가 적절하다.
 lighting products 조명기구 **aisle** 통로

15

A How extensive is the water damage to the living room?
B _____ will have to be replaced.

 (a) Floor
 (b) A floor
 (c) Some floors
✔ (d) Some of the floor

번역 A 거실의 수해 피해 규모는 얼마나 되죠?
 B 바닥 일부를 교체해야 해요.

해법 How old[fast, often] 등으로 연수[속도, 빈도] 등을 묻는 것처럼 How extensive는 피해 규모의 정도를 묻는 말이다. 거실이라는 한정된 곳의 바닥을 가리키고 있으므로 바닥의 일부를 의미하는 (d)가 알맞은 답이며, floor에 무관사, 부정관사, 복수는 쓸 수 없다.
 extensive 폭넓은, 광범위한 **replace** 바꾸다

16

A How do you know it was Len _____ ate your sandwich?

B I saw him do it.

(a) he
(b) him
✔ (c) who
(d) what

번역 A 네 샌드위치를 먹은 게 렌인 줄 어떻게 알아?
B 그가 먹는 걸 봤거든.

해법 It is A that...은 '~한 것은 바로 A이다'라는 뜻으로, 문장 일부를 강조하는 강조구문을 만든다. Len을 강조하는 것으로 It was Len that이 가능하며, 강조하는 것이 사람일 경우 that 대신에 who를 쓰기도 하므로 (c)가 알맞은 답이다.

17

A Are there any tickets left for the concert next week?

B Yes, but the number of available seats _____ dropping fast.

✔ (a) is
(b) was
(c) were
(d) are

번역 A 다음 주 공연 입장권이 남아 있나요?
B 네, 하지만 이용 가능한 좌석 수가 빠르게 줄어들고 있어요.

해법 질문이 현재시제이므로 응답 역시 현재가 되어야 하고, 주어가 the number of available seats, 즉 단수(the number)이므로 (a) is가 알맞은 형태이다. a number of는 '많은'의 뜻이지만 the number of는 '~의 수'라는 뜻이므로 단수임에 유의한다.

available 이용 가능한   **drop** (갑자기) 떨어지다

18

A Are you going to Professor Fedley's review session?

B Only _____ Simon agrees to go with me.

(a) whether
(b) should
(c) had
✔ (d) if

번역 A 페들리 교수님의 평가회에 갈 거니?
B 사이먼이 같이 간다고 하면.

해법 주절인 I will go가 생략되고 부사절만을 쓴 문장인데, 내용상 조건을 나타내는 부사절이 되어야 한다. (d) if는 '만일 ~라면'이라는 뜻의 접속사이므로 적절하다. (a) whether는 부사절에서 '~이든 (아니든)'이라는 뜻의 접속사로 쓰이므로 알맞지 않다.

review session 평가회

19

A You should avoid _____ while on the medication.

B That will be difficult; I exercise a lot.

(a) to workout
✔ (b) working out
(c) the workings out
(d) workout

번역 A 약물 치료를 하는 동안에는 운동을 피해야 합니다.
B 그건 힘들 것 같네요. 저는 운동을 많이 하거든요.

해법 '피하다'라는 뜻의 동사 avoid는 목적어로 -ing형을 취한다. 동사구인 work out이 '운동하다'의 뜻으로 쓰이므로 이것의 -ing형인 (b) working out이 답으로 적절하다. 목적어로 to부정사의 형태는 취할 수 없고 -ing형만 가능한 다른 동사로는 admit, deny, enjoy, give up, mind 등이 있다.

medication 약물 치료   **work out** (건강 · 몸매 관리를 위해) 운동하다
workout 운동

20

A Should we travel to Paris by train or look for bus tickets?

B I don't care for _____ option.

✔ (a) either
(b) either the
(c) either of an
(d) either of those

번역 A 파리에 기차로 가야 하나, 버스표를 구해 봐야 하나?
B 두 선택 중 어느 것이든 상관없어.

해법 '(둘 중) 어느 하나'를 가리키는 either는 단수 명사가 오면 of를 쓰지 않고 복수 명사가 오면 of를 써야 한다. 따라서 either option 또는 either of the options로 써야 하므로 (a)가 정답이다. each, every, neither 등도 이와 같이 쓰인다.

care 상관하다   **option** 선택

Grammar

21

The international community has agreed to help Afghanistan _____ its economy.

(a) having rebuilt
(b) rebuilding
(c) be rebuilt
✔ (d) rebuild

번역 국제사회는 아프가니스탄이 경제를 재건하는 것을 돕기로 의견을 모았다.

해법 동사 help는 〈help+목적어+(to)+동사원형〉의 형태로 '누가 ～하는 것을 돕다'의 의미로 쓰인다. 아프가니스탄이 경제를 재건하는 것을 돕는다는 의미가 되어야 하므로 동사원형 (d) rebuild가 알맞은 답이고 to rebuild 역시 가능하다.
international community 국제사회 **rebuild** 재건하다

22

The coaching was brilliant, but the team needed _____ than that to win.

(a) little
(b) a little
(c) little more
✔ (d) a little more

번역 지도는 훌륭했지만 그 팀이 승리하려면 약간 그 이상이 필요했다.

해법 빈칸 뒤의 than과 함께 쓰여 비교의 뜻을 나타내야 하므로 비교급인 more가 들어가야 한다. '그보다는 약간 더'의 의미가 되려면 a little이 more 앞에서 수식해야 하므로 (d)가 알맞은 형태이다. (c) little은 부정의 의미를 나타내므로 내용상 적절하지 않다.
coaching 지도, 강습 **brilliant** 훌륭한

23

If you fail after trying one course of action, you must immediately move on to _____.

(a) one another
(b) other one
✔ (c) another
(d) other

번역 하나의 행동 방침을 시도해서 실패하면 즉시 다른 것으로 넘어가야 한다.

해법 move on to는 '(새로운 일·주제로) 넘어가다, 옮기다'의 뜻이므로 빈칸에는 one course of action에 대비되는 '또 다른 방침'이라는 말이 들어가야 함을 알 수 있다. 그 외의 또 다른 것을 나타낼 때에는 (c) another를 쓴다. (d) other는 복수 명사가 올 때 쓸 수 있다.
course of action 행동 방침 **immediately** 즉시 **move on to** (새로운 일·주제로) 넘어가다, 옮기다

24

Richard Preston's *The Wild Trees* addresses _____ the canopies of redwood forests.

✔ (a) the dangers involved in studying
(b) danger of involvement in study
(c) study of the dangers involved
(d) involving study in the dangers

번역 리처드 프레스턴의 〈와일드 트리즈〉는 삼나무의 숲 지붕을 연구하는 데 관련된 위험성을 다루고 있다.

해법 동사 addresses의 목적어로 the dangers가 오고 이것을 수식하는 구인 involved in studying이 뒤에 와야 자연스럽다. 또한 study의 목적어로 the canopies가 바로 이어져야 하므로 (a)의 표현이 적절하다. (b)나 (c)처럼 각각 danger와 study가 수식어구가 있으면서도 정관사 없이 쓰일 수는 없다.
address (문제를) 다루다, 고심하다 **canopy** 덮개, 지붕 **redwood** 미국 삼나무

25

The country of Georgia will be _____ grateful to President Obama for his support.

(a) longer
✔ (b) forever
(c) once
(d) yet

번역 조지아 지역은 오바마 대통령의 도움에 대해 길이길이 감사하게 될 것이다.

해법 도움에 대해 감사할 것이라는 내용에 어울리는 부사는 '길이길이, 영원히'라는 뜻의 (b) forever이다. yet은 '아직', once는 '한때', any longer는 '더 이상, 이제는'의 뜻이므로 적절하지 않다.
country 지역 **grateful** 감사하는

26

Kylie is upset at her boyfriend _____ losing his driver's license.

(a) in
(b) by
✔ (c) for
(d) with

번역 카일리는 남자 친구가 운전면허증을 잃어버려서 속상하다.

해법 전치사 at은 감정 변화의 원인이 되는 대상을 목적어로 할 때 쓰이는데, upset 이외에도 angry, annoyed, pleased 등의 형용사와 쓰인다. losing his driver's license는 속상한 이유가 되므로 이유를 나타내는 전치사인 (c) for 가 와야 가장 적절하다.

upset 속상한 **driver's license** 운전면허증

27

Experts predict that by 2025 the world population _____ 8 billion.

(a) to be reaching
(b) having reached
✔ (c) will have reached
(d) had to have reached

번역 전문가들은 2025년이 되면 세계 인구가 80억에 달할 것이라고 예측한다.

해법 동사 predict 다음에 that이 있으므로 절이 되어야 하는데 주어인 the world population에 이어지는 동사가 필요하다. 2025 앞의 전치사 by는 기한 이내에 동작이 완료되는 경우를 나타내므로 미래 완료인 (c)가 가장 적절한 형태이다.

expert 전문가 **predict** 예언하다 **billion** 10억

28

Cities with a lower standard of living _____ a higher number of artists and musicians, studies show.

✔ (a) attract
(b) attracts
(c) to attract
(d) attracting

번역 보다 낮은 생활 수준의 도시들이 보다 많은 수의 예술가와 음악가를 끌어모은 다는 연구 결과가 있다.

해법 studies show는 연구 결과를 나타내는 표현으로, 여기서는 문장의 끝에 부가적으로 쓰였는데 원래는 Studies show that cities with…와 같은 문장이다. 주어는 Cities이고 동사가 빠져 있으므로 복수에 맞는 형태인 (a) attract가 되어야 한다.

standard of living 생활 수준 **attract** 끌어모으다, 유인하다

29

_____, we will look back on the current speed of computer processors and laugh.

✔ (a) Years from now
(b) From years now
(c) Now from years
(d) From now years

번역 몇 년이 지난 후, 현재 컴퓨터 프로세서의 속도를 되돌아보면 웃게 될 것이다.

해법 look back on은 '회고하다, 되돌아보다'라는 뜻으로, 현재의 것을 미래에 되돌아본다는 의미가 되므로 '몇 년 후'를 나타내는 (a) Years from now가 알맞은 답이다. from now 앞에 시일을 써서 '지금부터 얼마 후에'를 나타내는 표현이 되며, two years from now/ three days from now 등으로 쓰인다.

look back on ~을 되돌아보다 **current** 현재의

30

The speed _____ the Mongols created the largest empire in history is hard to imagine.

(a) that
(b) what
(c) of when
✔ (d) with which

번역 몽골족이 역사상 가장 큰 제국을 만든 속도는 상상하기 어렵다.

해법 선행사인 The speed가 관계대명사절에서 주어나 목적어가 아닌 부사 역할을 하므로 관계부사 형태인 〈전치사+관계대명사〉가 필요하다. 속도와 관련된 전치사로 with가 가능하므로 (d)가 정답이다.

empire 제국

31

Mr. Chavez smiled at his son, _____ to see him doing so well in school.

✔ (a) pleased
(b) to please
(c) pleasing
(d) having pleased

번역 챠베스 씨는 아들이 학교에서 잘 지내는 것을 보고 만족스러워서 미소를 지었다.

해법 접속사 없이 문장이 이어지므로 빈칸에는 부사절 형태가 들어가야 한다. (b) to please는 내용상 '만족스럽게 하기 위해'가 아니므로 어울리지 않고, 분사가 들어가는 분사구문이 되어야 한다. please는 사람이 주어일 때 과거분사 형태로 '만족스러운, 만족한'의 뜻으로 쓸 수 있으므로 (a) pleased가 정답이다.
pleased 만족스러운

32

The board says it is essential that a new CEO _____ as soon as possible.

(a) choose
(b) chooses
✔ (c) be chosen
(d) will be chosen

번역 이사회는 새로운 CEO를 가능한 한 빨리 선출하는 것이 필수적이라고 말한다.

해법 주장, 요구, 명령, 권유를 나타내는 〈It is 형용사+that절〉에서 that절에 동사원형을 써야 한다. 이러한 형용사로 essential 외에 appropriate, crucial, desirable, important, necessary 등이 있다. a new CEO와 동사 choose의 관계는, CEO가 선출되는 것이기 때문에 수동의 형태가 되어야 하므로 (c) be chosen이 정답이다.
board 이사회 **essential** 필수적인 **as soon as possible** 가능한 한 빨리

33

The cans of fish proved toxic; _____, they were all recalled immediately.

✔ (a) therefore
(b) otherwise
(c) however
(d) yet

번역 그 생선 통조림은 독성이 있는 것으로 판명되어 즉시 모두 회수되었다.

해법 두 개의 절을 잇는 적절한 접속사를 선택하는 문제이다. 앞의 절과 뒤의 절의 관계는 원인과 결과에 해당하므로 인과관계를 나타내는 접속사가 와야 한다. '따라서, 그러므로, 그래서'의 뜻을 갖는 (a) therefore가 정답이다. (d) yet과 (c) however는 역접의 의미이므로 맞지 않으며, (b) otherwise도 '만약 그렇지 않으면(if not)'의 뜻으로 문맥에 어울리지 않는다.
prove 판명되다, 입증하다 **toxic** 유독한, 해로운 **recall** 소환하다, (제품을) 리콜하다 **immediately** 즉시, 즉각

34

Allowing _____ to spend freely without establishing a budget can lead to financial disaster.

(a) theirs
(b) its
✔ (c) oneself
(d) itself

번역 예산을 세우지 않고 자유롭게 소비하게 두는 것은 재정적인 재앙을 초래할 수 있다.

해법 〈allow+사람+to+동사원형〉의 형태로 '누가 ~하는 것을 허락하다, 내버려두다'의 뜻으로 쓰인다. 일반적인 사람들을 가리키는 말이므로 oneself나 yourself를 쓸 수 있는데, oneself는 좀 더 격식을 차리는 말이고 yourself는 일반적인 말로 쓰인다.
establish a budget 예산을 짜다 **financial** 재정적인 **disaster** 재앙, 불행

35

There is _____ may have died had President Truman chosen to launch a ground invasion of Japan.

(a) telling not to be how
✔ (b) no telling how many
(c) not how many to tell
(d) many telling of how

번역 트루먼 대통령이 일본에 지상 침공을 가하는 선택을 했더라면 얼마나 많은 사람들이 죽었을지 알 수 없다.

해법 There's no telling은 '~은 모른다, 알 수 없다'는 뜻의 어구이다. 침공을 했다는 가정의 상황에서 얼마나 죽었을지 알 수 없다는 내용이 되어야 적절하므로 (b)가 알맞은 표현이다. There is no knowing/ There is no saying도 비슷한 뜻으로 쓰인다.
launch (공격을) 가하다, 퍼붓다 **ground invasion** 지상 침공

36

Abby received _____ score in the class for the second time in a row.

✔ (a) the highest
(b) the higher
(c) highest
(d) higher

번역 애비는 반에서 최고 점수를 연달아 두 번 받았다.

해법 비교급은 than 다음에 비교 대상이 나와야 하고, 정관사 the는 최상급에 써야 한다. in the class라는 한정된 범위를 나타내는 어구가 나오고 최상급이 나오는 경우가 대부분이므로 (a) the highest가 정답이다.
in a row 연달아, 연이어

37

Legends of blood-sucking demons _____ in the region that was once called Transylvania for many generations.

(a) can be existing
✔ (b) have existed
(c) existing
(d) exist

번역 흡혈 악마 전설은 과거 트란실바니아라고 불렸던 지역에서 수 세대에 걸쳐 현존해왔다.

해법 that was once called 이하는 the region을 수식하는 절이며, 문장의 주어는 Legends of blood-sucking demons이고 동사가 빠져 있다. 현재까지 존재한다는 것이므로 (b)의 현재완료 형태가 적절하다. 동사 exist는 상태를 나타내는 단어이며 대개 진행형으로 쓰지 않으므로 (a), (c)는 답이 될 수 없다.
legend 전설 **blood-sucking** 흡혈의 **demon** 악마, 악령 **region** 지역 **generation** 세대

38

It took 2 years and 500 rolls of film, _____ the photographer finally got a good shot of the puma.

✔ (a) but
(b) since
(c) or
(d) so

번역 2년에 걸쳐 필름 500통이 들긴 했지만, 사진작가는 마침내 좋은 퓨마 사진을 찍을 수 있었다.

해법 접속사는 앞뒤 내용의 관계를 파악해야 한다. 많은 노력이 필요했다는 것과 좋은 사진을 찍게 되었다는 내용은 상반되는 것이므로 역접의 관계를 나타내는 접속사 (a) but이 들어가야 한다. since는 '~이므로'라는 뜻으로, 이유를 나타내는 접속사이므로 맞지 않다.
roll 통, 두루마리 **photographer** 사진작가 **shot** 촬영 **puma** 퓨마

39

Students _____ to double check their online sources with print material whenever possible.

(a) are urging
✔ (b) are urged
(c) be urged
(d) will urge

번역 학생들은 인쇄된 자료와 온라인 자료들을 가능할 때마다 재차 확인하도록 권고받는다.

해법 〈urge+사람+to+동사원형〉은 '~하도록 충고하다, 촉구하다'의 뜻이다. urge의 목적어가 나와 있지 않으므로 수동태 문장이어야 함을 알 수 있고, Students는 복수형이므로 (b) are urged가 적절한 답이다.
urge (~하도록) 충고하다 **double check** 재차 확인하다

40

There is _____ money in the federal budget to increase military spending.

✔ (a) not nearly enough
(b) not enough nearly
(c) enough not nearly
(d) enough nearly not

번역 연방 예산에는 국방비 지출을 늘리기 위한 자금이 턱없이 모자란다.

해법 not nearly는 '결코 ~이 아니게' '~보다 훨씬 적게'라는 뜻의 어구이다. '결코 충분하지 않다, 턱없이 부족하다'라는 뜻이 되기 위해서는 not nearly가 enough 앞에서 수식해야 하므로 (a)가 적절한 어순이다.
federal budget 연방 예산 **military spending** 국방비 지출

41

(a) A Is this experiment going to work?

✔ (b) B It'd ought or I'll be so disappointed.

(c) A Don't worry. Your other experiment was a success.

(d) B Yes, but I think I just got lucky that time.

번역 (a) A 이 실험이 성공할까요?
(b) B 그러면 좋겠죠. 그렇지 않으면 전 아주 실망하게 될 거예요.
(c) A 걱정하지 말아요. 다른 실험들이 성공적이었잖아요.
(d) B 그래요, 하지만 그때는 그냥 운이 좋았던 것 같아요.

해법 It'd는 It had의 축약형이다. had 다음에 ought는 쓸 수 없고 had better 가 되어야 '~하는 것이 좋을 것이다, ~해야 한다'의 뜻이 된다. It'd better는 better 다음에 work가 생략된 것으로, '성공하는 것이 좋다, 성공해야 한다'라는 뜻을 나타내므로 (b) It'd ought를 It'd better로 바꿔야 한다.
experiment 실험 **disappointed** 실망한, 좌절한

정답 (b) It'd ought → It'd better

42

(a) A Hi, I'd like to adopt a pet today.

(b) B Great. We have some nice-looking dogs there to your left.

✔ (c) A Actually, I'd rather have cat.

(d) B Certainly, follow me and I'll show them to you.

번역 (a) A 안녕하세요. 오늘 애완동물을 분양하고 싶어서요.
(b) B 잘됐네요. 왼편에 잘생긴 강아지들이 있습니다.
(c) A 실은, 전 고양이를 갖고 싶은데요.
(d) B 그러시군요. 저를 따라오시면 안내해 드릴게요.

해법 cat은 셀 수 있는 명사이며 상점에서 고양이 한 마리를 사겠다는 말을 하는 상황이므로 부정관사인 a가 들어가야 해서 (c) cat을 a cat으로 바꿔야 한다. I'd rather have는 상점에서 사용할 때 '~을 사고 싶다'라는 뜻을 나타내고 이에 대한 응답으로 Certainly는 '그러세요'라는 동조 내지 허락의 의미를 나타내는 말이다.
adopt 입양하다 **had rather** 차라리 ~하고 싶다

정답 (c) have cat → have a cat

43

✔ (a) A Have you seen the sales figures? They're very disappointed.

(b) B I know. I thought we might top 500 units this month.

(c) A Right. But we barely sold 400 units!

(d) B Well, there's always next month. We'll just have to try harder.

번역 (a) A 판매액 봤어요? 아주 실망스럽네요.
(b) B 그래요. 이번 달에 500개를 넘길 거라 생각했는데 말이죠.
(c) A 맞아요. 그런데 겨우 400개 팔았어요!
(d) B 그건 그렇고, 다음 달이 또 있잖아요. 더 열심히 노력해야겠죠.

해법 (a)에서 과거분사 형태인 disappointed는 사람이 주어로 와서 '실망한, 좌절한'의 뜻으로 쓰인다. They는 앞 문장의 the sales figures를 가리키는 말이며, 판매액이 실망스럽다는 말이 되어야 하므로 disappointing이 되어야 한다.
sales figure 판매액 **top** 넘다, 능가하다 **barely** 간신히, 가까스로 **unit** (상품의) 한 개

정답 (a) very disappointed → very disappointing

44

(a) A Isn't it about time to get off the treadmills?

(b) B No, let's run for a few more minutes before quitting.

✔ (c) A I don't know much how longer I can last.

(d) B If you don't feel well, I think you should stop.

번역 (a) A 이제 러닝머신에서 내려올 때가 되지 않았어요?
(b) B 아니요, 그만두기 전에 몇 분만 더 달립시다.
(c) A 내가 얼마나 버틸 수 있을지 잘 모르겠어요.
(d) B 몸이 좋지 않으면 그만하셔야 해요.

해법 I don't know how long I can last를 비교급을 이용한 문장으로 바꾸면 I don't know how much longer I can last이다. 〈how+형용사[부사]〉는 '얼마나 ~한지'를 나타내는데, 이것의 비교급에는 much가 들어가서 〈how much+형용사 비교급〉이 되므로 (c) much how longer는 how much longer의 어순이 되어야 한다.
get off ~에서 내리다 **treadmill** 러닝머신 **quit** 그만두다 **last** 지속하다 **don't feel well** 몸이 좋지 않다

정답 (c) much how longer → how much longer

45

(a) A Ed, I'm calling to say the meeting's about to start.
(b) B I'm sorry, but I've been stuck in traffic.
(c) A I don't think we'll be able to delay it.
✔ (d) B That's OK. I'm fewer than a minute away.

번역 (a) A 에드, 회의가 막 시작하려고 한다고 알려주려고 전화했어요.
(b) B 미안하지만, 교통 체증 때문에 못 움직이고 있어요.
(c) A 연기할 수 있을 것 같지는 않은데요.
(d) B 괜찮아요. 1분도 안 되는 거리에 있어요.

해법 minute은 셀 수 있는 명사로, a minute으로 쓰였지만 숫자와 함께 쓰인 시간 이나 거리, 무게, 돈과 관련된 표현에는 fewer를 쓰지 않고 less를 쓰는 것에 유의한다. 따라서 (d) fewer than을 less than으로 바꿔야 한다. less than은 '~이하'의 뜻이다. less than an hour/ less than ten dollars/ less than three miles 등으로 쓴다.
be about to 막 ~하려고 하다 **be stuck in traffic** 교통 체증에 갇히다 **delay** 연기하다

정답 (d) fewer than → less than

46

(a) Before the invention of the modern record player, devices known as phonographs were used to play records. (b) The phonograph often had a metal funnel called a horn, which looked like a small tuba. (c) As the record played, the sound it produced traveled through the skinny part of the horn and exited through the wider opening. (d) This amplified the sound so that better people could hear it.

번역 (a) 현대의 녹음기가 발명되기 전에는 축음기라고 알려진 기기가 녹음하는 데 사용되었다. (b) 축음기에는 보통 작은 튜바처럼 생긴, 호른이라고 불리는 금속 깔때기가 있었다. (c) 레코드를 켜면, 소리가 호른의 좁다란 부분을 따라 이동해서 더 넓은 구멍을 통해 밖으로 나갔다. (d) 이것은 소리를 증폭시켜서 사람들이 더 잘 들을 수 있게 했다.

해법 (d) better people could hear it은 '더 나은 사람들이 들을 수 있다'의 뜻이므로 알맞지 않다. '사람들이 더 잘 들을 수 있게 한다'는 내용이 적절하므로 people could hear it better가 되어야 한다. 이것은 hear it well의 비교급 표현이다.
invention 발명 **phonograph** 축음기 **funnel** 깔때기 **horn** 뿔, 호른 **tuba** 튜바 **skinny** 폭이 좁은 **exit** 나가다 **amplify** 증폭시키다

정답 (d) so that better people could hear it → so that people could hear it better

47

(a) Some of the traffic safety laws in our town are sadly out of date. (b) For example, there is a law on the books requiring bicyclists to wear helmets, but there is no such law for motorcyclists. (c) Current records show that there are many more motorcycles on the road as bicycles. (d) We must either do away with the helmet law for bikes or create one for motorbikes.

번역 (a) 우리 도시 교통 안전법 일부는 불행히도 시대에 뒤떨어져 있다. (b) 예를 들어, 자전거 이용자는 헬멧을 써야 한다는 법규는 있지만, 오토바이 운전자를 위한 그와 같은 법은 없다. (c) 현재 기록에 따르면, 도로에는 자전거보다 오토바이가 더 많다고 한다. (d) 자전거를 위한 헬멧 법규를 없애든지 오토바이를 위한 법규를 만들든지 해야 한다.

해법 비교급인 more motorcycles가 나와 있으므로 비교 대상인 bicycles 앞에는 as가 아니라 than이 와야 하므로 (c) as를 than으로 바꿔야 한다. than은 비교의 대상 앞에서 '~보다'의 뜻으로 쓰인다.
traffic safety law 교통 안전법 **out of date** 시대에 뒤떨어진 **bicyclist** 자전거 운전자 **helmet** 헬멧 **motorcyclist** 오토바이 운전자 **do away with** ~을 없애다. 그만두다 **create** 만들다

정답 (c) as bicycles → than bicycles

48

(a) Composting is easy, and you can create a compost bin with things you have around the house. (b) You'll need a large metal or plastic trash can, a hammer, and a thick nail. (c) Use the hammer and nail to create between 20 or 30 evenly spaced holes in the sides of the trash can. (d) This will allow oxygen to enter the bin, which is necessary if the compost matter is to decompose.

번역 (a) 퇴비를 만들기는 쉬우며, 가정에 있는 물건을 가지고 퇴비 통을 만들 수 있다. (b) 커다란 금속이나 플라스틱 쓰레기통과 망치, 두꺼운 못이 필요할 것이다. (c) 망치와 못을 사용해서 쓰레기통 옆면에 일정한 간격으로 20개에서 30개 사이의 구멍을 만들어라. (d) 이것이 산소가 통으로 들어갈 수 있게 해주는데, 이는 퇴비 물질이 부패하기 위해 필요한 과정이다.

해법 양이나 수치에 쓰이는 between은 and와 함께 between A and B의 형태로 쓰여서 'A와 B 사이에'라는 뜻으로 범위, 범주를 나타낸다. between four and five minutes/ between the ages of 20 and 25처럼 쓰인다. 그러므로 (c) or를 and로 바꿔야 한다.
compost 퇴비를 만들다 **bin** 통 **trash can** 쓰레기통 **hammer** 망치 **nail** 못 **evenly** 일정하게 **oxygen** 산소 **decompose** 부패하다

정답 (c) between 20 or 30 → between 20 and 30

49

(a) Everyone seems to have his or her own method for having gotten rid of the hiccups. (b) Some people hold their breath for as long as they can, while others try to scare themselves. (c) Most of the tricks that work the best have one thing in common. (d) They all focus the person's attention on doing something else, and this somehow stops the stomach spasms that cause hiccups.

번역 (a) 누구나 딸꾹질을 멈추게 하는 자신만의 방법이 있는 것 같다. (b) 어떤 사람들은 할 수 있는 한 숨을 참는 반면, 다른 사람들은 스스로를 놀라게 만들려고 한다. (c) 가장 효과가 있는 요령들 대부분은 한 가지 공통점이 있다. (d) 그것들은 모두 사람의 관심을 다른 곳에 집중시킨다는 것인데, 이는 딸꾹질을 일으키는 위경련을 멈추게 한다.

해법 딸꾹질을 없애는 방법인데, 이는 일반적인 사실, 현재의 습관 등에 관한 내용이므로 단순 현재시제를 써야 한다. (a) having gotten은 주절의 seems to보다 더 이전의 일임을 나타내므로 적절하지 않고 이것을 getting으로 바꿔야 알맞다.

get rid of ~을 없애다 **hiccup** 딸꾹질 **hold one's breath** 숨을 참다
scare 놀라게 하다 **trick** 요령, 비법 **have in common** 공유하다
stomach spasm 위경련

정답 (a) for having gotten → for getting

50

(a) Without a doubt, Socrates is one of the best-known philosophers of ancient Greece. (b) Yet, everything we know about him comes from the writings of the other philosopher: Plato. (c) Some experts even believe that Socrates was nothing more than a character in Plato's stories. (d) If so, he is probably the most influential character that never lived.

번역 (a) 소크라테스는 의심의 여지 없이 고대 그리스의 가장 유명한 철학자이다. (b) 그러나 우리가 그에 대해 알고 있는 모든 것은 다른 철학자인 플라톤의 글에서 나온 것이다. (c) 몇몇 전문가들은 심지어 소크라테스가 플라톤 이야기의 한 인물에 불과하다고 믿는다. (d) 그렇다고 한다면, 그는 아마도 실존하지 않았던 인물 중 가장 영향력 있는 인물일 것이다.

해법 한 명의 철학자 소크라테스가 나오고 또 다른 철학자인 플라톤이 나오는 것이므로, '또 하나의'라는 뜻의 another가 나와야 한다. other는 '그 밖의 다른 사람'을 가리키는 말로 내용상 알맞지 않으므로 (b) the other philosopher를 another philosopher로 바꿔야 한다.

doubt 의심 **philosopher** 철학자 **ancient** 고대의 **expert** 전문가
come from ~에서 나오다 **nothing more than** ~에 불과한 **influential** 영향력이 있는

정답 (b) of the other philosopher → of another philosopher

🔊 Vocabulary

1

A Do you have any dinner specials tonight?
B No, we're only serving what's on the _____.

✔ (a) menu
(b) label
(c) chart
(d) manual

번역 A 오늘 저녁 특별 메뉴가 있나요?
B 아니요, 메뉴에 있는 것만 제공해 드려요.

(a) 메뉴
(b) 상표
(c) 도표
(d) 설명서

해법 special은 메뉴에 없는 그날의 특별 요리를 가리키는 말인데, 상반되는 내용이 되기 위해서는 메뉴에 있는 요리만 제공한다는 말이 되어야 하므로 (a) menu가 들어가야 적절하다. (d) manual은 제품 설명서를 가리키는 말이므로 알맞지 않다.
dinner special 저녁 특별 메뉴 **serve** (식당 등에서 음식을) 제공하다

2

A We've had such a difficult month.
B But I _____ things will get better.

(a) push
(b) reduce
✔ (c) predict
(d) entail

번역 A 정말 힘든 달이었어.
B 하지만 호전될 것으로 보여요.

(a) 다그치다
(b) 줄이다
(c) 예측하다
(d) 수반하다

해법 빈칸 뒤에는 that이 생략되어 있고 that 이하에서 과거의 상황과 비교하여 앞으로의 전망을 말하고 있으므로 '예언하다, 예측하다'의 뜻인 (c) predict가 적절한 답이다.
get better 호전되다

3

A It seems like your math _____ is doing a great job.
B Yes, I'm learning a lot from her.

✔ (a) tutor
(b) major
(c) placement
(d) assignment

번역 A 너의 수학 과외 선생이 잘하는 모양이구나.
B 그래, 그녀에게 아주 많이 배우고 있어.

(a) 과외 선생
(b) 전공
(c) 배치
(d) 과제

해법 learning from her라는 설명을 통해 과외 선생이라는 (a) tutor가 적절한 단어임을 파악할 수 있다. (b) major는 '전공'이라는 뜻이므로 어울리지 않아 답이 될 수 없다.
do a great job 잘해내다

4

A Hi, may I speak with Will Michaels, please?
B Oh, I'm sorry. He just _____.

✔ (a) stepped out
(b) came back
(c) tuned in
(d) fell off

번역 A 안녕하세요, 윌 미셸즈와 통화할 수 있을까요?
B 아, 미안해요. 그는 막 나갔어요.

(a) 나가다
(b) 돌아오다
(c) 조정하다
(d) 변절하다

해법 전화 통화에서 찾는 사람이 밖에 나가고 없을 때 쓰는 표현은 (a) step out이다. 같은 표현으로 go out이 있고, 반대로 막 들어왔다는 말로 He's just stepped in을 쓴다.
May I speak with...? ~와 통화할 수 있을까요?

5

A Ben, you look really _____. Are you OK?
B I'm fine. I just didn't sleep well last night.

(a) recuperated
✔ (b) fatigued
(c) stylish
(d) chilly

번역 A 벤, 정말 피곤해 보여. 괜찮니?
B 괜찮아. 지난밤에 잠을 잘 못 잤어.

(a) 건강을 회복한
(b) 피곤한
(c) 맵시 있는
(d) 냉담한

해법 괜찮은지 묻는 말과 잠을 못 잤다는 설명을 통해 빈칸에는 '피곤한'의 뜻인 (b) fatigued가 가장 적절함을 알 수 있다. fatigued는 명사 앞에는 쓰지 않는 형용사임에 유의한다. (a) recuperated는 '건강을 회복한'의 뜻으로 답이 될 수 없다.

6

A You spilled the coffee!
B Oh, I can't believe how _____ I am!

(a) worrisome
(b) obvious
✔ (c) careless
(d) afraid

번역 A 커피를 쏟았구나!
B 아, 얼마나 부주의한지 몰라!

(a) 걱정스러운
(b) 분명한
(c) 부주의한
(d) 두려운

해법 I can't believe...는 믿을 수 없을 정도의 상황에 대한 강조의 표현이다. 커피를 쏟은 상황과 어울리는 것은 '부주의한'의 뜻인 (c) careless가 적절한 단어이다.
spill 흘리다

7

A I don't think we'll meet the deadline.
B We need to pick up the _____.

(a) antenna
(b) timing
(c) clock
✔ (d) pace

번역 A 우리가 마감일을 맞출 수 있을 것 같지 않아.
B 속도를 낼 필요가 있어.

(a) 안테나
(b) 시기
(c) 시계
(d) 속도

해법 meet the deadline은 마감일에 맞게 일을 끝낸다는 표현이다. pick up은 '회복되다, 더 강해지다'의 뜻으로 쓰이는 어구로, 마감일보다 늦을 것 같은 상황이 앞에서 언급되어 빈칸에는 pick up과 함께 쓰여 '속도를 내다'라는 뜻의 어구를 만드는 (d) pace가 가장 적절하다.
meet the deadline 마감에 맞추다

8

A Some people just enjoy being mean to others!
B Well, I _____ we all have some good in us.

✔ (a) maintain
(b) process
(c) imply
(d) stall

번역 A 어떤 사람들은 남들에게 못되게 구는 것을 즐기지!
B 글쎄, 난 우리 모두 내면에 선한 면을 가지고 있다고 생각해.

(a) 주장하다
(b) 진행하다
(c) 암시하다
(d) 지연시키다

해법 못된 사람들이 있다는 말에 대한 응답으로 누구나 선한 면이 다 있다는 것은 상반되는 내용이다. 상대방의 의견과 다른 주장을 나타내는 표현으로 적당한 것은 I claim (that)이다. 동사 claim과 같은 뜻인 (a) maintain이 정답이다.
mean 못된, 심술궂은

9

A I'd like my money back for this dress, but I don't have the receipt.
B I'm sorry, then you can only _____ it.

(a) apply
(b) refund
(c) promote
✔ (d) exchange

번역 A 이 옷을 환불하려고 하는데 영수증이 없어요.
B 죄송해요. 그러시다면 교환만 하실 수 있어요.

(a) 적용하다
(b) 환불하다
(c) 홍보하다
(d) 교환하다

해법 I'd like my money back for는 '~을 환불하고 싶다'는 표현이다. it은 this dress를 가리키므로 영수증이 없는 경우에는 옷의 환불은 안 되고 다른 옷과 교환만 할 수 있다는 내용이 되어야 적절하므로 정답은 (d) exchange이다. (b) refund는 '환불하다'라는 뜻의 동사이므로 답이 될 수 없다.
receipt 영수증

10

A Do you want to take this reusable bag when you go food shopping?
B No, I won't be able to fit all my _____ in it.

(a) baskets
(b) savings
✔ (c) groceries
(d) registers

번역 A 장 보러 갈 때 이 재활용 가방을 가져 갈래요?
B 아니요, 거기에 모든 식료품을 다 넣을 수 없을 거예요.

(a) 바구니
(b) 예금
(c) 식료품
(d) 기록부

해법 fit A in[into] B는 'A를 B에 끼워 넣다'라는 뜻으로, 그만큼의 공간이 있다는 의미를 나타내는 어구이다. food shopping이라는 말을 고려하면 넣을 물건은 (c) groceries가 적절하다.
reusable 재활용할 수 있는 **fit A in B** A를 B에 끼워 넣다

11

A I apologize for insulting you the other day.
B Well, I was _____ offended by the comment.

(a) loudly
✔ (b) deeply
(c) mainly
(d) heavily

Actual Test 2

번역 A 일전에 무례하게 한 거 사과할게.
B 그래, 그 말 때문에 몹시 화가 났어.

(a) 큰 소리로
(b) 깊이
(c) 주로
(d) 몹시

해법 offended는 '화가 난'의 뜻인데 이를 수식하기에 알맞은 부사는 '대단히, 깊이'의 뜻인 (b) deeply가 가장 적절하다. 감정이나 의견 등을 강조하는 표현으로 deeply upset[concerned, hurt] 등으로 쓰인다. (d) heavily는 양이 많거나 정도가 심한 경우에 heavily populated[armed, polluted] 등으로 쓰이는 차이가 있다.

12

A Doctor, have you been able to find out what's wrong with me?
B The _____ of your tests will be in tomorrow.

(a) ticks
✔ (b) results
(c) symbols
(d) impulses

번역 A 의사 선생님, 제가 어디가 안 좋은지 알아내셨나요?
B 테스트 결과가 내일 나올 거예요.

(a) 표시
(b) 결과
(c) 상징
(d) 충동

해법 첫 번째 말은 의사에게 진단 결과를 묻는 내용이다. 테스트 결과를 통해 병을 진단하는 것이므로 '결과'에 해당하는 단어인 (b) results가 가장 알맞다. (a) ticks는 체크 표시를 가리키는 단어이므로 답이 될 수 없다.
find out 알아내다, 파악하다

13

A How did you _____ hitting the other cars?
B I swerved to the left at the last second.

(a) prevent
✔ (b) avoid
(c) limit
(d) ban

번역 A 어떻게 다른 차에 치이지 않고 피했나요?
B 마지막 순간에 핸들을 왼쪽으로 꺾었어요.

(a) 예방하다
(b) 피하다
(c) 제한하다
(d) 금지하다

해법 swerve to the left는 '왼쪽으로 방향을 틀다'라는 표현으로, 차에 치이지 않았다는 내용이 되어야 알맞으므로, (b) avoid가 가장 적절하다. 주로 avoid -ing의 형태로 쓰인다. (a) prevent는 '막다, 예방하다'의 뜻이고, prevent A from B의 형태로 쓰이므로 답이 될 수 없다.
swerve 갑자기 방향을 바꾸다

14

A Does this computer come with any kind of _____?
B Yes, all of its components are guaranteed for two years.

(a) renovation
(b) relief
✔ (c) warranty
(d) disaster

번역 A 이 컴퓨터에 보증서가 딸려 나오나요?
B 네, 모든 부품들은 2년간 품질 보증을 해드립니다.

(a) 보수
(b) 안심
(c) 품질 보증서
(d) 재난

해법 be guaranteed는 '품질 보증이 되다'라는 뜻이고, come with는 '~이 딸려 있다'라는 뜻의 어구이므로 컴퓨터에 품질 보증서가 딸려 나온다는 내용이 되어야 자연스럽다. 정답은 품질 보증서를 가리키는 단어인 (c) warranty이다.
component 부속품   be guaranteed 품질 보증이 되다

15

A I want my new sofa to look just like the old one.
B OK, but it could be hard to find a(n) _____ match.

(a) immediate
(b) profound
✔ (c) exact
(d) blunt

번역 A 새 소파가 옛날 것과 똑같은 모양이었으면 해.
B 좋아, 하지만 완전히 똑같은 걸 찾기는 힘들 거야.

(a) 즉각적인
(b) 심오한
(c) 정확한
(d) 무딘

해법 이전 것과 같은 것을 찾는 사람에게 동조하면서 it could be hard to find(찾기 힘들다)라고 했으므로 '완전히 같은 것'이라는 exact match가 목적어로 와야 자연스러운 내용이 된다. '정확한'의 뜻인 (c) exact가 정답이다.
match ~와 똑같은 것

16

A Would you mind doing a _____ of laundry this afternoon?

B No problem. I have some things to wash as well.

(a) box
(b) hand
✔ (c) load
(d) weight

번역 A 오늘 오후에 세탁 한 무더기 해줄 수 있겠어요?
B 문제 없어요. 나도 세탁할 것들이 있거든요.

(a) 상자
(b) 손
(c) 짐
(d) 중량

해법 셀 수 없는 명사인 laundry의 양을 나타내는 표현은 관용적으로 a load of라는 단위를 사용한다. 그러므로 정답은 (c)이다. load는 '짐의 양, 한 짐'을 나타내는 단어이며, 이처럼 양을 나타내는 표현으로 a lump of coal, a foot of wire, a piece of paper 등이 있다.
laundry 세탁물 **as well** 역시

17

A It's amazing how quickly the sky _____.

B Yeah, I thought it was going to rain all day.

(a) came down
(b) spread out
✔ (c) cleared up
(d) moved in

번역 A 날씨가 이렇게 빨리 개다니 놀라워.
B 그래, 하루 종일 비가 올 거라고 생각했는데.

(a) 내리다
(b) 퍼지다
(c) 개다
(d) 이사 오다

해법 응답에서 비가 올 거라고 생각했다는 말을 볼 때 빈칸에는 비가 그치고 날씨가 갰다는 표현이 들어가야 함을 알 수 있다. '날씨가 개다'에 해당하는 표현은 it clears up 또는 sky clears up이므로 정답은 (c)이다. clear up은 이외에도 '정돈하다, 치우다, (문제를) 풀다' 등의 뜻으로도 쓰인다.
amazing 놀라운

18

A How is your team doing in the tournament, Allie?

B We've already been _____, unfortunately.

(a) disinterested
✔ (b) eliminated
(c) rewarded
(d) prepared

번역 A 시합에서 너희 팀이 어떻게 되고 있니, 앨리?
B 불행히도 우리는 이미 탈락했어.

(a) 관계를 끊다
(b) 탈락하다
(c) 보상하다
(d) 준비하다

해법 일반적으로 '삭제하다'의 뜻인 eliminate은 경기나 경합에서는 '~를 이기다'의 뜻으로 쓰이는데, 주로 수동 형태로 쓰여서 '경기에서 탈락되다'라는 뜻을 나타내므로 정답은 (b)이다. His team was eliminated in the second round 또는 Two candidates were eliminated처럼 쓰인다.
tournament 토너먼트 경기, 시합 **unfortunately** 불행히도

19

A Can you tell me how to get to the tax office?

B Take Highway 12 and _____ when you see the stadium.

(a) migrate
(b) remove
(c) stray
✔ (d) exit

번역 A 세무서에 어떻게 가야 하는지 알려 주시겠어요?
B 12번 간선도로를 타고 가다 경기장이 보이면 빠져 나오세요.

(a) 이동하다
(b) 없애다
(c) 벗어나다
(d) 빠져 나오다

해법 몇 번 도로를 '타다'의 뜻일 때는 동사 take를 쓰고, '나오다, 빠져 나오다'의 뜻은 동사 exit을 쓰므로 정답은 (d)이다. (a) migrate은 '(사람이나 동물이 다른 곳으로) 이주하다'의 뜻이고, (c)의 stray는 '길을 잃다, 옆길로 빗나가다'의 뜻이므로 답이 될 수 없다.
tax office 세무서 **highway** 간선[고속]도로

20

A I really _____ the effort you put into this project.

B It was nothing. I was happy to help.

(a) crave
(b) inform
(c) gratify
✔ (d) appreciate

번역 A 이번 프로젝트에 쏟은 노고에 정말 감사 드려요.
B 별것 아닌걸요. 도움을 드려서 기뻤어요.

(a) 간청하다
(b) 알리다
(c) 만족시키다
(d) 감사하다

해법 It was nothing은 감사를 표하는 말에 대해 겸손하게 답하는 말이므로 빈칸에는 도움을 준 것에 대해 감사하는 말이 들어가야 함을 알 수 있다. '감사하다'라는 의미의 (d) appreciate가 정답이다. 이미 도움을 받은 상태이므로 '간청하다'의 뜻인 (a) crave는 답이 될 수 없다.
effort 노력 **It was nothing.** 별것 아니에요.

21

A There's no way I can finish eating this piece of cake.
B You had more than your _____ anyway.

✔ (a) share
(b) filter
(c) swell
(d) field

번역 A 이 케이크 다 못 먹겠어.
B 어차피 네 몫 이상을 먹었잖아.

(a) 몫
(b) 여과 장치
(c) 증가
(d) 지역

해법 share는 '몫, 분량'이라는 뜻으로, 특별히 your share는 your (fair) share의 축약으로 '마땅히 받을 양'이라는 의미로 쓰인다. 이미 자신의 몫인 케이크는 먹고 한 조각을 더 먹고 있는 상황임을 유추할 수 있으므로 정답은 (a)이다.
There's no way 방법이 없다 **anyway** 어차피, 어쨌든

22

A Can I come visit you at work sometime?
B Sorry, only employees are allowed inside the _____.

(a) bracket
(b) interview
✔ (c) facility
(d) median

번역 A 제가 한번 직장으로 방문해도 될까요?
B 죄송하지만 직원만 건물 안으로 들어올 수 있어요.

(a) 괄호
(b) 면접
(c) 시설
(d) 중앙값

해법 at work라는 말을 통해 사무실, 직장으로 찾아가겠다는 말임을 알 수 있다. 직장과 관련될 수 있는 말로 건물을 가리키는 (c) facility를 답으로 골라야 한다. 이는 특정한 산업이나 활동을 위한 건물이나 장소를 가리키는 단어이며 research[sports, manufacturing] facility 등으로 쓰인다.
allow 허락하다

23

A Do you know much about wine?
B Yes, I consider myself a _____.

(a) philanthropist
✔ (b) connoisseur
(c) harbinger
(d) liability

번역 A 와인에 대해서 많이 아세요?
B 그럼요, 와인에 일가견이 있죠.

(a) 자선가
(b) 감정가
(c) 조짐
(d) 법적 책임

해법 와인에 대해서 많이 안다고 동의하고 있으므로 '감정가, 전문가'라는 단어인 (b) connoisseur가 들어가야 한다. 주로 예술이나 음식에 관해 잘 알고 즐기는 사람을 가리키는 말로 wine connoisseur, a connoisseur of jazz[art, cuisine] 등의 표현이 있다.
consider ~라고 여기다

24

A What are you looking for in a savings account?
B I'd like my interest to _____ at a rate greater than 3%.

(a) mingle
✔ (b) accrue
(c) prosper
(d) ascertain

번역 A 어떤 저축 예금을 원하세요?
B 이자가 3퍼센트 이상씩 누적되었으면 해요.

(a) 섞이다
(b) 누적되다
(c) 번영하다
(d) 확인하다

해법 예금에서 '이자가 생기다, 이자가 붙다'의 뜻으로 쓰이는 동사로 (b) accrue가 적절하며, 일정 기간 동안 누적된다는 의미를 나타낸다. Interest will accrue on the account와 같은 형태의 문장에서 쓰인다. at a rate라는 수식어구와 어울려 '~의 비율로 이자가 붙다'의 표현이 된다.
savings account 저축 예금 **interest** 이자 **rate** 비율

25

A This soccer tournament has been so exciting!
B Yes, and it all _____ tomorrow at the finals.

(a) cuts to the bone
(b) stops on a dime
✔ (c) comes to a head
(d) flies off the handle

번역 A 이 축구 경기는 정말 흥미진진해!
B 맞아, 내일 결승전에서 최고조에 달할 거야.

(a) 최대한 줄이다
(b) 갑자기 멈추다
(c) 최고조에 이르다
(d) 버럭 화를 내다

해법 come to a head는 '중대 시점에 이르다, 무르익다'라는 뜻의 어구이다. at the finals라는 말과 자연스럽게 연결이 될 수 있으므로 정답은 (c)이다. 경기가 흥미진진하다고 했으므로 (b) stops on a dime은 답이 될 수 없다.
final 결승전

26

Though the _____ is mostly over, few new jobs have been created.

(a) interior
✔ (b) recession
(c) performance
(d) employment

번역 불경기가 거의 끝났음에도 불구하고 새로운 일자리는 거의 생기지 않았다.

(a) 내부
(b) 불경기
(c) 공연
(d) 취업

해법 though는 '비록 ～이긴 하지만'이라는 뜻의 접속사이므로 주절과는 상반되는 내용이 되어야 함을 알 수 있다. 불경기가 거의 끝났다는 내용이 적절하므로 '불경기, 경기 침체'를 가리키는 단어인 (b) recession이 답이 된다. few는 부정의 의미가 있음에 유의해야 한다.
though ～에도 불구하고, 비록 ～이긴 하지만   **be over** 끝나다

27

The updated operating system _____ many of the problems that made the previous one so unpopular.

(a) forgives
✔ (b) addresses
(c) highlights
(d) calculates

번역 최신 운영 체계는 이전 것을 인기 없게 만든 여러 문제에 대해 고심한 것이다.

(a) 용서하다
(b) 고심하다
(c) 강조하다
(d) 계산하다

해법 '(문제점을) 다루다, 해결하려고 노력하다'의 뜻으로 쓰이는 동사로 (b) address가 정답이다. 문제점을 개선하기 위해 고심했다는 의미를 나타내는 표현이 된다. Our products address the needs of most users 또는 Governments address the problem of air pollution의 형태로 쓰인다.
updated 업데이트된, 최신의   **previous** 이전의

28

The Japanese "haiku" is one of the best-known _____ of short poem.

(a) stores
(b) ideas
✔ (c) forms
(d) times

번역 일본의 하이쿠는 짧은 시 중에서 가장 잘 알려진 형태 가운데 하나이다.

(a) 상품
(b) 개념
(c) 형태
(d) 시대

해법 하이쿠는 일본 전통 단시의 한 형태로, 형식에 해당하는 단어인 form이 들어가야 하므로 (c)가 정답이다. (d) times는 '시대'를 의미하므로 답이 될 수 없다.
haiku 하이쿠(일본의 전통적인 단시)

29

Following his victory in the Spanish Civil War, Francisco Franco _____ the country for 40 years.

✔ (a) controlled
(b) demanded
(c) released
(d) assorted

번역 스페인 내전의 승리에 이어 프란시스코 프랑코는 40년간 국가를 지배했다.

(a) 지배하다
(b) 요구하다
(c) 발표하다
(d) 분류하다

해법 전쟁을 승리로 이끈 후 나라를 지배했다는 의미가 자연스러우므로 '통치하다, 지배하다'라는 뜻의 동사인 (a) controlled가 정답이 된다. (c) released는 for 40 years라는 어구와 어울리지 않는다.
civil war 내전

30

Online banking offers customers a _____ way to open accounts, transfer funds, and even pay bills.

(a) tolerant
(b) gracious
✔ (c) convenient
(d) reluctant

번역 인터넷 뱅킹은 고객들에게 계좌를 개설하고 자금을 이체하고 대금을 치르는 편리한 방법을 제공한다.

(a) 관대한
(b) 상냥한
(c) 편리한
(d) 꺼리는

해법 인터넷 뱅킹이 제공하는 서비스에 대해 안내하고 있으므로 '편리한'이라는 뜻의 (c) convenient가 가장 알맞은 답이다. (a) tolerant는 '관대한, 너그러운'의 뜻이고, (b) gracious는 '(사람이나 태도가) 상냥한, 친절한'의 뜻이므로 적절하지 않다.
open an account 계좌를 개설하다   **transfer** 이체하다

31

Corporations are usually _____ to protect the environment. Thus, government regulations are necessary.

(a) exceptional
✔ (b) unwilling
(c) impelled
(d) adamant

번역 기업은 일반적으로 환경 보호를 반기지 않는다. 따라서, 정부 규정이 필요하다.

(a) 예외적인
(b) 싫어하는
(c) 강요되는
(d) 단호한

해법 be willing to는 '기꺼이 ~하다'의 뜻인데 이것의 상반된 뜻인 '~을 내켜 하지 않다. 마지못해 ~하다'는 be unwilling to로 정답은 (b)이다. 결과로 제시되어 있는 Thus 이하의 내용을 볼 때 기업이 기꺼이 환경 보호에 나서지는 않는다는 의미가 되어야 함을 알 수 있다.

corporation 기업   government regulations 정부 규정

32

Alex stepped on a rock while running and _____ her ankle.

(a) wrapped
(b) stitched
✔ (c) twisted
(d) spun

번역 앨릭스는 달리다가 돌멩이를 밟고 발목을 삐었다.

(a) 싸다
(b) 꿰매다
(c) 삐다
(d) 돌다

해법 돌멩이를 밟고 나서 연이어 일어난 일로 가장 적절한 것은 발목을 삐었다는 내용이다. '발목을 삐다'는 twist one's ankle이라는 어구이므로 (c)가 정답이다. (b) stitch는 상처를 꿰맨다는 뜻이므로 적절하지 않다.

step on ~을 밟다   ankle 발목

33

Congress needs to take _____ to reassure the public about its ability to handle the health crisis.

✔ (a) steps
(b) stairs
(c) roads
(d) trial

번역 국회는 건강 위기에 대처하는 능력에 관해 대중을 안심시키기 위한 조치를 취해야 한다.

(a) 조치
(b) 계단
(c) 길
(d) 시험

해법 동사 take를 동반하여 to 이하의 의도로 '조치를 취하다'의 뜻이 되어야 하므로, 조치에 해당하는 단어 (a) steps가 알맞다. 〈take steps to+동사원형〉은 '~할 목적으로 조치를 취하다'라는 뜻이며, take action[measures]도 같은 의미이다.

Congress 국회   reassure 안심시키다   handle 다루다   crisis 위기

34

The cause of the hotel fire was _____ to be a lit cigarette in one of the guest rooms.

✔ (a) determined
(b) simplified
(c) confined
(d) gestured

번역 호텔 화재의 원인은 객실의 담뱃불로 밝혀졌다.

(a) 밝혀지다
(b) 단순화되다
(c) 한정되다
(d) 표현되다

해법 화재의 원인이 주어이고 원인에 대한 설명이 빈칸 다음에 나오므로 '~로 밝혀지다'에 해당하는 be determined to가 오는 것이 적절하다. (a) determined는 '밝히다, 알아내다'의 뜻으로 정답이 되며, (c) confined는 범위를 국한시킨다는 의미이므로 알맞지 않다.

cause 원인   lit 불이 붙은

35

You should only _____ first aid at the scene of an accident if instructed to do so by paramedics.

(a) mutate
(b) condition
(c) distribute
✔ (d) administer

번역 사건 현장에서는 구급 대원들의 지시에 따라 응급 처치만 해야 한다.

(a) 변화시키다
(b) 조절하다
(c) 분배하다
(d) 처치하다

해법 동사 administer는 '관리하다'의 뜻으로 쓰이지만 약을 투여하거나 의료 처치를 한다는 뜻으로도 쓰인다. administer first aid는 '응급 조치를 취하다'의 뜻이 되므로 정답은 (d)이다. administer a dose[medicine](투약하다)처럼도 쓰인다.

first aid 응급 치료   scene 현장   instruct 지시하다   paramedic 구급 대원

36

_____ gas prices may keep some American families from taking the traditional summer road trip.

(a) Festive
(b) Artificial
✔ (c) Elevated
(d) Resourceful

번역 높은 기름 값 때문에 일부 미국 가정은 종래의 여름 자동차 여행을 할 수 없게 될지도 모른다.

(a) 축제의
(b) 인공적인
(c) 높은
(d) 지략 있는

해법 keep A from B는 'A가 B하는 것을 막다'의 뜻임에 유의한다. 원래 늘 하던 여름 자동차 여행을 하지 못하게 한다고 했으므로 '높은'이라는 뜻의 형용사인 (c) Elevated가 가장 적절하다. 수준이나 정도가 정상보다 높은 상태를 가리키는 표현이다.
keep A from B A가 B하는 것을 막다 **road trip** 장거리 자동차 여행

37

Experts say there are no more giant _____ of oil to be discovered on Earth.

(a) barrels
✔ (b) reserves
(c) elements
(d) formulas

번역 전문가들은 지구에 더 이상 발견될 거대한 석유 매장량은 없다고 말한다.

(a) 배럴
(b) 매장량
(c) 요소
(d) 공식

해법 '저장량, 공급량'을 가리키는 단어는 reserve인데 주로 복수로 쓰인다. 자원의 매장량을 가리키는 단어 역시 복수로 쓰인 (b) reserves로 답이 된다.
coal[cash] reserves, reserves of strength 등의 표현으로 쓰인다.
expert 전문가 **giant** 거대한

38

Under Deng Xiaoping, China shifted away from a state-run economy and started to embrace the free-market _____.

(a) image
✔ (b) model
(c) diagram
(d) category

번역 등소평의 지배 하에서 중국은 국책 경제에서 벗어나 자유시장 모델을 수용하기 시작했다.

(a) 인상
(b) 모델
(c) 도표
(d) 범주

해법 state-run economy의 대안이 되는 어구가 되기 위해 빈칸에는 free-market과 이어지는 적절한 표현으로 '모델, 모형'을 가리키는 단어 (b) model이 들어가야 한다. '수용하다'라는 뜻의 동사 embrace와 (d) category는 어울리지 않는다.
shift away from ~로부터 변화하다 **state-run** 국영의, 국책의

39

After months of _____ arguing, the roommates agreed they should no longer live together.

✔ (a) petty
(b) quaint
(c) scarce
(d) balanced

번역 룸메이트들은 몇 달 동안의 사소한 말다툼 이후, 더 이상 같이 살 수 없다는 데 동의했다.

(a) 사소한
(b) 기묘한
(c) 부족한
(d) 균형 잡힌

해법 arguing을 수식할 만한 형용사로 가장 적절한 것은 '사소한'의 뜻인 (a) petty 이다. 몇 달간의 사소한 말다툼 끝에 갈라서기로 동의했다는 내용이다. 정답은 (a)이며, (b) quaint는 고풍스러우면서 독특한 매력이 있다는 의미의 '기묘한' 이라는 뜻이므로 답이 아니다.
arguing 논쟁 **no longer** 더 이상 ~아니다

40

Scotland, including the nearly 800 islands off its coast, _____ of 30,000 square miles of land.

(a) acquires
✔ (b) consists
(c) divides
(d) masses

번역 스코틀랜드는 연안에서 떨어져 있는 800개의 섬들을 포함해 평방 30,000마일의 땅으로 이루어져 있다.

(a) 획득하다
(b) 구성되다
(c) 나누다
(d) 집합하다

해법 빈칸 뒤의 전치사 of에 유의한다. 연안의 섬을 포함한 전체 면적에 대한 내용이므로 '구성되다'에 해당하는 (b) consist가 가장 적절하다. 같은 뜻의 어구로 be made up[composed] of가 있다.
nearly 거의

41

The branches of fruit trees are quite _____, allowing them to bend under the weight of ripe fruit.

(a) rough
(b) scarred
✔ (c) flexible
(d) vulnerable

번역 과일 나무의 가지는 익은 과일의 무게 때문에 휘어질 정도로 상당히 유연하다.

(a) 거친
(b) 흉터가 있는
(c) 유연한
(d) 연약한

해법 빈칸에 들어갈 특징 때문에 allowing 이하의 상황이 가능한 것에 유의한다. 과일의 무게 때문에 가지가 휘어질 수 있는 것은 가지가 유연하기 때문이므로 '유연한'의 뜻인 (c) flexible이 정답이다. (d) vulnerable은 '영향을 받기 쉬운, 연약한'의 뜻이므로 알맞지 않다.
branch 나뭇가지 **bend** 휘어지다 **ripe** 익은

42

Unable to _____ on what she was reading, Michelle decided to take a quick study break.

✔ (a) focus
(b) recite
(c) retain
(d) grasp

번역 미셸은 읽는 것에 집중할 수가 없어서 잠시 휴식하기로 결정했다.

(a) 집중하다
(b) 암송하다
(c) 보유하다
(d) 파악하다

해법 휴식하기로 결정한 이유가 제시되는 부분으로, 빈칸 뒤에 나온 전치사 on을 동반해서 가장 적절한 어구는 '~에 집중하다'라는 뜻인 focus on이므로 정답은 (a)이다. (d) grasp는 '파악하다, 이해하다'의 뜻이지만 전치사 on과 어울리지 않아 답이 될 수 없다.
quick 짧은. 잠시의 **study break** 휴식 시간

43

Air pollution hung in a dark _____ over London during the early years of Britain's Industrial Revolution.

(a) concern
(b) treat
(c) matter
✔ (d) haze

번역 영국의 산업 혁명 초기에는 런던에 대기 오염이 짙은 연무로 드리워져 있었다.

(a) 배려
(b) 대접
(c) 물질
(d) 연무

해법 산업 혁명으로 인한 대기 오염 때문에 런던에 짙은 연무가 끼었다는 내용이므로 '연무, 안개'를 가리키는 단어인 (d) haze가 들어가야 한다. 동사 hang은 '걸리다, 드리워지다'의 뜻이므로 haze와 연결이 자연스럽지만 (c) matter는 그렇지 못해서 답이 될 수 없다.
air pollution 대기 오염 **hang** 걸리다. 드리워지다

44

Some companies are relaxing their _____ against the use of social networking sites at work.

(a) margins
(b) formats
✔ (c) policies
(d) overviews

번역 일부 회사들은 근무 중에 소셜 네트워킹 사이트를 사용하지 못하게 한 방침을 완화하고 있다.

(a) 여유
(b) 체재
(c) 방침
(d) 개관

해법 against 이하의 내용인, 근무 중에 특정 사이트 사용을 금지하는 것을 가리키는 단어로 적절한 것은 '방침'을 가리키는 (c) policies이다. policy는 '정책, 방침'의 뜻으로 foreign[economic] policy, policy on[regarding]처럼 사용된다.
relax 완화하다 **social networking site** 소셜 네트워킹 사이트

45

Studies show that baby mice are not able to _____ cold until they are two weeks old.

✔ (a) sense
(b) reach
(c) touch
(d) mark

번역 연구에 따르면 아기 생쥐는 2주가 되기 전까지는 추위를 느낄 수 없다고 한다.

(a) 느끼다
(b) 이르다
(c) 접촉하다
(d) 표시하다

해법 명사 cold(추위)를 목적어로 하는 동사로 적절한 것은 '감지하다, 느끼다'의 뜻인 (a) sense이다. not A until B의 구문으로 2주가 되어서야 추위를 감지할 수 있게 된다는 내용이다.
mice 쥐(mouse의 복수형)

46

Whales travel thousands of miles from where they give birth to their feeding _____ in cooler waters.

(a) districts
✔ (b) grounds
(c) stations
(d) premises

번역 고래는 새끼를 낳은 곳에서부터 더 시원한 바다에 있는 먹이 먹는 곳까지 수천 마일을 이동한다.

(a) 지역
(b) 장소
(c) 역
(d) 전제

해법 고래는 새끼를 낳고 나서 그 장소에서 먹이를 먹는 곳까지 먼 거리를 이동한다는 것이므로 '먹이를 먹는 곳'이라는 뜻의 feeding ground가 되어야 하기에 (b)가 정답이다. (a) district는 '(특정한 특징이 있는) 지역'을 가리키는 말인데 도시의 구획에 관련된 용어이므로 적절하지 않다.
whale 고래   **give birth** 낳다, 출산하다

47

A good computer _____ program is important for preventing damage from viruses.

✔ (a) security
(b) bypass
(c) obstacle
(d) technical

번역 좋은 컴퓨터 보안 프로그램은 바이러스로부터의 피해를 예방하는 데 중요하다.

(a) 보안
(b) 우회로
(c) 방해
(d) 기술적인

해법 preventing damage from viruses라는 기능을 볼 때 컴퓨터 보안 프로그램에 관한 것임을 알 수 있다. '보안, 경비'를 가리키는 단어인 (a) security가 정답이다. security camera(보안 카메라), security check(보안 검사)와 같이 사용된다. (c) obstacle은 '장애'라는 뜻이므로 적절하지 않다.
damage 피해

48

The newspaper reported on the politician's _____ to pay people to vote for him.

(a) derision
✔ (b) scheme
(c) slogan
(d) aside

번역 자신에게 투표하도록 사람들을 매수한 정치인의 계략에 관해 신문에서 보도했다.

(a) 조롱
(b) 계략
(c) 구호
(d) 방백

해법 (b) scheme은 좋지 않거나 불법적인 일을 하기 위한 계획을 의미하는 명사로 '음모, 계략'의 뜻이다. 투표하도록 사람들을 매수한 것은 '계략'이라고 할 수 있으므로 정답은 (b)이다. 〈scheme to+동사원형〉(~을 하기 위한 계략)의 형태로 사용된다.
politician 정치인   **vote for** ~에게 투표하다

49

In centuries past, artisans gathered at weekly markets in the square to _____ their goods.

✔ (a) peddle
(b) distress
(c) caption
(d) officiate

번역 수세기 전, 장인들은 상품을 팔기 위해 광장의 7일장에 모여들었다.

(a) 팔러 다니다
(b) 고통스럽게 하다
(c) 제목을 붙이다
(d) 직무를 행하다

해법 their goods는 artisans(장인)의 상품을 가리키는 말이고 매주 서는 장에 모여들었다고 했으므로, 자신이 만든 상품을 팔기 위해서라는 내용이 되어야 적절하다. '팔러 다니다, 행상하다'라는 뜻의 (a) peddle이 정답이다.
artisan 장인   **gather** 모이다   **square** 광장   **goods** 상품

50

The automobile assembly line is remembered as the _____ of entrepreneur Henry Ford.

(a) arraignment
✔ (b) brainchild
(c) coercion
(d) probe

번역 자동차 조립 라인은 사업가인 헨리 포드의 발명품으로 기억된다.

(a) 비난
(b) 발명품
(c) 강제
(d) 정밀 조사

해법 자동차 조립 라인은 헨리 포드가 새롭게 창안해 낸 체제라는 내용이므로 이를 '발명품'이라는 뜻의 (b) brainchild를 써서 표현할 수 있다. brainchild of A라는 형태로 쓰여서 'A가 독창적으로 만들어 낸 아이디어나 계획, 체제' 등을 가리킨다.
assembly line 조립 라인   **entrepreneur** 사업가

1 Every homeowner knows that time can be unkind to their house. Dead leaves and bad weather damage the roof, the sun discolors the siding, and simple dirt leaves your house looking old and rundown. If this sounds like your home, then you should call the Bedford House Cleaning Service. Our certified cleaning techniques will leave your roof and walls dirt- and stain-free. Call us today for a free estimate. We can ensure your house _____.

(a) withstands damage from bad weather
✔ (b) looks like it was built yesterday
(c) fits in with the neighborhood
(d) requires less investment in the future

번역 주택 소유자라면 누구나 세월이 주택에 무자비하다는 것을 알고 있습니다. 낙엽과 악천후가 지붕을 손상시키고, 태양은 벽면을 퇴색시키며, 먼지조차도 집을 낡고 황폐해 보이게 만듭니다. 만약 이런 얘기가 여러분 집 일처럼 들린다면, 베드퍼드 주택 청소업체에 전화해 주십시오. 저희의 인증받은 청소 기술로 여러분의 지붕과 벽을 먼지나 얼룩 없이 만들어 드리겠습니다. 오늘 전화하셔서 무료 견적을 받아 보세요. 책임지고 여러분의 주택이 어제 지은 것처럼 보이도록 해드리겠습니다.

(a) 악천후로 인한 피해를 견디도록
(b) 어제 지은 것처럼 보이도록
(c) 주변 환경에 어울리도록
(d) 미래에 더 적은 투자를 요하도록

해법 주택 청소업체의 광고문이다. 끝부분에서 leave your roof and walls dirt- and stain-free라고 한 것에서 낡은 주택을 새 것처럼 보이게 해준다는 (b)가 가장 어울리는 말임을 알 수 있다.

discolor 퇴색시키다 **siding** (건물) 벽면 **rundown** 몹시 황폐한 **certified** 공인된 **stain** 얼룩 **free** ~ 없는 **estimate** 견적서 **ensure** 보증[보장]하다 **withstand** 견디어 내다 **fit in** 적합하다

2 New studies out of Uganda show that chimpanzees organize themselves into gang-like groups. These gangs might then battle to the death over territory. It is tempting to compare this behavior to human warfare or the way urban youth gangs often engage in deadly shootouts to win access to new drug-dealing areas. Yet, scientists feel that the similarities between the battles of chimpanzees and humans should not be overemphasized. They say that the behavior of the chimps says more about the evolution of teamwork than _____.

(a) how chimpanzees arrange families
(b) the effect of humans on animals
✔ (c) the origins of group violence
(d) why chimpanzees fight

번역 우간다에서 나온 새로운 연구에 따르면 침팬지는 갱단과 유사한 집단을 조직한다고 한다. 그래서 집단들은 영토를 두고 죽기 살기로 싸우기도 한다. 이런 행동을 인간들의 전투나 또는 도시의 젊은 갱단들이 새로운 마약 거래 지역을 손에 넣기 위해 종종 맹렬한 총격전을 벌이는 방식에 비유하는 것도 그럴듯하다. 그러나 과학자들은 침팬지와 인간의 전투 행위 간에 유사성을 지나치게 강조해서는 안 된다고 여기고 있다. 침팬지의 행동은 집단 폭력에서 비롯된 것이라기보다는 협력 작업에서 발전한 것이라는 것이다.

(a) 침팬지가 가족 구성원의 서열을 매기는 방법
(b) 인간이 동물들에게 미치는 영향
(c) 집단 폭력에서 비롯된 것
(d) 침팬지가 싸우는 이유

해법 침팬지가 갱단과 유사하다는 내용으로 시작했지만, Yet 다음에서는 그 차이점에 더 중점을 두고 있다. 빈칸에는 앞에 나오는 teamwork와 대조를 이루며 갱단의 성격에 어울리는 말이 들어가야 한다. 따라서 '집단 폭력'을 언급한 (c)가 가장 알맞다.

organize 조직하다 **territory** 영토 **tempting** 솔깃한 **warfare** 전투 **engage in** ~에 관여[참여]하다 **deadly** 치명적인 **shootout** 총격전 **overemphasize** 지나치게 강조하다 **evolution** 발전

3 The Peruvian festival of Qoyllur Rit'i is held every June high in the Andes Mountains. It represents a mix of Christian and ancient local traditions. Thousands of rural Peruvians travel to the Sinakara Valley to visit a special church where there is a lot of singing and dancing. However, a notable thing about the festival _____. People climb the nearby mountains until they reach a glacier, if they collect ice to bring back to the church and distribute as medicine.

(a) is that it is a strict Christian ceremony
(b) occurs once medicines are given out
✔ (c) happens high above the valley
(d) is carried out by a local healer

번역 페루의 쾨럴 리티 축제는 안데스 산맥의 고지대에서 매년 6월에 열린다. 이 축제는 기독교와 고대 지역 전통의 혼재를 나타낸다. 페루의 시골 사람들 수천 명은 노래와 춤이 넘치는 특별한 교회를 방문하기 위해 시나카라 계곡으로 여행을 한다. 하지만 이 축제에서 주목할 만한 것은 계곡 위 고지대에서 일어난다. 사람들은 빙하에 도달할 때까지 근처 산을 올라가, 그곳에서 얼음을 모아 교회로 가져와서 약으로 분배한다.

(a) 이것이 엄격한 기독교 의식이라는 것이다
(b) 일단 약을 나누어 준 다음 일어난다
(c) 계곡 위 고지대에서 일어난다
(d) 그 지역의 치료자에 의해서 시행된다

해법 빈칸에 들어갈 내용은 이어지는 문장에서 구체적으로 보충 설명하고 있으므로, 빈칸 다음 문장과 뜻이 통하는 것이어야 한다. 빙하에 도달할 때까지 산을 올라 간다는 것과 가장 어울리는 것은 (c)이다.

rural 시골의 **notable** 주목할 만한 **glacier** 빙하 **distribute** 분배하다 **give out** 나누어 주다 **carry out** 수행하다 **healer** 치료자

4 These days, young people _____. When I was younger, my friends and I were encouraged to be active within the community. We volunteered at the hospital and worked at the homeless shelter. We helped those less fortunate than us lead better lives. But modern teenagers don't think much about others. Their only concerns are about wearing brand name clothing and having the latest gadget. In my opinion, kids these days could learn a few things from the older generation.

(a) have so many opportunities
(b) rely too heavily on technology
(c) spend all of their time with friends
✔ (d) are focused too much on themselves

번역 오늘날 젊은이들은 자기 자신에게 너무 많은 관심을 집중한다. 내가 어릴 적, 나와 친구들은 공동체 안에서 적극적으로 활동하라는 권면을 들었다. 우리는 병원에서 자원봉사를 했고 노숙자 쉼터에서 일했다. 우리는 우리보다 운이 없는 사람들이 더 나은 삶을 이끌어 나가도록 도움을 주었다. 그런데 요즘 십대들은 다른 사람들에 대한 배려가 별로 없다. 그들의 유일한 관심사는 유명 상표 옷을 입고 최신 기기를 가지는 것이다. 내 생각에, 요즘 젊은이들은 나이 든 세대로부터 조금 배워야 할 것이다.

(a) 아주 많은 기회를 가지고 있다
(b) 기술에 너무 많이 의존한다
(c) 모든 시간을 친구들과 보낸다
(d) 자기 자신에게 너무 많은 관심을 집중한다

해법 자신의 어릴 적 경험에 비추어 요즘 젊은이들을 비판하는 내용이다. 많은 봉사 활동을 했던 필자의 경험과 대조를 이루고, But modern teenagers don't think much about others라는 필자의 생각과 뜻이 통하는 것은 (d)이다.
encourage 장려하다 **volunteer** 자원봉사하다 **homeless shelter** 노숙자 쉼터 **fortunate** 운이 좋은 **concern** 관심사 **brand name** 유명 상표 **gadget** 소형 기기 **rely on** ~에 의존하다 **heavily** 심하게 **focus on** ~에 집중하다

5 A lot of critics have said that the best days of The Bullfrogs are over. But after attending their concert at the Municipal Auditorium last night, I have to disagree. The performance couldn't have been better. The band is known for their vocal harmonies, which were almost perfect as usual. The instrumental work was also amazing. I've never heard John Watts play better guitar solos than those he delivered last night. If you ask me, The Bullfrogs _____.

(a) certainly leave a lot to be desired
(b) should seriously think about retiring
✔ (c) have many great years ahead of them
(d) do not get enough credit for their singing

번역 많은 평론가들은 그룹 황소개구리의 전성기는 끝났다고 말했다. 하지만 어젯밤 시립 강당에서 열린 그들의 공연에 참석한 뒤, 나는 의견을 달리 할 수밖에 없다. 공연은 더할 나위 없이 훌륭했다. 이 악단은 합창으로 유명한데, 이는 여느 때처럼 완벽에 가까웠다. 악기 연주 역시 훌륭했다. 나는 존 와츠가 어젯밤 연주보다 더 훌륭하게 기타 독주를 한 것을 들어본 적이 없다. 내 의견을 묻는다면, 그룹 황소개구리는 앞으로 여러 해 동안 뛰어난 기량을 보일 것이다.

(a) 확실히 개선할 점이 많다
(b) 심각하게 은퇴를 고려해야 할 것이다
(c) 앞으로 여러 해 동안 뛰어난 기량을 보일 것이다
(d) 그들의 노래로 충분한 명성을 얻지 못한다

해법 공연에 대한 비평이다. The performance couldn't have been better, amazing 등의 어구에서 공연을 높이 평가하고 있음을 알 수 있다. 선택지 중에서 이런 칭찬의 내용을 담은 것은 (c)뿐이다.
critic 비평가 **municipal** 시의 **auditorium** 강당 **performance** 공연 **instrumental work** 악기 연주 **retire** 은퇴하다 **get credit for** ~으로 명성을 얻다

6 American writer Raymond Carver is universally acclaimed for his short story writing in the second half of the twentieth century. He believed in "brevity and intensity" in his stories and based a lot of his materials on his own life experiences. His stories focus on the sadness and struggles of real-life blue-collar characters. He describes their human relationships and events in a minimalist style. Sadly, _____. He battled alcoholism for years and died of lung cancer at the age of 50.

(a) he was not approved of by the critics
(b) his short stories were inferior to his poetry
(c) he tended to make other writers quite jealous
✔ (d) his life was as troubled as those of his characters

번역 미국 작가인 레이먼드 카버는 20세기 후반에 쓴 단편 소설로 널리 찬사를 받고 있다. 그는 자신의 단편에 있어서 '간결성과 강렬함'을 신봉하였고, 그의 많은 작품들은 본인의 인생 경험을 기반으로 하였다. 그의 단편들은 현실 속 노동자들의 애환과 투쟁에 초점을 맞추고 있다. 그는 미니멀리즘에 입각해 인간 관계나 사건들을 묘사한다. 애석하게도, 그의 삶도 소설 속 주인공처럼 어려움이 많았다. 그는 수년간 알코올 중독과 싸웠고 50세에 폐암으로 사망했다.

(a) 그는 평론가들의 인정을 받지 못했다
(b) 그의 단편 소설들은 그의 시보다 수준이 떨어졌다
(c) 그는 다른 작가들을 매우 시샘하게 만드는 경향이 있었다
(d) 그의 삶도 소설 속 주인공들처럼 어려움이 많았다

해법 빈칸에 들어갈 내용은 빈칸 다음에 이어지는 문장에서 힌트를 얻을 수 있다. 알코올 중독과 폐암으로 인한 사망은 작품에 대한 평가가 아닌 작가의 삶에 해당하는 내용이므로 (d)가 가장 어울린다.
universally 널리 **acclaim** 칭송하다 **brevity** 간결성 **intensity** 강렬함 **real-life** 현실의 **blue-collar** 육체 노동자 **minimalist** 미니멀리즘 작가 (최소한의 요소로 최대 효과를 나타내는 예술사조) **alcoholism** 알코올 중독 **approve** 승인하다 **inferior to** ~보다 열등한 **jealous** 시샘하는

7 The island nation of Fiji _____. The first consists of the native Fijians, descendants of the Melanesians and Polynesians that have inhabited Pacific islands for thousands of years. The second group includes people of Indian descent. Their history goes back to the late nineteenth century, when Fiji was a British colony. The British transported many workers to Fiji from their colony in India during this time. Ever since Fiji became independent in 1970, these two groups have battled for control of politics on the island.

(a) has been inhabited for thousands of years
(b) receives financial support from Britain
✔ (c) is made up of two main ethnic groups
(d) has a number of political systems

번역 섬나라인 피지는 두 개의 주요한 인종 집단으로 이루어져 있다. 첫 번째는 원주민인 피지 사람들로 수천 년간 태평양 섬들에 살아온 멜라네시아 사람들과 폴리네시아 사람들의 후손으로 이루어져 있다. 두 번째 집단은 인도계 사람들이다. 그들의 역사는 피지가 영국 식민지였던 19세기 후반까지 거슬러 올라간다. 영국인들은 이 시기 동안 인도의 식민지에서 피지로 많은 노동자들을 이송했다. 1970년에 피지가 독립한 이후로 줄곧, 이 두 집단은 피지 섬에서의 정치적 지배권을 두고 싸워왔다.

(a) 수천 년 전부터 존재해왔다
(b) 영국으로부터 경제적 지원을 받고 있다
(c) 두 개의 주요한 인종 집단으로 이루어져 있다
(d) 여러 개의 정치제도를 가지고 있다

해법 빈칸 다음에서 The first와 The second group으로 나누는 기준이 무엇인지를 파악해야 한다. 피지의 인구를 구성하는 주요 두 인종 집단에 해당하므로 (c)의 ethnic groups가 가장 어울린다.
consist of ~으로 이루어져 있다 **descendant** 후손 **inhabit** 살다 **descent** 혈통, 가계 **colony** 식민지 **transport** 수송하다 **be made up of** ~으로 이루어져 있다 **ethnic** 인종의

---

8 New evidence suggests that the human jaw _____. Originally, it was assumed that our smaller jawbones meant we had a weaker bite compared to those of our ape ancestors. However, a study recently looked at the bite force of the two side by side. Despite having smaller, thinner jawbones, the bite of modern humans is more efficient than that of earlier species. Therefore, we are able to apply just as much force with our bite as apes with much larger jaws.

✔ (a) is more powerful than scientists thought
(b) does not compare well with the ape jaw
(c) is the same as that of early apes
(d) may have changed over time

번역 인간의 턱이 과학자들이 생각했던 것보다 더 강력하다는 것을 보여주는 새로운 증거가 나왔다. 처음에는 우리의 턱뼈가 우리의 유인원 조상들에 비해 더 작아서 무는 힘이 보다 약하다고 여겨졌다. 그러나 최근 한 연구에서 양쪽의 무는 힘을 함께 놓고 살펴보았다. 더 작고 가는 턱뼈를 가지고 있음에도 불구하고, 현대 인류의 무는 힘은 초기 인류보다 더 효율적이다. 그래서 우리는 훨씬 더 큰 턱을 가진 유인원만큼 강력한 무는 힘을 발휘할 수 있다.

(a) 과학자들이 생각했던 것보다 더 강력하다
(b) 유인원의 턱에 미치지 못한다
(c) 초기 유인원의 턱과 동일하다
(d) 시간이 흐르면서 변화했을 수도 있다

해법 빈칸에는 연구를 통해 얻어진 결과가 들어가야 한다. 현대 인류는 턱뼈의 크기는 더 작지만 초기 인류보다 무는 힘은 더 강력하다는 내용이므로 (a)가 연구의 결론으로 가장 알맞다.
jaw 턱 **originally** 원래, 처음에 **assume** 가정하다 **ape** 유인원 **ancestor** 조상 **efficient** 효율적인 **species** (생물) 종 **apply** (힘을) 가하다

---

9 This winter, the Pacific Northwest has seen a record amount of snow. Warm, wet winds blowing in from the ocean meet the colder air of western slopes of the coastal mountains, which causes precipitation to develop. Already, over 90 feet of snow has fallen on Mt. Baker. Next week's forecast calls for more Pacific systems to arrive. So, it looks like there will be many more inches of snow _____.

✔ (a) to add to the record high
(b) falling over the open ocean
(c) on Mt. Baker's eastern slopes
(d) melting away tomorrow morning

번역 올 겨울 태평양 북서부에는 기록적으로 많은 눈이 내렸습니다. 대양에서 불어오는 따뜻하고 습한 바람이 해안가 산맥 서쪽 기슭의 차가운 공기와 만나면서, 강수량이 많아지게 되었습니다. 이미, 베이커 산에는 90피트 이상의 눈이 내렸습니다. 다음 주 기상예보에서도 태평양 기단이 더 유입될 것으로 예보하고 있습니다. 따라서 앞으로 더 많은 눈이 내려 최고 기록을 경신할 것으로 보입니다.

(a) 최고 기록을 경신할
(b) 원양해에 내릴
(c) 베이커 산 동쪽 기슭에
(d) 내일 아침 녹아 없어질

해법 첫 문장에서 이미 기록적으로 많은 눈이 내렸다고 했는데, 빈칸 앞에서 앞으로도 더 많은 눈이 내릴 것 같다고 했고, 그로 인해 최고 기록을 세울 것이라는 (a)가 가장 어울린다.
record 기록 **slope** 경사면 **coastal** 해안의 **precipitation** 강수량 **forecast** 일기예보 **melt away** 녹아 없어지다

10 Photographers _____. When shooting in low-light situations, it is essential for a clear image. It can be very handy for capturing action and wildlife shots, too. For serious photographers, there is no better tripod than the ElitePod F-90. Made of lightweight aluminum, the F-90 is easy to travel with and very durable. It extends from a height of 6 inches to 6 feet, giving you more angle options. Simply put, the ElitePod F-90 has everything you want in a well-made, high-functioning tripod.

(a) sometimes use a tripod effectively
(b) should have more than one tripod
✔ (c) know the importance of a tripod
(d) often shoot without a tripod

번역 사진작가들은 삼각대의 중요성을 알고 있습니다. 빛이 적은 환경에서 촬영할 때, 이것은 선명한 이미지를 위해서 필수적입니다. 이것은 또한 움직임을 포착하거나 야생동물 촬영에 매우 편리합니다. 작업에 진지하게 임하는 사진작가들에게 엘리트팟 F-90보다 더 좋은 삼각대는 없습니다. 가벼운 알루미늄으로 만들어진 F-90은 가지고 다니기 편하면서도 매우 견고합니다. 높이가 6인치에서 6피트에 이르므로, 더 다양한 각도를 잡을 수 있습니다. 간단히 말해서, 엘리트팟 F-90은 잘 만들어진 고기능 삼각대로 여러분이 원하는 모든 것을 갖추고 있습니다.

(a) 가끔 삼각대를 효과적으로 사용합니다
(b) 하나 이상의 삼각대가 있어야 합니다
(c) 삼각대의 중요성을 알고 있습니다
(d) 종종 삼각대 없이 사진을 찍습니다

해법 삼각대를 광고하는 글이다. 빈칸 다음 문장들에서 삼각대가 필수적으로 유용하게 쓰이는 상황들을 설명하고 있으므로 삼각대가 촬영에 중요하다는 (c)가 가장 어울리는 내용이다.
shoot 사진을 찍다   **essential** 필수적인   **handy** 간편한   **capture** 포착하다
serious 진지한   **tripod** 삼각대   **lightweight** 경량의   **durable** 튼튼한
extend 늘어나다

11 Dear Mr. Hancock,

We have received your request for a product exchange. We understand that you would like to trade in the electric saw you purchased for a different model. I regret to inform you that our company does not allow exchanges of this nature. Once an item has been paid for, we will only take it back if it is defective in some way. Again, we cannot exchange a purchase _____. I apologize for the inconvenience.

Sincerely,
Customer Service Team

(a) for any reason whatsoever
✔ (b) unless there is something wrong with it
(c) before you submit your request in writing
(d) unless it was one of our electric saw products

번역 핸코크 씨께

고객님의 상품 교환 요청이 접수되었습니다. 구입하신 전기톱을 다른 모델로 바꾸고 싶어하시는 것으로 알고 있습니다. 유감스럽게도 저희 회사에서는 이러한 종류의 교환을 허용하지 않는다는 것을 알려드립니다. 일단 상품 가격이 지불되고 나면, 어떤 식으로든 결함이 있는 경우에만 반품을 받습니다. 다시 말씀드리자면, 구입하신 상품에 어떤 문제도 없다면 교환을 해드릴 수 없습니다. 불편을 끼쳐 드려 죄송합니다.

고객서비스 팀 드림

(a) 어떤 이유로든지
(b) 그것에 어떤 문제도 없다면
(c) 서면으로 요구사항을 제출하기 전에
(d) 저희 회사 전기톱 제품 중 하나가 아니라면

해법 고객의 상품 교환 요청에 회사 방침상 불가능하다고 답하고 있다. 빈칸 앞에서 상품에 결함이 있는 경우에만 반품을 허용한다고 했고, 빈칸은 이를 다시 한 번 되짚이하는 내용이므로 상품에 아무 문제가 없다면 교환이 안 된다는 (b)가 가장 알맞다.
exchange 교환   **trade in** (차액을 주고) 교환하다   **item** 물건, 상품
defective 결함 있는   **inconvenience** 불편   **whatsoever** 어떤 ~이든

12 In his youth, Nelson Mandela was a member of the African National Congress. This organization fought for more rights for black South Africans. In 1962, Mandela was put in jail for his actions. During his 27 years in prison, he became a leader of the anti-apartheid movement. His release in 1990 _____. It was part of South Africa's process of dismantling the apartheid system. In 1994, he was elected as the country's first black President, and he worked toward peace between blacks and whites.

✔ (a) was the start of a new era
(b) delayed the healing process
(c) did not have popular support
(d) led to anti-apartheid problems

번역 젊을 때 넬슨 만델라는 아프리카 민족회의 일원이었다. 이 조직은 남아프리카 공화국의 흑인들에게 더 많은 권리를 주기 위해 투쟁했다. 1962년에 만델라는 활동을 펼치다 투옥되었다. 27년간의 투옥 기간 중에, 그는 반인종차별 운동의 지도자가 되었다. 1990년에 그의 석방은 새로운 시대의 시작점이 되었다. 이것은 남아프리카에서 인종차별 제도를 폐지하는 과정의 일부였다. 1994년에 그는 남아프리카 공화국 최초의 흑인 대통령으로 선출되었고, 흑백 간의 평화를 위해 일했다.

(a) 새로운 시대의 시작점이 되었다
(b) 치유 과정을 더디게 만들었다
(c) 대중의 지지를 받지 못했다
(d) 반인종차별 정책의 문제점들을 유발했다

해법 넬슨 만델라의 정치적 행보를 설명하는 글이다. 정치적 이유로 투옥되었다가 석방 이후 인종차별 제도를 폐지하면서 최초의 흑인 대통령이 되었다고 했으므로, 역사적으로 중요한 의미를 띤다고 볼 수 있다. 따라서 (a)가 만델라의 석방에 대해 가장 어울리는 표현이다.
organization 조직, 기구   **be put in jail** 투옥되다   **anti-apartheid** 반인종차별 정책   **release** 석방   **dismantle** 폐지하다   **healing** 치유

13 The connection between human activity and the destruction of the natural world is undeniable. Fortunately, there are many things you can do to _____. First of all, leave your car in the driveway whenever possible. Driving burns fuel, which releases gases that cause global warming. Also, you should consider planting a garden. If you grow some of your own food, you will depend less on produce that has to be transported long distances to the grocery store.

(a) help scientists study the planet
(b) keep living your normal lifestyle
(c) educate your friends and neighbors
✔ (d) lessen your impact on the environment

번역 인간 행동과 자연계 파괴 간의 연관성은 부인할 수 없다. 다행히, 환경에 미치는 영향을 줄이기 위해 할 수 있는 많은 일들이 있다. 우선, 가능한 한 집 앞 진입로에 차를 두도록 한다. 운전은 연료를 연소시켜, 지구 온난화를 유발하는 가스를 방출한다. 또한, 정원을 가꾸는 것도 고려해보자. 자신이 먹을 먹거리를 심으면, 식품점까지 장거리 운송을 해야 하는 농산물에 덜 의존하게 될 것이다.

(a) 과학자들이 지구를 연구하는 것을 돕기 위해
(b) 보통의 생활방식대로 계속 살기 위해
(c) 친구와 이웃을 교육시키기 위해
(d) 환경에 미치는 영향을 줄이기 위해

해법 빈칸 다음 문장들에서 필자가 제안하고 있는 일들이 어떤 목적을 가지는지 생각해 본다. 조금이라도 운전 거리를 줄여 온실 가스 방출을 막고, 직접 정원을 가꿔 농산물의 운송 거리를 줄이는 것은 모두 환경에 주는 피해를 줄이기 위한 방안이므로 (d)가 정답이다.
connection 연관성 destruction 파괴 undeniable 부인할 수 없는
driveway (도로에서 차고까지의) 진입로 release 방출하다 grow 재배하다
produce 농산물 lessen 줄이다 impact 영향, 충격

---

14 There have been a lot of ideas put forward about what to do with the old Mueller Airport now that the new airport is operational. Most people are suggesting that it be turned into a big shopping mall or blocks of condos. But in my opinion, this land would best be used as a park. Currently, there is no green space in the Mueller district. Residents would benefit from the exercise and leisure potentials that a nearby park would give them. Think about it. Which would you rather have in your neighborhood: another ugly shopping plaza, or _____?

(a) a more efficient airport
✔ (b) an inviting natural space
(c) a block of condominiums
(d) an outdoor sports complex

번역 새 공항이 운용 중이므로 기존에 있던 뮐러 공항을 어떻게 할지에 대해 많은 의견이 제기되고 있습니다. 대부분 사람들은 대형 쇼핑몰이나 아파트 단지로 바꿔야 한다는 의견을 내놓고 있습니다. 하지만 제 생각에는 이 부지가 공원으로 사용되는 것이 가장 좋을 것 같습니다. 현재 뮐러 지역에는 녹지대가 없습니다. 주민들은 가까이 있는 공원이 운동 및 여가활동의 가능성을 제공함으로써 혜택을 누리게 될 것입니다. 그 점을 생각해 보십시오. 여러분은 주변에 어느 것을 두기를 원하십니까? 또 하나의 흉측한 쇼핑몰입니까, 아니면 멋진 자연녹지입니까?

(a) 더 효율적인 공항
(b) 멋진 자연녹지
(c) 아파트 단지
(d) 실외 종합운동장

해법 마지막 문장은 대답을 요구하는 질문이 아니라 필자의 주장을 다시 한 번 확인시키기 위해 질문의 형태를 취하고 있다. 따라서 빈칸에는 필자가 주장한 내용이 들어가야 하는데, 앞에서 필자가 말한 park, green space와 뜻이 통하는 것은 (b)이다.
put forward (의견을) 내다 operational 운용[운영] 중인 blcok (건물) 단지
condo 분양 아파트; 주상복합 currently 현재 district 지역, 지구 inviting
매력적인 complex 복합 건물

---

15 Coffee has been the subject of so many health studies that it is nearly impossible to keep up with the latest findings. Recent articles have claimed that coffee is beneficial overall. It has been shown to reduce the risk of breast and colon cancer and diabetes in some people. It may even lower one's chances of heart disease. Yet, many other investigations have found that coffee has no effect on these conditions. _____, it can cause heartburn and sleeping problems. The best thing coffee drinkers can do, experts say, is to drink it in moderation.

(a) For instance
✔ (b) What is more
(c) In conclusion
(d) On the contrary

번역 커피는 매우 자주 건강 관련 연구의 대상이 되고 있기에 최신 연구결과들을 놓치지 않고 아는 것은 거의 불가능하다. 최근 논문에서는 커피가 전반적으로 이롭다는 주장이 나왔다. 이것은 일부 사람들에게 유방암과 대장암, 당뇨의 발병 위험을 줄여주는 것으로 나타났다. 나아가 심장질환에 걸릴 확률도 낮춰줄 수 있다. 그러나 여러 다른 조사들에서는 커피가 이런 증상들에 대해 아무 효과가 없는 것으로 나타났다. 게다가, 이것은 속쓰림과 수면 장애를 유발할 수도 있다. 전문가들의 말을 따르자면, 커피를 마시는 사람들의 최선책은 적당히 마시는 것이다.

(a) 예를 들어
(b) 게다가
(c) 결론적으로
(d) 이와 반대로

해법 커피의 건강상 장단점을 설명하는 글이다. Yet을 기준으로 장점에서 단점으로 내용이 반전되고 있다. 빈칸 문장에서는 좀 더 심각한 부정적인 영향에 대해서 말하고 있으므로 보충, 첨가의 의미를 지니는 (b) What is more가 가장 알맞다.
subject 주제, 대상 keep up with ~에 뒤떨어지지 않고 따라가다 beneficial
유익한 colon cancer 대장암 diabetes 당뇨 heartburn 속쓰림
in moderation 적당히

16 The climate of Antarctica is being changed by global warming more quickly than anywhere else on the planet. And the climate of the Western Antarctic Peninsula (WAP) has the fastest rates of change on the continent. _____, scientists are calling for more research on the WAP climate. What happens to the WAP, they say, might give us an idea of what the rest of the world will face.

(a) Rather
✔ (b) Therefore
(c) Meanwhile
(d) Nevertheless

번역 남극대륙의 기후는 지구 상 다른 어떤 곳보다도 더 빠르게 지구온난화에 의해 변화하고 있다. 그리고 남극반도 서부의 기후는 남극대륙에서 가장 빠른 변화 속도를 보이고 있다. 그래서 과학자들은 남극반도 서부의 기후에 대해 더 많은 연구가 필요하다. 그들의 말을 빌면, 남극반도 서부에서 일어나는 일들은 세계 나머지 지역들이 맞닥뜨리게 될 일들이 무엇인지 알려주는 것일 수도 있다.

(a) 그보다는
(b) 그래서
(c) 한편
(d) 그럼에도 불구하고

해법 남극반도 서부의 기후가 빠른 변화 속도를 보인다는 빈칸 앞의 내용과 과학자들이 남극반도 서부의 기후에 대해 더 많은 연구를 필요로 하고 있다는 빈칸 뒤의 내용은 인과관계에 있다고 볼 수 있다. 따라서 (b) Therefore가 가장 알맞다.
Antarctica 남극대륙   **continent** 대륙   **call for** ～을 요구하다

17 It is important for teens to learn about the value of money. Parents can help their teenage children with this by setting a weekly or monthly budget for them. This would include costs like food, entertainment, and school supplies. If you stay firm and stick to the budget you set, your teen will learn to deal with these limits. It is a good way for a teenager to discover that it is sometimes necessary to make sacrifices and to save. This is a very valuable lesson in life.

Q: What is the best title for the passage?
(a) How Much to Budget for Your Teen
(b) Teens Should Work for Their Money
✔ (c) The Value of a Strict Budget for Teens
(d) You Can Trust Your Teens with Money

번역 십대들이 돈의 가치에 대해 배우는 것은 중요하다. 부모들은 십대 자녀들에게 주간 또는 월간 예산을 책정해 줌으로써 그들이 이렇게 하는 것을 도울 수 있다. 이 안에는 군것질, 오락, 학교 준비용품 같은 것들의 비용이 포함될 것이다. 여러분이 단호하게 책정한 예산을 고수한다면, 십대 자녀들은 이러한 한도를 가지고 대처하는 법을 배우게 될 것이다. 이는 십대들이 가끔은 희생하고 절약할 필요가 있다는 것을 깨닫는 좋은 방법이다. 이것은 인생에 대한 매우 귀중한 교훈이다.

Q: 지문에 가장 적절한 제목은?
(a) 십대 자녀들에게 얼마나 예산을 책정해야 하는가
(b) 십대는 용돈을 벌기 위해 일을 해야 한다
(c) 십대를 위한 엄격한 예산의 중요성
(d) 돈 문제에 대해 십대 자녀들을 신뢰할 수 있다

해법 처음 두 문장에 글의 주제가 담겨 있다. 십대들이 돈의 가치를 깨닫도록 하기 위해서 부모가 예산을 정해 주고, 그 한도 내에서 지출하도록 훈련시키라는 내용이다. 따라서 (c)가 가장 어울리는 제목이다.
budget 예산   **entertainment** 오락   **supply** 공급품, 지급품   **firm** 확고한
stick to ～을 고수하다   **deal with** ～을 다루다   **make a sacrifice** 희생하다
valuable 귀중한

18 If you're searching for the perfect summer spot for your family, look no further. Mountain View Camp, located in beautiful Triune National Park, has 14 family-friendly cabins fully equipped with beds and a kitchen. During the day, you can hike or go horseback riding on the many trails throughout the park. At night, you can attend star-watching parties under some of the clearest skies in the world. One thing's for sure— once you've seen the stars from Mountain View Camp, you'll never look at the night sky the same way.

Q: What is mainly being advertised?
(a) A star-watching club's night activities
(b) The trail system at a well-known resort
✔ (c) A vacation destination in a national park
(d) The places to stay at Triune National Park

번역 가족을 위한 최상의 여름 휴양지를 찾고 계시다면, 더 이상 찾으실 필요 없습니다. 아름다운 트리윤 국립공원에 위치한 마운틴 뷰 캠프에는 가족 중심의 오두막 14채에 침대와 주방이 완벽하게 갖춰져 있습니다. 낮 동안에는 공원 여기저기에 나 있는 많은 오솔길을 따라 하이킹이나 승마를 할 수 있습니다. 밤에는 세계에서 가장 맑은 하늘 아래에서 별을 관측하는 파티에 참석할 수 있습니다. 한 가지는 확실합니다. 일단 마운틴 뷰 캠프에서 별을 보고 나면 밤 하늘이 예전과는 달라 보일 것입니다.

Q: 광고의 주된 내용은?
(a) 별 관측 동아리의 야간 활동
(b) 유명한 휴양지에 있는 추적 시스템
(c) 국립공원에 있는 휴양지
(d) 트리윤 국립공원의 숙박지들

해법 광고하고 있는 것은 첫 문장에서 제시한 것처럼 가족을 위한 여름 휴양지이며, 둘째 문장에 위치와 구체적인 명칭이 나온다. 따라서 (c)가 광고하고 있는 대상을 가장 잘 나타내고 있다. Mountain View Camp라는 한 곳만 광고하고 있으므로 (d)로 혼동하지 않도록 한다.
spot 장소   **cabin** 오두막   **equipped with** ～을 갖춘   **horseback riding** 승마   **trail** 오솔길   **destination** 목적지

19 The 18th century was a time of great change in England and it was reflected in the work of the writers of the time. Many people moved from the countryside into London, and city life there became a popular subject for writers. Writers were also inspired by new ideas in science. Their works in fiction reflected how people looked at the world around them differently because of science. For example, after the invention of the microscope. At the same time, English authors began to speak out against slavery, as people were becoming more aware of that England's wealth was a result of slavery.

Q: What is the main idea of the passage?
(a) 18th century England produced great writers.
(b) Scientific advances changed literature forever.
✔ (c) 18th century English writers explored new topics.
(d) London experienced many changes in the 18th century.

번역 18세기는 영국에서 대변혁의 시기였고 이는 당시 작가들의 작품 속에 반영되었다. 많은 사람들이 시골에서 런던으로 이주했고, 그곳 도시 생활은 작가들에게 인기 있는 소재가 되었다. 작가들은 또한 새로운 과학 사상들로부터 영감을 받았다. 그들의 소설은 과학으로 인해, 사람들이 주변 세상을 바라보는 방식이 어떻게 달라졌는가를 반영했다. 예를 들면, 현미경이 발명된 이후처럼 말이다. 동시에, 사람들이 영국의 부가 노예제도의 결과임을 점차 인식하게 됨에 따라, 영국 작가들은 노예제도에 대해 공개적으로 반대 주장을 펼치기 시작했다.

Q: 지문의 주제는?
(a) 18세기 영국은 위대한 작가들을 배출했다.
(b) 과학 발전이 문학을 엄청나게 변화시켰다.
(c) 18세기 영국 작가들은 새로운 소재를 탐구했다.
(d) 런던은 18세기에 많은 변화를 겪었다.

해법 얼핏 보면 (d)처럼 18세기 런던의 변화를 설명하는 글처럼 보이지만, 중점은 이처럼 변화하는 사회상을 반영한 18세기 영국 작가들에 두고 있다. 새로운 과학 사상과 사회 변혁을 적극 수용했다는 내용을 가장 잘 표현한 것은 (c)이다.
reflect 반영하다 **inspire** 영감을 주다 **invention** 발명 **microscope** 현미경 **speak out** 공개적으로 말하다 **slavery** 노예제도 **become aware of** ~을 깨닫게 되다

20 This announcement is just a reminder that my graduation party is going to be held tomorrow at my parents' house in Woodlawn Lake. We are having a barbecue. So, bring your appetite! There will be steaks, veggie burgers, chicken wings, pasta salad, fruit, pie, and cupcakes. All of you are invited to stay over. Bring a tent if you'd like to sleep on the lawn. Otherwise, we'll find a room for you indoors. I can't wait to see you there!

Q: What is the announcement mainly about?
(a) Inviting people to a graduation ceremony
(b) Thanking people for attending a barbecue
✔ (c) Reminding people of a party tomorrow
(d) Asking people to bring food to a party

번역 이 공지는 내일 우드론 호수에 있는 부모님 댁에서 제 졸업 파티가 열릴 것이라는 것을 상기시켜 드리기 위한 것입니다. 바비큐 파티를 할 예정입니다. 그러니 오셔서 맛있게 드시기만 하세요! 스테이크와 야채 버거, 치킨 윙, 파스타 샐러드, 과일, 파이, 컵 케이크가 나올 것입니다. 여러분 모두 자고 가시는 것도 환영합니다. 잔디밭에서 자고 싶다면 텐트를 가져오세요. 그렇지 않으면 실내에서 묵을 공간을 찾을 수 있을 것입니다. 그곳에서 어서 빨리 여러분을 보고 싶네요!

Q: 공고문의 주된 내용은?
(a) 사람들을 졸업식에 초대하는 것
(b) 바비큐 파티에 참석해 준 사람들에게 감사하는 것
(c) 사람들에게 내일 있을 파티에 대해 상기시키는 것
(d) 사람들에게 파티에 음식을 가져올 것을 부탁하는 것

해법 안내문의 주된 내용은 곧 안내문의 목적에 해당하는데, 첫 문장에서 바로 알 수 있다. 내일 있을 졸업 파티를 알리기 위함이므로 (c)가 정답이다. 졸업식이 아니라 졸업 파티이므로 (a)를 고르지 않도록 주의한다.
announcement 알림, 공고 **reminder** 상기시키는 것 **barbecue** 바비큐 파티 **appetite** 식욕 **stay over** (남의 집에서) 자다 **lawn** 잔디 **otherwise** 그렇지 않으면 **indoors** 실내에서

21 Started in 1948, our company was the first soil testing lab in the Green River Valley. Over the decades, we have earned a reputation as one of the nation's top testing labs for soil and water quality. Our services include mail-in testing kits for home gardeners as well as commercial testing for agricultural businesses. Our staff is the most experienced in the industry and has performed thousands of soil tests. Get in touch with us today and find out how we can meet your testing needs.

Q: What is the passage mainly about?
(a) An organization that grades tests
(b) An agricultural supply company
✔ (c) A company that analyzes soil
(d) A garden supplies company

번역 1948년에 설립된 우리 회사는 그린강 계곡의 최초 토질 검사 연구소였습니다. 수십 년간 우리는 국가 최고의 토질 및 수질 검사 연구소 중 하나로서 명성을 쌓아왔습니다. 우리는 농업용을 위한 상업적 검사를 제공할 뿐만 아니라 주택 정원을 가꾸는 이들을 위해 가정용 검사 도구 일체를 우편으로 보내드리는 서비스를 제공하고 있습니다. 우리 직원들은 업계에서 가장 숙련된 사람들로, 수천 건의 토질 검사를 실시해 왔습니다. 오늘 연락하셔서 여러분이 원하는 검사를 해드릴 수 있는지 알아보십시오.

Q: 지문의 주된 내용은?
(a) 검사의 등급을 매기는 기관
(b) 농자재 회사
(c) 토질 분석 회사
(d) 원예 관련 비품 회사

해법 회사를 광고하는 글인데, 첫 문장의 soil testing lab을 비롯해서 testing labs for soil, soil tests 등의 반복되는 어구에서 어떤 서비스를 제공하는 회사인지 알 수 있다. 토질 분석 서비스를 제공하는 회사이므로 (c)가 정답이다.
soil 토질 **lab** 연구소, 실험실 **reputation** 명성 **mail-in** 우편으로의 **kit** 도구 한 벌 **commercial** 상업적인 **agricultural** 농업의 **meet a need** 요구를 충족시키다

22 In 1928, the Indian physicist Venkata Raman was doing experiments with light when he made an important discovery. It was such big news in the world of physics that Raman thought he might win that year's Nobel Prize in Physics. However, the award went to someone else. The same thing happened the next year. By 1930, Raman was certain he would win the Nobel Prize. In fact, he booked tickets to the award ceremony months before the winners were announced. When the 1930 prize winners were named, Raman was, indeed, among them.

Q: What is the passage mainly about?
✔ (a) The story behind Raman's Nobel Prize
(b) Past winners of the Nobel Prize in Physics
(c) An experiment that won Raman a Nobel Prize
(d) The winner of the 1928 Nobel Prize in Physics

번역 1928년에 인도의 물리학자인 벤카타 라만은 빛에 관한 실험을 하다가 중요한 발견을 했다. 그것은 물리학계에서 매우 중대한 뉴스였기에 라만은 자신이 그 해 노벨 물리학상을 수상할지도 모른다고 생각했다. 하지만 상은 다른 사람에게로 돌아갔다. 같은 일이 다음 해에도 일어났다. 1930년이 되자, 라만은 자신이 노벨상을 수상할 것이라는 것을 확신했다. 실제로 그는 수상자가 발표되기 몇 달 전에 시상식장에 가는 표를 예매했다. 1930년도 수상자가 호명되었을 때, 실제로 라만도 그 중 하나였다.

Q: 지문의 주된 내용은?
(a) 라만의 노벨상에 얽힌 이야기
(b) 역대 노벨 물리학상 수상자들
(c) 라만이 노벨상을 수상하게 한 실험
(d) 1928년도의 노벨 물리학상 수상자

해법 라만이라는 물리학자가 몇 번의 시도 끝에 결국 노벨 물리학상을 수상하기까지의 일화이다. 따라서 (a)가 지문의 내용을 가장 잘 나타내고 있다. 라만이라는 물리학자에만 초점을 맞추고 있으므로 (b)는 알맞지 않고, (c)도 부분적으로 언급된 내용일 뿐이다.
physicist 물리학자   experiment 실험   award 상   book 예약하다
winner 수상자   past 지난

23 Dogs can be great partners to take running with you. Many have a love of running and will find it a lot of fun to run with you. Plus, taking your dog with you when you run is a good way to make sure that it stays healthy and fit. Just like us, dogs benefit from and need regular exercise. It is better if your dog is taller than your knees. If it's too small, you might trip over it. Poodles, labs, and collies all tend to make good running partners.

Q: Which of the following is correct according to the passage?
(a) It is better to take dogs walking than running.
(b) Dogs do not enjoy running with people.
(c) Poodles are much too small to run with.
✔ (d) Collies are a good dog to take running.

번역 개는 함께 달리기에 아주 좋은 파트너가 될 수 있다. 많은 개들이 달리기를 좋아하고 당신과 함께 달리는 것을 매우 즐길 것이다. 게다가 달릴 때 개를 데리고 다니는 것은 개를 건강하고 튼튼하게 유지시킬 수 있는 확실하고 효과적인 방법이기도 하다. 우리와 마찬가지로, 개도 규칙적인 운동으로 혜택을 얻고 또 이를 필요로 한다. 개의 키가 여러분의 무릎 이상이 되면 더 좋다. 만약 너무 작으면, 여러분이 개에 걸려 넘어질 수도 있기 때문이다. 푸들이나 래브라도 리트리버, 콜리 모두 좋은 달리기 파트너가 될 수 있다.

Q: 지문에 따르면 옳은 것은?
(a) 달리기보다 걷기에 개를 데리고 다니는 것이 더 좋다.
(b) 개는 사람들과 함께 달리는 것을 좋아하지 않는다.
(c) 푸들은 함께 달리기에 너무 작다.
(d) 콜리는 함께 달리기에 좋은 개이다.

해법 개는 달리기에 좋은 파트너가 될 수 있다는 내용으로, 마지막 문장에서 이상적인 달리기 파트너가 될 수 있는 종류로 콜리를 언급하고 있으므로 (d)가 정답이다. 개도 함께 달리는 것을 재미있게 여길 것이라고 했으므로 (b)는 틀린 진술이다.
run with ~와 함께 달리다   fit 좋은 건강 상태인   benefit 혜택을 얻다
regular 규칙적인   trip over ~에 걸려 넘어지다   lab (개의 품종) 래브라도
리트리버   collie (개의 품종) 콜리   tend to ~하는 경향이 있다

24 The basic goal of basketball is to score points by throwing the ball through the other team's basket. Originally, the baskets used in the game were peach baskets. So, every time someone scored, it was necessary to climb up a ladder and get the ball out of the basket. Nowadays, the baskets are, of course, not actually baskets. Rather, they are nylon nets that are open at the bottom so that the ball can pass through.

Q: Which of the following is correct about early basketball according to the passage?
(a) The players threw the ball over a net.
✔ (b) The ball was retrieved with a ladder.
(c) Nets were used instead of baskets.
(d) Baskets were open at the bottom.

번역 농구의 일차적 목표는 상대 팀 바구니에 공을 던져 통과시켜서 득점하는 것이다. 원래 이 경기에 쓰인 바구니는 복숭아 바구니였습니다. 그래서 누군가 득점을 할 때마다 사다리를 타고 올라가서 바구니 밖으로 공을 꺼내는 것이 필요했다. 오늘날에는 이 바구니가 실제 바구니가 아니다. 대신에 이것은 바닥이 뚫린 나일론 그물로 공이 통과할 수 있게 되어 있다.

Q: 지문에 따르면 초기 농구에 대해 옳은 것은?
(a) 경기를 하는 사람들이 그물 위로 공을 던졌다.
(b) 사다리를 이용해 공을 회수했다.
(c) 바구니 대신 그물이 사용되었다.
(d) 바구니 바닥이 뚫렸다.

해법 초기 농구에 쓰인 바구니는 바닥이 뚫리지 않아서 사다리를 타고 올라가 공을 꺼내 와야 했으므로 (b)가 옳은 진술이다. (a)는 전혀 언급되지 않았고, (c)와 (d)는 현재의 농구에 해당하는 내용이다.
score 득점하다   pass through 통과하다   retrieve 회수하다

25 Joni Mitchell's song "Big Yellow Taxi" came out in 1970. It is known for its environmental message. The lyrics are about trees being cut down to make a parking lot. According to Mitchell, the idea for the song came when she was on a trip to Hawaii. She opened the window of her hotel room and saw a beautiful view of trees and mountains in the distance. However, the view was ruined by a big parking lot right in the middle. It was a depressing sight that inspired her to write an environmental song.

Q: Which of the following is correct about "Big Yellow Taxi" according to the article?
(a) It is about a 1970 trip Mitchell took.
(b) It was to protest a hotel development.
(c) It is mainly about the beauty of Hawaii.
✔ (d) It was inspired by a parking lot Mitchell saw.

번역 조니 미첼의 노래인 '누런 대형 택시'는 1970년에 나왔다. 그것은 환경적인 메시지로 유명하다. 가사는 주차장을 만들기 위해 베어지고 있는 나무들에 관한 것이다. 미첼에 따르면, 이 노래에 대한 아이디어는 그녀가 하와이로 여행을 갔을 때 나온 것이라고 한다. 그녀는 호텔 방의 창문을 열고 멀리 나무와 산이 있는 아름다운 경치를 보았다. 하지만 그 경치는 한가운데 있는 대형 주차장이 망쳐버렸다. 바로 이 우울한 광경에서 영감을 받아 그녀는 환경에 관한 노래를 쓰게 되었다.

Q: 기사에 따르면 '누런 대형 택시'에 대해서 옳은 것은?
(a) 1970년에 미첼이 했던 여행에 대한 것이다.
(b) 호텔 개발에 항의하기 위한 것이었다.
(c) 주로 하와이의 아름다움에 관한 것이다.
(d) 미첼이 본 주차장에서 영감을 얻은 것이다.

해법 '누런 대형 택시'는 아름다운 경치를 망치고 있는 흉측한 주차장을 보고 영감을 받아 미첼이 만든 노래이므로 (d)가 정답이다. 여행에 관한 노래가 아니라 환경에 관한 메시지를 담고 있으므로 (a)는 알맞지 않다.
environmental 환경의 **lyric** 가사 **parking lot** 주차장 **in the distance** 멀리서 **ruin** 망치다 **depressing** 우울하게 만드는

26 Dear Governor Hoffman,

The reason i am writing is to express my disapproval of the proposed dump in Orsley. A dump would lower the air and water quality in our community. That in turn will cause expensive health issues. Even people who do not live in Orsley will be affected. This is because many of the streams in Orsley drain into rivers that bring water to Cheshire, Samfield, and Millford. Please choose a better site for the dump; one that will not harm so many people.

Sincerely,
Marsha Neff

Q: Which of the following is correct according to the letter?
✔ (a) The environment would be harmed by a dump.
(b) The governor plans to improve water quality.
(c) Orsley will benefit from the dump project.
(d) Cheshire streams supply Orsley's water.

번역 호프만 주지사님 귀하.

제가 이 글을 쓰는 이유는 오슬리에 들어서기로 한 쓰레기 처리장에 대해 반대 의사 뜻을 표하기 위해서입니다. 쓰레기 처리장은 우리 지역의 대기 및 수질을 저하시킬 것입니다. 그렇게 되면 결과적으로 의료비가 비싸질 것입니다. 오슬리에 살지 않는 사람들까지도 영향을 받게 될 것입니다. 오슬리에 있는 많은 개울들이 체셔나 샘필드, 밀퍼드까지 물을 조달하는 강들로 흘러 들어가기 때문입니다. 쓰레기 처리장으로 더 적당한 장소, 즉 많은 사람들에게 해를 끼치지 않는 장소를 골라 주시기 바랍니다.

마샤 네프 드림

Q: 편지에 따르면 옳은 것은?
(a) 쓰레기 처리장으로 인해 환경에 해가 미칠 것이다.
(b) 주지사는 수질을 개선할 계획이다.
(c) 오슬리는 쓰레기 처리장 사업으로 혜택을 볼 것이다.
(d) 체셔의 개울이 오슬리에 물을 공급한다.

해법 필자는 첫 문장에서 쓰레기 처리장 건설에 반대한다는 뜻을 밝혔고, 그 이유로 대기 및 수질 저하라는 환경적인 요인을 들고 있으므로 (a)가 정답이다. 필자는 쓰레기 처리장으로 오슬로가 피해를 입을 것이라고 여기고 있으므로 (c)는 알맞지 않다.
disapproval 불만 **dump** (쓰레기) 폐기장 **in turn** 그 결과로 **drain into** (물이) ~으로 빠지다, 흘러 나가다

27 In 1901, a French archaeologist dug up a very important ancient stone: the Code of Hammurabi. It is a seven-foot-high piece of stone and the whole structure is covered in very old writing. The writing is actually a list of the laws of ancient Babylon. The laws deal with a lot of the same themes as the laws we have today, like loans, debt, and property. The Code of Hammurabi also lists a number of crimes, and how they should be punished. About 28 of the crimes listed have a punishment of death.

Q: Which of the following is correct according to the passage?
(a) The ancient stone stands seven meters high.
✔ (b) The Babylonians made laws about loans and debt.
(c) The death penalty did not exist in ancient Babylon.
(d) The ancient stone's laws all come with death sentences.

번역 1901년에 한 프랑스 고고학자가 매우 중요한 고대 비석을 발굴했는데, 바로 함무라비 법전이었다. 그것은 7피트 높이의 비석으로, 전체가 매우 오래된 글로 덮여 있다. 이 글은 실제로 고대 바빌론의 법들을 적은 목록이다. 이 법들은 상당 부분 오늘날 우리가 가진 법과 동일한 주제들, 가령 대부, 부채, 재산권 같은 것들을 다루고 있다. 함무라비 법전은 또한 여러 가지 범죄들과 그것들을 처벌하는 방식도 열거하고 있다. 열거된 범죄들 중 약 28가지에 사형이 포함되어 있다.

Q: 지문에 따르면 옳은 것은?
(a) 고대 비석은 높이가 7미터이다.
(b) 바빌론 사람들은 대부와 부채에 관한 법을 만들었다.
(c) 고대 바빌론에는 사형이 존재하지 않았다.
(d) 고대 비석에 적힌 법들은 모두 사형을 포함하고 있다.

해법 고대 바빌론의 법전인 함무라비 법전에 실린 내용으로 대부, 부채, 재산권 등을 언급했으므로 (b)가 옳은 내용이다. 일부 범죄에 대해 사형을 적용했다고 했으므로 (c)와 (d)는 둘 다 맞지 않다.
archaeologist 고고학자 **dig up** 발굴하다 **code** 법전 **theme** 주제 **loan** 대부 **property** 재산 **punishment of death** 사형(death sentence)

28 In many parts of the world, insects are known to be a tasty and nutritious source of food. They typically contain a lot of protein, iron, and vitamins, which your body needs. Another good thing about eating insects is that, compared to animal food sources, they do not need much water or fuel to raise and harvest. There are around 1,400 different types of insects that can be eaten. Beetles, ants, and grasshoppers are some of the more commonly eaten insects.

Q: Which of the following is correct according to the passage?
(a) Insects are not famed for their nutritional value.
(b) Much water is needed to raise insects as food.
✔ (c) Multitudes of types of insects can be eaten.
(d) Beetles are rarely an insect food source.

번역 세계 여러 지역에서, 곤충은 맛 좋고 영양가 높은 식품 공급원으로 알려져 있다. 그것들은 대체로 몸이 필요로 하는 단백질과 철분, 비타민을 다량 함유하고 있다. 곤충을 먹는 것의 또 다른 좋은 점은 동물 식품공급원과 비교했을 때, 기르고 수확하는 데 물이나 연료가 많이 필요하지 않다는 점이다. 식용 가능한 곤충으로 약 1,400종이 있다. 딱정벌레와 개미, 메뚜기가 비교적 흔하게 먹는 곤충들에 속한다.

Q: 지문에 따르면 옳은 것은?
(a) 곤충은 영양면에서 알려지지 않았다.
(b) 식용 곤충을 기르는 데는 많은 물이 필요하다.
(c) 수많은 종류의 곤충이 식용 가능하다.
(d) 딱정벌레는 식용 곤충으로 쓰이는 경우가 거의 없다.

해법 곤충을 식용으로 이용하는 것에 대해 설명하고 있다. 식용 가능한 곤충의 종류가 1,400종이나 된다고 했으므로 (c)가 옳은 내용이다. 곤충은 식품으로서 영양가가 높다고 했고, 기르는 데 물이나 연료가 많이 들지 않는다고 했으므로 (a)와 (b)는 모두 틀린 진술이다.

tasty 맛 좋은   nutritious 영양가 높은   typically 일반적으로   raise 기르다
harvest 수확하다   grasshopper 메뚜기   multitudes of 수많은

---

29 Captain James Cook was a British explorer who traveled all over the world making maps. During the 1760s, he spent years mapping the Canadian island of Newfoundland. His map of Newfoundland was detailed and accurate, and it impressed a British science organization enough to hire Cook and send him to the Pacific. That enabled Cook to make a map of the entire coast of New Zealand. Next, he visited the southeastern coast of Australia, the first known European to do so.

Q: Which of the following is correct about Captain James Cook according to the passage?
(a) He made the first map of the interior of Newfoundland.
(b) He was the founder of a British science organization.
✔ (c) He mapped the entire coast of New Zealand.
(d) He visited the western coast of Australia.

번역 제임스 쿡 선장은 지도를 제작하며 전세계를 여행한 영국의 탐험가였다. 1760년대에, 그는 캐나다 뉴펀들랜드 섬의 지도를 제작하는 데 수년을 보냈다. 그가 만든 뉴펀들랜드 지도는 상세하고 정확했으며, 쿡을 고용해서 태평양으로 보낼 만큼 영국의 한 과학단체에 깊은 인상을 주었다. 그 덕분에 쿡은 뉴질랜드 해안 전체의 지도를 만들 수 있었다. 이후에 그는 호주 동남부 해안에 다녀갔는데, 알려진 바로는 그렇게 한 최초의 유럽인이었다고 한다.

Q: 지문에 따르면 제임스 쿡 선장에 대해 옳은 것은?
(a) 뉴펀들랜드 내륙 지도를 최초로 만들었다.
(b) 한 영국 과학단체의 설립자였다.
(c) 뉴질랜드 해안 전체의 지도를 제작했다.
(d) 호주 서부 해안을 다녀갔다.

해법 제임스 쿡 선장의 지도 제작에 관한 글이다. 뉴질랜드 해안 전체의 지도를 제작했다고 했으므로 (c)가 옳은 내용이다. 뉴펀들랜드 지도를 만들었지만 최초라는 언급은 없으므로 (a)는 알맞지 않고, 영국 과학단체에 의해 고용되었다고 했으므로 (b)도 틀린 진술이다.

explorer 탐험가   map 지도를 제작하다   detailed 상세한   accurate 정확한
interior 안쪽, 내륙   founder 설립자

---

30 Dear Customer,

This letter is to let you know about some changes at our company. We are changing our billing policy to make it simpler. Previously, our monthly billing period started on the 15th of the month. This was confusing and inconvenient to some of our customers. We have decided to start our billing period on the 1st of the month. Starting in September, you will be billed on the 1st of the month. Thank you for your understanding.

Doug Felder
Finco Accounts Manager

Q: Which of the following is correct according to the letter?
(a) Customers should pay their bills on the 1st or 15th.
(b) The next billing period will start on September 15.
✔ (c) The new billing policy will begin in September.
(d) Bills must be paid by the 15th of the month.

번역 고객 여러분께

이 편지는 본사의 변동사항을 알려드리기 위한 것입니다. 저희는 간편화를 위해 결제 규정을 바꾸고자 합니다. 이전에는 매달 15일부터 요금 결제가 시작되었습니다. 이것이 일부 고객분들께 혼란을 야기했고 불편을 끼쳐드렸습니다. 이에 저희는 매달 1일부터 요금 결제를 시작하기로 결정했습니다. 9월부터는, 매달 1일자로 요금이 청구될 것입니다. 양해해 주셔서 감사드립니다.

핀코 회계부
더그 펠더 드림

Q: 편지에 따르면 옳은 것은?
(a) 고객은 1일이나 15일에 청구서를 납부해야 한다.
(b) 다음 요금 결제일은 9월 15일에 시작한다.
(c) 새로운 요금 청구 규정은 9월에 시작된다.
(d) 청구서는 매달 15일까지 납부해야 한다.

해법 은행이나 카드 회사에서 요금 결제일 변경을 알리는 공고문이다. 마지막 문장에서 결제일 변경은 9월부터 시작한다고 했으므로 (c)가 옳은 내용이다. 결제일이 15일에서 1일로 변경되어 다음 요금 결제일은 9월 1일이 되므로 (b)는 틀린 진술이다. 요금 납부일은 편지에서 언급되지 않았으므로 (a)와 (d)에 대해서는 알 수 없다.

billing 청구서 발부   confusing 혼란스러운   inconvenient 불편한

31 The first FIFA World Cup tournament was played in 1930. It was held in the South American country of Uruguay. Uruguay was chosen as the host country because it was celebrating 100 years of independence that year. The two teams that made it to the final game were Uruguay and Argentina. About 93,000 fans watched the two teams play. Uruguay won, becoming the first country ever to win a World Cup.

Q: Which of the following is correct according to the passage?
(a) Uruguay hosted the World Cup a year after independence.
(b) Argentina gained its first World Cup victory in 1930.
✔ (c) The host country was the winner of the first World Cup.
(d) The first World Cup was seen by 100,000 people.

번역 제1회 FIFA 월드컵 대회는 1930년에 열렸다. 그것은 남미 국가인 우루과이에서 개최되었다. 우루과이는 그 해 독립 100주년을 기념하여 주최국으로 선정되었다. 결승까지 오른 두 팀은 우루과이와 아르헨티나였다. 약 93,000명의 팬이 두 팀의 경기를 지켜보았다. 우루과이가 이겼고, 역대 월드컵 최초의 우승국이 되었다.

Q: 지문에 따르면 옳은 것은?
(a) 우루과이는 독립한 지 일 년 후에 월드컵을 주최했다.
(b) 아르헨티나는 1930년에 첫 번째 월드컵 우승을 이뤄냈다.
(c) 주최국이 제1회 월드컵의 승자가 되었다.
(d) 제1회 월드컵은 십만 명이 지켜보았다.

해법 제1회 월드컵을 개최한 우루과이가 그 해 우승국이 되었다고 했으므로, (c)가 옳은 내용이다. 우루과이가 월드컵을 개최한 해는 독립 100주년이 되는 해이므로 (a)는 틀린 진술이다.

tournament 토너먼트, 대회   host country 개최국   independence 독립   make it 성공하다

32 Food might seem like a simple thing, but out in space it's not. The main issue is how to package food so that it will not float away when it's opened in a spacecraft. Even if just a few tiny crumbs of food float away, they can become dangerous. They could get stuck in delicate equipment, or someone could even choke on them! For that reason, salt and pepper are stored as liquids. Salt is mixed with water, and pepper is mixed with oil.

Q: Which of the following is correct according to the report?
(a) The main problem with space food is preserving it.
(b) Food in space needs less packaging than normal food.
✔ (c) Crumbs of food in space can be a hazard.
(d) Salt is stored in oil to be used in space.

번역 음식은 단순한 것처럼 보일지 모르지만, 우주 밖에서는 그렇지 않다. 주안점은 우주선에서 개봉했을 때 떠내려가지 않도록 어떻게 음식을 포장하느냐이다. 조그만 음식 부스러기 하나라도 떠내려가는 경우, 위험할 수 있다. 정교한 장비에 낄 수도 있고, 누군가 그것 때문에 질식할 수도 있다! 그런 이유로, 소금과 후추는 액체로 보관한다. 소금은 물과 섞고, 후추는 기름과 섞는다.

Q: 기사에 따르면 옳은 것은?
(a) 우주식의 주된 문제는 보존에 있다.
(b) 우주식은 보통 음식보다 포장을 덜 필요로 한다.
(c) 우주식의 음식 부스러기는 위험할 수 있다.
(d) 소금은 우주에서 사용하기 위해 기름에 보관한다.

해법 우주식은 조그만 음식 부스러기도 큰 사고의 원인이 될 수 있어 위험하다고 했으므로 (c)가 옳은 내용이다. 우주식의 주안점은 보존이 아니라 포장이므로 (a)는 알맞지 않다.

package 포장하다   float away 떠내려가다   spacecraft 우주선   crumb 부스러기   get stuck in ~에 끼어 꼼짝 못하다   delicate 섬세한, 정교한   choke 숨이 막히다   preserve 보존하다   hazard 위험

33 Dear Editor,

I am writing to respond to the article "Roads Are for Cars" by Alan Sneal. Mr. Sneal's main point was that bikers like me should stay off the roads because they were built for cars. However, our roads have special lanes that were built for bikes. So, his argument doesn't make sense. There is room for cars and bikes on our roads. Car drivers and bike riders are both responsible for using our roads safely. It is silly for Mr. Sneal to argue otherwise.

Thank you,
Natalie Chisholm

Q: What can be inferred from the letter?
(a) Mr. Sneal uses the bike lane when he rides.
(b) Mr. Sneal was in an accident with a biker.
(c) The author often complains about cyclists.
✔ (d) The author rides her bike on the road.

번역 편집자님께

제가 이 글을 쓰는 목적은 앨런 스닐의 '도로는 자동차를 위한 것'이라는 기사에 답변하기 위해서입니다. 스닐 씨의 요지는 저처럼 자전거를 타는 사람은 자동차를 위해 만들어진 도로에서 비켜나야 한다는 것이었습니다. 하지만 도로에는 자전거를 위해 만들어진 특별 차선이 있으므로, 그의 주장은 말이 되지 않습니다. 도로에는 자동차와 자전거를 위한 공간이 있습니다. 자동차 운전자와 자전거 타는 사람 양쪽 모두 도로를 안전하게 사용해야 할 책임이 있습니다. 스닐 씨가 이와 다른 주장을 하는 것은 어이 없는 일입니다. 감사합니다.

나탈리 치솜 드림

Q: 편지에 대해 유추할 수 있는 것은?
(a) 스닐 씨는 자전거를 탈 때 자전거 도로를 이용한다.
(b) 스닐 씨는 자전거 탄 사람과 사고가 있었다.
(c) 필자는 자전거 타는 사람들에 대해서 자주 불평한다.
(d) 필자는 도로에서 자전거를 탄다.

해법 도로가 자동차만의 것이고 자전거는 비켜나야 한다는 기사에 반박하는 내용의 글이다. 둘째 문장의 bikers like me라는 대목에서 필자도 도로에서 자전거를 타는 사람임을 알 수 있으므로 (d)가 정답이다.

respond to ~에 응답하다   stay off ~에서 떨어져 있다   lane 차선   argument 주장, 논거   make sense 이치에 맞다   room 자리[공간]   otherwise 딴 방법으로, 달리   complain 불평하다

123

34 Some people are against zoos because they think wild animals should be free. I agree that animals should be free, but I also think that zoos help save wild animals. They play an important educational role. Many people do not know that much about wild animals because they do not have opportunities to interact with them. Zoos can give the public a chance to see animals they would never see in the wild. They can teach the public how saving the environment helps protect animals in the wild.

Q: What can be inferred from the passage?
✔ (a) The writer thinks zoos can be beneficial.
(b) The writer is opposed to the idea of zoos.
(c) Wild animals respond well to zoo visitors.
(d) Zoos are more popular now than in the past.

번역 어떤 사람들은 야생동물들은 자유로워야 한다고 생각하기 때문에 동물원에 반대합니다. 저도 동물들이 자유로워야 한다는 데 동의하지만, 아울러 동물원이 야생동물을 구하는 데 도움을 준다고도 생각합니다. 동물원은 교육적으로 중요한 역할을 합니다. 많은 사람들은 야생동물과 교류할 기회가 없기 때문에 그들에 대해서 그렇게 많이 알지 못합니다. 동물원은 야생에서 동물들을 전혀 보지 못하는 일반 대중에게 그것들을 볼 기회를 제공합니다. 동물원은 일반 대중에게 환경을 살리는 것이 얼마나 야생동물을 보호하는 데 도움이 되는지 알려줄 수 있습니다.

Q: 지문에서 유추할 수 있는 것은?
(a) 필자는 동물원이 유익할 수 있다고 생각한다.
(b) 필자는 동물원이라는 발상에 대해서 반대한다.
(c) 야생동물은 동물원 관람객들에게 잘 반응한다.
(d) 동물원은 과거보다 지금 더 인기있다.

해법 필자는 교육적으로나 환경적 차원에서 동물원이 도움이 될 수 있다고 주장하고 있으므로 (a)가 유추 가능한 내용이다. (c)나 (d)는 지문만으로는 알 수 없는 내용들이다.
play a role 역할을 하다 **educational** 교육적인 **interact** 상호작용하다
the public 일반 대중 **be opposed to** ~에 반대하다

35 It is with regret that we must announce the closing of our Danvers office. We hope to find new positions for the fifteen employees that currently work there. However, these positions will likely be in Marshall. Our goal is to focus on our headquarters in Marshall and increase the number of employees there. Because of the way the economy is right now, we have no choice but to take these actions.

Q: What can be inferred from the announcement?
(a) A new office will open soon in Danvers.
(b) Fifteen employees are needed in Marshall.
✔ (c) Danvers staff may have to move to Marshall.
(d) The Marshall office will also close before long.

번역 유감스럽게도 우리 덴버 사무실을 폐쇄하게 됨을 알려드립니다. 현재 그곳에서 근무하는 15명의 직원들에게 새로운 자리를 찾아주기를 바라고 있습니다. 그런데 이 자리는 마셜에 생길 가능성이 큽니다. 우리의 목표는 마셜에 있는 본사에 중점을 두고 그곳 직원 수를 늘리는 것입니다. 현재 경제 상황 때문에, 부득이 이러한 조치를 취할 수밖에 없습니다.

Q: 공고문에서 유추할 수 있는 것은?
(a) 덴버에 곧 새로운 사무실이 문을 열 것이다.
(b) 마셜에는 15명의 직원이 필요하다.
(c) 덴버 직원은 마셜로 옮겨가야 할지 모른다.
(d) 마셜의 사무실도 곧 폐쇄될 것이다.

해법 덴버의 사무실을 폐쇄하고 그 직원들은 마셜로 옮겨갈 가능성이 크다고 했으므로 (c)가 올바른 유추이다. 마셜 본사의 직원 수를 늘린다고 했지만 구체적인 숫자는 언급하지 않았으므로 (b)는 알맞지 않다.
closing 폐쇄 **employee** 직원 **focus on** ~에 중점을 두다 **headquarters** 본사 **have no choice but to** ~외에는 다른 도리가 없다 **take action** 조치를 취하다

36 Research shows that when women are faced with breast cancer a second time, they live longer if they get counseling. Counseling is important because it helps women manage their stress. It also encourages them to pay attention to what they eat and to exercise regularly. Unfortunately, cancer patients do not typically get the kind of counseling that the study participants received, for it is seen as another cost on top of all the others.

Q: What can be inferred from the passage?
(a) Exercise is the best way to fight breast cancer.
✔ (b) Counseling can be expensive for cancer patients.
(c) Women are more likely to survive cancer than men.
(d) Counseling is only helpful for overstressed patients.

번역 연구에 따르면 여성에게 유방암이 재발했을 때, 상담을 받으면 더 오래 산다고 한다. 상담이 중요한 이유는 여성이 스트레스를 다스리도록 도와주기 때문이다. 상담은 또한 그들이 먹는 것에 주의하고 규칙적으로 운동하도록 북돋운다. 안타깝게도, 암 환자들은 대개 연구 참가자들이 받은 것 같은 상담을 받지 않는데, 상담료를 다른 모든 비용에 덧붙여지는 추가 비용으로 간주하기 때문이다.

Q: 지문에서 유추할 수 있는 것은?
(a) 운동은 유방암을 물리치는 데 가장 좋은 방법이다.
(b) 상담이 암 환자들에게는 비쌀 수 있다.
(c) 여성이 남성보다 암 생존율이 더 높은 경향이 있다.
(d) 상담은 스트레스가 심한 환자들에게만 유용하다.

해법 암 환자들이 상담을 받으면 생존율을 높이는 데 도움이 되지만 현실적으로는 비용 때문에 그렇지 못하다는 내용이므로 (b)라고 유추할 수 있다.
breast cancer 유방암   counseling 상담   pay attention to ~에 주의하다
regularly 규칙적으로   participant 참가자   overstressed 스트레스가 심한

37 In some cultures, tipping is essential. In the United States and Mexico, for example, tipping is expected. This is because many servers do not receive normal paychecks. They depend on tips in order to make enough money to live on. Visitors from other cultures should know that leaving a 15- to 20-percent tip is an important custom. People who do not tip risk making their servers angry. If you do not tip at a restaurant, you probably should not go back there again!

Q: What can be inferred from the passage?
✔ (a) Failing to tip could result in poor service.
(b) Tipping is optional in some parts of Mexico.
(c) Leaving a 17-percent tip could be considered rude.
(d) Tipping is spreading from the US to other countries.

번역 어떤 문화권에서는, 팁을 주는 것이 필수적이다. 예를 들어, 미국이나 멕시코에서는 팁을 주는 것을 기대한다. 이는 많은 종업원들이 일반적인 평균 급료를 받지 못하기 때문이다. 그들은 생계를 유지할 돈을 벌기 위해 팁에 의존한다. 다른 문화권에서 온 방문객들은 15~20퍼센트의 팁을 남겨 두는 것이 중요한 관례라는 것을 알아야 한다. 팁을 주지 않는 사람들은 종업원들을 화나게 할 위험이 있다. 만약 식당에서 팁을 내지 않았다면, 그곳에 다시 가서는 안 된다!

Q: 지문에서 유추할 수 있는 것은?
(a) 팁을 주지 않으면 서비스 질이 낮아질 수 있다.
(b) 팁을 주는 것은 멕시코 일부 지역에서는 선택 사항이다.
(c) 17퍼센트의 팁을 두는 것은 무례하다고 여겨질 수 있다.
(d) 팁을 주는 것이 미국에서 다른 나라들로 확산되고 있다.

해법 팁을 주는 것이 관례인 문화권에서 팁을 주지 않으면 종업원들을 화나게 할 위험이 있다고 했으므로, 이는 곧 (a)처럼 서비스 질 저하로 이어질 수 있다고 짐작할 수 있다. 미국이나 멕시코는 팁이 의무 사항이며, 17퍼센트의 팁은 가장 적절한 액수라고 볼 수 있으므로 (b)나 (c)는 둘 다 맞지 않다.
tip 팁을 주다   server 봉사자, 종업원   paycheck 급료   live on ~에 의지하여 살아가다   fail to ~하지 않다   result in ~의 결과를 낳다   optional 선택의
rude 무례한   spread 퍼지다

38 *Living with Trees* is the latest work by Brett McDyess, author of bestsellers like *Understanding Nature* and *Plants: Necessary for Life*. (a) In *Living with Trees*, McDyess explains everything you ever wanted to know about trees, starting by categorizing the world's trees by family. (b) Experts in the field estimate that trees make up around a quarter of all plant species on the planet. (c) Then, in the second half of the book, he looks at the importance of trees in stories from around the world. (d) A great thing about it is that it mixes science with popular culture in a way that makes both more interesting.

번역 〈나무와 함께하는 생활〉은 〈자연에 대한 이해〉와 〈초목: 생명의 단짝〉 같은 베스트셀러의 저자인 브렛 맥디스의 최신 작품이다. (a) 〈나무와 함께하는 생활〉에서 맥디스는 세계의 나무들을 과에 따라 분류하는 것에서 시작해서, 여러분이 이제껏 나무에 대해 알고 싶었던 모든 것을 설명해준다. (b) 그 분야의 전문가들은 나무가 지구 상 모든 식물 종의 약 4분의 1을 차지한다고 추정한다. (c) 그리고 나서 책의 후반부에서는, 전세계 이야기들에서 나무의 중요성을 찾아 말해준다. (d) 이 책의 뛰어난 점은 과학과 대중적인 문화 모두를 보다 흥미롭게 조합하여 표현해내고 있다는 것이다.

해법 나무에 관한 신간 서적을 소개하는 글이다. (a), (c), (d)는 모두 책 내용을 소개하고 있는 데 반해, (b)는 책 내용과 상관없는 전문가들의 의견을 소개하고 있어 글의 흐름에서 벗어난다.

latest 최신의   **author** 저자   **categorize** 분류하다   **family** (생물) 과
expert 전문가   **make up** 구성하다   **quarter** 4분의 1

39 Indira Gandhi, the powerful Indian politician, was responsible for a number of firsts. (a) Her election in 1966 made her the country's first female Prime Minister. (b) She went on to serve four terms in this position, for a total of 15 years in office. (c) This also earned her the title of longest-serving female Prime Minister in the world. (d) It is a common belief that Indira Gandhi was related to Mahatma Gandhi, but this is not the case.

번역 인도의 유력한 정치인 인디라 간디는 몇 가지 점에서 최초였다. (a) 1966년 당선으로 그녀는 인도의 최초 여성 수상이 되었다. (b) 그녀는 이 직위를 네 번이나 계속해서 역임함으로써, 총 재임기간이 15년이 되었다. (c) 이로 인해 세계에서 최장기간 역임한 여성 수상이라는 타이틀을 얻게 되었다. (d) 인디라 간디는 마하트마 간디와 혈연 관계가 있는 것으로 흔히 믿어지지만, 사실은 그렇지 않다.

해법 인디라 간디가 정치인으로서 '최초'라는 수식어를 얻은 특별한 타이틀에 대해 설명하고 있다. (a), (b), (c)는 모두 이에 부합하는 내용이지만, 마지막 (d)는 이와 상관없이 일반 사람들이 마하트마 간디와의 관계에 대해 잘못 알고 있다는 내용을 담고 있으므로 주제에서 벗어난다.

election 선거, 선정   **Prime Minister** 수상   **term** 임기, 기간   **relate** 친족 관계이다

40 According to the Federal Highway Administration, 11.9% of all trips made in the US in 2009 were done on foot or by bicycle. (a) This is a large increase from 1994, when the figure was just 7.9%. (b) Officials explain the change as a combination of environmental awareness and economic troubles. (c) A majority of people polled said they support measures to stop global warming. (d) Whether to save money or save the planet, Americans appear to be driving less than in the past.

번역 연방 도로국에 따르면, 2009년 미국에서 일어난 모든 여행의 11.9%가 도보나 자전거를 통해서였다고 한다. (a) 이는 1994년 7.9%에 불과했던 수치에서 크게 증가한 것이다. (b) 정부관료는 이런 변화를 환경에 대한 인식과 경제적 어려움이 결합된 것으로 설명하고 있다. (c) 설문에 답한 사람들 대다수는 지구온난화를 막기 위한 대책을 지지한다고 말했다. (d) 돈을 절약하기 위해서든 지구를 구하기 위해서든 간에, 미국인들은 과거보다 운전을 덜 하는 것처럼 보인다.

해법 자동차 이용은 줄고 도보 및 자전거 이용이 늘었다는 조사 결과를 소개하고 있다. 수치를 소개한 데 이어 (b)에서는 그 원인을 제시하고, (d)는 조사에서 얻을 수 있는 결론에 해당한다. 그런데 (c)는 조사 대상자들이 환경 정책을 지지한다는 내용으로 앞뒤 문장과 연결이 자연스럽지 못하다.

on foot 걸어서, 도보로   **figure** 수치   **combination** 결합   **awareness** 인식
majority 대다수   **poll** 여론 조사를 하다   **global warming** 지구온난화

Answer Keys

🎧 **Listening** Comprehension

1	(a)	7	(b)	13	(c)	19	(d)	25	(d)	31	(c)	37	(d)	43 (d)	49 (a)	55 (b)
2	(b)	8	(b)	14	(a)	20	(b)	26	(b)	32	(a)	38	(d)	44 (c)	50 (a)	56 (d)
3	(d)	9	(b)	15	(b)	21	(a)	27	(a)	33	(a)	39	(d)	45 (a)	51 (c)	57 (d)
4	(d)	10	(c)	16	(b)	22	(c)	28	(d)	34	(c)	40	(c)	46 (a)	52 (d)	58 (c)
5	(b)	11	(d)	17	(a)	23	(d)	29	(c)	35	(d)	41	(c)	47 (a)	53 (a)	59 (b)
6	(a)	12	(d)	18	(d)	24	(c)	30	(c)	36	(b)	42	(d)	48 (a)	54 (c)	60 (d)

📝 **Grammar**

1	(b)	6	(d)	11	(a)	16	(c)	21	(d)	26	(c)	31	(a)	36 (a)	41 (b)	46 (d)
2	(c)	7	(a)	12	(d)	17	(a)	22	(d)	27	(c)	32	(c)	37 (b)	42 (c)	47 (c)
3	(a)	8	(b)	13	(d)	18	(d)	23	(c)	28	(a)	33	(a)	38 (a)	43 (a)	48 (c)
4	(b)	9	(c)	14	(a)	19	(b)	24	(a)	29	(a)	34	(c)	39 (b)	44 (c)	49 (a)
5	(a)	10	(d)	15	(d)	20	(a)	25	(b)	30	(d)	35	(b)	40 (a)	45 (d)	50 (b)

✏️ **Vocabulary**

1	(a)	6	(c)	11	(b)	16	(c)	21	(a)	26	(b)	31	(b)	36 (c)	41 (c)	46 (b)
2	(c)	7	(d)	12	(b)	17	(c)	22	(c)	27	(b)	32	(c)	37 (b)	42 (a)	47 (a)
3	(a)	8	(a)	13	(b)	18	(b)	23	(b)	28	(c)	33	(a)	38 (b)	43 (d)	48 (b)
4	(a)	9	(d)	14	(c)	19	(d)	24	(b)	29	(a)	34	(a)	39 (a)	44 (c)	49 (a)
5	(b)	10	(c)	15	(c)	20	(d)	25	(c)	30	(c)	35	(d)	40 (b)	45 (a)	50 (b)

✎ **Reading** Comprehension

1	(b)	5	(c)	9	(a)	13	(d)	17	(c)	21	(c)	25	(d)	29 (c)	33 (d)	37 (a)
2	(c)	6	(d)	10	(c)	14	(b)	18	(c)	22	(a)	26	(a)	30 (c)	34 (a)	38 (b)
3	(c)	7	(c)	11	(b)	15	(b)	19	(c)	23	(d)	27	(b)	31 (c)	35 (c)	39 (d)
4	(d)	8	(a)	12	(a)	16	(b)	20	(c)	24	(b)	28	(c)	32 (c)	36 (b)	40 (c)

1

M   When do you want to meet me?
W   _____

(a) In front of the hotel.
(b) It's right behind you.
✔ (c) Let's make it around 8.
(d) But we haven't met before.

번역 M 저를 언제 만나고 싶어요?
W _____

(a) 호텔 앞에서요.
(b) 당신 바로 뒤에 있어요.
(c) 8시경에 만나기로 해요.
(d) 하지만 우리는 전에 만난 적이 없어요.

해법 언제 만나고 싶냐는 말에 대한 적절한 응답이 나와야 한다. make it은 '~에 제 시간에 도착하다, 만나기로 하다' 등의 뜻으로 자주 쓰이는 구어체 표현이므로 (c)가 정답이다.
in front of ~앞에   **right behind** 바로 뒤에

2

W   Are you going to go and see Emma play the piano?
M   _____

(a) Her performance was good.
✔ (b) Only if you come with me.
(c) It is a big surprise.
(d) Once in a while.

번역 W 엠마가 피아노 연주하는 것을 보러 갈 거니?
M _____

(a) 그녀의 연주는 좋았어.
(b) 네가 같이 간다면.
(c) 깜짝 놀랐어.
(d) 가끔.

해법 be동사 의문문은 기본적으로 Yes/ No 응답이 나와야 하지만 (b)처럼 조건을 제시하여 네가 간다면 같이 가겠다는 간접적인 응답도 가능하다.
performance 연주, 공연   **only if** 단지 ~라면   **surprise** 놀라움
once in a while 가끔, 이따금

3

M   Do you really know where we're going?
W   _____

(a) I'm certain we're going.
(b) Yes, I'm going with you.
✔ (c) No, I was hoping you did.
(d) My path in life is not very clear.

번역 M 우리가 어디로 가고 있는지 정말 알아?
W _____

(a) 우리가 가고 있다는 것을 확신해.
(b) 그래, 너와 함께 갈게.
(c) 아니, 네가 알았으면 했는데.
(d) 나의 인생 행로는 그리 명확하지 않아.

해법 어디로 가고 있는지 아느냐는 질문에 모른다고 한 후 상대방은 알고 있길 원했다고 하는 (c)가 자연스럽다.
certain 확신하는   **path** 행로, 경로   **clear** 명확한, 뚜렷한

4

W   Can you believe it? Richard just proposed to me!
M   _____

(a) I'd rather he did.
(b) I highly doubt it.
✔ (c) You must be thrilled!
(d) He was unexpected.

번역 W 믿을 수 있니? 리처드가 방금 나에게 청혼했어!
M _____

(a) 그가 했었으면 해.
(b) 정말 의심스러운데.
(c) 흥분되겠다!
(d) 그는 갑작스러웠어.

해법 여자는 놀라움과 함께 청혼 사실을 전하고 있다. 기쁜 일에 대한 축하의 반응인 (c)가 어울린다. 여자가 Can you believe it?이라고 말한 것은 놀라움을 표현한 것이므로 (b)와 같이 대답하는 것은 어색하다.
highly 매우, 몹시   **doubt** 의심하다   **thrilled** 감격한, 흥분된
unexpected 예상되지 않은

5

M   Oh, sorry, I didn't mean to push you. Are you OK?
W   _____

(a) No, it's not worth it.
✔ (b) Don't worry, I'm fine.
(c) Yes, I appreciate it.
(d) I apologize, too.

번역 M 미안해요, 밀려고 한 건 아닌데. 괜찮으세요?
     W _____

(a) 아니, 그럴 만한 가치가 없어요.
(b) 걱정 마세요, 전 괜찮아요.
(c) 네, 고맙습니다.
(d) 저도 사과드릴게요.

해법 실수에 대해 상대방에게 사과하고 있으므로 적절한 반응은 괜찮다고 말하는
     (b)이다. (d)는 여자의 말을 들은 후 다시 남자가 말할 수 있는 표현이다.
     mean to ~하려 하다, 의도하다   **worth** ~할 가치가 있는   **appreciate**
     감사하다   **apologize** 용서하다

6

W   How was your interview?
M   _____

(a) It drives me crazy.
(b) It was this morning.
✔ (c) I think I did all right.
(d) I didn't speak to him.

번역 W 면접은 어땠어?
     M _____

(a) 그것 때문에 미치겠어.
(b) 오늘 아침이었어.
(c) 괜찮게 한 것 같아.
(d) 나는 그에게 말하지 않았어.

해법 인터뷰를 잘했냐는 질문이므로 괜찮게 잘했다는 (c)가 자연스럽다. (a)의
     〈drive+사람+crazy〉는 '~를 화나게[미치게]하다'라는 표현이다.
     interview 인터뷰, 면접   **drive** ~하게 만들다

7

M   Do you know when the next train is due?
W   _____

(a) In front of the post office.
✔ (b) I'll look up the timetable.
(c) It takes about half an hour.
(d) I've waited for forty minutes.

번역 M 다음 기차는 언제 도착할 예정인지 아니?
     W _____

(a) 우체국 앞이야.
(b) 내가 시간표를 찾아볼게.
(c) 30분 정도 걸려.
(d) 40분 기다렸어.

해법 간접의문문이지만 결국 묻고 있는 것은 기차가 도착하는 시점이다. 시간표를
     찾아 확인하겠다는 (b)가 상황에 어울리는 답이 된다.
     due 도착할 예정인   **in front of** ~앞에   **look up** ~을 찾아보다   **timetable**
     시간표   **take** ~가 걸리다   **half** 절반

8

M   Would you mind turning down the volume?
W   _____

(a) I'm going to hear it.
(b) It's possible to turn.
✔ (c) I'm sorry it's too loud.
(d) Of course not. I'll turn it on.

번역 M 볼륨을 좀 줄여주겠니?
     W _____

(a) 나는 그걸 들을 거야.
(b) 회전하는 것이 가능해.
(c) 너무 소리가 커서 미안해.
(d) 물론 괜찮아. 내가 그걸 켤게.

해법 Would you mind -ing?는 '~해주겠어요?'라는 표현이며 볼륨을 줄여 달라
     는 말에 소리가 너무 컸던 것에 대한 사과를 하고 있는 (c)가 적절하다.
     turn down ~을 낮추다   **possible** 가능한   **turn** 회전하다, 돌리다   **turn on**
     ~을 켜다

9

M How would you like your coffee?

W _____

(a) Sure, I'd love one.
(b) That sounds great.
(c) I bought some this morning.
✔ (d) With cream and sugar, please.

번역 M 커피 어떻게 마실래?

W _____

(a) 물론, 한잔 마실게.
(b) 좋은 생각이야.
(c) 오늘 아침에 좀 샀어.
(d) 크림하고 설탕하고 같이 부탁할게.

해법 커피를 어떤 식으로 마시고 싶냐고 물었으므로 설탕과 크림을 넣어 먹겠다는 (d)가 적절하다. (a)는 커피를 권할 때 가능한 응대 표현이다.
That sounds great. 좋은 생각이야.

10

W Why did you leave so early last night?

M _____

(a) Yeah, it was fast.
✔ (b) I just got too tired.
(c) Everyone has already left.
(d) I have homework to do tomorrow.

번역 W 어젯밤에 왜 그렇게 일찍 떠났니?

M _____

(a) 응, 빨랐어.
(b) 그냥 너무 피곤했어.
(c) 모두 이미 떠났어.
(d) 내일 해야 할 숙제가 있어.

해법 어젯밤에 일찍 떠난 이유를 묻고 있으므로 피곤했다는 (b)가 자연스럽다. (a)는 early / fast를 혼동한 오답 함정이다.

11

W The cost of your books comes to $120.

M _____

(a) I'd like to read one.
(b) That's high at $200.
(c) I don't have a credit card.
✔ (d) That's more than I thought.

번역 W 책 값은 모두 120달러입니다.

M _____

(a) 한 권 읽고 싶어요.
(b) 200달러라니 비싸네요.
(c) 신용카드가 없는데요.
(d) 생각보다 많네요.

해법 책을 사고 계산을 하는 상황이다. 총액이 120달러가 나왔다는 말에 생각보다 많다고 반응하는 (d)가 적절한 응답이다.
cost 비용 **come to** 합계가 ~가 되다

12

M This term paper is a real pain to do.

W _____

✔ (a) I can give you a hand.
(b) Just hand it in next term.
(c) I hope you get better soon.
(d) We're out of paper anyway.

번역 M 이 기말 과제는 정말 골칫거리야.

W _____

(a) 내가 도와줄 수 있어.
(b) 그냥 다음 학기에 제출해.
(c) 곧 나아지기를 바랄게.
(d) 어쨌든 종이가 다 떨어졌어.

해법 pain은 신체적 고통과 정신적인 골칫거리 모두를 의미한다. 기말 과제 때문에 힘들어하는 남자의 말을 듣고 돕겠다고 한 (a)가 적절하다.
term paper 기말 보고서 **pain** 고통, 골칫거리 **give … a hand** ~를 돕다
hand in ~을 제출하다 **term** 학기; 용어 **get better** (병세가) 나아지다
be out of ~가 떨어지다

13

M How did you sleep last night?

W _____

(a) No, I'm tired!

✔ (b) I slept like a log.

(c) It was noticeable.

(d) In the hotel room.

번역 M 어젯밤 어떻게 잤니?

W _____

(a) 아니, 난 피곤해!

(b) 아주 푹 잘 잤어.

(c) 눈에 띄었어.

(d) 호텔방에서.

해법 어젯밤에 어떻게 잤냐고 물었으므로 '푹 잤다'는 (b)가 정답이다. sleep like a log는 통나무처럼 꿈쩍 않고 푹 잘 자다는 비유적 표현이다. 의문사를 놓치면 (d)를 오답으로 착각할 수도 있다.

sleep like a log 푹 자다 **noticeable** 눈에 띄는, 현저한

14

W I need to run some more tests before giving you a final diagnosis.

M _____

(a) You should have studied harder.

✔ (b) I was hoping to find out sooner.

(c) It's time to prepare for the test.

(d) I have given her the diagnosis.

번역 W 최종 진단을 내리기 전에 몇 가지 검사를 더 해야 합니다.

M _____

(a) 당신은 더 열심히 공부했어야 했어요.

(b) 더 일찍 발견할 수 있었으면 좋았을 텐데요.

(c) 이제 시험 준비를 할 시간이에요.

(d) 나는 그녀에게 진단을 내렸어요.

해법 진단이라는 말로 미루어 여기서 test란 시험이 아니라 병원에서의 검사를 말하는 것이다. 따라서 (b)에서 발견하는 대상은 진단 결과일 것이므로 (b)가 적절한 응답이다.

run test 검사하다 **diagnosis** 진단 **should have p.p.** ~했어야 했다

15

W Should I get some bread on my way back home?

M _____

(a) It's not certain if it will.

(b) I will have lunch instead.

✔ (c) That'd be great if you could.

(d) I am going to be shopping.

번역 W 집에 돌아가는 길에 빵을 좀 사갈까?

M _____

(a) 그럴지 확실하지 않아.

(b) 대신 점심을 먹겠어.

(c) 그럴 수 있으면 좋지.

(d) 나는 쇼핑을 하고 있을 거야.

해법 여자가 빵을 사가야 할 것인지 물었으므로 '그러면 좋겠다'는 (c)가 정답이다.

on one's way back home 집으로 돌아가는 길에 **instead** 대신

16

W The TV is always on when I get home.

M Would you like me to turn it off?

W Aren't you worried you watch too much TV?

M _____

(a) No, I'm not worried about you at all.

✔ (b) I don't think I do, actually.

(c) That's my favorite program.

(d) Would you rather watch TV with me?

번역 W 내가 집에 올 때마다 항상 TV가 켜져 있어.

M TV를 껐으면 좋겠어?

W 너무 TV를 많이 보는 것 같은데 걱정되지 않아?

M _____

(a) 아니, 난 너에 대해 전혀 걱정하지 않아.

(b) 사실 그렇다고 생각하지 않는데.

(c) 저건 내가 가장 좋아하는 프로그램이야.

(d) 차라리 나랑 같이 TV를 보겠어?

해법 여자가 남자의 TV 시청에 대해 걱정하고 있는 내용으로 알맞게 이어질 수 있는 남자의 반응은 자신은 많이 본다고 생각하지 않는다는 (b)이다.

TV is on. TV가 켜 있다. **turn off** 끄다 **favorite** 가장 좋아하는

17

M Hey, Kathy. How was your tennis match?
W We had to cut our game short.
M Sorry to hear that. What happened?
W _____

(a) We enjoyed playing our game.
(b) My partner took a shortcut.
(c) I won the tennis match.
✔ (d) It started to rain.

번역 M 안녕, 캐시. 테니스 시합은 어땠어?
W 게임을 중간에 끝내야 했어.
M 저런 안됐구나. 무슨 일이 있었는데?
W _____

(a) 우리는 게임을 즐겁게 했어.
(b) 내 파트너가 지름길로 왔어.
(c) 내가 테니스 시합을 이겼어.
(d) 비가 오기 시작했어.

해법 테니스 시합을 짧게 끝내야 했던 상황에 대한 이유를 묻고 있다. (d)의 '비가 오기 시작했다'는 대답이 가장 어울린다.
cut short 단축하다, 줄이다   **shortcut** 지름길

18

W You're wearing a cool hat.
M I'm glad you like it.
W Where did you get it?
M _____

(a) I left it at the shopping mall.
✔ (b) It was a gift from a friend.
(c) I did. Thanks for asking.
(d) I got it last week.

번역 W 멋있는 모자를 쓰고 있네.
M 네 마음에 든다니 기뻐.
W 어디서 났어?
M _____

(a) 쇼핑몰에 두고 왔어.
(b) 친구가 선물해 줬어.
(c) 내가 그랬어. 물어봐 줘서 고마워.
(d) 지난주에 구했어.

해법 여자는 남자가 쓰고 있는 모자를 칭찬하면서 어디서 났냐고 질문하고 있으므로 쇼핑 장소 대신 선물로 준 사람을 언급한 (b)가 어울린다. 모자에 대한 언급 상황만 파악하고 (a) shopping mall과 연관해서 착각하지 않도록 한다.
wear 입다. (모자·장갑·안경 등을) 쓰다   **cool** 멋진, 근사한

19

M Here's today's mail.
W Is there a package for me?
M No. When is it supposed to arrive?
W _____

(a) I sent it a little late.
(b) It arrived two days ago.
(c) I placed an order recently.
✔ (d) It was due here yesterday.

번역 M 오늘 온 편지예요.
W 나한테 온 소포가 있나요?
M 아니요. 언제 도착할 예정이에요?
W _____

(a) 내가 좀 늦게 보냈어요.
(b) 이틀 전에 도착했어요.
(c) 최근에 주문했어요.
(d) 어제 도착 예정이었어요.

해법 여자가 자기 앞으로 온 소포를 찾자 남자가 언제 도착할 예정인지를 묻고 있다. 예정대로라면 어제 도착했어야 한다고 대답하는 (d)가 정답이다.
be supposed to ~할 예정이다   **place an order** 주문하다   **recently** 최근의   **due** ~할 예정인

20

W What are you going to do tomorrow?
M I have to pick up some friends at the airport.
W Oh, where are they coming from?
M _____

(a) Hawaii is where I'm going.
(b) I haven't met them before.
✔ (c) They're flying in from Mexico.
(d) They don't come here very often.

번역 W 내일 뭐 할 거니?
M 공항에 친구들을 마중가야 해.
W 아, 친구들이 어디서 오는데?
M _____

(a) 내가 가는 곳은 하와이야.
(b) 전에 그들을 만난 적이 없어.
(c) 멕시코에서부터 오는 거야.
(d) 그들은 여기 그리 자주 오지 않아.

해법 공항에 친구들을 마중가는 남자에게 여자가 어디서 오는 친구들이냐고 묻는 상황이다. 어디에 해당하는 정보 멕시코가 들어 있는 (c)가 정답이다.
pick up 픽업하다. (차로) 마중하다

21

M How did you do on the history test?

W I don't think I did very well. How about you?

M The short answers were easy but the essay was hard.

W _____

(a) Yeah. Everything was fairly easy.

✔ (b) I thought it was all too difficult.

(c) I'm looking forward to it.

(d) Right. It certainly wasn't.

번역 M 역사 시험 어떻게 됐니?

번역 M 역사 시험 어떻게 됐니?

      W 그리 잘한 것 같지 않아. 넌 어때?

      M 단답식은 쉬웠는데 에세이 부분이 어려웠어.

      W _____

      (a) 맞아. 모든 것이 꽤 쉬웠어.

      (b) 나는 전부 너무 어렵다고 생각했어.

      (c) 그것을 기대하고 있어.

      (d) 맞아. 분명 그렇지가 않았어.

해법 여자와 남자가 함께 치른 시험에 대해 이야기하고 있다. 시험 문제에 대한 남자의 생각을 듣고 역시 자신의 의견을 말하는 (b)가 적절하다.

fairly 꽤 look forward to ~을 기대하다, 고대하다 certainly 분명히, 확실히

22

W Did you remember to get some milk?

M I'm sorry. I forgot to.

W How am I supposed to make my cake now?

M _____

(a) You didn't tell me about it.

✔ (b) I'll go back to the store right now.

(c) But you don't drink milk.

(d) Actually, I don't need any.

번역 W 우유 사오는 것 기억했어?

      M 미안해. 잊어버렸어.

      W 이제 케이크를 어떻게 만들란 말이야?

      M _____

      (a) 나한테 그런 얘기 안 했잖아.

      (b) 지금 당장 가게에 다시 갈게.

      (c) 하지만 넌 우유 마시지 않잖아.

      (d) 사실, 난 전혀 필요하지 않아.

해법 여자가 사오라고 부탁한 우유를 남자가 깜빡 잊어서 여자가 불평하는 대화이다. 다시 가서 사오겠다는 뜻의 (b)가 정답이다. 남자가 첫 번째 대화에서 forgot이라고 언급했기 때문에 (a)는 오답이다.

23

M Could you help me choose a laptop?

W Of course. How much are you looking to spend?

M I don't want to spend more than $800.

W _____

(a) Yeah, laptops are pretty expensive.

(b) That sounds reasonable. I'll take it.

✔ (c) We have a few in that price range.

(d) You can't find any laptops here.

번역 M 노트북 고르는 것 좀 도와주겠어요?

      W 물론이죠. 어느 정도 예산하고 계세요?

      M 800달러 이상은 쓰고 싶지 않아요.

      W _____

      (a) 네, 노트북은 꽤 비싸지요.

      (b) 적당한 것 같아요. 그걸로 할게요.

      (c) 그 가격대에 몇 가지가 있어요.

      (d) 여기서는 노트북을 찾을 수 없어요.

해법 남자가 노트북을 사면서 점원의 도움을 청하고 있다. 가격대를 제시하였으니 (c)처럼 이어가는 게 자연스럽다.

laptop 노트북 reasonable 합리적인, 적당한 price range 가격대, 가격범위

24

W How are you getting to Montreal?

M I'm taking the bus.

W How long is the ride?

M _____

(a) I'll be there for four nights.

(b) The train would be faster.

(c) I'm leaving right now.

✔ (d) About five hours.

번역 W 몬트리올에는 어떻게 가니?

      M 버스를 타.

      W 버스로 얼마나 걸려?

      M _____

      (a) 거기서 나흘 밤 묵을 거야.

      (b) 기차가 더 빠를 거야.

      (c) 지금 당장 떠나.

      (d) 다섯 시간 정도.

해법 몬트리올까지 가는 데 얼마나 걸리는가를 묻고 있으므로 시간을 이야기해 주는 (d)가 이어져야 한다. (a)는 How long과 Montreal을 서로 연상시켜 고를 수 있는 오답 함정이다.

get to ~에 도착하다, 다다르다 take the bus 버스를 타다 ride 승차 시간

25

W Do you have plans next Saturday?
M No, I don't. Why?
W Why not come to a party at my house?
M _____

(a) Unfortunately, I have plans.
(b) I forgot that you invited me.
✔(c) Thanks! That sounds like fun.
(d) Yes, your house is close to the subway.

번역 W 다음 토요일에 계획 있어요?
M 아니요. 왜요?
W 그럼 우리 집에서 하는 파티에 오지 않을래요?
M _____

(a) 유감스럽게도 계획이 있어요.
(b) 나를 초대했다는 사실을 잊었어요.
(c) 고마워요! 재미있겠네요.
(d) 그래요, 당신 집은 지하철에서 가까워요.

해법 파티 초대에 대한 응답으로 가장 적절한 것은 파티에 대해 기대감을 나타낸 (c)이다. (a)는 이미 계획이 없다고 말한 뒤이므로 어색하고, (b)는 지금 처음 초대하는 것이므로 불가능한 대답이다.
unfortunately 유감스럽게도, 안됐지만

26

M What's wrong with that woman?
W She always talks to herself but she's harmless.
M She seems kind of crazy to me.
W _____

(a) She's crazy about a lot of people.
(b) You didn't have to talk to her.
✔(c) Yeah, she lives in her own world.
(d) Don't worry. It's not your fault.

번역 M 저 여자는 뭐가 문제야?
W 항상 혼잣말을 하지만 남에게 피해를 주진 않아.
M 내가 보기엔 좀 정신이 이상한 것 같은데.
W _____

(a) 그녀는 많은 사람들을 매우 좋아해.
(b) 그녀에게 말을 할 필요가 없었어.
(c) 맞아, 그녀는 자기 혼자만의 세상에 살아.
(d) 걱정하지 마. 그건 네 잘못이 아니야.

해법 정신이 약간 이상한 여자에 대한 이야기를 나누고 있다. (c)의 lives in her own world라는 표현은 남들은 이해할 수 없는 자기만의 세계에 산다는 의미로 정신이 좀 이상하다는 뜻이므로 대화의 맥락에 어울린다.
talk to oneself 혼잣말하다 **harmless** 무해한 **kind of** 조금, 다소
be crazy about ~을 몹시 좋아하다 **fault** 잘못, 결점

27

W Carl! Good to see you. What's new?
M I got a part-time job at the ice cream shop on my street.
W That's great. When did you start working there?
M _____

(a) The pay isn't too bad.
✔(b) A couple of weeks ago.
(c) I only work on weekends.
(d) I start at 11 in the morning.

번역 W 칼! 만나서 반가워. 어떻게 지내니?
M 우리 집 근처 아이스크림 가게에서 아르바이트를 구했어.
W 잘됐구나. 언제부터 일하기 시작했어?
M _____

(a) 급료는 그리 나쁘지 않아.
(b) 몇 주 전에.
(c) 나는 주말에만 일해.
(d) 오전 11시에 시작해.

해법 새로 구한 아르바이트 자리에 대한 이야기를 나누고 있으며 언제부터 일을 시작했냐고 물었으므로 시점을 언급한 (b)가 정답이다.
What's new? 어떻게 지내니? **part-time job** 아르바이트 **pay** 급료
a couple of 두서너 개의

28

M Ma'am, could I ask you some questions for a survey?
W Sorry, but I'm in a bit of a hurry.
M It'll only take about five minutes.
W _____

(a) Only if you can spare the time.
✔(b) I'm afraid I don't have the time.
(c) But I'm not sure what time to leave.
(d) That's how long it'll take to get there.

번역 M 실례지만, 조사를 위해 몇 가지 질문을 해도 될까요?
W 미안하지만 좀 바빠요.
M 한 5분밖에 걸리지 않을 거예요.
W _____

(a) 당신이 그 시간을 낼 수 있다면요.
(b) 미안하지만 시간이 없군요.
(c) 하지만 나는 언제 떠나야 할지 잘 몰라요.
(d) 그게 바로 거기 도착하는 데 걸릴 시간이에요.

해법 설문 조사를 부탁하는 남자에게 여자가 바쁘다며 거절하고 있다. 단 5분도 없다며 거절하는 (b)가 가장 잘 어울린다.
survey 조사 **a bit** 약간, 다소 **in a hurry** 서두르는, 바쁜 **spare** (시간을) 할애하다

29

W I ran into Jim Vale at the post office today.

M How's he doing?

W Great. He's getting married next month.

M _____

(a) He's been working there for a while.

(b) Too bad we missed the wedding.

✔ (c) That is wonderful news.

(d) I am really happy for you.

Actual Test 3

번역 W 오늘 우체국에서 짐 베일을 우연히 만났어.

M 어떻게 지낸대?

W 잘 지내. 다음 달에 결혼한대.

M _____

(a) 그가 거기서 일한 지 한참됐어.

(b) 결혼식을 놓치다니 유감이야.

(c) 정말 좋은 소식이네.

(d) 네가 잘 되어 정말 기뻐.

해법 아는 사람이 결혼한다는 소식에 기뻐해주는 내용이 이어지는 (c)가 정답이다. (b)는 결혼식을 놓친(missed) 후에 할 수 있는 응답이다.

run into ~와 우연히 만나다 **get married** 결혼하다 **for a while** 한동안 **miss** 놓치다

30

W Is this jacket on sale?

M Yes. All coats and jackets are 15% off.

W May I try it on?

M _____

✔ (a) Certainly. There's a mirror over there.

(b) Of course. Take it when you go.

(c) Yes. You'll need a receipt.

(d) You can wear it at any time of year.

번역 W 이 재킷 세일하는 거예요?

M 네. 모든 코트와 재킷을 15퍼센트 할인해 드립니다.

W 입어봐도 될까요?

M _____

(a) 물론이죠. 저쪽에 거울이 있어요.

(b) 물론이죠. 갈 때 가져가세요.

(c) 네. 영수증이 필요합니다.

(d) 일년 중 어느 때라도 입을 수 있어요.

해법 try는 몸에 맞는지, 어울리는지 한번 입어보는 것을 말한다. 입어봐도 되냐는 질문에 흔쾌히 허락하며 거울이 있는 곳을 안내하는 (a)가 자연스럽다.

on sale 할인 중인 **off** 할인인 **try on** 입어보다 **receipt** 영수증 **at any time of year** 일년 중 어느 때나

31

W Thank you for calling Orinoco.com. How may I help you?

M Hi. Some of the plates I ordered arrived broken.

W I do apologize. Do you have your order number?

M Yes. It's 8370.

W Your order was sent out on the 20th. Is that right?

M Yes. I got them on the 27th, but three of them were in pieces.

Q: What is the man mainly doing?

(a) Buying someone a present.

(b) Ordering some new products.

(c) Requesting a refund on an order.

✔ (d) Complaining about a damaged order.

번역 W 오리노코 닷컴에 전화 주셔서 감사합니다. 어떻게 도와드릴까요?

M 네. 제가 주문한 접시 몇 장이 깨져서 왔어요.

W 정말 죄송합니다. 주문 번호를 갖고 계신가요?

M 네. 8370입니다.

W 주문은 20일에 발송되었네요. 맞나요?

M 네. 27일에 받았는데 그중 세 장이 조각나 있더군요.

Q: 남자는 무엇을 하고 있나?

(a) 누군가를 위한 선물 구매.

(b) 새 상품 주문.

(c) 주문에 대한 환불 요청.

(d) 손상된 주문품에 대한 불평.

해법 남자가 주문한 접시가 깨진 상태로 도착하여 불평을 하는 통화 내용이므로 정답은 (d)이다. 대화 상황만 놓고 (c)를 성급하게 상상하지 않도록 주의한다.

in pieces 산산조각으로 **product** 제품 **request** 요청하다 **refund** 환불 **damaged** 손상된

32

W   Let's go out tonight.
M   OK. Do you want to watch a movie?
W   Not really, I want to do something new and exciting.
M   All right, then. How about we go dancing?
W   Or we could try a new restaurant.
M   Sure, let's have a look downtown.

Q: What are the man and woman mainly doing?
(a) Arguing about what to do.
✔ (b) Making plans for the evening.
(c) Deciding on a movie to watch.
(d) Arranging a dinner reservation.

번역 W 오늘 저녁에 외출해요.
M 좋아. 영화 보고 싶어?
W 별로요. 뭔가 새롭고 흥미로운 일을 하고 싶어요.
M 좋아. 그렇다면. 춤 추러 갈까?
W 아니면 새 레스토랑에 가볼 수도 있고요.
M 좋지. 시내를 한번 살펴보자.

Q: 두 사람은 무엇을 하고 있는가?
(a) 무엇을 할지에 대한 말다툼.
(b) 저녁 시간 계획.
(c) 볼 영화 결정.
(d) 저녁 식사 예약.

해법 영화, 춤, 식사 등 다양한 계획이 논의되고 있으므로 모든 내용을 포괄하는 (b)가 정답이다. 남자가 여자의 제안을 모두 긍정적으로 수용하고 있으므로 (a)의 Arguing은 어울리지 않는다. (d)에 나오는 Arranging은 식당 등을 정해서 예약할 때 자주 등장하는 어휘이다.
go out 외출하다   **have a look** 살펴보다   **downtown** 시내   **argue** 말다툼하다   **make plans** 계획을 세우다   **arrange** 정하다, 준비하다   **reservation** 예약

33

M   Why is the subway taking so long?
W   I guess it's behind schedule.
M   Now we're going to be late for the concert.
W   Should we try to catch a cab?
M   No. We'll get stuck in traffic at this hour.
W   Maybe we should just walk.

Q: What is the conversation mainly about?
(a) Why the subway is late.
(b) Why it is best to catch a cab.
✔ (c) How to get to the concert.
(d) The problem with heavy traffic.

번역 M 지하철이 왜 이렇게 오래 걸리는 거야?
W 연착되고 있는 것 같아.
M 콘서트에 늦겠군.
W 택시를 잡아야 할까?
M 아니. 이 시간에는 교통이 혼잡할 거야.
W 그냥 걸어가야 할 거 같다.

Q: 대화 내용은?
(a) 지하철이 늦는 이유.
(b) 택시를 타는 것이 가장 좋은 이유.
(c) 콘서트에 가는 방법.
(d) 교통 혼잡의 문제점.

해법 콘서트에 가기 위해 지하철, 택시, 걷기 등 다양한 대안을 논의하고 있으므로 이를 포괄하는 (c)가 정답이다.
behind schedule 일정보다 늦은   **catch a cab** 택시를 잡다   **get stuck in traffic** 교통에 발이 묶이다   **heavy traffic** 교통 혼잡

34

W   Hi, Charles. I'm calling to say I'm still at the airport.
M   What? Your flight hasn't left yet?
W   No. The plane had some engine trcuble.
M   How long is it going to take to fix it?
W   I don't know. I might not be able to make the wedding.
M   Oh, no! That's awful.

Q: What is the woman mainly talking about?
(a) A plane with engine problems.
(b) A wedding she will attend.
(c) A late arrival of a flight.
✔ (d) A troubling flight delay.

번역 W 여보세요. 찰스. 나 아직 공항에 있다고 말하려고 전화하는 거야.
M 뭐? 비행기가 아직 출발 안 한 거야?
W 응. 비행기 엔진에 문제가 있대.
M 고치는 데 얼마나 걸릴 것 같아?
W 몰라. 어쩌면 결혼식에 못 갈지도 몰라.
M 저런! 너무하네.

Q: 여자의 대화 내용은?
(a) 비행기 엔진 고장.
(b) 참석할 결혼식.
(c) 비행기 연착.
(d) 비행기 지연 문제.

해법 대화의 전반적인 내용은 비행기 출발이 늦어져서 이를 걱정하고 있는 것이다. (a)나 (b)는 너무 세부적인 내용만을 다루고 있고, (c)는 대화에 언급된 것과 다르기 때문에 오답이다.
fix 수리하다, 고치다   **awful** 지독한, 심한   **attend** 참석하다   **troubling** 성가신, 문제가 되는   **delay** 지연

35

M Ann, great work on the presentation!

W Thanks. I think the client really liked our ideas.

M Of course. The new advertisement will make him a lot of money.

W But he said we need to be careful about the budget.

M Yes, we should talk about that. Are you free for lunch?

W Yes, but first let me make a phone call.

Q: What are the speakers talking about?
(a) An urgent lunch meeting.
✔ (b) An advertising campaign.
(c) A decrease in their budget.
(d) A phone call the woman will make.

번역 M 앤, 프레젠테이션 정말 좋았어요!
W 고마워요. 고객이 우리 아이디어를 매우 마음에 들어한 것 같아요.
M 당연하죠. 새 광고가 그에게 큰돈을 벌어줄 거예요.
W 하지만 그는 예산에 신경 써야 한다고 말했어요.
M 네, 그 이야기를 해봐야 해요. 점심 먹을 시간 있어요?
W 네, 먼저 전화 한 통 하고요.

Q: 화자들의 대화 내용은?
(a) 긴급한 점심 미팅.
(b) 광고 계획.
(c) 예산 삭감.
(d) 여자가 걸어야 할 전화.

해법 새로운 광고 프레젠테이션의 성공과 관련 예산 문제 등이 논의되고 있으므로 (b)가 정답이다. (a)나 (c), (d) 모두 대화에 언급되기는 했지만 부분적인 내용이므로 답이 될 수 없다.
presentation 프레젠테이션 **advertisement** 광고 **careful** 주의 깊은, 신중한 **budget** 예산 **make a phone call** 전화를 걸다 **urgent** 긴급한 **decrease** 감소

36

W Bill, are you doing much this weekend?

M Not really. Why? What's up?

W Can you feed my cats while I'm away?

M Sure, no problem. Just tell me how.

W Just give them some food and water each day. I'll leave the cat food out for you.

M OK. I'll need a key to your place, though.

Q: What are the speakers mainly talking about?
(a) Feeding hungry cats.
✔ (b) Taking care of some pets.
(c) Going away for the weekend.
(d) Buying cat food on the weekend.

번역 W 빌, 이번 주말에 할 일 많아요?
M 별로요. 왜요? 무슨 일이에요?
W 내가 없는 동안 우리 고양이들 먹이 좀 줄 수 있어요?
M 그래요. 문제 없어요. 방법만 알려주세요.
W 매일 먹이하고 물을 조금 주면 돼요. 내가 고양이 먹이를 내놓을게요.
M 좋아요. 그런데 당신 집 열쇠가 필요하겠네요.

Q: 화자들의 대화 내용은?
(a) 배고픈 고양이 먹이 주기.
(b) 애완동물 돌보기.
(c) 주말 여행.
(d) 주말에 고양이 먹이 구입.

해법 여자가 주말에 집을 비우면서 자기 고양이들에게 먹이를 줄 것을 부탁하고 있다. 따라서 (b)가 정답이다.
feed 먹이다, 먹이를 주다 **take care of** ~을 돌보다 **pet** 애완동물 **go away** 떠나다, 가다

37

M Mary, I feel terrible. I broke your blender.

W Oh, no. What happened?

M I think I put too much ice in it. Can I buy you a new one?

W That old model is no longer sold.

M Really? Can I get you a different one, a better one?

W Wow. That's sweet of you. Thanks.

Q: Which is correct according to the conversation?
(a) The woman broke a blender.
(b) The man tried to blend fruit.
(c) The woman's blender is new.
✔ (d) The man wants to buy a blender.

번역 M 메리, 너무 미안해요. 당신 믹서를 고장 냈어요.
W 저런. 어떻게 된 거예요?
M 얼음을 너무 많이 넣었나 봐요. 새 걸로 하나 사드려도 될까요?
W 그 구 모델은 이제 팔지 않아요.
M 정말요? 그럼 다른 거, 더 나은 걸로 사드릴게요.
W 와. 정말 친절하세요. 고마워요.

Q: 대화에 따르면 옳은 것은?
(a) 여자는 믹서를 고장 냈다.
(b) 남자는 과일을 갈려고 했다.
(c) 여자의 믹서는 새 것이다.
(d) 남자는 믹서를 사려고 한다.

해법 남자가 여자의 믹서에 얼음을 너무 많이 넣고 갈아 고장 낸 상황이다. 남자가 새로 사주겠다고 했으므로 (d)가 정답이다. 여자의 두 번째 대화를 통해 (c)는 오답임을 알 수 있다.
blender 믹서 **no longer** 더 이상 ~ 않다 **sweet** 다정한, 친절한

38

W Andrew, I heard your father was in the hospital. Is he OK?

M Yeah, he had a heart attack but he's better now.

W That must have been scary.

M It sure was. He's on a strict diet now.

W I hope that will help.

M Yeah. And he'll have to exercise more.

Q: Which is correct about Andrew's father according to the conversation?

(a) He had a heart operation.

✔ (b) He survived a heart attack.

(c) He returned to a normal diet.

(d) He will work out less often.

번역 W 앤드루, 아버님이 병원에 계셨다고 들었어. 괜찮으셔?
M 응, 심장 발작이 왔는데 지금은 나아지셨어.
W 많이 놀랐겠다.
M 정말 그랬어. 지금 철저하게 다이어트 중이셔.
W 그게 도움이 됐으면 좋겠어.
M 그래. 그리고 아버지는 운동도 더 하셔야 해.

Q: 대화에 따르면 앤드루 아버지에 대해 옳은 것은?
(a) 심장 수술을 받았다.
(b) 심장 발작을 이겨냈다.
(c) 정상 식단으로 돌아갔다.
(d) 운동을 덜 할 것이다.

해법 심장 발작으로 병원에 있는 남자의 아버지를 걱정하는 대화이다. 심장 발작이 왔지만 지금은 나아졌다고 했으니 (b)가 정답이다. 아직도 strict diet를 한다고 했으므로 (c)는 오답이다.
heart attack 심장 발작 **scary** 무시무시한, 겁나는 **be on a diet** 다이어트[식이요법] 중이다 **strict** 철저한 **heart operation** 심장 수술 **survive** 극복하다, 생존하다 **work out** 운동하다

39

M The rent for this apartment is $1,200 a month.

W That's a good price, but it's far from the subway.

M There's a bus you can take to the subway.

W Hmm. It is a nice apartment, and it's spacious and bright.

M This building allows pets, too.

W OK, I'll take it.

Q: Which is correct according to the conversation?

(a) The woman thinks the rent is expensive.

(b) The woman dislikes the apartment.

✔ (c) The apartment has a lot of room.

(d) The apartment is rather dim.

번역 M 이 아파트의 임대료는 월 1,200달러입니다.
W 가격은 좋은데 지하철에서 좀 머네요.
M 지하철까지 가는 버스가 있어요.
W 음. 이 아파트는 넓고 밝아서 좋네요.
M 이 건물에서는 애완동물도 기를 수 있답니다.
W 좋아요, 이걸로 할게요.

Q: 대화에 따르면 옳은 것은?
(a) 여자는 임대료가 비싸다고 생각한다.
(b) 여자는 아파트를 좋아하지 않는다.
(c) 아파트에는 공간이 많다.
(d) 아파트는 다소 어둡다.

해법 집을 구하는 여자와 부동산 중개인의 대화이다. spacious라는 표현을 room으로 패러프레이징한 (c)가 정답이다. 여자가 good price, bright라고 언급했으므로 (b), (d) 모두 오답이다.
rent 임대료 **far from** ~에서 먼 **spacious** 넓은 **allow** 허용하다 **dislike** 좋아하지 않다 **room** 공간 **dim** 어두운

40

M What should we do for Mom's 60th birthday?

W We could take her out for dinner at the Garden Restaurant.

M That would be nice, but it's pricey there.

W Come on! It's Mom's birthday!

M OK. And let's invite aunt Martha and uncle Jack.

W She'll be surprised to see them.

Q: Which is correct according to the conversation?

✔ (a) The man's mother will turn 60.

(b) The Garden Restaurant is inexpensive.

(c) The dinner is for immediate family members only.

(d) The mother expects to see Jack at her birthday.

번역 M 어머니 환갑 때 뭘 해야 하지?
W 가든 레스토랑에 모시고 가서 저녁을 먹자.
M 그거 괜찮겠다. 그런데 그 식당은 매우 비싼데.
W 이봐! 엄마 생신이야!
M 그래. 마사 이모와 잭 이모부도 초대하자.
W 엄마가 그분들을 보면 놀라실 거야.

Q: 대화에 따르면 옳은 것은?
(a) 남자의 어머니는 60세가 된다.
(b) 가든 레스토랑은 비싸지 않다.
(c) 저녁 식사는 직계 가족들만을 위한 것이다.
(d) 어머니는 생일에 잭을 볼 거라 예상하고 있다.

해법 어머니의 60세 생신을 계획하고 있으므로 (a)가 정답이다. aunt Martha, uncle Jack에 대한 언급은 있지만 혈육만 초대한다는 (c)도 옳지 않고, 어머니가 놀라실 거라고 했으니 (d) 역시 틀린 내용이다.
pricey 값비싼 **turn** 되다, 변하다 **inexpensive** 저렴한 **immediate family** 혈육

41

W How's your science project going?

M Don't ask. I ran into a big problem.

W Why? Aren't your plants growing very well?

M They grew better than expected but my rabbit ate the leaves.

W Oh, dear. Is it too late to start over?

M Yeah. I want to ask Mr. Meyers for an extension.

Q: Why does the man want an extension for his project?
(a) His plants are not growing well.
✔ (b) His pet ate part of his plants.
(c) He wants to start a new topic.
(d) He was told to ask for one.

Actual Test 3

번역 W 과학 프로젝트는 어떻게 되어가고 있어?

M 묻지도 마. 큰 문제가 생겼어.

W 왜? 네 식물들이 잘 자라지 않아?

M 기대했던 것보다 훨씬 더 잘 자랐는데 내 토끼가 잎을 뜯어먹었어.

W 어머나. 다시 시작하기엔 너무 늦었니?

M 응. 마이어스 선생님께 기간을 연장해 달라고 해야겠어.

Q: 남자는 왜 프로젝트 기한 연장을 원하는가?
(a) 그의 식물이 잘 자라지 않는다.
(b) 그의 애완동물이 식물 일부를 먹어버렸다.
(c) 그는 새로운 주제를 시작하고 싶어 한다.
(d) 그는 연장을 요청하라는 말을 들었다.

해법 남자는 과학 프로젝트에 문제가 생겨 기한을 연장해야 할 상황이다. 문제의 원인은 그의 토끼가 식물을 뜯어먹은 것이므로 정답은 (b)이다.
run into 맞닥뜨리다 grow (식물 등이) 자라다 dear 어머나, 저런
extension 연장

42

W So, Mr. Waltham, how can I help you today?

M I'd like to close my account here at ABC Bank.

W I'm sorry to hear that. Can I ask why?

M I found another bank with lower fees.

W I'm sorry that you are leaving us.

M Well, when you lower your fees, I'll come back.

Q: What can be inferred from the conversation?
(a) ABC Bank charges the highest fees.
(b) The woman will not close the man's account.
(c) ABC Bank will lower its fees for the man.
✔ (d) At least one bank has lower fees than ABC Bank.

번역 W 월섬 씨, 오늘은 무엇을 도와드릴까요?

M ABC 은행에 있는 제 계좌를 정리하고 싶습니다.

W 유감스럽군요. 이유를 물어도 될까요?

M 다른 은행의 수수료가 더 낮더군요.

W 우리 은행을 떠나신다니 유감이네요.

M 네. 은행이 수수료를 낮추면 다시 돌아오겠습니다.

Q: 대화에서 추론할 수 있는 것은?
(a) ABC 은행이 가장 높은 수수료를 부과한다.
(b) 여자는 남자의 계좌를 정리하지 않을 것이다.
(c) ABC 은행은 남자를 위해 은행 수수료를 낮출 것이다.
(d) 적어도 한 은행은 ABC 은행보다 수수료가 낮다.

해법 남자가 다른 은행의 수수료가 더 낮다고 말했으므로 적어도 한 곳의 은행은 ABC 은행보다 수수료가 낮다는 것을 유추할 수 있으므로 (d)가 정답이다.
(a)처럼 highest인지는 알 수 없고, 남자의 마지막 말만 듣고 (c)를 판단할 수는 없다.
account 계정, 계좌 fee 수수료 charge 부과하다

43

M Let's take a dance class together.

W That's not for me. I have two left feet on the dance floor.

M That's exactly why you should take the class.

W What kind of dancing are you thinking of?

M There are several options, including ballroom dancing and swing.

W If I can fit it into my schedule, I will consider it.

Q: What can be inferred from the conversation?
✔ (a) The woman is not a good dancer.
(b) The man is starting a dance class.
(c) The man is an experienced dancer.
(d) The woman used to dance professionally.

번역 M 같이 댄스 수업 들어요.

W 그건 저랑 맞지 않는데요. 저는 춤이 매우 서툴러요.

M 그러니까 수업을 들어야죠.

W 어떤 종류의 댄스를 생각하고 있어요?

M 볼룸 댄스와 스윙을 포함해 몇 가지 선택안이 있어요.

W 일정에 맞출 수 있으면 고려해 볼게요.

Q: 대화로부터 추론할 수 있는 것은?
(a) 여자는 춤을 잘 추지 못한다.
(b) 남자는 댄스 수업을 시작하려고 한다.
(c) 남자는 숙련된 댄서다.
(d) 여자는 직업 댄서였다.

해법 have two left feet이라는 표현은 직역하면 왼쪽 발만 두 개라는 뜻으로 매우 서툴고 어색한 모습을 나타내므로 춤을 잘 추지 못한다는 내용의 (a)가 정답이다.
남자가 수업을 듣자고 제안한 내용만 가지고 (b)를 유추하기는 곤란하다.
have two left feet 동작이 어설프다[서툴다] take the class 수업을 듣다
option 대안, 선택 fit into 일정에 넣다 consider 고려하다 experienced
숙련된 professionally 전문적으로

44

M Michelle, how did your presentation go in Seattle on Monday?

W It went well. But I'm not sure how well yet.

M Oh, really? When will you know?

W I'm waiting to see how many of our products they order.

M I see. Well, let's hope for a big order.

W Right. I certainly need the commission.

Q: What can be inferred from the conversation?
(a) The man is the woman's boss.
(b) The woman is going back to Seattle.
(c) The man helped prepare the presentation.
✔ (d) The woman had a sales meeting in Seattle.

번역 M 미셸, 월요일에 시애틀에서 한 프레젠테이션은 어떻게 되었어요?
W 잘됐어요. 하지만 아직 얼마나 잘된 것인지는 모르겠어요.
M 오, 그래요? 언제 알게 되나요?
W 우리 제품을 얼마나 많이 주문하는지 보려고 기다리는 중이에요.
M 그렇군요. 자, 주문이 많이 들어오기를 기대해 봅시다.
W 맞아요. 수수료를 확실히 받아야지요.

Q: 대화에서 추론할 수 있는 것은?
(a) 남자는 여자의 상관이다.
(b) 여자는 시애틀로 돌아갈 것이다.
(c) 남자는 프레젠테이션 준비를 도왔다.
(d) 여자는 시애틀에서 영업 미팅을 했다.

해법 남자가 프레젠테이션이 어땠냐고 묻자 여자는 제품 주문을 기다리고 있다는 내용이 나오므로 여자가 시애틀에서 영업 미팅을 했음을 추론할 수 있다. 따라서 (d)가 정답이다. 남자가 여자의 boss인지, 프레젠테이션 준비를 도왔는지 여부는 대화만 듣고 판단할 수 없다.
presentation 프레젠테이션, 주제 발표 **product** 제품 **order** 주문하다 **commission** 수수료 **sales meeting** 영업 미팅

45

M My wrist is really bothering me these days.

W Have you seen a doctor about it?

M No. I think I've been using my mouse too much.

W Maybe you should do some hand exercises.

M I tried doing that, but it's still sore.

W Then I'd consult a specialist about it.

Q: What can be inferred about the man?
(a) He works out of his home.
(b) He is a web page designer.
(c) He broke his wrist while working.
✔ (d) He will need to see someone about his wrist.

번역 M 요새 손목이 너무 아파.
W 의사한테 가봤어?
M 아니. 아마 마우스를 너무 많이 쓰고 있나 봐.
W 어쩌면 넌 손 운동을 좀 해야 할지도 몰라.
M 해봤는데 아직도 아프네.
W 그렇다면 관련 전문가의 상담을 받아보는 게 좋겠다.

Q: 남자에 대해 추론할 수 있는 것은?
(a) 집에서 일한다.
(b) 웹 문서 디자이너이다.
(c) 일하다가 손목이 부러졌다.
(d) 손목 문제로 누군가를 만나야 할 것이다.

해법 남자는 마우스를 많이 사용하며 요즘 손목이 아파서 고생하고 있다. 하지만 (a)나 (b)를 추론하기에는 대화에서 제시된 정보가 부족하다. 여자가 나라면 전문가의 상담을 받아보겠다는 말을 하고 있으므로 (d)를 추론할 수 있다.
wrist 손목 **bother** 괴롭히다, 성가시게 하다 **exercise** 운동 **sore** 쑤신, 아픈 **consult** 상담하다 **specialist** 전문가 **work out of one's home** 집에서 일하다

46

At Allure Spa, we appreciate our clients that come back again and again. That's why we're proud to announce a great new deal for our valued return clients. Anyone who returns to have their hair styled by our team of professional stylists and colorists this month will receive a free facial treatment. Don't miss out! Schedule an appointment today by calling 838-5454.

Q: What is being advertised?
(a) A free haircut to all clients.
(b) A radical new facial treatment.
✔ (c) Free skin treatment for return clients.
(d) A new team of professionals at Allure Spa.

번역 알루어 스파를 계속 찾아주시는 고객님들께 감사드리고자 저희를 다시 찾아주시는 소중한 고객님들께 새로운 특별 서비스를 제공합니다. 이번 달에 저희 전문 스타일리스트나 염색 전문가 팀에게 머리 손질을 받는 재방문 고객님들은 무료 피부 관리를 받으실 수 있습니다. 이 기회를 놓치지 마십시오. 오늘 838-5454로 전화하셔서 예약하십시오.

Q: 광고하고 있는 것은?
(a) 모든 고객들을 대상으로 하는 무료 헤어컷.
(b) 혁신적인 얼굴 관리.
(c) 재방문 고객들을 위한 무료 피부 관리.
(d) 알루어 스파의 새로운 전문가 팀.

해법 광고 대상을 묻는 문제다. 알루어 스파를 다시 찾아주는 고객들, 즉 재방문하는 고객들만을 대상으로 무료 피부 관리를 서비스한다는 것이므로 (c)가 정답이다.
appreciate 감사하다 **announce** 발표하다 **deal** 거래, 매매 **valued** 소중한 **return client** 재방문 고객 **professional** 전문적인 **colorist** 염색 전문가 **facial** 얼굴의 **treatment** 관리 **miss out** 놓치다 **radical** 혁신적인

47

Students, have you thought about where you will be five years from now? Have you considered your career options? The truth is, it's never too early to start planning your future. Finding the right kind of job is extremely difficult and challenging. Every person is unique and is best suited to a particular field or position. You won't know what is best for you until you try it out for yourself. Whatever job you choose, it should interest you and not just be a way to earn money.

Q: What is the speaker mainly talking about?
(a) Challenging jobs.
(b) Choosing the right major.
✔ (c) Considering a future career.
(d) Graduating in five years' time.

번역 학생 여러분, 앞으로 5년 후 어디 있을지 생각해보셨습니까? 여러분의 직업 선택에 대해 고려해보셨습니까? 미래를 계획하는 데 너무 이른 때는 없다는 것은 진리입니다. 적절한 일을 찾는 것은 매우 어려우며 큰 도전이기도 합니다. 모든 사람은 저마다 고유하고 가장 잘 맞는 특정 분야나 직종이 있습니다. 스스로 시도해보기 전에는 어떤 것이 여러분에게 가장 잘 맞는지 알 수 없을 것입니다. 어떤 일을 선택하든지 단지 돈을 버는 수단이 아니라 흥미를 느낄 수 있어야 합니다.

Q: 화자가 주로 이야기하고 있는 것은?
(a) 도전적인 직업.
(b) 적절한 전공 선택.
(c) 미래의 직업에 대한 고려.
(d) 5년 내에 졸업하기.

해법 주제를 묻는 문제이므로 전체 내용을 포괄하면서 너무 세부적인 내용에만 치우치지 않는 답을 골라야 한다. 미래의 직업에 대해 생각해보고 계획할 것을 당부하는 내용의 글이므로 (c)가 적절한 주제이다.
career option 직업 선택 extremely 매우 challenging 도전적인
suited 알맞은 particular 특정 field 분야 interest 흥미를 끌다
earn (돈을) 벌다 major 전공 graduate 졸업하다

48

Hi, Lance. It's Liz. I just wanted to let you know that I'm still coming tonight but I'm running a bit late. I hope that doesn't inconvenience you too much. I'll try to get there as soon as I can, but my dog is a little sick so I have to take her to the vet's office. I don't think I'll be able to leave here in time to pick up the birthday cake. Maybe you can ask someone else to do it? See you soon.

Q: What is the message mainly about?
(a) Making a birthday cake.
✔ (b) A reason for being late.
(c) Buying a cake for Lance.
(d) A dog's health problems.

번역 안녕, 랜스. 나 리즈야. 오늘 밤에 가긴 하는데 좀 늦을 것 같아서 알려주려고. 크게 문제가 되지 않았으면 좋겠어. 가능하면 빨리 가도록 할게. 그런데 내 개가 좀 아파서 동물병원에 데려가야 해. 그래서 생일 케이크를 찾아갈 시간에 맞춰 출발할 수 없을 것 같은데. 다른 사람한테 부탁해 주겠니? 이따 보자.

Q: 메시지의 주된 내용은?
(a) 생일 케이크 만들기.
(b) 늦는 이유.
(c) 랜스를 위한 케이크 사기.
(d) 개의 건강 문제.

해법 전화 메시지의 주제는 그 메시지를 남기는 목적이라고 할 수 있다. 랜스에게 파티에 늦게 되는 이유를 설명하고 있으므로 (b)가 정답이다. (c)나 (d)는 메시지에서 언급되기는 하지만 지엽적인 내용이므로 적절하지 않다.
inconvenience 불편을 끼치다 as soon as I can 최대한 빨리 vet 수의사
pick up 찾아오다

49

Attention, all tenants. This is a reminder that the water will be shut off this afternoon from 1 to 3 p.m. I repeat, the water will be shut off this afternoon from 1 to 3 p.m. We are sorry about the inconvenience, but one of the pipes burst due to its freezing and immediate action is necessary. The maintenance staff is working on the pipe now and will need to switch off the water. We apologize in advance for the inconvenience. Please see me, the superintendent, if you have any questions. Thank you.

Q: What is the speaker mainly talking about?
(a) A burst water pipe.
✔ (b) A turning off of water supplies.
(c) An afternoon of building repairs.
(d) An adjustment to the maintenance schedule.

번역 주민 여러분께 알려 드립니다. 오늘 오후 1시부터 3시까지 단수가 될 것입니다. 다시 한번 알려드립니다. 오늘 오후 1시부터 3시까지 단수가 될 것입니다. 불편을 끼쳐 드려 죄송하지만 파이프 하나가 동파되어 즉각적인 조치가 필요합니다. 관리 직원들이 파이프를 고치고 있으며 곧 물을 잠글 것입니다. 불편에 대해 미리 사과드립니다. 궁금한 사항이 있으면 감독인 저를 찾으시기 바랍니다. 감사합니다.

Q: 화자가 말하고 있는 것은?
(a) 수도관 파열.
(b) 물 공급 중단.
(c) 오후 건물 수리.
(d) 보수 일정 조정.

해법 공고문은 흔히 주제나 목적을 묻는 문제가 나온다. 여기서는 한마디로 단수 통보를 하고 있는 것이므로 (b)가 정답이다. (a)는 사실이기는 하지만 전체 담화문 내용은 아니다.
tenant 주민 reminder 통지 shut off 닫다, 차단하다 burst 파열하다
immediate 즉각적인 maintenance 유지 보수 switch off 끄다 in
advance 미리 superintendent 감독 turn off (수도 따위를) 멎게 하다
supply 공급 adjustment 조정

50

Today, I'd like to talk about what I call the 8th Wonder of the World. This wonder is as impressive as the pyramids, the Parthenon, and the Colosseum. However, it is not from the ancient world. On the contrary, it is very modern. I'm talking about the Internet. It contains a huge amount of information resources and services. It allows us to look up information, chat online and send email, and makes many other things, which were unimaginable before, happen in the cyber world.

Q: What is the speaker mainly talking about?
(a) The wonders of the world.
(b) The relics of ancient societies.
✔ (c) The phenomenon of the Internet.
(d) The latest advances in technology.

번역 오늘 저는 세계 8대 불가사의라고 부르는 것에 대해 이야기하겠습니다. 이 불가사의는 피라미드, 파르테논 신전, 콜로세움만큼이나 인상적입니다. 하지만 이것은 고대에서 온 것이 아닙니다. 반대로 매우 현대적인 것입니다. 저는 인터넷에 대해 이야기하고 있습니다. 거기에는 엄청난 양의 정보와 서비스가 있습니다. 이를 통해 정보를 검색하거나 온라인에서 채팅을 하거나 이메일을 보내고 그 밖에 전에는 상상도 할 수 없던 여러 가지 일들이 사이버 세계에서 일어납니다.

Q: 화자가 말하고 있는 것은?
(a) 세계의 불가사의들.
(b) 고대 사회의 유적.
(c) 인터넷이라는 경이.
(d) 최신 기술 발전.

해법 주제를 묻는 문제인데 (a)나 (d)는 지나치게 범위가 넓다. 여기서는 세계의 불가사의 중에서도 인터넷을 이야기하고 있는 것이므로 (c)가 정답이다. pyramids, Parthenon, Colosseum 등의 단어만 듣고 성급하게 (b)를 고르지 않도록 주의한다.

wonder 불가사의 **impressive** 인상적인 **ancient** 고대의 **on the contrary** 반대로 **contain** 포함하다 **a huge amount of** 엄청난 양의 **resources** 자원 **look up** 검색하다 **unimaginable** 상상할 수 없는 **relic** 유적 **phenomenon** 경이(적인 것) **advance** 진보, 발전

51

I want to introduce a new tracking system at our hospital. This tracking system will help both patients and staff. The system is wireless and can tell when a nurse goes to a patient's room, for example. In the past, we wasted a lot of time trying to find nurses. Now, with these new badges, we can locate a hospital staff member instantly.

Q: What is the announcement mainly about?
(a) A system for updating patient records.
✔ (b) A staff tracking scheme at a hospital.
(c) A change to nursing procedures.
(d) A way to save time at work.

번역 저희 병원의 새로운 추적 시스템을 소개하고 싶습니다. 이 추적 시스템은 환자들과 직원들 모두에게 도움이 될 것입니다. 이 시스템은 무선이며 예를 들면 간호사들이 언제 병실에 가는지 알려줍니다. 이전에는 간호사들을 찾는 데 많은 시간을 낭비했습니다. 이제 이 새로운 배지가 있으면 병원 직원들의 위치를 즉시 알아낼 수 있습니다.

Q: 공지 내용은?
(a) 환자 기록 업데이트 시스템.
(b) 병원 직원 추적 시스템.
(c) 간호 절차 변경.
(d) 직장 내 시간 절약 방법.

해법 주제는 흔히 지문의 첫 부분에 드러나 있는데 이 경우에도 서두의 I want to introduce 뒤에 나오는 내용이 주제다. 즉, (b) 추적 시스템에 대한 이야기가 정답이다. tracking system이라는 키워드를 잘 들어내면 patients, nurse와 연관지어 (a)나 (c)를 답으로 착각하지 않을 수 있다.

track 추적하다 **staff** 직원 **wireless** 무선의 **for example** 예를 들어 **in the past** 과거에는 **locate** (위치를) 찾다 **instantly** 즉시 **announcement** 발표 **scheme** 설계, 계획 **nursing** 간호, 간병 **procedure** 절차

52

At Zerwin, we want our workers to be the best they can be. So, why not consider applying for and taking advantage of our tuition assistance program. Many employees have already used this program to earn degrees. We can provide up to $10,000 per year for tuition and related costs. Please inquire at the Human Resources Department for more information.

Q: What is the company offering employees?
(a) Extra tuition in work skills.
(b) Training in human resources.
✔ (c) Contributions toward study fees.
(d) Assistance with school applications.

번역 저원에서는 우리 직원들이 잠재력을 최대한 발휘하기를 원합니다. 우리의 학비 지원 프로그램에 지원하여 이를 활용해 보지 않겠습니까? 많은 직원들이 이 프로그램을 사용하여 학위를 취득했습니다. 우리는 지금 학비 관련 비용으로 연 최대 1만 달러를 지원합니다. 자세한 내용은 인사부에 문의하시기 바랍니다.

Q: 회사가 직원들에게 제공하는 것은?
(a) 업무 기술 추가 교육비.
(b) 인적 자원 교육.
(c) 학비 보조.
(d) 학교 지원 시 도움.

해법 학비 관련 비용을 제공한다고 나왔으므로 정답은 (c)이다. 학비 지원에 대해 언급했는데 (a)처럼 업무 기술비라고 말하는 것은 너무 모호한(too vague) 선택지이다.

take advantage of ~을 이용하다 **tuition** 학비 **assistance** 지원 **earn a degree** 학위를 따다 **up to** ~까지 **inquire** 묻다 **human resources department** 인사부 **contribution** 기여 **fee** 수수료 **application** 신청, 지원

53

Approximately 6,500 Africans die each day of preventable diseases. Sometimes the problem seems so big that we cannot see a solution. But these preventable diseases and deaths result from a lack of essential infrastructure and inadequate health care delivery. I feel sure that if the global community showed the political will and raised the necessary money, we could conquer the problem.

Q: What is the main topic of the talk?
(a) Money is urgently needed in Africa.
✔ (b) Diseases in Africa can be prevented.
(c) African governments are inadequate.
(d) Africa has more diseases than other continents.

번역 매일 약 6천 5백 명의 아프리카인들이 예방할 수 있는 질병으로 죽어가고 있습니다. 때로는 문제가 너무 커서 우리에게 해결책이 없는 것처럼 보입니다. 하지만 이러한 예방 가능 질병과 사망은 필수적인 인프라 부족과 불충분한 의료 공급에서 오는 것입니다. 저는 만일 글로벌 공동체가 정치적 의지를 보이고 필요한 돈을 모을 수 있다면 이 문제를 정복할 수 있다고 생각합니다.

Q: 담화의 주제는?
(a) 아프리카에 돈이 긴급히 필요하다.
(b) 아프리카의 질병은 예방될 수 있다.
(c) 아프리카 정부는 적합하지 않다.
(d) 아프리카에는 다른 대륙보다 질병이 더 많다.

해법 아프리카의 예방 가능한 질병과 그로 인한 사망이라는 문제는 우리의 노력에 의해 해결될 수 있다는 것이므로 정답은 (b)이다. 마지막 문장에 raised the money에 대한 언급은 있지만 (a)를 주제로 보기는 어렵다.
approximately 대략 preventable 예방 가능한 solution 해결 방법
result from ~에서 비롯된다 lack 결핍, 부재 essential 필수적인
infrastructure 인프라 inadequate 불충분한, 부적합한 health care 의료
political 정치적인 will 의지 raise 모금하다 conquer 정복하다, 해결하다
urgently 긴급히 continent 대륙

54

Who's excited to attend the Barbie Convention next month? Be sure to make a reservation at the Q Hotel by March 12 to guarantee your room. It is only 500 meters from the convention center. If you mention you are attending the Barbie Convention, you can get a great discount on your room as well. Plus, the hotel is hosting a party after the convention. See you at the Barbie Convention!

Q: What is beneficial about booking at the Q Hotel?
(a) It is hosting an important convention.
✔ (b) It is possible to receive a room discount.
(c) It offers better security than any other hotel.
(d) It can guarantee a room before March 12.

번역 다음 달 바비 컨벤션 참석을 기대하고 계십니까? 3월 12일까지 Q 호텔에 예약하여 객실을 확보하시기 바랍니다. 호텔은 컨벤션 센터에서 불과 500미터밖에 떨어져 있지 않습니다. 바비 컨벤션에 참석하신다고 말씀하시면 객실 할인도 받으실 수 있습니다. 또한 호텔은 컨벤션이 끝난 후 파티를 주최합니다. 바비 컨벤션에서 만나뵙겠습니다!

Q: Q 호텔 객실을 예약하면 어떤 점이 좋은가?
(a) 중요한 컨벤션을 주최하고 있다.
(b) 객실 할인을 받는 것이 가능하다.
(c) 다른 어떤 호텔보다 더 나은 보안을 제공한다.
(d) 3월 12일 전에 객실을 보장받을 수 있다.

해법 바비 컨벤션 참석을 언급하면 객실 할인을 받을 수 있다고 했으니 정답은 (b)이다. 호텔이 행사를 주최한다는 언급은 없고, 보안에 관한 사항도 전혀 언급되지 않았다.
excited 흥분한, 신이 난 make a reservation 예약하다 guarantee
보장하다, 확보하다 mention 언급하다 as well 또한, 역시 host 주최하다
beneficial 득이 되는 book 예약하다 security 보안

55

Here's to my best friend, Dan. Today I have the honor of standing beside him on his wedding day. I wish him and his lovely bride all the happiness in the world. I know that he and Selena will make each other happy for the rest of their lives. I am so proud to be his best man. And while I may be the best man, it is he who is the luckiest man here today.

Q: Which is correct according to the talk?
✔ (a) Dan is getting married.
(b) The speaker does not know Selena.
(c) Dan decided not to have a best man.
(d) The speaker is the luckiest man present.

번역 나의 가장 좋은 친구 댄을 위해. 오늘 저는 영광스럽게도 그의 결혼식 날 그의 옆에 서게 됐습니다. 그와 그의 사랑스러운 신부에게 세상 모든 행복을 기원합니다. 그와 셀레나는 앞으로 살아가는 동안 서로를 행복하게 해주리라는 것을 압니다. 저는 오늘 신랑 들러리가 된 것을 매우 자랑스럽게 생각합니다. 오늘의 베스트맨은 저인지 모르지만 분명 오늘 이 자리에서 가장 행운아는 바로 댄입니다.

Q: 담화 내용 중 옳은 것은?
(a) 댄 결혼식이다.
(b) 연설자는 셀레나를 모른다.
(c) 댄은 신랑 들러리를 세우지 않기로 결정했다.
(d) 참석한 사람 중 연설자가 가장 행운아이다.

해법 신랑 들러리가 피로연에서 결혼 축하 연설을 하고 있다. 결혼하는 당사자는 댄이므로 정답은 (a)이다. 연설 내용으로 보아 화자는 신랑과 신부를 모두 잘 알고 있으므로 (b)는 오답이고 가장 행운아는 신랑이라고 말하고 있으므로 (d)도 옳지 않다.
honor 영예, 영광 bride 신부 proud 자랑스러운 best man 신랑 들러리
present 참석한

56

This is WKRP and I'm Sally Chen with the weather. We couldn't ask for better weather for the first day of spring. Right now it's 16 degrees outside, with bright blue skies expected throughout the day. But they're getting buckets of rain up north so it's just a matter of time before some of that rain comes our way. So, don't forget your umbrella tomorrow morning.

Q: Which is correct according to the weather report?
(a) Cloudy skies are expected today.
✔ (b) It is raining in the north right now.
(c) Rain is expected in the afternoon.
(d) The sky should be blue tomorrow.

번역 WKRP 방송의 기상 담당 샐리 첸입니다. 딱 좋은 초봄입니다. 지금 바깥은 16도이며 하루 종일 맑고 푸른 하늘이 예상됩니다. 하지만 북쪽 지역에 장대비가 오고 있어 비가 이곳까지 당도하는 것은 시간 문제입니다. 따라서 내일 아침에는 우산을 잊지 마시기 바랍니다.

Q: 기상 보도 내용 중 옳은 것은?
(a) 오늘 흐린 하늘이 예상된다.
(b) 지금 북쪽에는 비가 오고 있다.
(c) 오후에 비가 예상된다.
(d) 내일은 하늘이 푸를 것이다.

해법 기상 보도 지문이 나오면 대개 세부사항을 묻는 문제가 나온다. 오늘은 하루 종일 맑지만 비가 예상된다는 내용으로, north에서 buckets of rain이 내린다는 (b)가 정답이다.
couldn't ask for better 딱 좋은 ~ **degree** 온도 **throughout** ~전체에 걸쳐 **buckets of rain** 장대비 **weather report** 기상 보도

57

Hello. You have reached the Sandstone Clinic. Please choose from the following options. If you are a physician or this is an emergency, press 1. If you want to schedule, change or confirm an appointment, press 2. If you want to refill a prescription, press 3. For all other questions, please stay on the line for the next available representative.

Q: Which is correct according to the recording?
(a) Doctors calling should press 2.
(b) Emergencies are not handled at the clinic.
(c) Billing inquiries can be made by pressing 3.
✔ (d) People can talk to a representative if they do not hang up.

번역 안녕하십니까. 샌드스톤 클리닉입니다. 다음 중 하나를 선택하십시오. 의사이거나 응급 상황이면 1번을 누르십시오. 예약을 하거나 변경하거나 확인하시려면 2번을 누르십시오. 약을 다시 조제받으시려면 3번을 누르십시오. 기타 질문은 상담원이 연결될 때까지 끊지 마시고 대기하시기 바랍니다.

Q: 녹음 내용 중 옳은 것은?
(a) 전화 건 의사들은 2번을 눌러야 한다.
(b) 응급 상황은 병원에서 취급하지 않는다.
(c) 청구서 관련 문의는 3번을 누르면 된다.
(d) 전화를 끊지 않으면 상담원과 통화할 수 있다.

해법 병원 자동 응답기를 듣고 옳은 내용을 고르는 문제이다. 기타 질문이 있으면 상담원과 연결될 때까지 끊지 말고 기다리라고 했으므로 정답은 (d)이다.
physician 의사 **confirm** 확인하다 **refill** 다시 채우다 **prescription** 처방 **stay on the line** 끊지 않고 대기하다 **representative** 대표, 대리인 **billing** 대금 청구 **inquiry** 문의 **hang up** 전화를 끊다

58

CouchSurfing is an Internet-based hospitality service. Someone either offers their sofa to a complete stranger to sleep on for free, or they stay with someone they've never met before for free. It is especially helpful for people traveling on a limited budget. It has become wildly successful and has over one million members. The service is very easy to use as well.

Q: What will be talked about next?
(a) The rates for customers.
✔ (b) How to utilize the service.
(c) The definition of CouchSurfing.
(d) How the service was first invented.

번역 카우치서핑은 인터넷을 기반으로 하는 무료 식사 제공 숙박 서비스입니다. 완전히 낯선 사람에게 잘 수 있는 소파를 제공하거나 아니면 한번도 만난 일이 없는 사람 집에서 무료로 숙박할 수 있습니다. 이것은 제한된 예산으로 여행하는 분들에게 특히 유용한 서비스입니다. 이 서비스는 큰 성공을 거두고 있으며 백만 명 이상의 회원이 있습니다. 서비스 이용 또한 매우 간편합니다.

Q: 다음에 언급될 내용은?
(a) 고객들의 요금.
(b) 서비스 이용 방법.
(c) 카우치서핑의 정의.
(d) 서비스가 처음 만들어진 경위.

해법 카우치서핑이라는 서비스가 무엇인지 소개하고 있으며 마지막 문장에 이용도 간편하다며 내용을 전환하고 있다. 따라서 이후에는 이용에 대한 자세한 내용(b)이 이어지는 것이 자연스럽다. free라고 했으므로 (a)는 오답이다.
Internet-based 인터넷을 기반으로 하는 **hospitality** 무료 식사 제공 숙박 **especially** 특히 **limited** 제한된 **budget** 예산 **utilize** 이용하다 **definition** 정의

59

In 1966, England beat Germany 4 to 2 to win the tournament final in the World Cup soccer match. How it happened was that in overtime play, England's Geoff Hurst scored his second goal to give England a 3 to 2 lead. In the final seconds of overtime play, he scored his third goal, making the score 4 to 2. This was the first time England won the World Cup finals in the tournament's 36-year history.

Q: What can be inferred from the talk?
(a) The 1966 World Cup final was held in Germany.
✔ (b) England and Germany were tied before overtime.
(c) The first World Cup was held in England in 1966.
(d) Germany has never beaten England in any World Cup soccer match.

번역 1966년 잉글랜드는 독일을 4대 2로 꺾고 월드컵 축구 결승전에서 승리합니다. 연장전에서 잉글랜드의 제프 허스트가 두 번째 골을 넣어 영국이 3대 2로 리드하게 된 것입니다. 연장전 마지막 순간 그는 세 번째 골을 넣어 점수는 4대 2가 됩니다. 이는 잉글랜드가 36년 역사상 월드컵 결승전에서 최초로 승리한 것이었습니다.

Q: 담화에서 추론할 수 있는 것은?
(a) 1966년 월드컵 결승은 독일에서 열렸다.
(b) 잉글랜드와 독일은 연장전 전에는 동점이었다.
(c) 최초의 월드컵은 1966년 잉글랜드에서 열렸다.
(d) 독일은 월드컵 축구 경기에서 한번도 잉글랜드를 이겨본 적이 없었다.

해법 overtime play를 이해해야 정답을 쉽게 고를 수 있다. 연장전에서 영국이 골을 넣어 3대 2가 됐으므로 연장전 전에 2대 2였음을 알 수 있다. (b)에서 were tied를 듣는 것이 관건이다.
beat 이기다　**tournament** 토너먼트　**final** 결승전　**overtime play** 연장전　**score** 득점하다　**lead** 리드하는　**hold** 개최하다　**tie** 동점이 되다

60

My name is Michiko Tanata and I am from Japan. I came to Canada six years ago as a student. At first, I couldn't understand the language because everyone spoke so fast. I decided to watch a lot of TV shows to improve my listening. I still have to ask my Canadian friends when I come across difficult words or phrases. Although I miss my family, I am very happy here.

Q: What can be inferred about Michiko?
(a) She has started a family in Canada.
(b) She has become a citizen of Canada.
✔ (c) She continues to have trouble with English.
(d) She came to Canada mainly to learn English.

번역 제 이름은 미치코 타나타이며 일본에서 왔습니다. 저는 6년 전 캐나다에 학생으로 왔습니다. 처음에는 모든 사람들이 너무 빨리 말을 해서 영어를 이해할 수 없었습니다. 저는 청취력을 향상시키기 위해 TV 프로그램을 많이 보기로 했습니다. 저는 아직도 어려운 단어나 구절이 나오면 캐나다 친구들한테 물어야 합니다. 가족이 그립기는 하지만 저는 여기서 매우 행복합니다.

Q: 미치코에 대해 추론할 수 있는 것은?
(a) 캐나다에서 가정을 꾸렸다.
(b) 캐나다 시민이 되었다.
(c) 영어 때문에 계속 어려움을 겪고 있다.
(d) 주로 영어를 배우러 캐나다에 왔다.

해법 미치코는 일본에서 캐나다로 온 사람으로 영어 학습 경험에 대해 이야기하고 있다. 아직도 어려운 단어나 구절이 나오면 캐나다 친구들한테 물어야 한다는 대목에서 (c)가 정답임을 알 수 있다. citizen 여부와 캐나다에 온 목적은 언급되지 않았으므로 (b)와 (d)는 모두 오답 선택지이다.
improve 향상시키다　**come across** ~을 우연히 발견하다　**start a family** 가정을 꾸리다　**citizen** 시민　**have trouble with** ~때문에 고생하다

1

A _____ surprise to see you here!
B I didn't expect to see you here, either!

(a) What nice
(b) How nice a
(c) How a nice
✔ (d) What a nice

번역 A 여기서 보게 되다니 정말 반가워요!
B 저도 여기서 당신을 만나게 될 줄은 몰랐네요.

해법 감탄문은 〈What+a(an)+형용사+명사〉, 또는 〈How+형용사+주어+동사〉의 어순을 취하므로 정답은 (d)이다.
surprise 놀라움

2

A My new roommate is not only smart, _____ very athletic.
B Wow, he must be very popular with the girls!

(a) and he is also
✔ (b) but he is also
(c) and as well he is
(d) but as well he is

번역 A 내 새 룸메이트는 똑똑할 뿐 아니라 운동도 아주 잘해.
B 와, 여자들한테 인기가 많겠네!

해법 not only A but (also) B는 'A뿐만 아니라 B도'라는 접속사이며, B as well as A와 같은 의미이다.
athletic 강건한, 운동 선수다운

3

A Do you want to know how the magician made the girl _____?
B Sure, that was an amazing trick.

✔ (a) disappear
(b) disappearing
(c) disappeared
(d) to disappear

번역 A 마법사가 어떻게 그 소녀를 사라지게 만들었는지 알고 싶니?
B 물론이죠, 근사한 속임수였어요.

해법 〈사역동사(have, make)+목적어+목적보어〉 구문이다. 여기서는 소녀가 사라지는 것, 즉 목적어와 목적보어의 관계가 능동이므로 정답은 (a)이다.
disappear 사라지다   trick 속임수

4

A Have you ever been to New York?
B Yes, I _____ there in 2005 on business.

(a) go
✔ (b) went
(c) will go
(d) have gone

번역 A 뉴욕에 가본 적 있어요?
B 네, 2005년도에 출장 갔었어요.

해법 시제를 묻고 있다. 2005년이라는 정확한 시점이 명시되어 있으므로 과거시제 (went)가 적절하다. 명백한 과거를 나타내는 표현(when, last week, ago, just now)은 과거시제와 써야 한다.
on business 업무로

5

A What _____ this evening?
B Not much. I'm just staying home and relaxing.

(a) will you have done
(b) have you done
✔ (c) are you doing
(d) did you do

번역 A 오늘 저녁에 뭐 하니?
B 별로, 그냥 집에서 쉬려고.

해법 현재진행형으로 가까운 미래를 표현할 수 있으므로 정답은 (c)이다. 이 밖에 미래의 의미를 가지는 현재진행형/ be to+동사원형 / be due to+동사원형 / be scheduled to+동사원형 / be supposed to+동사원형 등의 용법이 자주 출제되니 잘 알아두자.

6

A Why did you choose this research topic?

B It's really _____ to think of the origin of the language.

(a) interest
(b) interested
✔ (c) interesting
(d) being interested

Actual Test 3

번역 A 왜 이 연구 주제를 선택하셨나요?

B 언어의 기원에 대해 생각해보는 것은 정말 흥미로운 일이거든요.

해법 타동사의 분사 형태는 형용사형으로 쓰이며 다음과 같은 타동사들은 능동의 의미일 때는 현재분사로, 수동의 의미일 때는 과거분사로 쓴다. interest/ intrigue/ amaze/ disappoint/ bore/ frighten 등, '흥미롭다'는 능동태이므로 (c)가 정답이다.

research 연구 origin 기원 interested 관심 있는, 흥미로운

7

A Are you and Anne going out to eat?

B No. She just wanted _____.

(a) have delivered to a pizza
(b) to have delivered a pizza
(c) a pizza to have delivered
✔ (d) to have a pizza delivered

번역 A 너 앤하고 같이 식사하러 나갈 거니?

B 아니. 그녀가 그냥 피자나 시키고 싶어 해.

해법 want는 to부정사를 목적으로 받아야 하며 to 이하는 〈have+목적어+p.p.〉 형태로 피자가 배달된다는 수동의 의미가 되어 문장이 연결된다. 따라서 (d)가 정답이다.

go out to eat 외식하러 나가다 deliver 배달하다

8

A I am new in this neighborhood and _____.

B Why don't you join a club? It's the best way to make friends.

(a) have no one hanging out
✔ (b) have no one to hang out with
(c) with no one I am hanging out
(d) no one I am with for to hang out

번역 A 저는 이 동네가 처음이라 같이 어울릴 사람이 없어요.

B 클럽에 가입해 보지 그래요? 친구를 사귀는 데는 최고의 방법이죠.

해법 '함께 어울리다'는 의미로 hang out with를 쓰고, 이를 수식하는 to부정사를 사용해 no one to hang out with로 표현할 수 있다.

new 새로 온, 익숙하지 않은 join 가입하다 make friends 친구를 사귀다 hang out 어울리다

9

A Is your sister in the art business?

B No, but she _____.

(a) is being
✔ (b) used to be
(c) had been
(d) would be

번역 A 여동생이 예술 업계에 종사하나요?

B 아니요. 하지만 예전에 했었어요.

해법 No라고 했으므로 지금은 예술 업계에 종사하지 않는다는 것을 알 수 있다. 이처럼 '과거엔 그랬지만 지금은 그렇지 않다'라는 의미로 used to를 쓴다. used to 뒤에 일반 동사가 오는 경우 동사를 생략할 수 있지만, be동사가 오는 경우 she used to be처럼 be를 써야 한다.

used to+동사원형 ~하곤 했다

10

A The performance was awful, wasn't it?

B I don't think it _____ any worse.

(a) should be
(b) ought to be
(c) had better be
✔ (d) could have been

번역 A 공연이 형편없지 않았니?

B 더 이상 나쁠 수는 없을 정도야.

해법 조동사의 과거완료 문장이다. 여기서는 '더 나쁠 수도 있었다'의 의미로 (d) could have been worse가 쓰였다. It can't be worse는 '더 나쁠 수가 없다, 최악이다'라는 의미로 굳어진 표현이다.

awful 끔찍한 ought to ~해야 한다 had better ~하는 편이 낫다

11

A Don't you regret not asking Lena out on a date?
B Yeah. _____, she wouldn't be with that other guy right now.

(a) I did so
(b) Did I so
✔ (c) Had I done so
(d) I had so done

번역 A 리나한테 데이트 신청 안 한 걸 후회하지 않아?
B 후회해. 신청했더라면 지금 그녀가 다른 남자와 함께 있지는 않을 텐데.

해법 빈칸 뒤 주절은 가정법 과거지만 '예전에 신청했더라면'이라는 뜻으로 과거 사실에 대한 가정이므로 조건절은 가정법 과거완료가 되어야 한다. 원문은 If I had done so인데 If가 생략될 경우 주어와 have 동사의 위치가 바뀌게 된다. 따라서 정답은 (c)이다.
regret 후회하다   **ask ... out** ~에게 데이트 신청하다

12

A I find this French class too difficult for me.
B You should have taken the French _____ for beginners first.

✔ (a) course designed
(b) designed course
(c) designing course
(d) course designing

번역 A 이 불어 수업이 나한테는 너무 어려워요.
B 초보자를 위한 불어 강좌를 먼저 들었어야 했는데.

해법 명사를 수식하는 분사는 의미에 따라 현재분사 또는 과거분사를 쓴다. 여기서는 설계된, 즉 수동의 의미이므로 과거분사 형태를 썼고 뒤에 for beginners first가 나와 수식 부분이 길어져 과거분사구가 명사를 뒤에서 수식하는 형태이다. 따라서 (a)가 정답이다.
beginner 초보자

13

A How did you enjoy your time with your friends?
B We had fun _____ together.

(a) to sing and dance
✔ (b) singing and dancing
(c) singing and to dance
(d) to have sung and danced

번역 A 친구들하고 함께한 시간은 좋았어요?
B 같이 노래도 하고 춤도 추면서 즐거웠어요.

해법 동시에 일어나는 상황을 나타낼 때 부사절이나 분사구문을 쓸 수 있다. 시제는 주절과 일치하므로 단순 분사구문이 되었고 주어인 우리가 노래하고 춤추는 주체이므로 능동의 의미인 현재분사를 써서 singing and dancing이 되었다.
have fun 즐거운 시간을 보내다

14

A Do you have a ruler?
B Maybe. I _____ have one on my desk.

(a) will
(b) do
(c) shall
✔ (d) might

번역 A 자 갖고 있어?
B 글쎄. 책상에 하나 있을지도 몰라.

해법 Maybe가 나왔으므로 문맥상 '아마도 있을 것이다'라는 의미가 되어야 하므로 약한 추측을 나타내는 조동사 might가 적절하다.
ruler 자

15

A You are the most brilliant student in this class.
B Thank you. That's _____ a nice thing to say.

✔ (a) such
(b) much
(c) very
(d) so

번역 A 네가 이 반에서 가장 뛰어난 학생이야.
B 고마워. 정말 친절한 말이야.

해법 부사의 어순을 묻는 문제다. 〈such+관사+(형용사)+명사〉의 순서로 쓰이므로 such a nice thing이 적절하다.
brilliant 뛰어난, 우수한

16

A　We're finally going on vacation!

B　Yeah. Just think, _____ tomorrow we will be in Hawaii.

　(a) the time by

✔ (b) by this time

　(c) this time by

　(d) by the time

번역　A 드디어 휴가를 가는구나!

　　B 그래. 생각해 봐, 내일 이맘때면 우리는 하와이에 있을 거야.

해법　'이맘때'는 전치사와 함께 by this time을 쓴다. (d)의 by the time은 접속사처럼 절을 이끌어 '~할 때까지에는'의 뜻으로 쓰인다.

go on vacation 휴가를 가다　**by this time** 지금쯤은　**by the time** ~할 때까지에는

17

A　Can you tell me where the nearest post office is?

B　Sure. There's one _____ the street.

　(a) underneath

　(b) through

　(c) beyond

✔ (d) across

번역　A 제일 가까운 우체국이 어디인지요?

　　B 네. 길 건너에 하나 있어요.

해법　위치를 표현하는 전치사의 쓰임을 묻는 문제다. 길 건너편이라고 할 때는 across the street이다.

underneath ~밑에　**through** ~을 지나서　**beyond** ~너머에

18

A　I'm from a small town called Queenstown in New Zealand.

B　What a coincidence, _____.

✔ (a) so is my wife

　(b) my wife is so

　(c) so my wife does

　(d) my wife does, too

번역　A 저는 뉴질랜드의 퀸스타운이라는 작은 도시 출신이에요.

　　B 우연의 일치네요, 제 아내도 그래요.

해법　상대방의 말에 긍정적으로 동의할 때는 〈So+동사+주어〉로 표현할 수 있다. A가 be동사를 사용하였으므로 똑같이 be동사를 써서 so is my wife가 되어야 한다.

called ~라고 불리는　**coincidence** 우연의 일치

19

A　Can you come to the concert tomorrow?

B　I don't think I _____. I have too much work to do.

　(a) am

　(b) will be

✔ (c) will be able to

　(d) am able to do

번역　A 내일 콘서트에 올 수 있어요?

　　B 가지 못할 것 같아요. 할 일이 너무 많아요.

해법　A의 can을 B에서 be able to로 받았고 시제가 미래이므로 앞에 will을 붙였다. 여기서 to부정사 이후의 행동은 생략 가능하므로 will be able to까지만 쓴 (c)가 정답이다.

20

A　What were you two talking about?

B　She just asked _____ these days.

　(a) of me how my mom doing

✔ (b) me how my mom is doing

　(c) me my mom was how doing

　(d) how to me is my mom doing

번역　A 둘이 무슨 얘기를 하고 있었어요?

　　B 그녀가 우리 어머니가 요즘 어떻게 지내시는지 물었어요.

해법　〈ask+목적어+간접의문문〉의 어순이다. 간접의문문의 어순은 〈의문사+주어+동사〉이므로 how my mom is doing이 되어 정답은 (b)이다.

these days 요즘

21

The man's illness began three months ago, and
_____.

✔ (a) now it seems it's getting worse
(b) it seems it's getting now worse
(c) now it's worse getting it seems
(d) it's getting it seems now worse

번역 남자의 병은 3개월 전에 시작되었는데 계속 악화되고 있는 것 같다.

해법 '～인 것 같다'는 〈it seems to be+형용사[명사]〉, 〈it seems+형용사〉, 〈it seems+that절〉을 쓴다. 부사인 now는 문장 전체를 수식하므로 맨 앞이나 맨 뒤에 두면 된다. 따라서 (a)가 정답이다.
illness 병   **seem** ～인 것 같다   **get worse** 악화되다

22

A recent study found _____ Japan's leading cause of death.

(a) it cancer to be
(b) it cancer being
(c) cancer being
✔ (d) cancer to be

번역 최근 연구에서 암이 일본의 주요 사망 원인이라는 것이 밝혀졌다.

해법 〈find+목적어+목적보어〉는 '～라는 것을 발견하다'는 의미이다. 목적보어로는 to부정사, 명사, 현재분사, being+p.p. 등이 올 수 있는데 여기서는 사실, 결과 등을 발견하는 것이므로 to부정사를 사용한 (d)가 정답이다.
recent 최근의   **leading** 주요한   **cause of death** 사망 원인   **cancer** 암

23

This bookstore is _____ in town that has an extensive collection of foreign books.

✔ (a) the only one
(b) only the one
(c) the only other
(d) only the other

번역 이 서점은 이 도시에서 유일하게 방대한 해외 서적을 보유하고 있는 곳이다.

해법 부사의 위치를 묻는 문제이다. only는 부사나 형용사로 쓰이는데 여기서는 one을 수식하는 형용사 역할이다. 관사는 〈수식어+명사〉 앞에 오기 때문에 정답은 (a)이다.
extensive 폭넓은, 방대한   **collection** 소장품, 수집   **foreign** 해외의

24

The writer has a house in San Francisco, but he _____ in New York at this moment.

(a) lived
✔ (b) is living
(c) has lived
(d) has been living

번역 작가는 샌프란시스코에 집이 있지만 지금은 뉴욕에 살고 있다.

해법 현재진행형은 일정 기간 동안이나 지금 이 순간 일어나고 있는 일을 나타낸다. 여기서는 at this moment가 쓰였으므로 현재진행형이 와서 (b)가 정답이다.
at this moment 지금, 현재

25

It costs twice as much to fix a printer than to buy a new _____.

(a) ones
(b) them
✔ (c) one
(d) it

번역 프린터를 새로 사는 것보다 고치는 데 두 배의 비용이 든다.

해법 부정대명사 one을 묻는 문제이다. 부정대명사는 부정관사(a, an)와 함께 쓰일 수 있고 형용사의 수식을 받을 수 있다. 따라서 a new에 자연스럽게 이어지는 것은 (c)이다.
cost 비용이 들다   **fix** 고치다

26

Greek literature was influential during the Renaissance, with its stories _____ in poetry at the time.

(a) have been using
(b) to have used
(c) been using
✔ (d) being used

번역 그리스 문학은 르네상스기에 영향을 미쳐 그 이야기들이 당시 많은 시에 사용되었다.

해법 분사로 부대상황을 표현하는 구문이다. 부대상황은 〈with+명사+-ing/p.p.〉와 같이 써서 주절의 의미를 보충 설명한다. 여기서는 이야기가 사용되는 수동의 관계이므로 〈be+p.p.〉가 왔고 앞에 with가 나왔으므로 be를 동명사형 being으로 고친 (d)가 정답이다.
literature 문학 **influential** 영향력 있는 **poetry** 시

27

The economic figures released by the government _____ very gloomy.

(a) is
✔ (b) are
(c) was being
(d) were being

번역 정부가 발표한 경제 통계수치들은 상당히 암울하다.

해법 여기서 released by the government는 수식어구이고 실제 주어는 The economic figures이므로 동사는 복수형인 are가 와야 한다.
economic 경제의 **figure** 수치, 숫자 **release** 발표하다, 방출하다
government 정부 **gloomy** 어두운, 암울한

28

When she took out a handful of _____ from her pocket, the clerk frowned.

✔ (a) small change
(b) small changes
(c) a small change
(d) the small changes

번역 그녀가 주머니에서 잔돈을 한 움큼 꺼내자 점원은 눈살을 찌푸렸다.

해법 change는 '잔돈, 거스름돈'이라는 뜻으로 쓰일 때 셀 수 없는 명사이기 때문에 부정관사를 붙이거나 복수형으로 쓰지 않는다. 따라서 답은 (a)이다.
take out 꺼내다 **a handful of** 한 줌의 **clerk** 점원, 사무원 **frown** 찌푸리다 **change** 잔돈

29

The patient asked the physician for the name of someone _____ showed the same symptoms.

(a) in which
(b) whose
(c) what
✔ (d) who

번역 환자는 의사에게 같은 증상을 보였던 사람의 이름을 물었다.

해법 선행사가 someone으로 사람이고 빈칸 뒤에 동사가 왔으므로 빈칸에는 주격 관계대명사 who가 적절하다.
physician 의사 **symptom** 증상

30

The president of the committee has the right to appoint _____ he believes is right for the job.

(a) which
(b) that
✔ (c) whoever
(d) whomever

번역 위원회 의장은 그 자리에 알맞다고 생각하는 사람을 지명할 권한이 있다.

해법 선행사를 포함하는 복합관계사를 묻는 문제이다. 여기서 he believes는 삽입구이고 동사 is가 뒤에 나오므로 주격 관계사(whoever)를 써야 한다.
president 의장 **committee** 위원회 **right** 권리, 권한 **appoint** 지명하다, 임명하다

31

_____ stepped away so quickly, he would have been hit by the skater.

(a) If the man had
✔ (b) Had the man not
(c) The man not had
(d) Were the man not

번역 그가 그렇게 빨리 물러서지 않았더라면 스케이트 타는 사람과 부딪혔을 것이다.

해법 If가 생략된 조건문을 묻는 문제다. 주절의 시제(would have been hit)로 보아 If절은 〈had+p.p.〉가 와야 하고 If the man had not stepped away에서 If가 생략되고 주어와 동사가 도치된 (b)가 정답이다.
step away 물러나다

32

The Motor Vehicle Department requires all drivers _____ once every five years.

(a) to have their licenses renewing
✔ (b) to have their licenses renewed
(c) have their licenses renewable
(d) have their licenses renew

번역 차량 관리부에서는 모든 운전자들이 5년마다 한 번씩 면허증을 갱신하도록 한다.

해법 〈require+목적어+목적보어(to+동사원형)〉는 '목적어가 ∼하도록 요청한다'는 뜻이다. 여기서 목적보어에 해당되는 내용은 면허증 갱신인데 면허증은 갱신되는 것, 즉 수동이므로 정답은 (b)가 된다.
motor vehicle 자동차 **department** 부서 **require** 요구하다 **license** 면허 **renew** 갱신하다

33

Even a part-time employee must work at least 20 hours _____.

(a) for week
(b) the week
✔ (c) a week
(d) week

번역 시간제 직원도 주당 최소 20시간은 일해야 한다.

해법 관사 관련 문제로 per의 의미로 쓴 a의 용법을 묻고 있다. per week(주당)과 같은 뜻으로 쓰인 (c)가 정답이다.
part-time 시간제 **employee** 직원 **at least** 최소한

34

It is a shame that the party didn't get _____.

(a) votes to win more in the election
(b) votes more in the election to win
(c) more in the election to win votes
✔ (d) more votes to win the election

번역 당이 선거에서 이기기 위해 더 많은 표를 얻지 못한 것은 유감이다.

해법 get의 목적어는 more votes이고 votes를 설명하기 위해 to부정사를 활용한 (d)가 정답이다. It's a shame that...은 안타깝거나 실망스러운 일에 대해 쓰는 표현이다.
shame 수치, 불명예 **vote** 표, 투표 **win** 이기다, 승리하다 **election** 선거

35

The upcoming political forum on TV is _____ for candidates to make themselves known to the public.

(a) perfect opportunity
✔ (b) the perfect opportunity
(c) any perfect opportunity
(d) other perfect opportunity

번역 다가오는 TV 정치 포럼은 후보자들이 대중에게 자신을 알릴 수 있는 완벽한 기회이다.

해법 가산명사는 관사가 필요하며 관사는 〈형용사+명사〉의 앞에 나온다. 내용상 후보들이 자신을 알리기에 완벽한 기회라는 한정의 의미를 가지므로 the가 어울린다. 따라서 (b)가 정답이다.
upcoming 다가오는 **political** 정치적 **forum** 포럼, 공개 토론 **candidate** 후보 **make oneself known** ∼를 알리다 **public** 대중, 일반

36

No sooner had the woman left the room _____ the phone started to ring.

✔ (a) than
(b) then
(c) after
(d) as

Actual Test 3

번역 여자가 방을 나서자마자 전화벨이 울리기 시작했다.

해법 no sooner A than B는 'A하자마자 B하다'라는 구문이며 부정어가 앞으로 나와 주어와 동사의 어순이 도치된 문장이다.
no sooner A than B A하자마자 B하다   **start to+동사원형** ~하기 시작하다   **ring** 벨이 울리다

37

On almost every page of the book _____ the student's comments.

(a) be
(b) was
✔ (c) were
(d) to be

번역 책의 거의 모든 페이지에 그 학생의 해설이 달려 있었다.

해법 전치사구 도치구문으로 주어와 동사의 어순이 도치됐다. 여기서 주어는 book이 아니라 the student's comments이므로 복수 동사와 일치시켜야 한다.
comment 논평, 해설

38

The conference will begin once everyone _____.

(a) had arrived
✔ (b) has arrived
(c) arrived
(d) arrive

번역 모두 도착하면 즉시 회의를 시작할 것이다.

해법 부사절에서는 현재완료가 미래를 대신해서 쓰인다. 즉, 내용은 미래지만 현재완료 시제를 쓰며 이때 완료 시제 대신 현재 시제 arrives를 쓸 수도 있다. 여기서는 모두가 다 도착했을 때라는 완료의 의미를 강조하므로 (b)가 정답이다.
conference 회의   **once** 일단 ~하면

39

Mr. Song was the best person to lead the class, so people decided _____.

(a) to vote him
(b) voting him
(c) voting for him
✔ (d) to vote for him

번역 송 씨가 수업을 이끌고 갈 최적의 인물이었으므로 사람들은 그에게 투표하기로 결정했다.

해법 decide는 to부정사를 목적어로 취하는 동사이고 '~에게 투표하다'는 vote for를 쓴다. 따라서 (d)가 정답이다. to부정사를 목적어로 취하는 동사에는 afford, learn, agree, appear, arrange, offer, plan, claim, fail, refuse, prepare 등이 있다.
lead 리드하다   **vote for** ~한테 투표하다

40

It is believed _____ through an underground passage.

(a) the prisoner escaping
✔ (b) that the prisoner escaped
(c) that the prisoner was escaped
(d) for the prisoner to escape

번역 죄수들은 지하 통로를 통해 달아난 것으로 생각된다.

해법 It is believed 뒤에는 that 절이 와야 한다. 그리고 escape는 자동사이므로 수동태로 쓸 필요가 없다. 따라서 '죄수가 달아났다'는 의미가 되려면 the prisoner escaped가 되어야 하므로 (b)가 정답이다.
underground 지하   **passage** 통로   **prisoner** 죄수   **escape** 도피하다, 달아나다

41

(a) A Hi, this is Joshua from Marketing. Is Ms. Kelly there?

✔ (b) B I'm sorry, but she's in meeting right now.

(c) A Oh, what time will she be done, do you know?

(d) B Around 4:00, but I'm not quite sure.

번역 (a) A 여보세요, 마케팅 부서의 조슈아인데요. 켈리 씨 있나요?
(b) B 죄송하지만 지금 회의 중인데요.
(c) A 아, 언제 끝날지 아시나요?
(d) B 4시쯤요, 하지만 확실하지는 않아요.

해법 가산 명사는 관사와 함께 쓰이거나 복수형으로 쓰여야 한다. 따라서 (b)의 meeting 앞에 관사 a가 와야 한다.
marketing 마케팅 (부), 영업부 **meeting** 회의 **quite** 전적으로, 꽤

정답 (b) in meeting → in a meeting

42

(a) A What a wonderful picture! The colors are amazing.

(b) B Yes, it has been popular at this exhibition.

✔ (c) A Do you know who is the photographer?

(d) B Actually, this is one of my pictures.

번역 (a) A 정말 훌륭한 사진이에요! 색채가 정말 훌륭해요.
(b) B 네, 전시회에서도 꽤 인기예요.
(c) A 사진작가가 누군지 아세요?
(d) B 실은 제 사진 중의 하나예요.

해법 (c)에서 간접의문문은 〈의문사+주어+동사〉의 어순이 되어야 하므로 who the photographer is가 되어야 한다. (b)에서는 전시회 기간 동안 계속해서 인기가 있었다는 의미로 현재 완료시제를 썼다.
amazing 아주 멋진 **exhibition** 전시 **photographer** 사진작가

정답 (c) who is the photographer? → who the photographer is?

43

(a) A Hi, Dana. You look depressed. Is anything wrong?

✔ (b) B I didn't do very well on the test. I don't think I am passed.

(c) A Sorry to hear that. Do you think you can retake it?

(d) B No. I might have to do the course over again!

번역 (a) A 안녕, 데이나. 우울해 보이네. 무슨 일 있어?
(b) B 시험을 잘 못 봤어. 통과하지 못한 것 같아.
(c) A 안됐구나. 재시험을 칠 수 있을 것 같니?
(d) B 아니. 강의를 다시 들어야 할지도 몰라!

해법 happen, pass, fail 등의 자동사는 수동태로 쓰지 않는다. 따라서 (b)에 나오는 I am passed를 I passed로 고쳐야 한다. (a)의 depressed는 타동사 depress의 과거분사형이 형용사적 의미로 쓰였고 (d)의 might have to는 '~해야 할지도 모른다'는 약한 추측을 나타낸다.
depressed 우울한, 낙담한 **pass** (시험에서) 합격하다 **retake** 재시험보다

정답 (b) I am passed → I passed

44

(a) A Do you happen to know where my Coke is?

(b) B If you're talking about the one in the fridge, I drank it.

(c) A What? How dare you take my drink without asking me!

✔ (d) B Relax. Only it's a bottle of Coke.

번역 (a) A 내 콜라 어디 있는지 혹시 알아?
(b) B 냉장고에 있던 거 말하는 거라면 내가 마셨는데.
(c) A 뭐라고? 어떻게 물어보지도 않고 내 음료수를 마실 수가 있어!
(d) B 진정해. 기껏 콜라 한 병이잖아.

해법 (d)에서 '콜라 한 병일뿐'이라는 의미이므로 a bottle of Coke 앞에 only를 붙여야 한다. (a)는 간접의문문으로 〈의문사+주어+동사〉의 어순을 취했다. (b)의 the one은 (a)의 coke를 받는 부정대명사이며, (c)의 How dare는 '어떻게 감히'의 뜻으로 동사원형과 함께 쓰인다.
fridge 냉장고 **How dare...?** 어떻게 감히 ~할 수 있니? **relax** 진정하다 **a bottle of** ~한 병

정답 (d) Only it's a bottle of Coke. → It's only a bottle of Coke.

45

(a) **A** Jackie, have you reserved those plane tickets for us?

✔ (b) **B** Yes, I've booked the flight yet.

(c) **A** Oh, good. What day are we leaving?

(d) **B** Your departure is on April 4, at 3 p.m.

번역 (a) **A** 재키, 우리 비행기 표는 예약했나요?
(b) **B** 네, 비행기는 이미 예약했어요.
(c) **A** 잘됐네요. 출발하는 날이 언제예요?
(d) **B** 출발은 4월 4일 오후 3시입니다.

해법 (b)에서 이미 비행편을 예약한 것이므로 yet이 아니라 already를 써야 한다.
yet은 보통 부정문에서는 '아직', 의문문에서는 '이미'의 의미로 쓰인다.
reserve 예약하다 **book** 예약하다 **flight** 항공, 비행편 **departure** 출발

정답 (b) I've booked the flight yet. → I've already booked the flight.

46

✔ (a) Mercury is a chemical element that can be released into the air throughout pollution from factories. (b) It falls from the air and can accumulate in streams and oceans. (c) Fish then absorb this mercury in the water and it builds up in their bodies over time. (d) Larger fish therefore end up with a lot of mercury in their bodies because they eat smaller fish that are full of mercury.

번역 (a) 수은은 공장의 오염을 통해 대기에 방출될 수 있는 화학 성분이다. (b) 수은은 대기에서 떨어져 하천이나 대양에 축적될 수 있다. (c) 그러면 물고기들이 이 수은을 물속에서 흡수하고 시간이 흐르면서 수은은 물고기의 몸에 쌓인다. (d) 따라서 더 큰 물고기들은 수은으로 가득한 작은 물고기들을 먹기 때문에 체내에 많은 수은을 축적하게 된다.

해법 (a)에서 throughout 대신 '오염을 통해서'라는 의미로 쓰였으므로 through를 써야 한다. throughout은 '시간이나 공간의 전 범위에 걸쳐서'라는 뜻으로 throughout the year(일 년 내내)와 같이 쓰인다.
mercury 수은 **chemical** 화학물 **element** 요소, 성분 **release** 방출하다 **accumulate** 쌓다 **stream** 하천 **absorb** 흡수하다 **build up** 쌓다 **end up** 결국 ~하게 되다 **be full of** ~로 가득하다

정답 (a) throughout → through

47

✔ (a) Sumi-e is unique art form from Japan that is more than two thousand years old. (b) It is a kind of painting where an artist draws on paper with a brush filled with ink. (c) This type of painting is difficult because a mistake cannot be erased once it is made. (d) The aim is to create a painting with just a few perfect brush strokes.

번역 (a) 수묵화는 2천년 이상 된 일본의 고유한 미술 양식이다. (b) 수묵화는 화가가 먹물을 가득 묻힌 붓을 사용해서 종이에 그리는 일종의 그림이다. (c) 한번 종이 위에 실수를 하면 지울 수 없기 때문에 이런 종류의 그림은 어렵다. (d) 목표는 단 몇 번의 완벽한 붓질로 그림을 그려내는 것이다.

해법 (a)에서 수묵화는 여러 예술 형식 중의 하나이므로 unique art form 앞에 부정관사를 붙여야 한다.
Sumi-e 수묵화 **draw** 그림을 그리다 **erase** 지우다 **aim** 목표 **create** 창조하다, 창작하다 **stroke** 타격, 손놀림

정답 (a) unique art form → a unique art form

48

(a) Charles Monroe Schulz was a famous American cartoonist best known for his Peanuts comic strip. ✔ (b) He has died in California on February 12, 2000 after losing his fight against colon cancer. (c) At the time of his death, there were many millions of fans around the world who enjoyed his comics. (d) The Peanuts cartoon strip could be found in 2,500 papers in 76 countries.

번역 (a) 찰스 먼로 슐츠는 피너츠 연재 만화로 잘 알려진 유명한 미국의 만화가이다. (b) 그는 2000년 2월 12일 캘리포니아에서 장암 투병 끝에 작고했다. (c) 그가 사망할 당시 그의 만화를 좋아하던 팬들은 전세계에 수백만에 달했다. (d) 피너츠 만화 시리즈는 76개국 2,500종의 신문에 등장했다.

해법 (b)에서 특정 시점을 나타내는 2000년 2월 12일이라는 부사구가 있으므로 과거 시제를 써야 한다. (c)에서도 마찬가지로 At the time of his death라는 부사구가 있기 때문에 were라는 과거형이 쓰였다.
cartoonist 만화가 **known for** ~로 알려진 **comic strip** 연재 만화 **colon** 대장

정답 (b) He has died → He died

49

(a) Some students copy research papers off the Internet and submit them as if they were their own work. (b) So, a new website has been developed that can help teachers catch these copiers. (c) Teachers can submit papers on the site and it tells them whether or not a student's work is original. ✔(d) To do this, it compares a student's paper from every other term paper on the Internet.

번역 (a) 어떤 학생들은 인터넷에서 연구 보고서를 복사해서 제 것인 양 제출한다. (b) 이에 따라 교사들이 이 복사꾼들을 잡을 수 있도록 도와주는 웹사이트가 새로 개발되었다. (c) 교사들이 이 사이트에 보고서를 제출하면 학생의 보고서가 직접 한 원본인지 아닌지를 구별해준다. (d) 이것을 위해 사이트는 학생의 보고서와 인터넷에 있는 모든 다른 기말 보고서를 비교한다.

해법 'A와 B를 비교하다'의 의미로 compare A with B를 쓴다. 따라서 (d)에 나오는 비교의 대상(every other term paper)은 전치사 with로 표현해야 한다. **paper** 논문, 보고서 **submit** 제출하다 **compare** 비교하다 **term paper** 기말 보고서

정답 (d) from → with

50

(a) Sometimes even small earthquakes ✔can have disastrous effects if they shake weak buildings. (b) That is because weak buildings usually create more damage than solid one would and endanger lives. (c) Buildings might be weak because of bad design, inferior materials or poor construction. (d) Often it is very hard to tell if a building is weak from the outside, but it becomes obvious when an earthquake strikes.

번역 (a) 때로는 작은 지진도 약한 건물을 흔들게 하는 경우 치명적인 영향을 미칠 수 있다. (b) 그 이유는 약한 건물들이 보통 튼튼한 건물보다 더 심한 피해를 입히고 생명에 더 위협이 되기 때문이다. (c) 건물은 잘못된 설계, 질이 좋지 않은 자재, 또는 부실 건축 등의 이유로 약해진다. (d) 외부에서 봐서는 건물이 취약한지 알기 어려운 경우가 많지만 지진이 발생하면 그것이 명백해진다.

해법 (b)에서 부정대명사 one이 지시하는 명사에 따라 단복수형을 일치시켜야 한다. 여기서 one은 앞에 나온 buildings를 가리키므로 ones가 올바른 표현이다. **earthquake** 지진 **disastrous** 피해가 막심한 **effect** 효과 **damage** 피해를 입히다 **solid** 견고한 **endanger** 위험에 빠뜨리다 **inferior** 품질이 나쁜 **material** 소재 **construction** 건축 **obvious** 뚜렷한, 명백한 **strike** 치다

정답 (b) one → ones

Vocabulary

1

A I'm starving. When are we eating?
B Soon. I'll _____ some dinner.

✔ (a) fix
(b) sit
(c) put
(d) let

번역 A 배고파 죽을 지경이야. 우리 언제 먹어?
B 잠깐만 기다려. 저녁을 차려줄게.

(a) 준비하다
(b) 앉히다
(c) 놓다
(d) 허용하다

해법 starving은 hungry보다 뜻이 좀 더 강한 표현이며 fix에는 '수리하다, 고치다'의 의미 외에 '마련하다, 준비하다'의 뜻이 있어 fix a meal은 '식사를 준비하다'라는 표현이다.
starving 배가 몹시 고픈

2

A How did you end up so badly in debt?
B I _____ a few bad investments.

(a) fell
(b) took
✔ (c) made
(d) knocked

번역 A 어쩌다 그렇게 심하게 빚을 지게 되었어?
B 투자를 몇 번 잘 못했어.

(a) 떨어지다
(b) 걸리다
(c) 야기하다
(d) 치다

해법 빚을 지게 된 이유를 묻자 투자를 잘 못해서라고 답하고 있다. make an investment는 '투자하다'의 뜻이다.
end up in 결국 ~로 끝나다 **badly** 몹시 **debt** 부채 **investment** 투자

3

A Are there any women's shoes stores near here?
B Yes, over there, but I wouldn't shop there. The prices are _____.

(a) illicit
(b) affordable
✔ (c) outrageous
(d) competitive

번역 A 이 근처에 여성용 신발 파는 상점이 있나요?
B 네, 저기 있긴 한데 저라면 거기서 사지 않겠어요. 가격이 터무니 없이 비싸요.

(a) 불법의
(b) 저렴한
(c) 터무니 없는
(d) 경쟁력 있는

해법 '나라면 사지 않겠다'는 내용이 나왔으니 가격이 비싸다 등 부정의 의미가 나와야 한다. illicit은 부정적인 뜻이기는 하지만 price와 어울려 쓰지 않으며 competitive price는 '경쟁력 있는 가격', 즉 '좋은 가격'을 말한다.
illicit 불법의 **affordable** 감당할 수 있는 **outrageous** 터무니 없는 **competitive** 경쟁력 있는

4

A Don't you want to talk about your exam results?
B No, let's _____ the subject.

(a) kick
✔ (b) drop
(c) throw
(d) delete

번역 A 시험 결과에 대해 이야기하고 싶지 않지?
B 응, 우리 그 이야기는 하지 말자.

(a) 차다
(b) 그만두다
(c) 던지다
(d) 삭제하다

해법 subject와 같이 쓰이는 동사로는 change the subject(화제를 바꾸다)/drop the subject(화제에 대해 이야기를 중지하다) 등이 있다. 시험 결과에 대해 이야기하고 싶지 않다고 No라고 했으니 (b)가 적절하다.
exam result 시험 결과 **subject** 화제, 주제 **throw** 던지다

5

A Online movie services are gaining popularity.
B Right, they're becoming a big _____ around the world.

(a) job
(b) career
✔ (c) industry
(d) commerce

번역 A 온라인 영화 서비스가 인기를 얻고 있대.
B 맞아, 전세계에서 큰 산업이 되고 있어.

(a) 직업
(b) 경력
(c) 산업
(d) 교역

해법 '영화 서비스가 인기를 얻고 있다'는 말이 나오고 맞장구를 치는 대화 내용이므로 '큰 산업'이라는 뜻의 big industry가 어울린다. job이나 career는 '개인의 일, 경력'을 이야기하므로 어울리지 않는다. commerce는 '상업, 교역'을 의미하므로 다른 뜻이다.
gain 얻다, 획득하다 **popularity** 인기, 인지도 **industry** 산업

6

A Should we _____ a date for the next meeting?
B Yeah, let's meet at 2 p.m. next Tuesday.

✔ (a) set
(b) glue
(c) judge
(d) match

번역 A 다음 회의 날짜를 잡아야죠?
B 그래요, 다음 주 화요일 오후 2시에 만납시다.

(a) 정하다
(b) 붙이다
(c) 판단하다
(d) 일치시키다

해법 대답을 보면 다음 주 화요일 두 시에 만나자며 시간 약속을 정하고 있다. 따라서 질문의 빈칸에는 date와 어울려 '날짜를 잡다'의 뜻이 될 수 있는 동사가 와야 한다. set a date는 '시간 약속[날짜]를 잡다'의 의미로 쓰인다.
set 정하다, 고정하다 **glue** 붙이다 **judge** 판단하다 **match** 맞추다

7

A Bruno asked you out last week, didn't he?
B Yeah, and I also have a(n) _____ with him tonight!

✔ (a) date
(b) action
(c) notice
(d) promise

번역 A 브루노가 지난주에 너한테 만나자고 하지 않았니?
B 그래, 사실 오늘 밤 그와 데이트가 있어!

(a) 데이트
(b) 행동
(c) 통보
(d) 약속

해법 ask out은 이성간에 만남을 신청하는 것을 말한다. 따라서 긍정의 대답에 자연스럽게 이어지는 것은 같은 뜻의 date이다. promise는 '약속, 언약'이라는 뜻이지만 사람을 만나기로 한 경우에는 쓰지 않고 이럴 경우 appointment를 쓴다.
ask ... out ~에게 데이트를 신청하다 **notice** 공고

8

A What are you looking for?
B My cell phone. I must have _____ it.

(a) replaced
✔ (b) misplaced
(c) outplaced
(d) displaced

번역 A 뭘 찾고 있어요?
B 내 휴대전화요. 어디 잘못 두었나 봐요.

(a) 대체하다
(b) 잘못 두다
(c) 새 일자리를 알선하다
(d) 옮기다

해법 휴대전화를 찾고 있는 중이므로 휴대전화를 잃어버렸거나 어디 두었는지 모르는 상태라고 보는 것이 맞다. 따라서 정답은 (b)이다.
replace 대체하다 **misplace** 잘못 두다 **outplace** 새 직장을 알선하다; 재취직시키다 **displace** ~을 옮기다

9

A Did you understand the book I gave you?
B Actually, no, it was not _____ to me.

(a) interior
✔ (b) intelligible
(c) instinctive
(d) intellectual

번역 A 내가 준 책은 이해했니?
B 사실은 아니, 나는 무슨 말인지 모르겠더라.

(a) 내부의
(b) 이해할 수 있는
(c) 본능적인
(d) 지적인

해법 책을 이해했냐는 질문에 아니라고 대답하고 있으므로 '이해하지 못하는'의 의미가 되어야 한다. intelligible은 '이해할 수 있는'의 뜻이므로 부정의 문장 속에서 쓰여 적절한 답이 될 수 있다.
interior 내부 **instinctive** 본능[직감]에 따른 **intellectual** 지능의, 지적인

10

A Daley, you look _____.
B I didn't get to sleep a wink last night.

(a) lean
(b) skinny
(c) amused
✔ (d) haggard

번역 A 데일리, 수척해 보여요.
B 어젯밤 한숨도 못 잤어요.

(a) 군살 없는
(b) 깡마른
(c) 즐거워하는
(d) 수척한

해법 어젯밤 한숨도 못 잤다면 어떻게 보일까를 생각하면 '수척한, 초췌한'의 haggard가 정답이다. lean은 '군살이 없이 날씬하다'는 긍정적인 의미이므로 어울리지 않는다. skinny도 '몸이 말랐다'는 뜻이므로 잠을 못 잔 상황과는 어울리지 않는다.
do not sleep a wink 한숨도 못 자다 **lean** 군살이 없는 **skinny** 깡마른
amused 즐거워하는 **haggard** 초췌한

11

A Are you going to get your money back from Tom?
B Yes, I will _____ him about it today.

(a) handle
(b) delude
✔ (c) confront
(d) refurnish

번역 A 정말 톰한테서 네 돈을 되돌려 받을 거야?
B 응. 오늘 그 문제로 그와 대면할 거야.

(a) 취급하다
(b) 속이다
(c) 대면하다
(d) 재설비하다

해법 돈을 돌려받기 위해 톰하고 서로 대면할 것이라는 내용의 대화이다. confront 는 유쾌하지 않은 이야기로 서로 대면하거나 맞서는 것을 말하므로 정답이다. handle은 주로 문제나 상황을 취급하는 뜻으로 쓰이고 사람을 목적어로 받을 때는 handle a child roughly와 같이 쓰인다.
delude 속이다, 착각하게 하다 **confront** 직면하다 **refurnish** 재설비하다

12

A You'd better fasten your seat belt. We're expecting turbulence.
B I hope it won't get too _____.

(a) wavy
(b) stony
(c) lumpy
✔ (d) bumpy

번역 A 안전벨트를 매는 게 좋겠어. 난기류가 있을 것 같아.
B 많이 흔들리지는 않았으면 좋겠다.

(a) 구불구불한
(b) 돌이 많은
(c) 울퉁불퉁한
(d) 덜컥거리는

해법 난기류가 와서 비행기가 불안하게 흔들리는 상황은 울퉁불퉁한 길을 달리는 것과 같은 모습의 bumpy를 쓰면 된다. lumpy는 덩어리가 지거나 혹이 난 모습을 가리킨다.
fasten 매다 **turbulence** 난기류 **wavy** 구불구불한, 물결 모양의 **stony** 돌이 많은 **lumpy** 울퉁불퉁한 **bumpy** 덜컥거리는

13

A Did you hear that the CEO of ABC Mobile died last night?
B Yeah, I saw his _____ in the newspaper.

(a) ad
(b) editorial
✔ (c) obituary
(d) classified

번역 A 어젯밤 ABC 모바일의 CEO가 죽었다는 소식 들었어요?
B 네, 신문에서 그의 부고를 보았어요.

(a) 광고
(b) 사설
(c) 부고
(d) 안내광고

해법 앞에 누군가가 죽었다는 이야기가 나오고 신문에서 그 내용을 보았다는 내용이므로 사망 기사, 즉 부고 (c)가 정답이다. classified는 주제별로 분류된 안내광고를 뜻한다.
CEO 최고 경영 책임자, 사장 **ad** 광고 **editorial** 사설, 논평 **obituary** 부고, 사망기사

14

A Mom, I think someone is at the door.
B Please go and _____ it.

(a) deal
(b) inquire
✔ (c) answer
(d) organize

번역 A 엄마, 누가 온 것 같아요.
B 가서 문을 좀 열어 주렴.

(a) 처리하다
(b) 묻다
(c) 응하다
(d) 조직하다

해법 누군가가 현관에 찾아왔다고 말하니 엄마가 가서 응대하라는 내용의 대화다. B의 it은 앞 문장의 the door를 가리키므로 '문을 열어주다'는 (c) answer the door가 적합하다. deal은 '(문제를) 처리하다'는 뜻으로 deal with로 쓴다.
inquire 묻다 **organize** 조직하다, 배열하다

15

A Excuse me, will this road lead me to the main road?
B No, this road comes to a _____ end up ahead.

(a) final
✔ (b) dead
(c) blank
(d) ultimate

번역 A 실례지만, 이 길이 주 도로로 이어지나요?
B 아니요, 이 길은 곧장 나가면 막다른 길이에요.

(a) 최종의
(b) 막다른
(c) 빈
(d) 궁극의

해법 주 도로로 가는 길을 묻자 아니라고 대답하고 있다. dead end는 어디로도 이어지지 않는 '막다른 골목'이라는 뜻이다. final은 '최후의, 최종의'라는 뜻으로 final exam(기말고사), final decision(최종 결정) 등과 같이 쓰인다. ultimate 는 '궁극적인, 근본적인'의 의미로 ultimate end는 '궁극적인 목표'가 된다.
main road 주 도로 **dead end** 막다른 길 **up ahead** 저 앞쪽 **blank** 빈, 공백의

16

A Do you know where the _____ for the convention is?

B No, but you can ask at the information desk.

✔ (a) venue
(b) vector
(c) venture
(d) venison

번역 A 회의 장소가 어딘지 아세요?
B 아니요, 하지만 안내 데스크에서 물어보면 돼요.

(a) 장소
(b) 진로
(c) 모험
(d) 사슴고기

해법 질문의 convention, where 등의 단어로 보아 장소를 묻고 있음을 짐작할 수 있다. '장소'의 뜻을 가지고 있는 것은 venue가 정답이다.
convention 회의 **information desk** 안내 데스크 **venue** 장소 **vector** 진로, 방향 **venture** 모험 **venison** 사슴고기

17

A Did you make a reservation at the Marian Hotel?

B No, I didn't because the room _____ were too high.

(a) tolls
(b) fares
✔ (c) rates
(d) sales

번역 A 마리안 호텔에 예약했어요?
B 아니요, 객실 요금이 너무 비싸서 하지 않았어요.

(a) 통행료
(b) 운임
(c) 요금
(d) 판매

해법 호텔 예약을 했냐고 물으니 하지 않았다고 대답하고 있다. 가격을 뜻하는 표현은 여러 가지가 있지만 객실 요금은 rate을 쓴다. toll은 '도로 통행료', fare는 교통수단의 '운임'에 쓰는 표현이다.
make a reservation 예약하다

18

A It's getting late. When are you going to bed?

B I have to work all night to _____ the deadline.

(a) top
✔ (b) meet
(c) delay
(d) forsake

번역 A 늦었네요. 언제 잘 거예요?
B 마감을 맞추려면 밤새 일해야 해요.

(a) 능가하다
(b) 맞추다
(c) 미루다
(d) 저버리다

해법 '마감을 맞추다'라는 표현을 완성하는 문제다. meet the deadline 또는 make the deadline이라고 쓰면 된다. meet은 '(기대를) 충족시키다, (요구에) 부합하다' 등의 다양한 의미가 있다.
deadline 마감 **top** 넘다, 능가하다 **delay** 미루다, 연기하다 **forsake** 저버리다[버리다], 그만두다

19

A Sorry, I didn't know it would _____ so much of your time.

B No worries. It was a pleasure to help you.

✔ (a) take up
(b) break up
(c) pass over
(d) come across

번역 A 미안해요, 그 일이 당신 시간을 그렇게 많이 뺏을 줄은 몰랐어요.
B 걱정 마세요. 도울 수 있어서 좋았어요.

(a) 차지하다
(b) 헤어지다
(c) 지나가다
(d) 우연히 만나다

해법 '도움을 줄 수 있어 좋았다'는 대답이 나오고 A는 미안하다고 말하고 있다. 도와준 사람의 시간을 많이 뺏을 줄 몰랐다(a)고 말하는 것이 어울린다.
worry 걱정 **take up one's time** ~의 시간을 뺏다 **break up** 헤어지다 **pass over** 지나가다; 줄어들다 **come across** 우연히 만나다; 떠오르다

20

A What should I do with these empty bottles?

B Don't throw them out. We can _____ them.

(a) remake
(b) recover
✔ (c) recycle
(d) renew

번역 A 이 빈 병들을 어떻게 하지?
B 버리지 마. 재활용할 수 있어.

(a) 다시 만들다
(b) 회복하다
(c) 재활용하다
(d) 갱신하다

해법 빈 병을 버리지 않으면 재활용하겠다는 뜻일 것이므로 (c)가 답이다.
do with ~을 처리하다 **empty bottle** 빈 병 **throw out** 버리다 **remake** (영화 · 노래 등을) 새로[다르게] 만들다 **recover** 회복하다 **recycle** 재활용하다 **renew** 재개하다, 갱신[연장]하다

21

A What would you like to eat?
B I can't decide. Every _____ looks great.

✔ (a) dish
  (b) taste
  (c) food
  (d) menu

번역 A 뭘 먹고 싶니?
B 결정을 못하겠어. 모든 요리가 다 맛있어 보여.

(a) 요리
(b) 맛
(c) 식품
(d) 메뉴

해법 식당에서 메뉴를 보며 무엇을 먹어야 할지 결정하는 상황이다. '모든 요리가 맛있어 보인다'는 뜻이므로 (a)가 어울린다. dish는 '접시' 이외에도 '요리'라는 뜻이 있다. 메뉴는 여러가지 요리가 모여 있는 것이므로 '식품'이라는 포괄적인 의미를 갖는 food는 어울리지 않는다.
dish 요리; 접시 **taste** 맛

22

A How do you feel about the new warranty plan?
B It's okay, but it doesn't address the _____ faults with the product.

  (a) underachieving
  (b) overlapping
✔ (c) underlying
  (d) overreaching

번역 A 새 보증 제도에 대해 어떻게 생각해?
B 괜찮기는 한데 제품의 근본적인 결함을 해결하지는 않잖아.

(a) 능력보다 낮은 성과를 내는
(b) 중복되는
(c) 근본적인
(d) 뛰어넘는

해법 '새 보증 제도가 원래 제품이 안고 있는 문제를 해결하지는 않는다'는 뜻이므로 '근본적인'이라는 뜻의 underlying이 답이다. underachieving은 가지고 있는 본연의 능력에 미치지 못하는 성적을 내는 것을 가리키는 말이다.
warranty 보증 **plan** 방식 **address** (문제를) 해결하다 **fault** (제품) 결함 **overlapping** 중복되는 **overreaching** 뛰어넘는

23

A I thought I'd stop over. Am I _____ you?
B That's OK. I wasn't doing anything.

  (a) boring
  (b) dismissing
✔ (c) interrupting
  (d) entertaining

번역 A 그냥 들린 거예요. 방해한 것 아닌가요?
B 괜찮아요. 별일 안 하고 있었어요.

(a) 지루하게 하는
(b) 묵살하는
(c) 방해하는
(d) 재미있게 하는

해법 stop over는 '예고 없이 가볍게 들르다' 정도의 의미다. 대답에서 '아무 것도 하고 있지 않았다'는 것으로 미루어, 자기가 불쑥 찾아온 것이 방해가 된 건 아닌지 묻는 것이 자연스러우므로 interrupting이 좋겠다.
stop over 잠깐 들리다 **dismiss** 해고하다; 묵살[일축]하다 **interrupt** 방해하다 **entertain** 즐겁게 하다

24

A Do you follow what I'm saying?
B Sorry, but can you say that again in _____ English?

  (a) flat
✔ (b) plain
  (c) vulgar
  (d) popular

번역 A 제가 말하는 것을 이해하세요?
B 미안하지만 좀 쉽게 다시 말해주겠어요?

(a) 평평한
(b) 쉬운
(c) 저속한
(d) 인기 있는

해법 자신이 하는 말을 이해하느냐는 질문에 다시 한번 이야기해 달라고 했으므로 이해할 수 있게 더 쉽게 말해 달라고 해야 논리에 맞다. 따라서 '평이한, 쉬운'의 뜻인 plain이 어울린다. vulgar는 '상스러운, 통송적인'으로 vulgar words는 '비어'라는 뜻이 된다.
follow 따라오다; 이해하다 **flat** 평평한; 김빠진 **plain** 알기 쉬운; 똑똑히 들리는

25

A Last night's play was pretty disappointing.
B I agree. The lead actress _____ everything.

  (a) turned down
  (b) wrote off
✔ (c) messed up
  (d) figured out

번역 A 어젯밤 연극은 꽤 실망스러웠어요.
B 맞아요. 주연 여배우가 모든 걸 망쳤어요.

(a) 거절하다
(b) 아무렇게나 쓰다
(c) 망치다
(d) 알아내다

해법 연극이 실망스러웠고 거기에 동의하고 있으므로 그 배우가 망쳐버렸다는 뜻의 messed up이 어울린다. mess는 명사로 '엉망진창'이라는 뜻으로 make a mess(어지르다)/ in a mess(곤란에 빠져) 등과 같이 쓰인다.
disappointing 실망스러운 **lead** 가장 중요한 **turn down** 거절하다 **write off** ~을 슬슬 쓰다; 탕감하다 **mess up** 엉망으로 만들다 **figure out** 이해하다. 알아내다

26

It is difficult to _____ some products online without seeing them in person for yourself.

(a) prize
(b) orient
✔ (c) appraise
(d) fabricate

번역 어떤 제품은 직접 보지 않고 인터넷에서 평가하기 어렵다.

(a) 소중히 생각하다
(b) 지향시키다
(c) 평가하다
(d) 날조하다

해법 see … in person은 '~을 직접 보다'라는 뜻이다. 실제로 보지 않고 인터넷에서 무엇을 하는 것이 어려우니 선택지를 대입해보면 (c)가 가장 잘 어울린다.
in person 직접 **prize** ~을 소중하게 여기다 **orient** 지향하게 하다, 맞추다
appraise 감정하다, 평가하다 **fabricate** 날조하다

27

Through the _____ of the painting, historians were able to learn more about the time in which it was painted.

(a) redirection
(b) reconfiguring
✔ (c) reconstruction
(d) reestablishment

번역 그림 복원을 통해 역사가들은 그림이 그려진 시대에 대해 더 많은 것을 알 수 있었다.

(a) 방향 전환
(b) 변경
(c) 복원
(d) 재건

해법 오래된 그림 등을 원래 상태로 되돌리는 작업을 복원이라고 하며 이에 해당하는 단어가 reconstruction 혹은 restoration이다. reestablishment는 건물이나 제도 등의 '재건'이라는 뜻이다.
historian 역사가 **redirection** 방향 전환 **reconfiguring** 변경

28

Twelve people _____ their lives in a plane crash in California yesterday.

✔ (a) lost
(b) died
(c) took
(d) failed

번역 어제 캘리포니아의 비행기 사고로 12명이 목숨을 잃었다.

(a) 잃다
(b) 죽다
(c) 빼앗다
(d) 실패하다

해법 '목숨을 잃다'와 관련된 표현은 여러 가지가 있지만 life가 목적어로 올 때는 lose를 쓴다. die를 쓰려면 목적어 없이 Twelve people died in a plane crash와 같이 써야 하며, took를 쓰려면 주어를 바꿔 A plane crash took the lives of 12 people이라고 해야 한다.
plane crash 비행기 사고

29

While renting the house, the tenant must pay for home's insurance and assume _____ for all damages.

✔ (a) liability
(b) corrosion
(c) vindication
(d) impediment

번역 집을 임대하는 동안은 세입자가 집에 대한 보험료를 내고 모든 손상에 대한 책임을 져야 한다.

(a) 책임
(b) 부식
(c) 옹호
(d) 장애

해법 assume은 '지위나 책임 등을 떠맡다'는 의미의 동사이다. 뒤에 나오는 damages와 이어지며 assume의 목적어로 어울리는 명사는 liability뿐이다.
rent 임대하다 **tenant** 세입자 **insurance** 보험 **assume** 떠맡다
damage 손상 **liability** 법적 책임 **corrosion** 부식 **vindication** 옹호, 변호 **impediment** 장애

30

Sometimes a good walk will cheer you up if you are feeling _____.

✔ (a) down
(b) loose
(c) hard
(d) undone

번역 우울할 때는 산책이 기분을 북돋워 줄 것이다.

(a) 우울한
(b) 해이한
(c) 까다로운
(d) 미완성의

해법 cheer up은 기운을 북돋워 주는 것이므로 빈칸에는 그의 반대 상태가 나와야 한다. feel down[low, depressed] 등이 모두 '우울한'의 의미가 된다. loose는 '해이한, 산만한' 등의 뜻이다.
walk 산책 **cheer up** 기분을 북돋다 **feel down** 우울한 **undone** 하지 않은, 미완성의

31

She was as _____ and it showed in the joy on her face.

(a) blind as a bat
✔ (b) happy as a lark
(c) light as a feather
(d) sick as a dog

번역 그녀는 더할 나위 없이 행복했고 그러한 기쁨이 그녀의 얼굴에 드러났다.

(a) 소경이나 다름 없는
(b) 매우 행복한
(c) 매우 가벼운
(d) 몸이 매우 안 좋은

해법 영어에서는 비유를 할 때 한국어와는 다른 상징들을 쓰므로 관용표현을 알아두자. 문장 뒷부분의 joy라는 말에서 happy로 자연스럽게 의미를 연상할 수 있다.
blind as a bat 앞을 잘 못 보는 **happy as a lark** 몹시 즐거운 **light as a feather** 아주 가벼운 **sick as a dog** 몸이 매우 안 좋은

32

Insects are the most populous _____ of tropical rainforests.

(a) clients
(b) inmates
(c) residuals
✔ (d) inhabitants

번역 곤충은 열대 우림에서 가장 개체 수가 많은 서식 동물이다.

(a) 고객
(b) 기식자
(c) 잔여물
(d) 서식자

해법 populous는 population의 형용사형으로 '인구가 많은'의 뜻이며 여기서는 주어가 곤충이므로 개체 수가 많다는 뜻이다. of 이하에서는 장소인 열대 우림이 나오므로 inhabitants가 어울린다.
insect 곤충 **populous** 인구가 많은 **tropical rainforest** 열대 우림 **inmate** 입원 환자; 기식자 **residual** 잔여물 **inhabitant** 주민; 서식 동물

33

About 150 representatives from around the world _____ in Nagoya to discuss the problem of global warming.

(a) attended
✔ (b) convened
(c) generated
(d) transgressed

번역 전세계 150명 가량의 대표들이 지구 온난화 문제 해결 방안을 논의하기 위해 나고야에 모였다.

(a) 참가하다
(b) 모이다
(c) 만들어내다
(d) 벗어나다

해법 논의하기 위해 대표들이 모였다라고 이어지는 것이 자연스러우므로 정답은 (b)가 된다.
representative 대표 **global warming** 지구 온난화 **attend** 참여하다. 참가하다 **convene** 모이다 **generate** 발생시키다. 만들어내다 **transgress** 넘어서다. 벗어나다

34

The New World welcomed _____ from all around the world because of the need for labor.

(a) fugitives
(b) reformers
(c) candidates
✔ (d) immigrants

번역 신세계는 노동력의 필요 때문에 전세계 이민자를 환영했다.

(a) 도망자
(b) 혁신자
(c) 후보
(d) 이민자

해법 여기서 단서는 the need for labor이다. 따라서 바로 뒤의 from all around the world와도 의미상 어울리고 노동력을 제공해줄 수 있는 사람들로 적절한 것은 이민자이므로 정답은 (d)가 된다.
fugitive 도망자. 탈주자 **reformer** 개혁가 **candidate** 후보 **immigrant** 이민자

35

Punishment acts as a _____ and stop students from making the same mistakes.

(a) pistol
(b) catalyst
(c) stopover
✔ (d) deterrent

번역 벌은 억제제의 역할을 하며 아이들이 같은 실수를 저지르는 것을 막는다.

(a) 권총
(b) 촉매
(c) 도중 하차
(d) 억제제

해법 여기서 단서는 stop from이다. ~하는 것을 막는 것은 '억제제', 즉 deterrent다. catalyst는 정반대로 어떤 일을 하도록 부추기는 '촉매'라는 뜻이다.
pistol 권총 **catalyst** 촉매, 기폭제 **stopover** 도중 하차; 단기 체재 **deterrent** 억제제

36

The committee has _____ strict criteria for who should be allowed to vote.

(a) tinted
(b) seasoned
✔ (c) established
(d) interpreted

번역 위원회는 누구에게 투표권을 허용할 것인가에 대한 엄격한 기준을 수립했다.

(a) 빛깔을 내다
(b) 맛을 내다
(c) 수립하다
(d) 해석하다

해법 이 문장에서는 일단 criteria라는 목적어에 어울리는 동사를 골라내야 한다. 이 기준을 만족시키는 동사는 (c)와 (d)이지만, 그 중 for (누구에게 표결권을 허용할 것인가에 대한)와 의미상 이어지는 단어는 established이다.
committee 위원회 **criteria** 기준 **tint** 빛깔을 내다 **season** 맛을 내다
establish 수립하다, 세우다 **interpret** 해석하다

37

He was forced to liquidate all of his assets to avoid _____ for bankruptcy.

✔ (a) filing
(b) declaring
(c) complaining
(d) announcing

번역 그는 파산 신청을 피하기 위해 모든 자산을 현금화해야만 했다.

(a) 신청
(b) 선언
(c) 불평
(d) 공표

해법 file for bankruptcy는 '파산을 신청하다'라는 의미이며 declare bankruptcy 도 같은 표현이다.
be forced to ~하도록 강요받다 **liquidate** 청산[정리]하다 **asset** 자산
bankruptcy 파산

38

The seminar aims to solicit private financial support to _____ the so-called digital divide in poor countries.

(a) tie
(b) cut
✔ (c) bridge
(d) adhere

번역 세미나의 목적은 빈국에서의 이른바 디지털 격차 해소를 위한 민간 재정 지원을 권유하는 것이다.

(a) 묶다
(b) 단절하다
(c) 줄이다
(d) 고수하다

해법 '격차를 줄이다'라고 할 때는 bridge라는 동사를 쓴다. bridge는 말 그대로 둘 사이에 다리를 놓는 것이므로 차이를 해소한다는 의미가 된다.
aim to ~을 목적으로 하다 **solicit** 청하다 **financial** 재무의, 재정의
digital divide 디지털 격차 **tie** 묶다 **adhere** 고수하다

39

Different countries have different _____, which sometimes can lead to conflict.

✔ (a) customs
(b) custodies
(c) costumes
(d) cosmetics

번역 서로 다른 국가들은 서로 다른 관습을 가지고 있어 때로 분쟁에 이르기도 한다.

(a) 관습
(b) 보호권
(c) 의상
(d) 화장품

해법 서로 간에 분쟁을 일으킬 수 있는 것은 서로 다른 관습(a)일 것이다. custody 는 '양육권'의 뜻으로 의미상 어울리지 않고, (c)나 (d)는 문맥상 분쟁의 소지 가 된다고 보기는 어렵다. customs는 '세관'이라는 의미도 가지고 있으며 go through (the) customs는 '세관을 통과하다'는 표현이다.
conflict 분쟁 **custom** 관습 **custody** 양육권, 보호[관리]권

40

Any user who has _____ to the Internet can input and revise information on a real-time basis.

(a) exit
✔ (b) access
(c) contact
(d) entrance

번역 인터넷에 접근할 수 있는 사람이라면 누구든 실시간으로 정보를 입력하거나 수 정할 수 있다.

(a) 출구
(b) 접근
(c) 접촉
(d) 입구

해법 have access to는 '~에 접근할 수 있다'는 의미로 흔히 서비스나 권리를 이 용할 수 있는 상태를 표현한다. contact는 연락이나 접촉의 뜻이므로 Internet 이라는 목적어와 부합하지 않는다.
input 입력하다 **revise** 수정[개정]하다 **real-time** 실시간 **exit** 출구, 퇴장
access 접근 **contact** 접촉, 연락 **entrance** 입구

41

The main actor in the film was _____ even before the director was chosen.

✔ (a) cast
(b) thrown
(c) played
(d) branded

번역 영화의 주연 배우는 감독이 선택되기도 전에 뽑혔다.

(a) 뽑히다
(b) 던져지다
(c) 연기하다
(d) 낙인찍히다

해법 문장의 구조를 잘 보면 before를 전후로 감독과 배우가 병치되고 chosen에 해당하는 동사를 찾는 것이 문제이다. 배우를 선택하는 것을 캐스팅이라 하므로 정답은 (a)가 된다.

film 영화 **director** 감독 **cast** 배역을 정하다[맡기다] **brand** 낙인을 찍다

42

The characters and the scenery in the new video game look amazingly realistic even though they are just part of a _____ world.

✔ (a) virtual
(b) flimsy
(c) truthful
(d) negligent

번역 새 비디오게임의 캐릭터와 배경은 가상 세계의 일부일 뿐이지만 놀라울 만큼 사실적이다.

(a) 가상의
(b) 조잡한
(c) 진실한
(d) 부주의한

해법 even though절과 주절의 내용이 대조되고 있음을 단서로 답을 고를 수 있다. 게임이 매우 현실적이지만 그들은 실제로 존재하지 않는 가상의 세계일 뿐이라는 내용이 문맥상 자연스러우므로 정답은 (a)이다.

scenery 배경 **realistic** 사실적인 **virtual** 가상의 **flimsy** 조잡한 **negligent** 태만한; 부주의한

43

He is a(n) _____ person who likes socializing with people.

(a) reticent
(b) consistent
(c) introverted
✔ (d) gregarious

번역 그는 사람들과 어울리는 것을 좋아하는 사교적인 사람이다.

(a) 말이 없는
(b) 일관성 있는
(c) 내성적인
(d) 사교적인

해법 who 이하에서 설명하고 있는 특징을 표현하는 형용사를 찾는 문제이다. 사람들과 잘 어울리는 것을 한 마디로 말하면 사교적인(d) 것이다.

socialize with ~와 어울리다 **reticent** 말이 없는 **consistent** 한결같은, 일관된 **introverted** 내성적인 **gregarious** 사교적인

44

Scientists could identify differences between _____ organisms with the invention of the microscope.

(a) blunt
✔ (b) minute
(c) gigantic
(d) celestial

번역 과학자들은 현미경의 발명으로 미생물들간의 미세한 차이를 구별할 수 있었다.

(a) 뭉툭한
(b) 미세한
(c) 거대한
(d) 천체의

해법 현미경은 작은 물체를 들여다보기 위한 기구이므로 미생물, 즉 minute organisms라고 이어지는 (b)가 정답이다. gigantic은 giant의 형용사형으로 '거대한'의 뜻이다. celestial(천체의) 세계를 보는 것은 망원경(telescope)일 것이다.

organism 미생물 **microscope** 현미경 **blunt** 뭉툭한; 직설적인 **minute** 미세한 **celestial** 천체의

45

She felt a _____ of guilt about how badly she had treated her friends.

(a) remorse
✔ (b) pang
(c) sound
(d) state

번역 그녀는 자신이 친구들을 얼마나 나쁘게 대했는지에 대해 양심의 가책을 느꼈다.

(a) 회한
(b) 고통
(c) 소리
(d) 상태

해법 pang은 원래 찌르는 듯한 아픔을 말하는 것으로 pang of guilt는 '죄책감'을, pang of conscience는 '양심의 가책'이라는 뜻이다. remorse를 쓰려면 of guilt 없이 써야 한다.

guilt 유죄 **treat** 대하다 **remorse** 회한 **pang** (육체적·정신적) 고통, 아픔 **sound** 소리; 건전한, 건강한 **state** 상태

46

He was _____ to the regulations he had to deal with to buy a house as a foreigner.

(a) valiant
(b) soothed
(c) contradicted
✔ (d) unaccustomed

번역 그는 외국인으로서 집을 사기 위해 거쳐야 하는 법규들에 익숙하지 않았다.

(a) 단호한
(b) 진정된
(c) 모순된
(d) 익숙하지 않은

해법 be unaccustomed to는 '~에 익숙하지 않다'의 뜻이며 반대의 의미인 be accustomed[used] to(~에 익숙하다)도 알아두자.
regulation 법규 **deal with** 처리하다 **valiant** 용맹한, 단호한 **soothe** 달래다, 진정시키다 **contradict** ~에 모순되다

47

Ricky Schroder was a child _____ who won a Golden Globe Award at the age of nine.

(a) delusion
✔ (b) prodigy
(c) predator
(d) hurdle

번역 리키 슈뢰더는 아홉 살의 나이에 골든 글로브 상을 수상한 신동이었다.

(a) 망상
(b) 신동
(c) 포식자
(d) 장애물

해법 어린 나이에 뛰어난 재능을 보여주는 사람을 신동이라고 하므로 아홉 살에 상을 받은 리키 슈뢰더는 prodigy라는 것이 어울린다.
delusion 망상, 착각, 오해 **prodigy** 영재, 신동 **predator** 포식자 **hurdle** 장애물

48

You need to separate waste and _____ that can be burned such as wood, plastic, or paper.

(a) detours
(b) deformities
(c) commodities
✔ (d) combustibles

번역 일반 쓰레기와 나무, 플라스틱, 종이 등의 타는 쓰레기를 분리해야 한다.

(a) 우회로
(b) 기형물
(c) 일용품
(d) 가연성 물질

해법 이 문제의 직접적인 단서는 that절의 설명이다. 나무, 플라스틱, 종이처럼 잘 타는 물질을 combustibles(가연물)라고 한다.
separate 분리하다 **waste** 쓰레기 **detour** 둘러가는 길, 우회로 **deformity** 기형(물) **commodity** 상품, 물품

49

New York has always been _____ with diversity, art and style.

(a) integral
(b) identical
(c) anonymous
✔ (d) synonymous

번역 뉴욕은 항상 다양성, 예술, 그리고 스타일의 상징이었다.

(a) 필수적인
(b) 동일한
(c) 익명의
(d) 동의어의

해법 synonym은 '동의어'이므로 be synonymous with는 '~과 동의어다, 상징이다'라는 의미로 쓰인다. identical은 완전히 동일하다는 뜻으로 '일란성 쌍둥'이를 identical twins라고 한다.
diversity 다양성 **integral** 필수적인 **identical** 동일한 **anonymous** 익명의 **synonymous** 같은 뜻의; 동의어의

50

The family was advised to forget about what happened and start _____.

✔ (a) afresh
(b) morbid
(c) unhinged
(d) necessary

번역 그 가족은 지난 일은 잊어버리고 새로 시작하라는 충고를 받았다.

(a) 새로이
(b) 병적으로
(c) 불안정하게
(d) 필수적으로

해법 이미 일어난 일을 잊어버리라고 했으니 새로 시작하라는 말이 어울린다. afresh를 써서 start afresh라고 하면 '새롭게 다시 시작한다'는 뜻. hinge는 '경첩'이라는 뜻이므로 unhinged는 '경첩이 없는, 불안정한'이라는 뜻이다.
afresh 새로, 새롭게 다시 **morbid** 병적인 **unhinged** 경첩을 뗀; 불안정한

1 Some people believe that _____ . But a new study says differently. Scientists tested very young children. They found that babies are friendly and helpful to others. This may show a natural willingness to help in humans. They found that after the age of one, infants will help adults find objects. Chimpanzees, in comparison, do not do this.

(a) everyone is born to be helpful
(b) using tools is only a human trait
✔ (c) humans are basically born selfish
(d) chimpanzees are as smart as infants

번역 어떤 사람들은 인간이 원래 이기적으로 태어난다고 믿는다. 하지만 새로운 연구 결과는 다르다. 과학자들은 매우 어린 아이들을 대상으로 실험을 했고, 그들은 아기들이 매우 친절하며 서로 돕는다는 사실을 발견했다. 이는 사람들 사이에서 서로 돕는 타고난 본성을 보여주는 것 같다. 그들은 한 살이 지난 영아들이 어른들이 물건을 찾는 것을 돕는다는 사실을 알아냈다. 이와 비교해서 침팬지들은 이런 것을 하지 않는다.

(a) 모든 사람들은 도움이 되도록 태어난다고
(b) 도구를 사용하는 것은 인간만의 특성이라고
(c) 인간이 원래 이기적으로 태어난다고
(d) 침팬지들은 유아들만큼 똑똑하다고

해법 첫 문장에서 일부 사람들의 의견을 제시한 뒤 But이라는 접속사와 함께 그에 반하는 새로운 연구 결과를 소개하고 있다. 소개되는 연구 결과는 사람들이 서로 돕는 본성을 가지고 있다는 것이므로 첫 문장에서는 그에 반대되는 내용, 즉 (c)가 나와야 한다. (b)와 (d)는 지문과 상관 없는 내용이며, (a)는 연구 결과와 일치하는 내용이므로 But으로 연결할 수 없다.
willingness 기꺼이 하는 마음 infant 영아 comparison 비교 trait 특색, 특징 basically 근본적으로, 원래 selfish 이기적인

2 Why do babies hate being left alone for long periods of time? That is precisely what Dr. John Bowlby wanted to know when he began his research into the subject. He looked at children's _____ . He concluded that it could be explained by the long-held need for infants to be with their mothers and be protected from the constant presence of predators. That is, we have built-in fears because we evolved in the wilds of Africa alongside dangerous animals.

(a) feelings when they are scared
(b) modern eating and drinking habits
✔ (c) innate fear of the dark and strangers
(d) ability to recognize different objects

번역 아기들은 왜 오랫동안 혼자 있는 것을 싫어할까? 이것이 바로 존 볼비 박사가 주제를 연구하기 시작할 때 알고 싶어 했던 것이다. 그는 아기들이 가지고 있는 어둠과 낯선 사람에 대한 내재된 두려움에 주목했다. 그는 아기들이 어머니와 함께 있으면서 끊임 없는 공격자로부터 보호받아야 했던 오랜 필요 때문으로 설명될 수 있다는 결론을 내렸다. 즉, 우리는 위험한 동물들이 곁에 있는 아프리카의 야생 환경에서 진화했기 때문에 그런 내재된 두려움을 갖게 되었다.

(a) 놀랐을 때의 감정
(b) 현대의 음식 섭취 습관
(c) 어둠과 낯선 사람에 대한 내재된 두려움
(d) 다른 사물을 인지할 수 있는 능력

해법 아기들이 오랫동안 혼자 있는 것을 싫어하는 이유는 과거에 위험한 공격자와 함께 생활하던 시절, 어머니의 보호가 필요했기 때문이라는 내용이다. 빈칸 바로 뒤를 보면 그것은 ~때문이라고 설명될 수 있다는 내용이 이어지며 이 지시어 it에 해당하는 것이 앞의 빈칸이다. 즉, 보호가 필요하다고 느끼기 때문에 낯선 사람에 대한 두려움을 갖는다(c)고 보는 것이 논리적이다.
be left alone 남겨지다 for long periods of time 오랫동안 precisely 정확히 subject 주제 conclude 결론짓다 constant 계속적인 presence 존재 predator 공격자 built-in 내재된 evolve 진화하다 innate 고유의 ability 능력 object 사물

3 In Shadow of the Sun: My African Life, the author notes that Europeans and Africans _____ . Europeans, he says, see time as an absolute concept and are ultimately slaves to it. They are always checking their watches and clocks to make sure they are not late for the next thing they "must" do. Africans, on the other hand, see time differently. For them, it is a much more subjective concept. It is man who influences time, not the other way around. Time appears as a result of our actions, and vanishes when we neglect or ignore it.

(a) inhabit the same time zones
(b) struggle with issues of slavery
✔ (c) have very different concepts of time
(d) are constantly battling with each other

번역 〈태양의 그늘: 나의 아프리카 생활〉에서 저자는 유럽인들과 아프리카인들이 시간에 대해 매우 다른 개념을 가지고 있다고 언급하고 있다. 그에 따르면 유럽인들은 시간을 하나의 절대적 개념으로 보아 결국 시간의 노예가 된다. 그들은 다음에 '반드시' 해야 할 일에 늦지 않으려 항상 손목 시계와 시계를 확인한다. 한편, 아프리카인들은 시간을 다르게 본다. 그들에게는 시간이 훨씬 더 주관적인 개념이다. 시간에 영향을 미치는 것은 사람이지 그 반대가 아니다. 시간은 우리의 행동의 결과로 나타나는 것이며 우리가 시간을 소홀히하거나 무시하면 사라진다.

(a) 같은 시간대에 산다
(b) 노예 문제와 싸운다
(c) 시간에 대해 매우 다른 개념을 가지고 있다
(d) 서로 계속 싸우고 있다

해법 유럽인들과 아프리카인들의 시간에 대한 개념을 비교하는 내용이다. 첫 문장 바로 다음에 유럽인들의 시간에 대한 개념이 설명되고 그 뒤에 아프리카인들이 가지고 있는 시간의 개념이 나온다. 즉, 서로 다른 시간 개념을 가지고 있다는 (c)가 정답이다.
note 언급하다 absolute 절대적인 concept 개념 ultimately 결국 on the other hand 한편 subjective 주관적인 influence 영향을 미치다 the other way around 반대로 vanish 사라지다 neglect 등한시하다 inhabit 거주하다 time zone 시간대 struggle with 분투하다 slavery 노예제 constantly 계속해서

Actual Test 3

4 Coming up next, Wild Frontiers. This documentary _____. Please be advised that because of violence and mature content it is not recommended for viewers under the age of 14. Viewer discretion is strongly advised. The views expressed in this documentary are those of its producers, not of this network.

(a) is recommended for the whole family
(b) will delight nature enthusiasts of all ages
(c) has been edited to remove graphic content
✔ (d) contains scenes that may disturb some viewers

번역 다음은 〈와일드 프론티어〉입니다. 이 다큐멘터리에는 일부 시청자들이 불편하게 느낄 수 있는 장면들이 있습니다. 폭력과 성인용 장면들 때문에 이 다큐멘터리는 14세 미만의 시청자에게는 적절하지 않음을 알려 드립니다. 반드시 시청 지도가 필요합니다. 또한 이 프로그램에 표현된 의견은 방송사의 의견이 아닌 다큐멘터리 제작자의 의견입니다.

(a) 모든 가족들에게 추천됩니다
(b) 모든 연령대의 자연 애호가들을 기쁘게 할 것입니다
(c) 그림 자료를 삭제하도록 편집되었습니다
(d) 일부 시청자들이 불편하게 느낄 수 있는 장면들이 있습니다

해법 다음에 방영될 TV 프로그램에 대한 안내문이다. 두 번째 문장이 주제문이며 나머지 부분은 주제문을 보충 설명하는 형태로 되어 있다. 폭력과 성인용 장면이 나오기 때문에 시청 지도가 필요하다는 등의 내용을 통해 (d)가 정답임을 알 수 있다.

wild 야생의 **frontier** 접경, 변경 지대 **violence** 폭력 **mature** 성인용의 **discretion** 신중함 **producer** 제작자 **enthusiast** 열광자 **of all ages** 모든 연령대의 **edit** 편집하다 **disturb** 불편하게 하다

---

5 Carnival is a big celebration on the streets that takes place in many countries. It has a great influence on the culture of Trinidad and Tobago. French settlers brought Carnival to Trinidad in the late eighteenth century. In the beginning, only the elite could celebrate. While the wealthy rode on floats, the poor and slaves were not able to do so. They could only watch the festivities. With the abolition of slavery in 1834, however, _____.

(a) slaves still had very little money
(b) rich and poor people were divided
(c) landowners had the biggest floats of all
✔ (d) slaves and poor could participate

번역 카니발은 여러 나라에서 개최되는 대규모 거리 축제이다. 카니발은 트리니다드와 토바고의 문화에 큰 영향을 미쳤다. 프랑스 정착민들이 18세기 후반 트리니다드에 카니발을 소개했다. 처음에는 상류층만이 카니발을 축하할 수 있었다. 부자들은 무대 차량을 탈 수 있었지만 빈곤층이나 노예들은 그렇게 할 수가 없었다. 그들은 축제를 구경만 할 수 있었다. 하지만 1834년 노예제가 폐지되면서 노예들과 빈곤층도 참가할 수 있었다.

(a) 노예들은 여전히 매우 돈이 적었다
(b) 부유층과 빈곤층으로 나뉘었다
(c) 지주들은 가장 큰 무대 차량을 가지고 있었다
(d) 노예들과 빈곤층도 참가할 수 있었다

해법 카니발을 소개하면서 부유층과 빈곤층의 다른 상황에 대해 이야기하는 내용이다. 마지막 문장에 빈칸이 있는 경우 문장이 시작되는 접속사에 유의해야 한다. 빈곤층과 노예들은 축제를 구경만 할 수 있었다는 말 뒤에 however가 나와 있으므로 뒤에는 반대 내용이 이어져야 한다. 따라서 (d)가 적절하다.

take place 발생하다 **influence** 영향력 **settler** 정착민 **in the beginning** 처음에는 **elite** 상류층 **float** 무대 차량 **festivity** 축제, 행사 **abolition** 폐지 **slavery** 노예제 **landowner** 지주 **participate** 참가하다

---

6 Please be advised that _____. As a consequence, the hot and cold water will both be shut off throughout the building between 9:00 a.m. and 5:00 p.m. on Tuesday, August 21. We are extremely sorry for the inconvenience. A maintenance crew must fix the pipe at once before it develops into an even more serious problem. If you have any questions or concerns, please see the concierge in the lobby. Again, please accept our sincere apologies for this inconvenience.

(a) construction of a roadway will begin today
(b) the heating system is now fully functional
(c) tenants are responsible for recycling
✔ (d) a pipe has burst under the building

번역 건물 밑 수도관이 파열되었음을 알려드립니다. 그로 인해 8월 21일 화요일, 오전 9시부터 오후 5시 사이에 건물 내 냉온수가 모두 단수될 것입니다. 불편을 끼쳐드려 매우 죄송합니다. 더 심각한 문제로 번지기 전에 즉시 건물 관리부 직원이 수도관을 수리해야 합니다. 질문이나 궁금한 사항이 있으시면 로비의 관리인을 찾아 주십시오. 다시 한번 불편에 대해 진심으로 사과를 드립니다.

(a) 도로 건설이 오늘 시작될 것임을
(b) 난방 시스템은 이제 완전히 제기능을 하고 있음을
(c) 주민들은 재활용에 책임이 있음을
(d) 건물 밑 수도관이 파열되었음을

해법 단수를 알리는 공고문이다. 여기서의 직접적인 힌트는 빈칸 바로 뒤의 As a consequence라는 연결어이다. 단수를 한다면 그 원인은 수도관의 파열일 것이다.

as a consequence 결과적으로 **shut off** 단절하다 **inconvenience** 불편 **maintenance** 관리 **crew** 직원 **develop into** ~로 발전하다 **concerns** 관심사 **concierge** 관리인 **construction** 건설 **roadway** 도로 **functional** 기능을 다하는 **tenant** 주민 **be responsible for** ~에 책임이 있다 **burst** 폭발하다

7 Not everyone goes through a museum in the exact same way. In my case, _____. I'd rather spend more time looking at something that captures my attention. Although I might not look at every painting at an art gallery, I can spend up to an hour looking at one that I love. The point is, I don't go to museums to become "smarter" or "more cultured." I go to enjoy myself, and not simply learn about things that people say I should be interested in.

✔ (a) I walk past objects and exhibits that don't interest me
  (b) I spend a lot of time studying each and every piece
  (c) every kind of museum bores me to death
  (d) nobody knows more about art than I do

번역 모든 사람들이 똑같은 방식으로 미술관을 관람하는 것은 아니다. 내 경우에는 관심이 없는 물건이나 전시품들은 그냥 지나간다. 차라리 내 주의를 사로잡는 것을 보는 데 시간을 더 많이 보낸다. 미술관에서 모든 그림을 보지 않을지 모르지만 내가 좋아하는 그림 앞에서는 한 시간까지도 보낼 수 있다. 요지는 나는 '더 똑똑해지거나' '더 교양을 쌓기 위해' 박물관에 가는 것이 아니라는 것이다. 나는 스스로 즐기기 위해 가는 것이지 사람들이 나에게 관심을 가져야 한다고 말하는 것들에 대해 배우러 가는 것이 아니다.

(a) 관심이 없는 물건이나 전시품들은 그냥 지나간다
(b) 작품 하나하나를 모두 살펴보는 데 많은 시간을 보낸다
(c) 모든 종류의 미술관은 지겨워 죽을 지경이다
(d) 누구도 예술에 대해 나보다 많이 알지는 못한다

해법 미술관 감상 방식에 대해 말하고 있는 이 글의 주제문은 역시 첫 부분이다. 나의 경우는 이렇다라고 밝힌 다음, 그 부분에서는 보충 설명을 하는 구성이다. 모든 그림을 보는 대신 좋아하는 그림에만 시간을 많이 할애한다고 했으므로 (a)가 적절하다.
go through 빠져 나가다, 세밀히 검토하다 **capture** 사로잡다 **attention** 주의 **up to** 최대 **cultured** 교양 있는 **be interested in** ~에 관심 있다 **object** 대상 **exhibit** 전시하다

8 A Korean guitarist by the name of Lim Jeong-hyun (Jay Lim) performs under the pseudonym "funtwo." He recorded his cover of *Canon Rock* in 2005 and uploaded it to the Internet. It was then uploaded to YouTube by a viewer who was impressed with Lim's version of Pachelbel's masterpiece. It was not long before Lim's song gained a huge following online. Millions of people admired _____.

  (a) his new South Korean anthem
✔ (b) his now famous guitar playing
  (c) him for his unprecedented guitar lessons
  (d) him for playing many other classical tunes as well

번역 한국인 기타리스트 임정현(제이 림)이 '펀투'라는 예명으로 공연합니다. 그는 2005년 그가 연주한 〈캐논 록〉을 녹음하여 인터넷에 올렸습니다. 그 후 림의 파헬벨 해석 곡에 감동한 한 청중이 이를 YouTube에 올렸습니다. 림의 곡은 머지 않아 온라인 상에 엄청난 팬을 거느리게 되었습니다. 수백만 명의 사람들이 이제는 유명해진 그의 기타 연주에 감탄했습니다.

(a) 그의 새 대한민국 국가에
(b) 이제는 유명해진 그의 기타 연주에
(c) 그의 전례 없는 기타 수업에 대해
(d) 그가 많은 다른 클래식 곡들도 연주한다는 것에 대해

해법 한 기타리스트의 연주가 인기를 끌게 된 것에 대한 내용이다. 파헬벨의 캐논을 록으로 해석한 그의 연주가 인터넷을 통해 많은 사람들에게 알려져 사랑받았다는 내용이므로 (b)가 어울린다.
pseudonym 가명 **cover** 커버 버전, 오리지널 가수가 부른 곡이 아닌 **be impressed with** ~에 감명받다 **masterpiece** 걸작 **following** 신봉자 **admire** 감탄하다 **anthem** 국가 **unprecedented** 전례 없는 **tune** 곡조

9 Dear Mr. McCaul,

It has come to our attention that your subscription to the *Globe & Mail* is set to expire on April 30. In light of this, we have some special offers that might interest you. _____, you will receive a 15% discount on the already low subscription rate. If you decide to renew for two years, you will receive a 25% discount. We hope you seriously consider these one-time offers and respond to the address below at your earliest convenience.

Respectfully,
Sales Department Globe & Mail

  (a) Because you have a subscription with us
  (b) Since you already applied for a renewal
✔ (c) If you agree to renew your subscription for one year
  (d) As you do not have a subscription with our newspaper

번역 맥콜 씨.

귀하의 〈글로브 & 메일〉 정기구독이 4월 30일 만료가 됨을 알게 되었습니다. 이에 고객님께서 관심을 가지실 만한 특별 행사가 있습니다. 정기구독을 일년 갱신하는 데 동의하시면 이미 저렴한 정기 구독료에서 다시 15퍼센트를 할인해 드립니다. 2년 갱신하기로 결정하시면 25퍼센트 할인을 받게 됩니다. 한번뿐인 기회를 신중히 고려하시고 편리한 때에 아래 주소로 응답 주시기 바랍니다.

영업부 글로브 & 메일 드림

(a) 저희 잡지를 정기구독하고 계시므로
(b) 이미 갱신을 신청하셨으므로
(c) 정기구독을 일년 갱신하는 데 동의하시면
(d) 저희 신문을 구독하지 않고 계시므로

해법 정기구독자에게 계약을 갱신하면 특별할인을 제공하겠다는 판촉의 내용이다. 빈칸 바로 다음은 15퍼센트를 할인해 주겠다는 내용이고 그 뒤의 문장은 2년 갱신하면 25퍼센트를 할인해 주겠다는 내용이므로 (c)가 자연스럽다.
come to one's attention ~의 주의를 끌다 **subscription** 정기구독 **expire** 만료되다 **in light of** ~에 비추어 **renew** 갱신하다 **one-time** 일회성의 **respond to** ~에 반응하다 **at one's earliest convenience** 편리한 때 최대한 빨리 **sales department** 영업부 **apply for** ~에 신청하다

10 In the state of New York, passing rates _____. Surprisingly, New York City's have gone up even more. This year, 82 percent of city students passed in math and 69 percent in English, up sharply from 42 and 38 percent, respectively, in 2002. Progress has been made across the city's five boroughs, which include the Bronx, Brooklyn, Manhattan, Queens, and Staten Island. Queens and Staten Island now rank among the top counties in elementary school math scores.

(a) are nowhere near those in Queens
(b) are going up in all subjects
(c) are relatively similar to those of 2002
✔ (d) have risen for English and math tests

번역 뉴욕 주에서는 영어와 수학 시험에서 진급률이 상승했다. 놀랍게도 뉴욕 시는 더 많이 올랐다. 올해 82퍼센트의 학생들이 수학에서, 69퍼센트의 학생들이 영어에서 통과해 각각 2002년의 42퍼센트와 38퍼센트보다 크게 상승했다. 이러한 증가는 시내 다섯 개 독립구인 브롱크스, 브루클린, 맨해튼, 퀸즈, 그리고 스태튼 섬 전체에 걸쳐 나타났다. 퀸즈와 스태튼 섬은 현재 초등학교 수학 점수에 있어서 최상위 군에 속한다.

(a) 퀸즈의 진급률 근처에도 오지 못한다
(b) 모든 과목에서 오르고 있다
(c) 상대적으로 2002년과 비슷하다
(d) 영어와 수학 시험에서 상승했다

해법 지문 첫 부분의 빈칸은 거의 주제문을 찾는 문제라고 볼 수 있다. 뒤에 이어지는 것은 뉴욕 시의 다섯 개 구 전체에서 수학과 영어 과목의 진급률이 오르고 있다는 내용이므로 (d)가 정답이다.
passing 진급 **go up** 오르다 **sharply** 급격히 **respectively** 각각 **progress** 발전 **borough** 독립구 **rank** 1위를 차지하다 **relatively** 상대적으로 **similar to** ～와 유사한 **rise** 오르다

11 Ostrich meat is _____. It is often described as a dense meat with a rich flavor. Similar to traditional red meat favorites like hamburgers and steaks, ostrich meat has a slightly sweeter and richer taste. It is better for your heart than hamburgers and steaks, and raising ostriches is better for the environment than raising cows.

✔ (a) a tender and lean red meat alternative
(b) leading some to give up eating all meats
(c) encouraging people to be health conscious
(d) not more harmful to your heart than red meat

번역 타조 고기는 부드럽고 기름기가 적은 붉은 살코기의 대체식품이다. 타조 고기는 흔히 맛이 풍부하고 농후한 육질로 묘사된다. 햄버거나 스테이크에 들어가는 기존의 인기 있는 붉은 살코기와 비슷하지만 타조 고기가 약간 더 달고 풍부한 맛이 난다. 타조 고기는 햄버거나 스테이크보다 심장에 더 좋으며 타조를 기르는 것은 소를 기르는 것보다 환경에 더 좋다.

(a) 부드럽고 기름기가 적은 붉은 살코기의 대체식품이다
(b) 일부 사람들이 고기를 먹는 것을 포기하도록 하고 있다
(c) 사람들이 건강에 더 관심을 갖게 하고 있다
(d) 붉은 살코기보다 심장에 더 해롭지는 않다

해법 타조 고기의 특징에 대해 설명하는 내용이다. 뒤의 부연 부분에 타조 고기가 맛도 괜찮고 건강이나 환경 측면에서 기존의 육류보다 낫다는 내용이 나오므로 붉은 살코기 대신 먹을 수 있는 고기라는 (a)가 어울린다.
ostrich 타조 **dense** 농후한 **flavor** 맛 **traditional** 종래의 **raise** 기르다 **environment** 환경 **lean** 기름기가 적은 **alternative** 대체물 **encourage** 장려하다 **conscious** 의식하는

12 The term "Big Five," which includes the African buffalo, elephant, leopard, lion and rhinoceros, refers to the five animals that are traditionally seen as the hardest animals for man to hunt and kill in the wild. The best places to see all of the Big Five in a relatively small area are South Africa's Kruger National Park and the Serengeti of northern Tanzania and southwestern Kenya. However, many people are not aware that Asia is also home to _____.

(a) equally large national parks
✔ (b) these kinds of animal species
(c) animals like tigers and cheetahs
(d) many types of small animals

번역 '빅 파이브'라는 말은 아프리카 물소, 코끼리, 표범, 사자, 코뿔소를 포함하며 전통적으로 인간이 야생에서 사냥하고 죽이기 제일 어려운 다섯 가지 동물을 가리킨다. 상대적으로 작은 공간에서 이 빅 파이브를 모두 볼 수 있는 가장 좋은 장소는 남 아프리카의 크루거 국립 공원, 북부 탄자니아와 남서부 케냐의 세렝게티이다. 하지만 많은 사람들은 아시아 역시 이런 종의 동물들의 서식지라는 사실을 잘 모르고 있다.

(a) 똑같이 큰 국립공원들의
(b) 이런 종의 동물들의
(c) 호랑이나 치타와 같은 동물들의
(d) 여러 유형의 작은 동물들의

해법 빅 파이브라고 하는 다섯 가지 동물들을 볼 수 있는 장소에 대해 이야기하고 있다. 빈칸 문장이 However로 시작하고 있음에 유의한다. 앞에서 다섯 가지 동물을 볼 수 있는 곳으로 아프리카 지역을 언급하고 있으므로 뒤에는 같은 동물들을 아시아에서도 볼 수 있다(b)는 대조의 내용이 이어져야 한다.
term 용어 **rhinoceros** 코뿔소 **refer to** ～를 가리키다 **home to** ～의 서식지, 본부 **equally** 마찬가지로 **species** 종

13 More than a gaming console, the Nintendo Wii has games with famous Nintendo characters like Metroid, Zelda and Mario, as well as new classics like Wii Sports and Wii Play. You can even create your own Mii character to star in Wii games. Play friends online over the Nintendo Wi-Fi Connection or use the Internet Channel to surf the Internet from the comfort of your own living room. Or why not download classic Nintendo games using the Wii Shop Channel. The bottom line is, _____.

✔ (a) Wii has something for everyone
(b) Wii can do everything but surf the Internet
(c) Wii is less expensive than other gaming consoles
(d) Wii has a greater market share than the Play Station 3

번역 단순한 게임 콘솔 이상인 닌텐도 Wii에는 새로운 고전 게임 Wii 스포츠나 Wii 플레이 외에도 메트로이드, 젤다, 마리오와 같은 유명한 닌텐도 캐릭터들이 등장하는 게임들이 있다. 심지어 Wii 게임에 나오는 자신만의 Mii 캐릭터를 만들 수도 있다. 닌텐도 무선 데이터 전송 시스템 연결을 통해 친구들과 온라인으로 게임을 하거나 거실에서 편안하게 인터넷 채널을 통해 서핑을 즐길 수도 있다. 아니면 Wii 쇼핑 채널을 이용해서 클래식 닌텐도 게임들을 다운받을 수도 있다. 결론은 Wii는 모든 이들을 위한 기능을 갖추고 있다는 것이다.

(a) Wii는 모두를 위한 기능을 갖추고 있다
(b) Wii는 인터넷 서핑을 제외한 모든 것을 할 수 있다
(c) Wii는 다른 게임 콘솔보다 덜 비싸다
(d) Wii는 플레이 스테이션 3보다 시장 점유율이 더 높다

해법 닌텐도 Wii의 여러 가지 기능이 소개되고 맨 마지막 문장에서 결론이 제시되어 있다. 즉, Wii의 다양한 기능을 자랑하고 있으므로 (a)가 정답이다.
gaming console 게임 콘솔 connection 연결 surf 인터넷 상의 정보를 찾아 다니다 from the comfort of one's living home 거실에서 편하게 bottom line 결론 market share 시장 점유율

---

14 The winner of this year's annual Youth Writing Prize is Clare Bosworth. Clare is a 13-year-old grade 7 student from Gary, Indiana. She wrote a short story about a girl who has a special ability to catch criminals. The judges of the award stated that "Clare's story was both original and thought-provoking. Her main character was a very likeable young lady who readers are sure to love." Clare said she _____.

(a) thought the young writer did really well
✔ (b) hopes to become an author in the future
(c) is happy to win the non-fiction award
(d) plans to write other romance novels

번역 올해의 연례 청소년 작가상 수상자는 클레어 보스워스다. 클레어는 인디애나 게리 출신의 13세, 7학년생이다. 그녀는 범인을 잡는 특별한 능력을 가진 소녀에 대한 단편을 썼다. 심사위원단은 "클레어의 이야기는 독창적이면서도 시사하는 바가 많다. (작품 속) 그녀의 주인공은 매우 호감가는 어린 소녀로 독자들도 그녀를 좋아할 것으로 확신한다"고 말했다. 클레어는 장래에 작가가 되고 싶다고 말했다.

(a) 그 어린 작가가 매우 잘했다고 생각했다고
(b) 장래에 작가가 되고 싶다고
(c) 논픽션 상을 받게 되어 기쁘다고
(d) 다른 로맨스 소설을 쓸 계획이라고

해법 특별한 능력을 가진 소녀에 대한 단편으로 작가상을 받은 클레어라는 소녀를 소개하는 글이다. 결론에서 클레어가 말했을 내용으로 어울리는 것은 (b)의 장래 작가가 되고 싶다는 희망일 것이다. 앞의 내용으로 보아 로맨스 소설을 쓸 것이라는 계획을 추론하기는 힘들다.
annual 연례의 ability 능력 criminal 범인 judge 심판 award 상 state 말하다 thought-provoking 시사하는 바가 많은 likeable 호감이 가는 be sure to 확실히 ~하다

---

15 Rooibos is a tea native to South Africa. It is an Afrikaans word that means "red bush." This red tea has plenty of health benefits, especially if it is consumed on a daily basis. It not only helps stave off cancers from forming or blood vessels from clogging, but it can reduce the strength and frequency of headaches, irritability, nervous tension, and sleeplessness as well. _____, it can soothe tense muscles in the stomach, while also acting to soothe the digestive system.

(a) However
(b) Therefore
(c) Nevertheless
✔ (d) Furthermore

번역 루이보스는 남아프리카 원산의 차다. 루이보스는 아프리칸스어로 '붉은 덤불'이라는 뜻이다. 이 붉은 차는 특히, 매일 복용했을 때 건강의 효능이 매우 많다. 이것은 암이 형성되는 것과 혈관이 막히는 것을 막아줄 뿐 아니라, 두통, 불안감, 신경 불안, 불면증 등의 강도와 빈도를 줄여준다. 게다가 위의 긴장된 근육을 이완시켜 주고 소화기관 진정 작용도 한다.

(a) 하지만
(b) 그러므로
(c) 그럼에도 불구하고
(d) 게다가

해법 빈칸 앞에서 루이보스 차의 효능을 이야기하고 있고 빈칸 뒤에서 다시 다른 효능을 추가하고 있다. 따라서 내용을 첨가하는 연결어인 (d)가 어울린다.
native 원산의, 고유의 on a daily basis 매일 stave off 피하다 blood vessel 혈관 clog 막히다 frequency 빈도 irritability 화를 잘냄 tension 긴장 sleeplessness 불면증 soothe 진정시키다 tense 팽팽한, 긴장된 stomach 배, 위 digestive system 소화계

16 Most airlines belong to one of three major airline partnership groups: Star Alliance, Oneworld or SkyTeam. Each airline partnership has its own strengths, but One World probably offers the best round-the-world ticket. For about $3,500 US you can buy a ticket that takes you to nine destinations anywhere that Oneworld flies on airlines that include British Airways, American Airlines and Qantas. _____, you must fly in one direction within a 365-day period until returning to your original point of departure.

(a) Consequently
(b) Conclusively
✔ (c) However
(d) Instead

번역 대부분의 항공사는 Star Alliance, Oneworld, SkyTeam 세 군데 주요 항공사 제휴 연합 중 한 곳에 속합니다. 각 항공사 연합은 각각의 장점이 있지만 아마도 최고의 세계일주 항공권은 One World가 제공할 것입니다. 미화 약 3천 5백 달러 정도면 British Airways, American Airlines, Qantas를 포함, Oneworld 항공이 가는 9개 지역 어디든 갈 수 있는 항공권을 구입할 수 있습니다. 하지만 한 방향으로만 여행해야 하며 365일 이내에 원래의 출발점으로 돌아와야 합니다.

(a) 그 결과
(b) 결론적으로
(c) 하지만
(d) 대신

해법 항공사 One World에서 제공하는 세계일주 항공권을 소개하고 있다. 빈칸 앞부분에서 혜택을 설명하고 뒷부분에서는 항공권의 제약조건을 제시하고 있으므로 앞뒤의 관계는 역접이다. 따라서 (c) However가 정답이다.

airline 항공사 belong to ~에 속하다 partnership 제휴 alliance 합작 round-the-world 세계 일주의 point of departure 출발점 consequently 그 결과 conclusively 결론적으로

---

17 Galata is an old neighborhood in Istanbul, Turkey with long, winding streets and elegant buildings. It is an area rich in culture. The neighborhood used to be run-down, but nowadays there are many stylish shops and restaurants. At the neighborhood's center is the Galata Tower, built in the 12th century. A few years ago, the city banned cars around the tower and created a square where people could walk around.

Q: What is the best title for the passage?
(a) Things to See and Do in Istanbul
✔ (b) Istanbul's Galata Neighborhood
(c) Galata Sees Rise in Commerce
(d) Culture Comes to Galata Area

번역 갈라타는 터키 이스탄불의 오래된 동네로 길고 꾸불꾸불한 거리와 아름다운 건물들이 있는 곳이다. 그곳은 풍요로운 문화의 지역이다. 이 지역은 전에는 황폐했었지만 지금은 멋진 가게와 레스토랑이 가득하다. 이 지역의 중심에는 12세기에 세워진 갈라타 탑이 있다. 몇 년 전에 시는 탑 주변에 자동차를 금지했고 그 주변에 사람들이 걸어 다닐 수 있는 광장을 조성했다.

Q: 가장 적절한 제목은?
(a) 이스탄불에서 볼 것과 할 것들
(b) 이스탄불의 갈라타 지역
(c) 갈라타의 교역 증가
(d) 갈라타 지역에 문화 도래

해법 이스탄불의 갈라타 지역을 간단한 역사와 함께 소개하고 있다. 적절한 제목은 지문의 범위를 잘 포괄하고 있어야 하므로 답은 (b)이다. 이스탄불 전체에 대한 내용이 아니므로 (a)는 적절하지 않다.

winding 꾸불꾸불한 elegant 우아한 run-down 황폐한 ban 금지하다 square 광장 commerce 상업, 교역

---

18 In 1971, a severe flood killed 100,000 people in North Vietnam. This flood was one of the century's worst weather events. But few details are known about it, as the Vietnam War was raging at the time. We now know a few things about the flood. Heavy rainfall overwhelmed the Red River. As well as killing many people, the flood damaged valuable crops, causing further hardship. Without the crops, people had a hard time finding food, especially because there was a war going on. Even today, the area can flood easily.

Q: What is the passage mainly about?
✔ (a) A 1970s Vietnamese flood
(b) The frequency of floods in Vietnam
(c) Rough rain conditions in Vietnam
(d) Consequences of the Vietnam War

번역 1971년 심한 홍수로 베트남 북부 지역에서 10만 명의 사람이 목숨을 잃었다. 이 홍수는 20세기 최악의 기상 이변 중 하나였다. 하지만 당시 베트남 전쟁이 한창이었기 때문에 자세한 내용은 거의 알려진 바가 없다. 현재 홍수에 대해 몇 가지가 알려졌는데 폭우가 홍하를 범람시켰다. 홍수는 많은 사람들의 생명을 앗아갔을 뿐 아니라 소중한 곡식에 피해를 입혀 더한 고난을 가져왔다. 곡식이 없어지자 사람들은 특히나 전쟁 통에 먹을 음식을 찾기가 어려웠다. 오늘날에도 이 지역에는 쉽게 홍수가 난다.

Q: 지문의 내용은?
(a) 1970년대 베트남의 홍수
(b) 베트남의 홍수 빈도
(c) 베트남의 폭우 상황
(d) 베트남 전쟁의 결과

해법 1971년 베트남의 홍수에 대한 내용을 다루고 있는 지문이므로 (a)가 주제로 가장 적당하다. (b)는 언급되지 않았고, (c)와 (d)는 너무 포괄적이어서 지문의 주제가 될 수 없다.

detail 세부사항 rage 격노하다, 창궐하다 rainfall 강수 overwhelm 압도하다 further 그 이상의, 한층 더한 hardship 역경 frequency 빈도 rough 거친 consequence 결과

19 Stuttering is a speech problem that is still something of a mystery to researchers, but many doctors and scientists believe that stuttering may have a genetic cause. People who stutter have a hard time getting the words out. They may repeat sounds until they say the word. Kids who stutter are three times more likely to have a close family member who also stutters. If you stutter, you may have a grandfather, parent, or brother or sister who stutters or once did.

Q: What is the main idea of the passage?
✔ (a) Stuttering may be genetically related.
(b) Scientists are studying speech problems.
(c) Stuttering is a problem that can be fixed.
(d) Many problems among children are genetic.

번역 말더듬증은 여전히 연구자들에게 수수께끼인 언어 장애이지만 많은 의사와 과학자들은 말더듬증이 유전적인 요인일 것이라고 생각한다. 말을 더듬는 사람들은 단어를 입밖으로 내는 데 어려움을 겪는다. 그들은 그 단어를 말할 때까지 소리를 반복할 것이다. 말을 더듬는 아이들은 역시 말을 더듬는 가까운 가족이 있을 가능성이 세 배에 달한다. 당신이 말을 더듬는다면 말을 더듬거나 혹은 더듬었던 할아버지, 부모, 또는 형제자매가 있을 수도 있다.

Q: 지문의 주제는?
(a) 말더듬증은 유전적으로 관련이 있을 것이다.
(b) 과학자들이 언어 장애를 연구하고 있다.
(c) 말더듬증은 고칠 수 있는 문제이다.
(d) 어린이들의 많은 문제는 유전적이다.

해법 첫 문장에서 과학자들은 말더듬증이 유전적인 요인일 것이라고 생각한다는 내용이 제시되고 후반부는 그 주제에 대한 보충 설명이다. 따라서 정답은 (a)이다.
stutter 말을 더듬다 genetic 유전적인 be likely to ~할 것 같다 related 관련된 fix 고치다

20 Bread contains a protein called gluten, which is also in other food products made with wheat, rye, and barley. Most of us eat food with gluten. But for some people, eating gluten can make them sick. They might get stomachaches and diarrhea and suffer from weight loss. If so, they probably have what is called celiac disease. If someone with celiac disease eats gluten, the body starts damaging the villi, which normally help us absorb vitamins and nutrients from food. Without nutrients, their bodies cannot stay healthy.

Q: What is the passage mainly about?
(a) How to avoid celiac disease
(b) The side effects of eating too much bread
(c) How nutrients are needed for health
✔ (d) The gluten allergy called celiac disease

번역 빵에는 글루텐이라는 단백질이 들어 있는데 이는 다른 밀, 호밀, 보리 제품에도 들어 있다. 우리는 대부분 글루텐이 포함된 음식을 먹는다. 하지만 일부 사람들은 글루텐을 먹으면 문제가 생기는데, 복통이나 설사를 일으키거나 체중이 감소하기도 한다. 그렇다면 아마 그들은 소아 지방변증을 가지고 있을 가능성이 많다. 소아 지방변증인 사람이 글루텐을 섭취하면 일반적으로 몸이 음식물로부터 비타민과 영양소를 흡수하도록 돕는 융모를 손상시키기 시작한다. 영양소가 없으면 신체는 건강을 유지할 수 없다.

Q: 지문의 내용은?
(a) 소아 지방변증을 피하는 방법
(b) 빵을 너무 많이 먹는 것의 부작용
(c) 건강을 위해 영양소가 얼마나 필요한가
(d) 소아 지방변증이라 불리는 글루텐 알레르기

해법 일부 사람들이 글루텐을 섭취했을 때 나타나는 알레르기 현상인 소아 지방변증에 대한 내용이므로 주제는 (d)이다.
protein 단백질 gluten 글루텐 wheat 밀 rye 호밀 barley 보리 stomachache 복통 diarrhea 설사 suffer from ~로 고생하다 weight loss 체중감소 celiac disease 소아 지방변증 villi 융모 absorb 흡수하다 nutrient 영양소 side effect 부작용 allergy 알레르기

21 Yellowstone National Park has many bison. When the weather turns cold, bison leave the park in search of more grass to eat. They usually go to Montana, but stray bison can make farm cattle in Montana sick. So, Montana officials try to chase stray bison back into Yellowstone National Park. If the bison refuse to go back, they are usually shot and killed. Thankfully, volunteers try to save the bison. They ski into snowy areas to find wandering bison, and then lead them back to the park.

Q: What is the best title for the news report?
(a) Bison From Yellowstone Struggle in the Winter
✔ (b) Yellowstone Bison Unwelcome in Montana
(c) Stray Bison Are Dangerous to Cattle
(d) Farmers Attack Bison in Montana

번역 옐로스톤 국립공원에는 들소가 많다. 날씨가 추워지면 들소들은 더 많은 풀을 찾아 공원을 떠난다. 그들은 보통 몬타나로 가지만 거기서 길을 잃은 들소들은 몬타나의 농장 가축들을 병들게 할 수도 있다. 그래서 몬타나의 공무원들은 길을 잃은 들소들을 다시 옐로스톤 국립공원으로 쫓아 보내려고 한다. 만일 들소가 돌아가려 하지 않으면 보통 총으로 쏴 죽인다. 고맙게도 자원봉사자들이 들소를 구하기 위해 애쓴다. 그들은 눈이 쌓인 지역으로 스키를 타고 들어가 헤매고 있는 들소를 찾아 그들을 다시 공원으로 몰아간다.

Q: 보도의 가장 적합한 제목은?
(a) 옐로스톤 들소들의 힘겨운 겨울 나기
(b) 몬타나에서 환영받지 못하는 옐로스톤 들소들
(c) 길 잃은 들소들은 가축에 위험하다
(d) 농부들이 몬타나에서 들소들을 공격하다

해법 옐로스톤 국립공원 들소들이 겨울에 먹을 것을 찾아 몬타나로 가기도 하지만 길을 잃은 들소들로 인한 가축 피해 때문에 다시 공원으로 돌려보내진다는 내용의 지문이다. 따라서 적절한 제목은 (b)가 된다.
bison 들소 in search of ~를 찾아서 stray 길 잃은 official 공무원 chase 쫓다 shoot 쏘다 volunteer 자원봉사자 wander 헤매다 struggle 분투하다 unwelcome 환영받지 못하는

22 Costa Rica is a country in Central America. Its name in Spanish means "Rich Coast." It borders Nicaragua to the north and Panama to the south. In 1502, Christopher Columbus was the first European to reach Costa Rica. Spain colonized Costa Rica 20 years later. In 1821, Costa Rica gained independence from Spain and became part of the Mexican Empire. Even though the Mexican Empire dissolved in 1823, it took 15 more years for Costa Rica to become a fully independent country. Today, Costa Rica is known for its natural surroundings and is a popular tourist destination.

Q: What is the passage mainly about?
(a) Promoting tourism in Costa Rica
(b) The influence of Spain on Costa Rica
(c) Costa Rica's rich, tropical environment
✔ (d) The history of Costa Rica since colonization

번역 코스타리카는 중앙 아메리카에 있는 국가이다. 그 이름은 스페인어로 '풍요로운 해안'을 뜻한다. 코스타리카는 북쪽으로는 니카라과, 남쪽으로는 파나마와 접경하고 있다. 1502년 크리스토퍼 콜럼버스는 유럽인으로서 최초로 코스타리카에 도달했다. 스페인은 20년 후 코스타리카를 식민지화했다. 1821년 코스타리카는 스페인으로부터 독립하여 멕시코 제국의 일부가 되었다. 멕시코 제국은 비록 1823년 해체되었지만 코스타리카가 완전한 독립국이 되는 데는 15년이 더 걸렸다. 현재 코스타리카는 자연 환경으로 유명하며 인기 있는 관광지이다.

Q: 무엇에 관한 지문인가?
(a) 코스타리카의 관광업 홍보
(b) 스페인이 코스타리카에 미친 영향
(c) 코스타리카의 풍요로운 열대 환경
(d) 식민지화 이후 코스타리카의 역사

해법 1500년대 이후 코스타리카의 중요한 역사적 사건을 연대순으로 정리하고 있는 지문이다. 스페인의 식민지였다가 독립 후 멕시코 제국의 일부가 되었고 멕시코 제국 해체 후 완벽한 독립국이 되었다는 내용이다. 따라서 (d)가 가장 적합한 내용이다.
border 국경을 접하다 **colonize** 식민지를 만들다 **gain** 획득하다
independence 독립 **empire** 제국 **dissolve** 해체되다 **be known for**
~로 유명하다 **surroundings** 환경 **destination** 목적지

23 Muscle is tissue in the body and is a source of power. Walking, running—even playing—can make your muscles stronger. Indeed, any movement can make you strong because you are using your muscles when you move. However, you also need to eat the right food for strong muscles. While foods high in protein can make you strong, that is not enough to maintain your overall health. You should keep your body strong and healthy by eating a variety of nutritious foods.

Q: Which of the following is correct according to the passage?
(a) Muscles cannot be strengthened while walking.
✔ (b) Muscles are strengthened through movement.
(c) The body does not need much protein.
(d) The body requires more than nine essential vitamins for optimal health.

번역 근육은 신체의 조직이자 힘의 근원이다. 걷기, 달리기, 그리고 놀이도 근육을 더욱 튼튼하게 만들 수 있다. 실제로 어떤 움직임이든 움직일 때는 근육을 사용하므로 몸이 더 강해진다. 하지만 튼튼한 근육을 만들기 위해서는 제대로 된 음식을 먹어야 한다. 고단백 식품은 신체의 힘을 길러주기는 하지만 전반적인 건강을 유지하는 데는 충분치 않다. 다양한 영양식을 섭취하여 몸을 강하고 튼튼하게 유지해야 한다.

Q: 지문에 따르면 다음 중 옳은 것은?
(a) 근육은 걷는 동안은 강화될 수 없다.
(b) 근육은 운동을 통해 강화된다.
(c) 몸은 많은 단백질을 필요로 하지 않는다.
(d) 몸은 최적의 건강을 위해서는 아홉 가지 이상의 필수 비타민을 필요로 한다.

해법 근육을 강화시키는 방법에 대한 글이다. 걷기가 근육 강화에 도움이 된다고 명시되어 있으므로 (a)는 틀렸다. (c)는 단백질이 신체의 힘을 길러 준다는 내용과 일치하지 않고 (d)는 언급되지 않은 내용이다. 따라서 (b)가 정답이다.
muscle 근육 **tissue** 조직 **movement** 운동, 움직임 **high in** ~가 많은
protein 단백질 **maintain** 유지하다 **overall** 전반적인, 전체적인 **a variety of** 다양한 **nutritious** 영양가 높은 **strengthen** 강화하다 **require** 요구하다 **essential** 필수적인 **optimal** 최적의

24 A.A. Milne was the author of the *Winnie-the-Pooh* stories. He based characters in the stories on things related to his son, Christopher Robin Milne. Winnie-the-Pooh gets his name from Christopher's teddy bear, which was named by Christopher after Winnie, a bear at London Zoo. The name "Pooh" comes from a swan the Milnes met while on vacation. Some of Christopher's other toy names were also used for other Winnie-the-Pooh characters. In 1961, Walt Disney started making *Winnie-the-Pooh* movies and made the bear character even more popular.

Q: Which of the following is correct according to the passage?
(a) A.A. Milne named Winnie-the-Pooh after a pet bear.
(b) Christopher Robin Milne invented Winnie-the-Pooh.
✔ (c) Some *Winnie-the-Pooh* character names come from toy names.
(d) Walt Disney is responsible for coming up with Winnie-the-Pooh.

번역 A.A. 밀네는 〈위니 더 푸〉 이야기의 작가다. 그는 이야기의 등장인물들을 자기 아들, 크리스토퍼 로빈 밀네와 관련된 것들을 기초로 만들었다. 위니 더 푸는 크리스토퍼의 곰돌이 인형에서 따왔고, 크리스토퍼는 그 이름을 런던 동물원의 곰 위니에서 따왔다. 푸라는 이름은 휴가 중에 그들이 만났던 백조의 이름이었다. 크리스토퍼 로빈의 다른 장난감 이름 중 몇 개는 다른 위니 더 푸 캐릭터들에게 쓰였다. 1961년 월트 디즈니는 〈위니 더 푸〉 영화를 만들어 그 곰 캐릭터는 더욱 인기가 높아졌다.

Q: 지문에 따르면 다음 중 옳은 것은?
(a) A.A. 밀네는 위니 더 푸를 애완동물 곰 이름을 따서 지었다.
(b) 크리스토퍼 로빈 밀네가 위니 더 푸를 만들었다.
(c) 몇몇 〈위니 더 푸〉 캐릭터 이름들은 장난감 이름에서 왔다.
(d) 월트 디즈니는 위니 더 푸를 창안한 사람이다.

해법 위니 더 푸의 작가가 그의 이야기에 등장하는 인물들의 이름을 어떤 식으로 만들게 되었는지에 대한 이야기다. 위니 더 푸는 곰돌이 인형에서 이름을 딴 것이므로 (a)는 틀렸고, 위니 더 푸를 창안한 사람은 작가 자신이므로 (b)와 (d)도 답이 아니다.
base 기반을 두다 **related to** ~와 관련된 **teddy bear** 곰 인형 **name** 이름을 짓다 **swan** 백조 **pet** 애완동물 **invent** 고안하다 **come up with** ~이 떠오르다, 발견하다

25 Farmers in California are planting crops with DRiwater. DRiwater is a package of jelled water which melts slowly. This allows it to water the plant for up to three months, saving time and labor. Farmers can then work on other tasks. Scientists hope that DRiwater will help grow trees in the desert. Two million trees have been planted near the Sahara Desert with two quarts of DRiwater per each tree. The tree must live on the water for months until its roots touch ground water.

Q: Why were packages of DRiwater planted with trees near the Sahara Desert?

(a) To allow farmers to see its effects
(b) To help scientists develop a better DRiwater product
(c) To assist in the growth of three million trees
✔ (d) To provide them water until their roots grow longer

번역 캘리포니아의 농부들은 DRiwater로 곡물을 경작하고 있다. DRiwater는 서서히 녹는 젤리 타입의 포장수이다. 이것을 이용하면 최대 3개월까지 식물에게 물을 줄 수 있으므로 시간과 노동이 절약된다. 농부들은 그 시간에 다른 작업을 할 수 있다. 과학자들은 DRiwater가 사막에서 나무들을 기르는 데 도움을 줄 수 있기를 바란다. 2백만 그루의 나무를 나무당 DRiwater 2쿼트와 함께 사하라 사막 근처에 심었다. 나무들은 뿌리가 지하수에 닿을 때까지 수개월 동안 이 물로 살게 된다.

Q: 사하라 사막 근처의 나무들을 왜 DRiwater와 함께 심었나?

(a) 농부들이 그 효과를 볼 수 있도록 하기 위해
(b) 과학자들이 더 나은 DRiwater 제품을 개발하도록 돕기 위해
(c) 3백만 그루의 나무가 자라는 것을 돕기 위해
(d) 뿌리가 길게 자랄 때까지 물을 공급하기 위해

해법 캘리포니아에서 농부들은 DRiwater라고 하는 새로운 젤리 타입의 포장수로 경작을 하며 이 방법이 사하라 사막에도 사용되었다는 내용의 지문이다. 이 포장수를 사용하는 목적은 물이 서서히 녹기 때문에 식물에게 장기간 물을 공급할 수 있기 때문이다. 이를 통해 사막에서도 나무를 기를 수 있을 것이므로 정답은 (d)이다.

crop 작물 **jell** 젤리 타입으로 되다 **labor** 수고, 노동 **live on** ~을 먹고 살다 **ground water** 지하수 **develop** 개발하다 **assist** 지원하다

26 E-books are the new trend in reading. You can read an e-book on your computer or cell phone. E-Readers 'R Us provides e-books at great prices. Get your first 30 days of our E-Readers 'R Us membership plan free. This includes a credit for one e-book. Choose any book you want from our library. After your 30-day trial, your membership will renew each month. You just pay $10 per month for two credits. Cancel your membership before your free trial period is up and you will not be charged.

Q: Which of the following is correct about E-Readers 'R Us according to the ad?

(a) It sells its own e-reader devices.
(b) Its first 30-day membership costs $10.
(c) It provides two credits in the first month.
✔ (d) Its cancelation policy includes no expense.

번역 전자책은 독서에 있어 새로운 경향입니다. 여러분은 컴퓨터나 휴대 전화로 전자책을 읽을 수 있습니다. E-Readers 'R Us는 전자책을 훌륭한 가격에 제공합니다. 처음 30일 동안은 E-Readers 'R Us 회원권을 무료로 만드십시오. 여기에 전자책 한 권의 사용권이 포함되어 있습니다. 저희 도서관에서 원하는 책을 무엇이든 선택하십시오. 30일간의 체험 후 회원권은 매월 갱신될 것입니다. 매달 두 권 사용권에 대해 10달러만 내시면 됩니다. 무료 체험 기간이 끝나기 전에 회원권을 취소하시면 요금이 부과되지 않습니다.

Q: 광고에 따르면 E-Readers 'R Us에 대해 옳은 것은?

(a) 자체 e-reader 장비를 판매한다.
(b) 첫 30일 사용권은 10달러다.
(c) 첫 달에 두 권의 사용권을 제공한다.
(d) 취소 규정에는 비용이 포함되지 않는다.

해법 전자책 사용권에 대한 광고문이다. (a)는 언급되지 않았고 첫 30일 동안은 무료이므로 (b)도 틀렸다. 첫 달에는 한 권의 사용권이 포함되므로 (c)도 옳지 않고 무료 체험 기간 전에 취소하면 무료이므로 답은 (d)이다.

trend 경향, 유행 **credit** 신용 판매: 사용권 **trial** 시험, 시도 **renew** 갱신하다 **charge** 부과하다 **device** 장치 **cancelation** 취소 **policy** 정책 **expense** 비용

27 In 1941, Japan bombed Pearl Harbor, Hawaii. In retaliation for this unprovoked attack, American officials put many Japanese-Americans in internment camps. These camps had barbed wire around the outside of them. In addition, many Japanese-American young men were called into the US army. Some joined the MIS (Military Intelligence Service), a secret group that fought against Japan during World War II. This secret group translated maps and papers, questioned Japanese prisoners, and sometimes translated diaries written in Japanese.

Q: Which of the following is correct about Japanese-Americans according to the passage?

(a) They participated in Pearl Harbor's bombing.
(b) Japan imprisoned them during World War II.
✔ (c) They worked with an American intelligence service.
(d) Japan used them as spies against America.

번역 1941년 일본은 하와이의 진주만을 폭격했다. 이 선제 공격에 대한 보복으로 미국인 관리들은 많은 일본계 미국인들을 수용소로 보냈다. 이 캠프의 외곽은 철조망으로 둘러싸여 있었다. 또한 많은 일본계 미국인 청년들은 미군으로 징집되었다. 일부는 2차 세계대전 당시 일본과 싸웠던 비밀 집단 MIS(군 정보원)에 들어갔다. 이 비밀 집단은 지도와 서류를 번역하고 일본 죄수들을 심문하고 때로는 일본어로 쓰여진 일기를 번역하기도 했다.

Q: 일본계 미국인들에 대해 옳은 것은?

(a) 그들은 진주만 폭격에 참여했다.
(b) 2차 세계대전 중 일본은 그들을 수감시켰다.
(c) 그들은 미국 정보부와 함께 일했다.
(d) 일본은 그들을 미국에 대한 스파이로 활용했다.

해법 진주만 폭격 당시 일본계 미국인들의 운명에 대한 글이다. 그들은 일본의 폭격에 대한 보복 조치로 미국에 의해 수용소로 보내졌으므로 (a)와 (b)는 답이 될 수 없다. (d) 역시 일본이 아니라 미국이 그들의 인력을 활용한 것이므로 옳지 않다.

bomb 폭격하다 **retaliation** 보복 **unprovoked attack** 선제 공격 **official** 관리 **internment** 수용, 억류 **barbed wire** 철조망 **translate** 번역하다 **prisoner** 죄수 **participate in** ~에 참여하다 **imprison** 수감하다

28 Falun Gong is the name of a spiritual movement which teaches truthfulness and compassion. It was started in China by Li Hongzhi. It claims 100 million followers around the world. The Chinese government calls Falun Gong a cult, and in 1999 it banned the movement. Members of Falun Gong are now prevented from practicing their faith. Many followers have been tortured and put in prison. But the foreign media's coverage of Falun Gong is a worry to the Chinese government.

Q: Which of the following is correct according to the passage?
(a) Falun Gong originated in India.
(b) China banned Falun Gong in 1995.
✔ (c) Falun Gong members have been tortured.
(d) China's government respects Falun Gong members.

번역 파룬공은 진실함과 동정심을 가르치는 영적 운동의 이름이다. 파룬공은 중국에서 리훙즈에 의해 시작되었다. 파룬공은 전세계 1억 명의 신도들을 거느리고 있다. 중국 정부는 파룬공을 컬트라고 부르며 1999년에 금지시켰다. 파룬공 신도들은 이제 그들의 신앙을 수행할 수 없고 많은 신도들이 고문을 받거나 수감되었다. 하지만 해외 언론의 파룬공 보도는 중국 정부에게는 걱정거리다.

Q: 지문에 따르면 다음 중 옳은 것은?
(a) 파룬공은 인도에서 시작되었다.
(b) 중국은 1995년에 파룬공을 금지시켰다.
(c) 파룬공 신도들은 고문을 당했다.
(d) 중국 정부는 파룬공 신도들을 존중한다.

해법 중국에서의 파룬공 탄압을 설명하고 있는 지문이다. 파룬공은 중국에서 비롯되었으므로 (a)는 사실이 아니고 중국 정부가 파룬공을 금지한 것은 1999년이므로 (b)도 정확하지 않다. 신도들이 고문당하거나 수감되었다 했으므로 (c)가 정답이다. 이러한 탄압 상황에서 중국 정부가 파룬공 신도들을 존중한다고 볼 수는 없을 것이므로 (d)도 틀렸다.
Falun Gong 파룬공 (불교ㆍ도교ㆍ기공 등을 뒤섞은 민간 신앙 수양 운동) **spiritual** 영적, 정신적 **truthfulness** 진실함 **compassion** 동정 **claim** 끌다 **follower** 신도 **ban** 금지하다 **prevent** 예방하다 **torture** 고문하다 **coverage** 보도 **originate** 유래하다

29 I am writing to express my concern with the television show *Crime & Punishment*. In my opinion, this program encourages violence and crime. It should therefore not be shown too early in the evening when many children are still watching TV. Please move *Crime & Punishment* from its present time slot before 10 p.m. to a later time slot, any time after 10 p.m. Until I see you take any action, I will no longer watch programs on your channel. I will also tell friends and family members not to.

Janice Canter

Q: Which is correct about *Crime & Punishment* according to the letter?
(a) It shows the bad effects of crime.
(b) It was made primarily for children.
✔ (c) It is shown before 10 o'clock at night.
(d) It was cancelled because of Janice Canter.

번역 저는 TV 프로그램 〈죄와 벌〉에 대한 우려를 토로하기 위해 편지를 씁니다. 제 견해로는 이 프로그램이 폭력과 범죄를 권장하고 있습니다. 따라서 이 프로그램은 많은 어린이들이 TV를 보는 너무 이른 시간대에 방송되어서는 안 됩니다. 〈죄와 벌〉의 방송 시간을 현재의 오후 10시 이전 시간대에서 오후 10시 이후 아무 때로든 옮겨 주십시오. 어떤 조치를 취할 때까지는 귀하의 채널에서 방송되는 프로그램을 더 이상 시청하지 않을 것입니다. 친구와 가족들에게도 시청하지 말라고 이야기하겠습니다.

제니스 캔터 드림

Q: 이 편지에 따르면 〈죄와 벌〉에 대해 옳은 것은?
(a) 범죄의 악영향을 보여준다.
(b) 주로 아이들을 위해 만들어졌다.
(c) 밤 10시 전에 방영된다.
(d) 제니스 캔터 때문에 취소되었다.

해법 TV 프로그램의 방송 시간대를 늦춰 달라는 탄원의 편지이다. 글쓴이에 따르면 〈죄와 벌〉은 폭력을 조장하고 있다 했으므로 (a)는 오답이다. (b)는 정반대의 내용이며 밤 10시 이후로 시간대를 옮겨 달라고 했으므로 현재는 10시 전에 방영되고 있다는 (c)가 정답이다.
concern 걱정 **encourage** 조장하다 **violence** 폭력 **time slot** 시간대 **take action** 조치를 취하다 **no longer** 더 이상 ~않다 **primarily** 주로

30 On July 20, 1969, American astronaut Neil Armstrong became the first person to ever walk on the moon. Millions of people watched it live on television. Edwin Buzz Aldrin joined him next. The astronauts collected soil samples and set up scientific experiments. Astronauts last visited the moon in December 1972. NASA plans to send astronauts back to the moon in 2020. Its goal is to build a base on the moon so astronauts can live there for months at a time.

Q: Which of the following is correct according to the passage?
(a) Americans have visited the moon twice.
(b) Buzz Aldrin last visited the moon in 1972.
✔ (c) Neil Armstrong performed experiments on the moon.
(d) NASA has recently sent astronauts to the moon.

번역 1969년 7월 20일, 미국 우주비행사 닐 암스트롱은 달 위를 최초로 걸은 사람이 되었다. 수백만 명의 사람들이 텔레비전 실황 중계로 그 장면을 보았다. 에드윈 버즈 올드린은 다음 번에 그에 가세했다. 비행사들은 토양 표본을 채취하고 과학 실험을 했다. 비행사들은 1972년 12월에 마지막으로 달을 방문했다. NASA는 2020년에 다시 비행사들을 달로 보낼 계획이다. NASA의 목표는 달에 기지를 건설하여 우주 비행사들이 한 번에 수개월씩 그곳에서 살 수 있게 하는 것이다.

Q: 지문에 따르면 옳은 것은?
(a) 미국인들은 달에 두 번 방문했다.
(b) 버즈 올드린은 1972년에 마지막으로 달을 방문했다.
(c) 닐 암스트롱은 달에서 실험을 했다.
(d) NASA는 최근 우주 비행사들을 달로 보냈다.

해법 닐 암스트롱과 버즈 올드린의 달 착륙에 관한 내용이다. 비행사들의 과학 실험에 관한 내용이 나와 있으므로 암스트롱의 실험에 대한 (c)가 정답이다.
astronaut 우주비행사 **millions of** 수백만의 **soil** 토양, 흙 **experiment** 실험 **base** 기지

31 Native to the rainforests of Malaysia and Indonesia, fewer than 60,000 orangutans are left in the wild. These great apes are endangered. Their forests are destroyed by human development, and experts say the apes could be extinct within 20 years. However, scientists have discovered a new population of orangutans, as many as 2,000 of them, living on the island of Borneo. This new discovery gives hope to the orangutans' survival, according to experts.

Q: Which of the following is correct according to the passage?
(a) Orangutans in Indonesia number about 60,000.
✔ (b) Orangutans are native to Malaysian forests.
(c) Orangutans could be extinct in 10 years.
(d) Orangutans no longer live on Borneo.

번역 말레이시아와 인도네시아 열대 우림 원산의 오랑우탄이 야생에 남아 있으며 이들은 6만 마리가 안 된다. 이 유인원들은 멸종 위기에 처해 있다. 그들이 사는 숲은 인간의 개발로 파괴되었고 전문가들은 이 유인원들이 20년 이내에 멸종될 수도 있다고 말한다. 하지만 과학자들은 약 2천 마리의 새로운 오랑우탄 집단을 보르네오 섬에서 발견했다. 이 새로운 발견은 오랑우탄의 생존에 대한 희망을 준다고 전문가들은 말한다.

Q: 지문에 따르면 옳은 것은?
(a) 인도네시아의 오랑우탄은 6만 마리에 달한다.
(b) 오랑우탄은 말레이시아 숲이 원산지이다.
(c) 오랑우탄은 앞으로 10년 내에 멸종될 수 있다.
(d) 오랑우탄은 더 이상 보르네오에 살지 않는다.

해법 멸종 위기에 놓인 오랑우탄의 새 집단이 보르네오에서 발견되어 희망을 주고 있다는 내용의 지문이다. 말레이시아와 인도네시아를 통틀어 6만 마리보다 적다고 했으므로 (a)는 답이 아니다. 20년 내 멸종 위기라고 명시되어 있으므로 (c)는 정확하지 않고 새로운 집단이 보르네오에서 발견되었다고 했으므로 (d)도 옳지 않다.

rainforest 열대 우림 orangutan 오랑우탄 great ape 유인원 endanger 멸종 위기에 처하다 development 개발, 발전 extinct 소멸한, 멸종한 give hope to ~에게 희망을 주다 survival 생존

---

32 Although the nine-spotted ladybug was very common just two decades ago, today it is rare, as are other native species of ladybugs. That is why the Lost Ladybug Project program was launched. It asks children to search for missing ladybugs. The kids take photos and send them to a website (www.lostladybug.org). The project started in 2004 and the site has since received over 2,000 images. Ladybugs help farms and gardens by getting rid of aphids, a type of bug that feeds on crops. Scientists think climate change or some other factor is killing ladybugs. More research is needed for a definite cause.

Q: Why are some native species of ladybugs disappearing?
(a) They are being killed off by aphids.
(b) Plants they once ate are disappearing.
(c) Global warming is causing them to die.
✔ (d) The answer is still unknown to scientists.

번역 9성 무당벌레는 20년 전까지만 해도 매우 흔했지만 요즘은 다른 토종 무당벌레와 같이 드물다. 이런 이유로 사라진 무당벌레 프로젝트가 시작되었다. 이 프로젝트는 아이들에게 사라진 무당벌레들을 찾도록 한다. 아이들은 사진을 찍어 홈페이지(www.lostladybug.org)로 보낸다. 이 프로젝트는 2004년에 시작되었고 홈페이지는 지금까지 2천 장이 넘는 사진을 받았다. 무당벌레들은 곡물을 먹는 벌레인 진디를 먹어 치워 농장과 정원에 도움이 된다. 과학자들은 기후변화나 기타 요소가 무당벌레들을 죽이고 있다고 생각한다. 확실한 원인을 밝히기 위해서는 연구가 더 필요하다.

Q: 일부 토종 무당벌레가 사라지는 이유는?
(a) 진디에 의해 말살되었다.
(b) 한때 그들이 먹었던 식물이 사라지고 있다.
(c) 지구 온난화 때문에 죽게 되었다.
(d) 그 대답은 아직 과학자들에게 알려져 있지 않다.

해법 사라지고 있는 무당벌레들과 그 원인 및 방지 노력에 대한 지문이다. 무당벌레가 사라진 이유에 대한 단서는 뒷부분의 '확실한 원인을 밝히기 위해서는 연구가 더 필요하다'에 나와 있다. 따라서 (d)가 정답이다.

nine-spotted 9성의 ladybug 무당벌레 rare 드문 native 토착의 species 종 launch 시작하다 get rid of ~을 없애다 aphid 진디 feed on ~를 먹고 살다 definite 뚜렷한 cause 야기하다 kill off 절멸시키다

---

33 Silk is used to make dresses and scarves. In the future, it may be used to make bulletproof vests and strong parachute cords. Silk might also do good things for the human body. Scientists are trying to use silk to support growing cells, as it might be a good material to give growing cells something to hang on to. Researchers are studying everything they can about different kinds of silk. They are examining spiders, worms, and caterpillars. They are even trying to get silk from animals such as goats.

Q: What can be inferred from the passage?
(a) Silk can be created from the human body.
✔ (b) Spiders, worms, and caterpillars produce silk.
(c) Silk is not as strong as cotton-made materials.
(d) Goats produce silk-like material in their milk.

번역 실크는 옷이나 스카프를 만드는 데 사용된다. 미래에는 방탄 조끼나 질긴 낙하산 줄을 만드는 데 사용될지도 모른다. 실크는 또한 인체에도 좋은 영향을 미친다. 과학자들은 실크가 성장 세포가 달라 붙기에 적당한 재질이므로 실크를 사용하여 성장 세포를 유지하려는 시도를 하고 있다. 연구자들은 다양한 종류의 실크에 대해 할 수 있는 모든 조사를 하고 있다. 과학자들은 거미, 벌레, 유충을 관찰하고 있으며 심지어 염소와 같은 동물로부터 실크를 얻으려는 시도도 하고 있다.

Q: 지문에서 추론할 수 있는 것은?
(a) 실크는 인체로부터 만들어질 수 있다.
(b) 거미, 벌레, 유충은 실크를 만들어낸다.
(c) 실크는 면 소재만큼 강하지 않다.
(d) 염소들은 젖에서 실크와 같은 재료를 만들어낸다.

해법 실크의 다양한 용도와 연구에 대한 지문이다. 과학자들이 실크에 대한 다양한 조사를 하고 있으며 거미, 벌레, 유충을 관찰하고 있다고 했으므로 그것들이 실크를 만들어낸다는 사실을 추론할 수 있다. 따라서 정답은 (b)가 된다.

bulletproof 방탄의 parachute 낙하산 cord 줄 support 유지하다 material 소재, 재질, 재료 hang on to ~에 매달리다, 의지하다 examine 고찰하다 caterpillar 유충 cotton-made 면으로 만든

34 Mount Redoubt is a volcano located in Alaska. It is 10,200 feet tall and last erupted in 2009—six times from March 22 to 23. Clouds of volcanic ash flew more than nine miles into the air. It was the first time in 20 years that the volcano had a series of eruptions. Airplane flights in and out of Alaska were canceled because of the eruptions. Some local businesses closed. Luckily, no one was badly hurt. That's because of an early-warning system and good wind conditions. The wind carried the ash away from Anchorage, the biggest city in Alaska.

Q: What can be inferred from the passage?
(a) Mount Redoubt is unlikely to erupt again.
(b) Taller volcanoes tend to have bigger eruptions.
✔ (c) The volcanic ash made flight conditions difficult.
(d) The eruptions from Mount Redoubt were unexpected.

번역 리다우트 산은 알래스카에 위치한 화산이다. 1만 2백 피트 높이이며 마지막으로 2009년 3월 22일에서 23일 사이 6차례 폭발했다. 화산재 구름이 공기 중으로 9마일 이상이나 날아갔다. 화산이 여러 차례 연속 분출한 것은 20년 만에 최초였다. 그 폭발로 알래스카 출발 및 도착 항공편이 취소되었다. 일부 지역 사업은 문을 닫았다. 다행스럽게도 크게 다친 사람은 없었다. 조기 경보 시스템과 풍향 조건이 유리했기 때문이었다. 바람이 알래스카 최대 도시인 앵커리지에서 재를 멀리 날려보냈다.

Q: 지문에서 추론할 수 있는 것은?
(a) 리다우트 산은 다시 폭발할 것 같지는 않다.
(b) 더 높은 화산은 더 큰 폭발을 하는 경향이 있다.
(c) 화산재는 비행 환경을 어렵게 만들었다.
(d) 리다우트 산 폭발은 예상되지 않은 것이었다.

해법 리다우트 산의 화산 폭발과 그 영향에 대한 내용을 기술하고 있다. 화산재 구름이 공기 중으로 날아갔으며 알래스카 출발 및 도착 항공편이 취소되었다고 한 것을 통해 (c)를 추론할 수 있다.
locate 위치시키다 **erupt** 폭발하다 **volcanic** 화산의 **ash** 재 **a series of** 일련의 **eruption** 폭발 **badly** 심하게 **early-warning system** 조기 경보 시스템 **carry away** 실어 보내다 **be unlikely to** ~할 것 같지 않다 **unexpected** 예상되지 않은

35 Cleopatra ruled Egypt more than 2,000 years ago. Much is known about her reign but little was known of where she was buried until now. Archaeologists believe they have finally discovered her tomb. For three years, teams have been digging at the Taposiris Magna temple, which is located near ancient Egypt's capital, Alexandria. They discovered tombs containing 10 mummies. Historians believe that Cleopatra and Mark Antony, a Roman leader, were buried together somewhere near the temple. Clues found near the temple indicate that their tomb lies nearby.

Q: Which is likely to follow in this passage?
(a) An account of Cleopatra's reign over Egypt
✔ (b) Various examples of the clues found nearby
(c) A description of the location of Cleopatra's tomb
(d) Details of Cleopatra and Mark Antony's relationship

번역 클레오파트라는 2천여 년 전에 이집트를 다스렸다. 그녀의 통치에 대해서는 많은 것이 알려져 있지만 그녀가 지금까지 어디 묻혔는지에 대해서는 알려진 바가 별로 없었다. 고고학자들은 마침내 그녀의 묘를 발견했다고 믿는다. 3년 동안 여러 팀이 고대 이집트 수도인 알렉산드리아 근처에 위치한 타포시리즈 마그나 사원을 발굴하고 있다. 그들은 열 개의 미라가 있는 묘지를 발견했다. 역사가들은 클레오파트라와 로마의 지도자였던 마크 안토니가 사원 근처 어딘가에 같이 매장되어 있다고 생각한다. 사원 근처에서 발견된 단서들은 무덤이 근처에 있다는 것을 말해준다.

Q: 다음에 이어질 만한 내용은?
(a) 클레오파트라의 이집트 통치에 대한 설명
(b) 근처에서 발견된 단서의 다양한 예
(c) 클레오파트라 무덤의 위치 묘사
(d) 클레오파트라와 마크 안토니의 관계에 대한 세부사항

해법 클레오파트라의 무덤의 위치에 관련된 내용이다. 마침내 위치를 알게 된 것 같다는 내용이 나오고 사원 근처에서 발견된 단서들이 무덤이 가까이에 있다는 것을 말해준다는 말이 나온다. 그렇다면 그 뒤에는 그 단서들을 소개하는 내용(b)이 나오는 것이 자연스러울 것이다.
rule 지배하다 **reign** 통치 **bury** 매장하다, 묻다 **archaeologist** 고고학자 **discover** 발견하다 **dig** 파다, 발굴하다 **temple** 사원 **mummy** 미라 **indicate** 표시하다 **account** 설명, 이야기 **description** 설명 **detail** 세부사항 **relationship** 관계

36 Millions of years ago, there were flying reptiles. They were called pterosaurs. Some had wingspans of more than 40 feet. Scientists believe they did not have feathers. While experts initially thought that pterosaurs jumped off the ground with their back legs, further studies showed that the back legs alone could not support the weight of these animals. A new study says they needed the power of all four limbs to take off and soar.

Q: What can be inferred about pterosaurs?
(a) Their wings were too heavy to flap.
(b) They had a great deal of body hair.
(c) They flew the way birds fly today.
✔ (d) They were very heavy creatures.

번역 수백만 년 전 날아다니는 파충류가 있었다. 그들은 익룡이라고 불렸다. 어떤 것들은 날개 폭이 40피트가 넘었다. 과학자들은 익룡이 깃털을 갖고 있지 않았다고 생각한다. 전문가들은 처음에 익룡이 뒷다리를 이용해 땅에서 뛰어올랐다고 생각했지만 더 조사해본 결과 뒷다리만으로는 그들의 체중을 지지할 수 없다는 것이 밝혀졌다. 새 연구에 따르면 도약해서 날아오르기 위해서는 네 다리의 힘이 모두 필요했다고 한다.

Q: 익룡에 대해 추론할 수 있는 것은?
(a) 날개가 너무 무거워 펄럭일 수 없었다.
(b) 체모가 많았다.
(c) 오늘날의 새가 나는 방식으로 날았다.
(d) 매우 무거운 동물이었다.

해법 익룡에 대해 소개하면서 익룡이 어떻게 날았는가에 대해 간략히 설명하고 있다. 익룡이 뒷다리만으로는 뛰어오를 수 없어 네 다리를 모두 사용했다는 연구 결과가 나왔으므로 체중이 꽤 무거웠으리라고 짐작할(d) 수 있다.

reptile 파충류 pterosaur 익룡 wingspan 날개 폭 feather 깃털
initially 초기에 off the ground 지상으로부터 support 지지하다 limb 사지 take off 도약하다 soar 날아오르다 flap 펄럭이다 body hair 체모

---

37 In sport stacking, players arrange 12 plastic cups to build pyramids. Then they dismantle them by taking cups away in a particular order. They try to do it as fast as possible. It is a fun pastime but it can also help develop your brain. Research shows that stacking improves hand-eye coordination and reaction time. It trains the brain for sports and other activities. It can help with math and other skills where patterns are involved. In addition, because it requires both hands, it can also help people with other activities such as playing a musical instrument or using a computer.

Q: What can be inferred from the passage?
✔ (a) Sport stacking involves sequences and patterns.
(b) Children are better at stacking items than adults.
(c) People who stack are also interested in computers.
(d) Stacking can help improve language development.

번역 컵쌓기 게임에서 경기자들은 12개의 플라스틱 컵을 피라미드 모양으로 쌓는다. 그런 다음 특정 순서로 컵들을 빼서 무너뜨리는데 이 과정을 가능하면 빨리 하려고 노력한다. 이 시합은 재미있는 오락이지만 동시에 두뇌 발달에도 도움이 된다. 연구에 따르면 컵쌓기는 손과 눈의 공동 작업과 반응 시간을 향상시키고 두뇌가 스포츠와 다른 활동을 잘할 수 있도록 훈련시킨다. 일정한 유형과 관련 있는 수학이나 기타 기술에도 도움이 될 수 있다. 또한 컵쌓기는 양손을 모두 사용해야 하기 때문에 악기 연주나 컴퓨터 사용과 같은 다른 활동을 하는 데도 도움이 된다.

Q: 지문에서 추론할 수 있는 것은?
(a) 컵쌓기에는 순서와 일정한 양식이 포함된다.
(b) 어린이들은 성인들보다 컵쌓기에 더 능숙하다.
(c) 컵쌓기를 하는 사람들은 컴퓨터에도 관심이 있다.
(d) 컵쌓기는 언어 발달을 향상시킬 수 있다.

해법 컵쌓기 놀이를 설명하면서 이것의 장점을 나열하고 있는 지문이다. 컵을 쌓고 다시 뺄 때 특정 순서로 진행한다 했고 컵쌓기가 양식 관련 기술에 도움이 된다 했으니 (a)가 정답이다. 컵쌓기가 컴퓨터 사용에 도움이 될 수 있다고 했지만 컵쌓기를 하는 사람들이 컴퓨터에도 관심이 있다고는 볼 수 없으므로 (c)는 오답이다.

stacking 쌓기 arrange 정리하다 dismantle 허물다 take away 치우다
pastime 심심풀이 research 연구 improve 향상시키다 coordination 조화, 공동 작업 reaction 반응 involve 포함하다 in addition 또한
instrument 악기 sequence 순서 be better at ~을 더 잘하다

38 In the 1950s, the US nuclear submarine Nautilus did some things no other vessel had done. (a) It was the first submarine to travel under nuclear power. (b) It achieved the longest submerged cruise by a submarine. (c) It completed the first undersea voyage to the North Pole. (d) It was commanded by Commander William R. Anderson.

번역 1950년대에 미 핵잠수함 노틸러스 호는 다른 함선들이 못했던 것들을 해냈다. (a) 노틸러스 호는 핵 에너지로 움직인 최초의 잠수함이었다. (b) 이것은 잠수함으로서 최장 잠수 항해를 했다. (c) 노틸러스 호는 최초로 북극 해저 여행을 완수했다. (d) 윌리엄 R. 앤더슨 함장이 지휘하였다.

해법 핵잠수함 노틸러스 호의 특징에 대해 말하고 있으며 주제문은 첫 문장이다. (a), (b), (c)가 모두 노틸러스 호가 이룬 성취에 대해 말하고 있는 반면, (d)는 주제와 직접 상관 없는 함장 이야기를 하고 있다.

nuclear 핵의 submarine 잠수함 vessel 대형 배, 선박 submerge 잠수하다 cruise 순항 undersea 해저의 the North Pole 북극 command 지휘하다 commander 사령관

39 "Superfoods" contain chemicals that protect your body against certain diseases. (a) These foods include tomatoes, onions, garlic, and olive oil. (b) Organic fruits and vegetables have lower levels of pesticides and higher levels of phytochemicals. (c) Superfoods contain compounds called phytochemicals such as beta-carotene that occur naturally in plants. (d) These chemicals can reduce the risk of cancer, boost the immune system, and protect the heart.

번역 '슈퍼푸드'에는 특정 질병으로부터 신체를 보호하는 화학물이 있다. (a) 이 식품에는 토마토, 양파, 마늘, 올리브 기름이 포함된다. (b) 유기농 과일과 채소에는 살충제는 조금, 식물 화학물은 많이 함유되어 있다. (c) 슈퍼푸드에는 자연 상태에서 식물에 나타나는 베타카로틴과 같은 식물 화학물이라 불리는 화합물이 포함되어 있다. (d) 이 화학물은 암 발병률을 낮춰 주고 면역 체계를 강화시키며 심장을 보호한다.

해법 슈퍼푸드의 종류와 장점에 관한 글이다. (b)는 갑자기 화제의 범위가 넓어져 유기농 과일과 채소에 대해 이야기하고 있으므로 글 전체의 맥락에 어울리지 않는다.

chemical 화학물 include 포함하다 organic 유기농의 pesticide 살충제 phytochemical 식물 화학물 compound 화합물 risk 위험 boost 증대시키다 immune 면역의

40 All students wishing to enroll in History 312 should read the following. (a) If you are in this class, you must submit your essays with a standard cover page. (b) The enrolment form for this class is available outside Room 227 in Salomon Hall. (c) The completed form and a copy of your transcript must be returned by September 6. (d) The documents can be submitted to Professor Monroe's office or faxed to 873-6759.

번역 역사 312에 등록하려는 학생들은 모두 다음을 읽어보아야 합니다. (a) 이 수업을 수강 중이면 에세이는 표준 표지와 함께 제출해야 합니다. (b) 이 수업의 등록 양식은 살로몬 홀 227호 밖에 준비되어 있습니다. (c) 작성한 양식과 성적증명서 사본은 9월 6일까지 제출해야 합니다. (d) 서류는 먼로 교수 사무실로 제출하거나 873-6759번으로 팩스로 보내면 됩니다.

해법 역사 312 수업의 등록 안내문이다. 수업 등록 양식을 받아 작성하고 제출하는 방법을 순서대로 설명하고 있다. 수업을 이미 수강 중인 학생들을 대상으로 말하고 있는 (a)는 맥락에서 동떨어진 내용이다.

enroll 등록하다 following 다음에 말하는 것 submit 제출하다 available 사용할 수 있는 completed 완성된 transcript 성적 증명서

Answer Keys

🎧 **Listening** Comprehension

1	(c)	7	(b)	13	(b)	19	(d)	25	(c)	31	(d)	37	(d)	43	(a)	49	(b)	55	(a)
2	(b)	8	(c)	14	(b)	20	(c)	26	(c)	32	(b)	38	(b)	44	(d)	50	(c)	56	(b)
3	(c)	9	(d)	15	(c)	21	(b)	27	(b)	33	(c)	39	(c)	45	(d)	51	(b)	57	(d)
4	(c)	10	(b)	16	(b)	22	(b)	28	(b)	34	(d)	40	(a)	46	(c)	52	(c)	58	(b)
5	(b)	11	(d)	17	(d)	23	(c)	29	(c)	35	(b)	41	(b)	47	(c)	53	(b)	59	(b)
6	(c)	12	(a)	18	(b)	24	(d)	30	(a)	36	(b)	42	(d)	48	(b)	54	(b)	60	(c)

📄 **Grammar**

1	(d)	6	(c)	11	(c)	16	(b)	21	(a)	26	(d)	31	(b)	36	(a)	41	(b)	46	(a)
2	(b)	7	(d)	12	(a)	17	(d)	22	(d)	27	(b)	32	(b)	37	(c)	42	(c)	47	(a)
3	(a)	8	(b)	13	(b)	18	(a)	23	(a)	28	(a)	33	(c)	38	(b)	43	(b)	48	(b)
4	(b)	9	(b)	14	(d)	19	(c)	24	(b)	29	(d)	34	(d)	39	(d)	44	(d)	49	(d)
5	(c)	10	(d)	15	(a)	20	(b)	25	(c)	30	(c)	35	(b)	40	(b)	45	(b)	50	(b)

📖 **Vocabulary**

1	(a)	6	(a)	11	(c)	16	(a)	21	(a)	26	(c)	31	(b)	36	(c)	41	(a)	46	(d)
2	(c)	7	(a)	12	(d)	17	(c)	22	(c)	27	(c)	32	(d)	37	(a)	42	(a)	47	(b)
3	(c)	8	(b)	13	(c)	18	(b)	23	(c)	28	(a)	33	(b)	38	(c)	43	(d)	48	(d)
4	(b)	9	(b)	14	(c)	19	(a)	24	(b)	29	(a)	34	(d)	39	(a)	44	(b)	49	(d)
5	(c)	10	(d)	15	(b)	20	(c)	25	(c)	30	(a)	35	(d)	40	(b)	45	(b)	50	(a)

✏️ **Reading** Comprehension

1	(c)	5	(d)	9	(c)	13	(a)	17	(b)	21	(b)	25	(d)	29	(c)	33	(b)	37	(a)
2	(c)	6	(d)	10	(d)	14	(b)	18	(a)	22	(d)	26	(d)	30	(c)	34	(c)	38	(d)
3	(c)	7	(a)	11	(a)	15	(d)	19	(a)	23	(b)	27	(c)	31	(b)	35	(b)	39	(b)
4	(d)	8	(b)	12	(b)	16	(c)	20	(d)	24	(c)	28	(c)	32	(d)	36	(d)	40	(a)

i-TEPS Review

국내 최초 통합 영어능력 평가
integrated-TEPS

⇒ **의사소통에 필요한 듣기, 말하기, 읽기, 쓰기 능력을 통합하여 평가한다.**

듣기, 말하기, 읽기, 쓰기 능력은 서로 밀접한 관계를 가진 요소로 듣기, 읽기 능력 혹은 말하기, 쓰기 능력만을 단순히 측정해서는 정확한 영어능력을 평가하기 어렵다. *i*-TEPS는 유기적인 연관성을 지닌 이 네 가지 의사소통 능력을 통합적으로 측정하여 수험자의 영어능력을 정확하게 평가한다.

⇒ **변별력과 신뢰도가 있는 시험이다.**

i-TEPS는 국내 최고 권위의 영어능력 평가로 듣기, 읽기 분야에서 탁월한 변별력을 인정받은 TEPS와 국내 최초 CBT 방식의 영어 말하기·쓰기 시험인 TEPS-Speaking & Writing의 성공 노하우를 바탕으로 개발되었다. 실전 영어능력을 보다 정밀하게 측정할 수 있도록 세분화된 채점 요소를 적용하고 있으며, 출제자와 채점자를 어학 분야의 최고 전문가들로 선정하여 높은 신뢰도와 탁월한 변별력을 지니고 있다.

⇒ **실전 영어능력을 측정한다.**

간단한 대화를 할 수 있는 능력부터 도표를 보고 발표하는 분석력과 구성력까지, 접하는 상황에 따라 필요한 영어능력도 다양하다. *i*-TEPS는 유학이나 비즈니스 등 특정한 분야에서의 영어 활용 능력을 집중적으로 평가하는 타 시험과는 달리, 비즈니스 상황을 포함한 다양한 영어 사용 환경을 재현하여 실질적으로 활용 가능한 영어능력을 평가한다.

⇒ **경제성과 효율성을 갖춘 시험이다.**

i-TEPS는 타 통합 영어능력 평가시험에 비해 응시료가 저렴하다. 한 번의 시험으로 듣기, 말하기, 읽기, 쓰기 능력을 종합적으로 평가하여 각각의 영역을 별도로 평가해야 하는 타 시험과 비교해도 응시료 부담이 적다. *i*-TEPS는 최소의 시간과 비용으로 수험자의 영어능력을 정확히 측정하는 높은 효율성을 갖춘 시험이다.

i-TEPS 영역별 유형 및 설명

i-TEPS는 기존의 TEPS와 TEPS-Speaking & Writing 시험을 토대로 듣기, 말하기, 읽기, 쓰기 능력을 종합적으로 측정하는 통합형 시험으로 개발되었다. Listening, Grammar & Vocabulary, Reading, Speaking, Writing의 5개 영역에 걸쳐 약 3시간 동안 진행되며, 총 143문항, 400점 만점으로 구성되어 있다.

영역		문제유형	문항수	시간		총점
Listening	Part 1	짧은 대화를 듣고 이어질 대화로 가장 적절한 답 고르기	15	35분		80점
	Part 2	긴 대화를 듣고 질문에 가장 적절한 답 고르기	15			
	Part 3	담화를 듣고 질문에 가장 적절한 답 고르기	10			
Grammar & Vocabulary	Part 1	대화문의 빈칸에 가장 적절한 답 고르기	15	20분		20점
	Part 2	단문의 빈칸에 가장 적절한 답 고르기	15			
	Part 3	대화문의 빈칸에 가장 적절한 어휘 고르기	15			20점
	Part 4	단문의 빈칸에 가장 적절한 어휘 고르기	15			
Reading	Part 1	지문을 읽고 빈칸에 가장 적절한 답 고르기	10	40분		80점
	Part 2	지문을 읽고 질문에 가장 적절한 답 고르기 (1지문 1문항)	19			
	Part 3	지문을 읽고 질문에 가장 적절한 답 고르기 (1지문 2문항)	6			
Speaking	Part 1	간단한 질문에 대답하기	1(3)		답변 10초	100점
	Part 2	소리내어 읽기	1	준비 30초	답변 45초	
	Part 3	일상 대화 상황에서 질문에 답하기	1(5)	준비 15초	답변 10초	
	Part 4	그림 보고 연결하여 이야기하기	1	준비 60초	답변 60초	
	Part 5	도표 보고 발표하기	1	준비 120초	답변 90초	
Writing	Part 1	받아쓰기	1	10분		100점
	Part 2	이메일 쓰기	1	15분		
	Part 3	의견 쓰기	1	30분		
계						400점

TEPS 등급표

등급	점수	영역	능력검정기준(Description)
1+급 Level 1+	901~990	전반	**외국인으로서 최상급 수준의 의사소통 능력** 교양 있는 원어민에 버금가는 정도로 의사소통이 가능하고 전문분야 업무에 대처할 수 있음. (Native Level of Communicative Competence)
1급 Level 1	801~900	전반	**외국인으로서 거의 최상급 수준의 의사소통 능력** 단기간 집중 교육을 받으면 대부분의 의사소통이 가능하고 전문분야 업무에 별 무리 없이 대처할 수 있음. (Near-Native Level of Communicative Competence)
2+급 Level 2+	701~800	전반	**외국인으로서 상급 수준의 의사소통 능력** 단기간 집중 교육을 받으면 일반분야 업무를 큰 어려움 없이 수행할 수 있음. (Advanced Level of Communicative Competence)
2급 Level 2	601~700	전반	**외국인으로서 중상급 수준의 의사소통 능력** 중장기간 집중 교육을 받으면 일반분야 업무를 큰 어려움 없이 수행할 수 있음. (High Intermediate Level of Communicative Competence)
3+급 Level 3+	501~600	전반	**외국인으로서 중급 수준의 의사소통 능력** 중장기간 집중 교육을 받으면 한정된 분야의 업무를 큰 어려움 없이 수행할 수 있음. (Mid Intermediate Level of Communicative Competence)
3급 Level 3	401~500	전반	**외국인으로서 중하급 수준의 의사소통 능력** 중장기간 집중 교육을 받으면 한정된 분야의 업무를 다소 미흡하지만 큰 지장 없이 수행할 수 있음. (Low Intermediate Level of Communicative Competence)
4+급 Level 4	201~400	전반	**외국인으로서 하급 수준의 의사소통 능력** 장기간의 집중 교육을 받으면 한정된 분야의 업무를 대체로 어렵게 수행할 수 있음. (Novice Level of Communicative Competence)
5+급 Level 5	10~200	전반	**외국인으로서 최하급 수준의 의사소통 능력** 단편적인 지식만을 갖추고 있어 의사소통이 거의 불가능함. (Near-Zero Level of Communicative Competence)

HOW TO TEPS

점수대별 TEPS 실전 모의고사

실전력 600

문제집

넥서스

Actual Test 1

LISTENING COMPREHENSION

○ 해설집 P 20

Part I **Questions 1—15**

You will now hear fifteen conversation fragments, each made up of a single spoken statement followed by four spoken responses. Choose the most appropriate response to the statement.

Part II **Questions 16—30**

You will now hear fifteen conversation fragments, each made up of three spoken statements followed by four spoken responses. Choose the most appropriate response to complete the conversation.

Part III Questions 31—45

You will now hear fifteen complete conversations. For each item, you will hear a conversation and its corresponding question, both of which will be read twice. Then you will hear four options which will be read only once. Choose the option that best answers the question.

Part IV Questions 46—60

You will now hear fifteen spoken monologues. For each item, you will hear a monologue and its corresponding question, both of which will be read twice. Then you will hear four options which will be read only once. Choose the option that best answers the question.

GRAMMAR

DIRECTIONS

This part of the exam tests your grammar skills. You will have 25 minutes to complete the 50 questions. Be sure to follow the directions given by the proctor.

Part I **Questions 1—20**

Choose the best answer for the blank.

1. A: When is Liam getting here?

   B: I expect him _____ sometime after 6:30.

   (a) arriving
   (b) arrived
   (c) to arrive
   (d) having arrived

2. A: Is Gertrude still afraid of flying?

   B: Yes, she gets quite nervous _____.

   (a) whenever travels
   (b) traveling whenever
   (c) whenever she travels
   (d) she travels whenever

3. A: Downtown Recording Studio, this is Matt _____.

   B: Please connect me with your sound manager.

   (a) having spoken
   (b) speaking
   (c) to speak
   (d) speaks

4. A: Don't you just love the ballet?

   B: Actually, as live performances go, it's _____.

   (a) a favorite not mine
   (b) a favorite not one of
   (c) not one of my favorites
   (d) not a favorite one of me

5. A: Check out the price of that laptop.

   B: Wow, it _____ by more than 50%!

   (a) reduces
   (b) is reducing
   (c) has been reduced
   (d) must have reduced

6. A: Hi, I heard there was an open position in the kitchen.

   B: That's right. We're _____ an experienced line cook.

   (a) of need
   (b) in need of
   (c) in needing
   (d) needing of

7. A: Where were you while we _____ the cake, Tom?

   B: Sorry, I had to go buy the ice cream.

   (a) had been cutting
   (b) were cutting
   (c) had cut
   (d) will cut

8. A: Doesn't this movie end with a car chase scene?

   B: No, you must be thinking of _____.

   (a) one another
   (b) another one
   (c) other one
   (d) each other

9. A: Going through airport security is
   _____ a hassle these days!
   B: I know, but it's for our own safety.

   (a) such
   (b) very
   (c) too
   (d) so

10. A: Can I change rooms? Mine smells
    like cigarettes.
    B: You _____ earlier. We're
    fully booked.

    (a) should be saying something
    (b) should have said something
    (c) have something to say
    (d) said something

11. A: Let's go to the restaurant at 7:00.
    B: Okay, but _____ to wait for a
    table.

    (a) to be preparing
    (b) being prepared
    (c) be preparing
    (d) be prepared

12. A: I'll let you know as soon as I get
    the results of my exam.
    B: Yes, please _____.

    (a) do
    (b) to do
    (c) have done
    (d) will have done

13. A: This candidate is way down in the
    polls.
    B: He _____.

    (a) needed a miracle winning
    (b) needs a miracle to win
    (c) needs to win a miracle
    (d) will win the miracle

14. A: _____ I got a parking ticket?
    B: That's really bad luck.

    (a) Can you believe it
    (b) Can you believe
    (c) Can't believe it
    (d) Can it believe

15. A: We can't give up. My keys have to
    be here somewhere!
    B: Sorry, Kim, there's nowhere left
    _____.

    (a) to look
    (b) looking
    (c) having looked
    (d) to have looked

16. A: That taxi driver cheated me!
    B: Come on, it's not _____ he
    stole your wallet.

    (a) if
    (b) that
    (c) as if
    (d) whether

17. A: Why are you buying that? You
    already have a cell phone.
    B: Yeah, but I _____ use a
    backup.

    (a) would
    (b) ought
    (c) have
    (d) could

18. A: This dish _____.
    B: Yes, but it tastes delicious.

    (a) is difficult to make
    (b) to make is difficult
    (c) difficult that I make
    (d) is difficult for to make

19. A: Shelly got an A in her English literature class.

B: Wow, I _____ that.

(a) haven't expected
(b) wouldn't be expecting
(c) expected she wouldn't
(d) wouldn't have expected

20. A: Can I turn in my paper a little late, Professor?

B: You know _____ deadline extensions.

(a) I'm feeling about
(b) about how I feel
(c) how about I feel
(d) how I feel about

Part II   Questions 21—40

Choose the best answer for the blank.

---

21. Annette _____ in the garden for over two hours when her friend finally showed up to help.

(a) worked
(b) has worked
(c) was working
(d) had been working

22. Portugal led Europe's expansion with _____ sea voyages down the west coast of Africa.

(a) a series of
(b) series of
(c) a series
(d) series

23. It was easy to notice John's happiness at _____ the scholarship.

(a) awarding
(b) being awarded
(c) having awarded
(d) having an award

24. The Christian priest Thomas Merton was largely responsible _____ the practice of Zen Buddhism in the United States.

(a) popularizing
(b) to popularize
(c) for popularizing
(d) to be popularized

25. It took Ricardo twenty minutes to figure out _____ classroom to report to.

(a) which
(b) that
(c) where
(d) whatever

26. Those who often try new diets are _____ a serious eating disorder.

(a) developing the most likely
(b) likely most developing
(c) more likely to develop
(d) the most of to develop

27. Large planets called "Super-Earths" have been discovered _____ nearby stars.

    (a) having orbited
    (b) to be orbited
    (c) orbiting
    (d) to orbit

28. Many local newspapers are so desperate to increase readership _____ they are offering very cheap subscription deals.

    (a) as
    (b) yet
    (c) for
    (d) that

29. The wingspan of an adult Andean condor can be _____ 10 feet.

    (a) as great
    (b) greatly
    (c) as great as
    (d) much greater

30. Since the 1500s, guide dogs have been trained _____ the blind move about more easily.

    (a) being helped
    (b) with help
    (c) helping
    (d) to help

31. Mentoring young students is _____ to promote education in their communities.

    (a) something citizens to do
    (b) doing citizens something
    (c) what citizens do something
    (d) something citizens can do

32. Many hospitals _____ the time patients spend in their care due to space limitations.

    (a) had been reduced
    (b) have begun reducing
    (c) having to be reducing
    (d) have a beginning reduction

33. Illegal immigrants traveling between Mexico and the US face not only border patrols _____ dangerous environmental conditions.

    (a) but also
    (b) and so
    (c) as well as
    (d) but only

34. The poaching of the Sumatran rhinoceros for its horn has nearly driven the species _____.

    (a) extinction
    (b) to extinction
    (c) being extinct
    (d) to being extinct

35. _____ the popularity of digital photography, there is still a loyal community of film photographers.

    (a) Despite
    (b) However
    (c) Although
    (d) Without

36. Olive oil, which is rich in monounsaturated fats, has been shown to lower the risk of _____ heart disease.

    (a) mostly a type
    (b) the most of
    (c) most types of
    (d) most of types

37. Management _____ their overtime to the accounts department than to their immediate supervisors.

   (a) would report employees rather
   (b) rather employees would report
   (c) would rather employees report
   (d) report employees would rather

38. There _____ be a link to a product order form on the website's homepage.

   (a) in the past
   (b) used to
   (c) once
   (d) was

39. The order _____ siblings are born can affect their personality development.

   (a) in which
   (b) in what
   (c) which
   (d) what

40. Some actors who use the technique of "Method acting" remain in character _____ off the screen or stage.

   (a) even
   (b) as
   (c) yet
   (d) during

Part III Questions 41—45

Identify the option that contains an awkward expression or an error in grammar.

41. (a) A: How did you like the rock concert last night?
    (b) B: It was great, but my ears were still ringing!
    (c) A: I told you not to stand near the speakers.
    (d) B: I know, but I couldn't help myself.

42. (a) A: Is everything okay, Kevin? You look really distracting.
    (b) B: There's trouble at work. I'm in danger of losing my job.
    (c) A: What? But you're one of the top salespeople.
    (d) B: I know, but the company's been bought by a foreign firm.

43. (a) A: I'm sorry to hear you didn't win the award.
    (b) B: That's OK. I was up against a lot of worthy candidates.
    (c) A: Are you going to enter the contest again next year?
    (d) B: I'm sure not, but I'll probably end up doing that.

44. (a) A: Is there anything special you want to do tonight?
    (b) B: I thought it might be fun to play a board game.
    (c) A: Can't we watch for a movie instead?
    (d) B: That's fine with me if you don't like board games.

45. (a) A: I've been very impressed with Michael's work this semester.
    (b) B: His grades have improved, but they're still not as high as they should be.
    (c) A: Give him time. In a few months he'll be getting all As.
    (d) B: I guess so. He has a long way to go, but he's on right track.

Part IV Questions 46—50

Identify the option that contains an awkward expression or an error in grammar.

46. (a) There are many reasons vegetarians give for following a meatless diet. (b) Some avoid meat products because they believe they are unhealthy and prefer eating more fruits, vegetables, and grains. (c) Others do so because they find the raising of animals on factory farms cruel. (d) Still others are against the environmental drawbacks of meat production, which includes water waste and deforestation.

47. (a) Northern Guatemala's Tikal is one of the best-preserved sites of the Maya civilization. (b) This ancient city was once the capital of a powerful Mayan state, which was reached its peak from 200 to 900 AD. (c) It was abandoned sometime around the 10th century, most likely after being conquered by another Mayan population. (d) Today, Tikal enjoys UNESCO World Heritage status and is visited by many thousands of tourists each year.

48. (a) A serious debate is being held over the value of standardized testing for high school students. (b) For decades, these tests have been used to both define the quality of schools' educations and measure students' intelligence. (c) Now, some education experts are calling for school districts to do away with standardized tests. (d) The tests, they say, do not accuracy reflect students' knowledge.

49. (a) If you've ever been stranded somewhere, you know how important emergency transportation services can be. (b) Emergency Taxi Service knows it too, and that's why we'll always be there for you when you need us. (c) Whether your car won't start and you've broken down in a bad part of town, help is just a phone call away. (d) Emergency Taxi Service operators are standing by 24 hours a day, seven days a week to take your call.

50. (a) The tomb of the Egyptian King Tutankhamen was discovered in 1922 by Howard Carter, an English archaeologist. (b) Soon afterwards, several members of Howard's team experienced strange accidents, resulting in more than one death. (c) These incidents encouraged the media reporting that the team was "cursed" for entering the ancient tomb. (d) Howard himself, however, lived 17 more years before dying of cancer in 1939.

This is the end of the Grammar section. Do NOT move on to the next section until instructed to do so. You are NOT allowed to turn to any other section of the test.

VOCABULARY

DIRECTIONS

This part of the exam tests your vocabulary skills. You will have 15 minutes to complete the 50 questions. Be sure to follow the directions given by the proctor.

Part I **Questions 1—25**

Choose the best answer for the blank.

1. A: Be careful. The floor is a little
    _____.
    B: Thanks for the warning. I wouldn't want to slip.
    (a) wet
    (b) hard
    (c) dark
    (d) dry

2. A: Welcome to Ruth's, may I _____ your order?
    B: I need a minute.
    (a) hear
    (b) point
    (c) take
    (d) find

3. A: Hello. My name is Sam Cunningham.
    B: Hi, Sam. It's great to make your _____.
    (a) acquaintance
    (b) admission
    (c) acknowledgement
    (d) appointment

4. A: It's supposed to freeze tonight.
    B: I guess we should _____ in the plants.
    (a) set
    (b) bring
    (c) lift
    (d) hold

5. A: I _____ my friend a lot since he moved away.
    B: Why don't you give him a call?
    (a) miss
    (b) care
    (c) lose
    (d) cry

6. A: Why are you working on a second class project?
    B: I'm hoping to get some extra _____.
    (a) grade
    (b) value
    (c) score
    (d) credit

7. A: I can't believe I left my umbrella at home.
    B: Here, you can _____ mine.
    (a) loan
    (b) borrow
    (c) lend
    (d) trade

8. A: I'm very concerned about next week's test.
    B: Don't worry. I'm sure you will _____.
    (a) pass
    (b) win
    (c) catch
    (d) beat

9. A: Isn't it great that they _____ paved this road?

   B: Yes, it was in a terrible state for years.

   (a) tryingly
   (b) basely
   (c) finally
   (d) mainly

10. A: Laura, nice to see you. It's been such a long time!

    B: I know. Let's grab a cup of coffee and _____.

    (a) dig down
    (b) catch up
    (c) talk about
    (d) think over

11. A: This jacket is nice, but it's too expensive.

    B: Not really. I have a _____ for half off.

    (a) coupon
    (b) receipt
    (c) sale
    (d) ticket

12. A: Which _____ of the building do you live on?

    B: My apartment is at the very top.

    (a) stack
    (b) floor
    (c) height
    (d) room

13. A: Why did you return that coat?

    B: It was a little too _____ for this warm climate.

    (a) fancy
    (b) heavy
    (c) bright
    (d) cold

14. A: I had to take my dog to the vet yesterday.

    B: Oh no, I hope he doesn't have a health _____.

    (a) problem
    (b) debate
    (c) obstacle
    (d) limit

15. A: This chicken is pretty _____.

    B: You're right. It could use more spices.

    (a) bland
    (b) broiled
    (c) filling
    (d) juicy

16. A: Have you used the new lakeside path yet?

    B: Yes, it's perfect for evening _____.

    (a) scenes
    (b) drives
    (c) moves
    (d) strolls

17. A: Roger, have you met my aunt Linda?

    B: Yes, we were _____ at your summer party last year.

    (a) formalized
    (b) knowledgeable
    (c) introduced
    (d) aware

18. A: Do you know why Main Street was closed this afternoon?

    B: There was a really bad traffic _____.

    (a) accident
    (b) trouble
    (c) construction
    (d) direction

19. A: Have you heard any news about Sarah yet?

    B: No, but I'll call you as soon as I _____ anything.

    (a) come over
    (b) cover up
    (c) find out
    (d) look after

20. A: I need to buy an evening gown, but I'm not sure how to choose one.

    B: Take Edith shopping with you. She has great _____.

    (a) taste
    (b) passion
    (c) choice
    (d) eye

21. A: This class is really hard. Should I drop it?

    B: No, you don't want to _____ your chances of getting into college.

    (a) submit
    (b) jeopardize
    (c) isolate
    (d) resume

22. A: You must be nervous.

    B: I am! There's a lot _____ this interview.

    (a) riding on
    (b) following up
    (c) sticking on
    (d) falling out

23. A: I can't eat this dish if it _____ nuts.

    B: It doesn't look like there are any nuts in it.

    (a) regards
    (b) mixes
    (c) contains
    (d) simmers

24. A: Why did Tom move here from Canada?

    B: He said he finally got tired of the _____ winters there.

    (a) harsh
    (b) furious
    (c) complex
    (d) rabid

25. A: How do you know the new boss?

    B: She and I _____ Stetson University together.

    (a) attended
    (b) related
    (c) addressed
    (d) bettered

Part II **Questions 26—50**

Choose the best answer for the blank.

26. The United Nations Secretary General _____ the role of spokesperson for the international organization.

    (a) shifts
    (b) absorbs
    (c) fills
    (d) deals

27. Habitat loss is a major factor driving species to _____.

    (a) extinction
    (b) nature
    (c) investigation
    (d) discovery

28. Jazz was greatly _____ by an earlier American music form: the blues.

    (a) influenced
    (b) directed
    (c) handled
    (d) respected

29. Customers who require a printed purchase receipt should request one at the beginning of their _____.

    (a) transaction
    (b) result
    (c) discount
    (d) exchange

30. The publication date for next month's issue was _____ due to an editing error.

    (a) picked up
    (b) caught up
    (c) sent away
    (d) pushed back

31. If you lose your textbook, it will take up to a month to receive a _____.

    (a) replacement
    (b) renewal
    (c) reception
    (d) restoration

32. The conservative party is expected to _____ the local elections next month.

    (a) clean
    (b) sweep
    (c) wipe
    (d) rub

33. It was only five minutes to _____ and still the actor had not arrived.

    (a) showtime
    (b) lifework
    (c) checkout
    (d) leeway

34. Despite protests from the director, the budget of the science department was _____ by 17%.

    (a) zipped
    (b) cut
    (c) hit
    (d) sold

35. Rebecca was forced to use one of her _____ days to recover from the flu.

    (a) illness
    (b) doctor
    (c) sick
    (d) cold

36. Many fine wines are allowed to _____ for several years before they are bottled and sold to consumers.

(a) age
(b) grow
(c) build
(d) settle

37. Almost one fifth of the electricity _____ of Denmark is met by the country's burgeoning wind power industry.

(a) desires
(b) requisites
(c) needs
(d) wishes

38. Most school counseling positions require that applicants have a _____ of five years' experience in a related field.

(a) motion
(b) stock
(c) minimum
(d) holding

39. The lobster at the Sea Shack is always _____, purchased the same day from local fishermen.

(a) tame
(b) fresh
(c) subtle
(d) thorough

40. It is estimated that one in four people has _____ severe migraine headaches at some point in their life.

(a) hailed
(b) turned
(c) carried
(d) suffered

41. After getting off to a slow start this quarter, business is beginning to _____.

(a) resist
(b) improve
(c) nourish
(d) congratulate

42. Of the Allied powers in World War I, Russia had the highest _____ among both military and civilians.

(a) casualties
(b) officers
(c) victories
(d) battles

43. All of the leaders of the top 10 telecommunications firms were _____ for the summit.

(a) present
(b) patted
(c) perplexed
(d) peopled

44. Travelers should make a(n) _____ to learn basic words and expressions in the local language before they go abroad.

(a) impulse
(b) meaning
(c) effort
(d) try

45. Green leafy plants transform sunlight into usable food energy through the _____ of photosynthesis.

(a) control
(b) journey
(c) hassle
(d) process

46. Rearview cameras that assist during parallel parking come _____ in many SUVs.

    (a) ready
    (b) noted
    (c) standard
    (d) obvious

47. The town's chief of police has been _____ for his success in reducing traffic congestion.

    (a) reserved
    (b) lauded
    (c) colluded
    (d) pledged

48. With so many news networks providing 24-hour coverage, it is easier than ever to _____ the latest stories.

    (a) hold off on
    (b) keep up on
    (c) stay away from
    (d) make up with

49. An economic panel was convened to discuss the great _____ in wealth that exists between the richest and poorest citizens.

    (a) voracity
    (b) ambience
    (c) disparity
    (d) salience

50. The various groups protesting outside the mayor's office quickly _____ into an unruly mob.

    (a) intended
    (b) dabbled
    (c) entrenched
    (d) coalesced

This is the end of the Vocabulary section. Do NOT move on to the Reading Comprehension section until instructed to do so. You are NOT allowed to turn to any other section of the test.

READING COMPREHENSION

Part I **Questions 1—16**

Read the passage. Then choose the option that best completes the passage.

1. Cities around the world are experimenting with providing large-scale wireless Internet networks to consumers at no cost. Some people are against the idea, saying that offering free wireless access will hurt the telecommunications industry. I disagree with this opinion. Helping all citizens stay connected to the World Wide Web will benefit the economy as a whole, as well as individuals. In today's age of information technology, _____.

    (a) wireless Internet is a profitable industry
    (b) Internet access should be a right, not a privilege
    (c) protecting business is the job of the government
    (d) preserving market competition is an important goal

2. Travel insurance, which covers events like canceled flights, theft, and medical emergencies abroad, is often thought of as a luxury and an added expense. Many travelers do not want to add this extra cost to their vacation budget, so they choose not to purchase a policy. This can prove to be a serious mistake. You have less control over your surroundings when you travel, and consequently you are at greater risk of experiencing an unfortunate event. For this reason, most travel agents

    _____.

    (a) offer a trip cancellation policy along with your tickets
    (b) can provide you with information on a variety of policies
    (c) recommend that you purchase insurance before you travel
    (d) advise that you select the cheapest insurance available to you

3.

> Dear homeowner,
>
> Are you looking to renovate your home but afraid you can't afford it? Did you know the most expensive part of renovation is contractor fees? That means you can cut your costs by half _____. *House & Home Magazine* has all the information you need to learn to do big renovation projects on your own. Order your subscription today and we'll throw in a $10 coupon to the Home Supply Store. What are you waiting for?

(a) and double your rewards
(b) if you do the work yourself
(c) when hiring a cheap contractor
(d) when spending less on your supplies

4. A new study suggests that the people who follow the healthiest behaviors are those who think in the long term. That is, they are more willing to give up small short-term gains for larger gains in the future. Smoking and drinking, for example, may provide immediate pleasure but lead to poor health down the road. Therefore, long-term thinkers choose not to participate in these unhealthy activities. They understand that _____.

(a) short-term gains are unhealthy
(b) pleasure is not a long-term goal
(c) health is a long-term commitment
(d) health and pleasure are not the same

5. The theory of plate tectonics is seen as _____. It describes how Earth's crust is made up of multiple moving plates that float above a liquid interior. Our planet's continents and oceans rest on these plates and move along with them. Plate movement explains many geologic phenomena that were once considered separate. For instance, mountains are formed as one plate runs into another, while some volcanoes are the result of two plates moving away from each other. Not only that, but many earthquakes are caused by the edges of two plates sliding past one another.

(a) a reason to study Earth further
(b) a theory that is impossible to prove
(c) a unifying concept in Earth geology
(d) an explanation of the creation of mountains

6. The novelist Stephen King was born in Maine, and although his family moved several times during his childhood, that is where he ultimately settled. King is best known for his horror stories, though he has also written fantasy and science fiction books. His first success came in 1973 with the publication of *Carrie*, a story about a high-school girl with psychic powers. Since then, over 350 million copies of his many works have been sold worldwide. In addition, dozens of his stories have been adapted into movies or television shows. All of this has made King _____.

   (a) consider moving out of Maine
   (b) concerned about maintaining his fame
   (c) think of writing different kinds of stories
   (d) one of the most successful modern authors

7. Any major purchase, whether it is a car, a house, or four years of university tuition, requires careful planning. Many experts recommend that you set up a separate savings account to save up for your big expense. Each month, put a portion of your income into the account and only use your accumulated funds for their intended purpose. Some banks offer special account plans designed for this type of saving. You can earn a higher level of interest if you leave your money in the account for a certain amount of time. But most importantly, with a separate account, you can

   _____.

   (a) make more major purchases
   (b) save money twice as quickly
   (c) stay focused on your main goal
   (d) qualify for a higher interest rate

8. Germany is not remembered as a colonial power. However, between 1884 and 1918 the German Empire _____. Most of its holdings were in Africa, including the modern-day nations of Namibia, Tanzania, Cameroon, and Togo. In addition, other small colonies were founded on the coast of China, Papua New Guinea, and several small Pacific Islands. During World War I, Germany's colonies were taken over by its enemies, and the Empire's failure to win the war meant the permanent loss of these territories.

   (a) conceded many regions
   (b) developed a large military
   (c) established a global presence
   (d) made treaties with smaller nations

9. A small group of teachers in a school district in Pennsylvania is doing something radical: questioning the value of homework. At least, they feel that homework in its present form does not benefit students. They point out that most homework consists of textbook exercises and memorization drills that _____.
Instead, these teachers think students should be asked to go out into their communities after school. There, they can use what they've learned to solve real-world problems.

(a) follow a national standard
(b) lack any practical application
(c) are generally very time consuming
(d) help students advance their skill sets

10. The Home Insurance Building, constructed in Chicago in 1884, is considered _____. Although it was only ten stories tall, its height was unique for the time. Additionally, it was one of the first buildings to have an interior steel frame supporting its weight. This was the innovation that enabled the creation of much taller skyscrapers in later years. Despite its historical significance, the Home Insurance Building was torn down in 1931.

(a) too expensive to refurbish
(b) America's oldest existing building
(c) the world's first modern skyscraper
(d) dangerous because of structural flaws

11. Currently in the United States, teenagers are allowed to get their driver's license at 16. But in my opinion, the government should consider raising this age limit to 17 or 18. My reasons are that 16-year-olds do not have the maturity to operate a motor vehicle by themselves. Statistics show they are much more likely to be involved in an accident than drivers just a few years older. Teens at this age also do not have a good understanding of the consequences of their actions. In conclusion, I think they _____.

(a) should not be allowed to drive a car
(b) are unable to follow basic traffic laws
(c) are too nervous when behind the wheel
(d) must pass similar tests to be able to drive

12. In the past, the most important international economic meeting was that of the G-8. This summit was attended by the leaders of the eight most powerful world economies. Recently, however, the decision was made to _____. The result was the G-20, comprising 19 nations plus the European Union. The G-20 has held only a handful of summits so far, but analysts are pleased with the results. By including more countries, they say, there are greater opportunities for meaningful international cooperation.

(a) meet more often
(b) stop the tradition
(c) expand the group
(d) include all countries

13. To me, the best movies are those in which _____. This is why I enjoy the film noir genre. Films of this type feature characters who have good intentions but are forced to behave immorally to achieve their goals. For example, a private detective may bend the law to solve a case, or a man may decide to rob a bank in order to feed his family. In this way, film noir is a more accurate reflection of real life, where people are never completely good or completely evil.

(a) characters are forgiven for past mistakes
(b) the main character is not a perfect hero
(c) a real-life, historical event is retold
(d) villains decide to become heroes

14.

Dear building residents,

Everyone is concerned about global warming, and the building administration committee is no exception. We are challenging all residents to decrease their carbon footprint by 10% over the next year. You can do this by using less electricity, creating less waste, and conserving water. The committee will be holding monthly meetings to monitor your progress, and those who meet the target next year will pay less rent. So you can save money as well as _____.

(a) help out the planet
(b) improve your health
(c) attend less meetings
(d) manage investments

15. We are very concerned about the melting of Earth's glaciers, and rightly so. However, some organisms may be benefiting from this trend. Scientists have discovered that glacial ice contains a high concentration of nutrients, usually in the form of frozen plant matter. As the glaciers melt and enter ocean and river systems, these frozen nutrients become available to the creatures living in there. _____, ecosystems located close to melting glaciers are experiencing faster-than-normal growth.

(a) However
(b) Likewise
(c) Despite this
(d) Consequently

16. In 1991, entrepreneur Sam Lee came up with a best-selling idea: a soft drink that combined the great taste of a cola with a mix of healthful ingredients. Lee was lucky to have friends in the health and nutrition industry. _____, he was able to get expert advice in the creation of a recipe for his "good-for-you soda." It didn't take him long to perfect the drink, and before he knew it he was receiving demands from beverage distributors around the nation.

(a) On the other hand
(b) Nevertheless
(c) Otherwise
(d) As a result

Part II **Questions 17—37**

Read the passage and the question. Then choose the option that best answers the question.

17. During the gold rushes of the nineteenth century, gold mining made headlines as a way for individuals to get rich quick. Though mining operations are still in the news today, the stories are not as positive. These days, stories are more about the harmful environmental effects of gold mining. Powerful chemicals are used to extract gold from the surrounding rock, and these chemicals can contaminate the landscape and threaten nearby populations. In many areas, gold mining is unpopular and strongly protested by the locals.

Q: What is the best title for the passage?
(a) A Metal Desired by Fortune Hunters
(b) The Opening of Small, Local Gold Mines
(c) The Harsh Reality of Modern Gold Mining
(d) A Search for Environmentally Friendly Mining

18. Business travelers are often thrown into situations where a foreign language is being spoken. This experience can be overwhelming, and if the businessperson is unprepared, an important opportunity will be lost. To prevent this from happening, Wilson Business International has created the Babel Phone. Compatible with any cell phone or handheld device, the Babel Phone contains basic words and phrases from over 100 of the world's languages. Simply select a language, speak into the phone, and Babel Phone will respond with the correct translation.

Q: What is mainly being advertised?
(a) A collection of language-learning texts
(b) A voice-activated language translator
(c) An overseas cell phone plan
(d) An electronic dictionary

19. At the Eastman School of Music in Rochester, New York, a new "old" church organ has been constructed. The massive instrument is an exact copy of a Lithuanian organ originally built in 1776. Its 2,200 pipes are handmade from lead and tin and the organ body is made entirely of wood. The goal of the project was to create music that sounds exactly the same as that played in the late 1700s.

Q: What is the passage mainly about?
(a) How sound is created in an organ
(b) A study of the music of the late 1700s
(c) The recreation of a large musical instrument
(d) How building large church organs is difficult

20. Just when you think you have them figured out, children can really surprise you. Last weekend, I took my nephew for a walk in the woods. He didn't want to go, but I insisted he come to get some exercise. During the walk, he kept complaining about the dampness and smells of the forest. By the time we returned to the car, I was exhausted and in a bad mood. But suddenly, my nephew reached into his pocket and gave me a flower he had picked on the walk. The gift made my day.

Q: What is the passage mainly about?
(a) A tiring walk through the woods
(b) A fun weekend I had with a nephew
(c) A child that does not stop complaining
(d) A child's mix of good and bad behavior

21. After eight years of work and several delays, the city of Southbridge is pleased to announce that the Southbridge Regional Hospital will open its doors on Saturday, May 15. We would like to invite all city residents to attend the opening ceremony, which will take place at noon. Local government officials will be in attendance, in addition to members of the Southbridge Medical Association. The hospital will begin accepting its first patients the following Monday. Please join us in celebrating this historic achievement.

Q: What is the announcement mainly about?
(a) The opening of a new hospital
(b) A ceremony to award local officials
(c) The new regulations for hospital staff
(d) A new building for the medical association

22. We commonly use over-the-counter painkillers to treat physical pain, such as headaches and sore muscles. However, a new study suggests these same drugs can be used to ease emotional pain as well. In the experiment, subjects were divided into two groups: those who took over-the-counter painkillers on a regular basis, and those who did not. Over a period of months, all subjects were asked to report their levels of depression and social discomfort. People in the group that took painkillers regularly had lower reported levels of emotional distress.

Q: What is the best title for the passage?
(a) The End of Depression
(b) Avoiding Pain in Our Lives
(c) Treating Severe Physical Pain
(d) Painkillers May Help Depression

23. There are different types of business organizations, but the corporation is perhaps the most familiar. Businesses that are incorporated have a special legal status and are considered to be individuals. In other words, they exist independently of the people who own and work for them. If a corporation is sued, it may lose money and fail as a business. However, its owners and workers are never in danger of losing their personal savings in a lawsuit against the corporation.

Q: Which of the following is correct about corporations?
(a) They are treated like people by law.
(b) They cannot lose money in a lawsuit.
(c) They are represented by their workers.
(d) They are financially linked to owners.

24. The inventor of the game of basketball was a teacher named Dr. James Naismith. Living in Massachusetts, Naismith was searching for a sport that could be played indoors during the long, cold winters and would help his students stay fit. He failed to find a suitable game and decided to create his own. The object of his game was to throw a ball into a peach basket that had been nailed to a wall ten feet off the ground. The peach basket gave the sport its name, and the rest is history.

Q: Which of the following is correct about Dr. Naismith?
(a) He originally invented an outdoor game.
(b) He wanted his students to maintain fitness.
(c) He copied another game to create basketball.
(d) He first used apple boxes as goals to shoot for.

25. Many ancient civilizations inhabited Mesoamerica—the region including modern-day Mexico and northern Central America—but the Olmec was the first. They controlled the region from approximately 1400 to 400 BC. The most recognizable remains of this civilization are rock carvings of giant heads. While little is known about the day-to-day life of the Olmec, it is believed they greatly influenced the cultures of all later Mesoamerican peoples. Traces of the Olmec can be seen in the Maya, the Aztec, and many others.

Q: Which of the following is correct according to the passage?
(a) Mayans were contemporary rivals of the Olmec.
(b) The Olmec created life-sized carvings of humans.
(c) All Mesoamerican civilizations shared a single culture.
(d) No Mesoamerican cultures are known prior to 1400 BC.

26. Do you think bread is boring? Then you haven't tried Lippincott's All Natural Breads! Our loaves are made with all natural ingredients and come in three varieties: whole wheat, four grain, and sourdough. Not only that, but we have won national awards for our breads for the past three years in a row! If you'd like to see what makes Lippincott's All Natural Breads so special, pick up a loaf at your local supermarket.

Q: Which of the following is correct about Lippincott's breads?
(a) They are healthier than other breads.
(b) They come in four tasty varieties.
(c) They have won multiple awards.
(d) They are sold in online malls.

27. In America's current economic crisis, millions of people are losing their homes. The process, known as foreclosure, occurs when the homeowner can no longer afford to make mortgage payments and the lender takes ownership of the home. Frequently, the bank is then forced to sell the home at a loss. To prevent this from happening, some banks are offering alternatives to homeowners in trouble. These could include lower monthly rates, longer mortgage terms, or, in rare cases, a portion of the debt may be dismissed.

Q: Which of the following is correct according to the passage?
(a) Foreclosures now number less than a million.
(b) Banks can experience financial loss from foreclosures.
(c) Homeowners have less loan options now than in the past.
(d) Many mortgage holders are getting government assistance.

28. The word "gulag" comes from the name of a Russian agency in charge of labor camps during the Soviet Union era. Today, the camps themselves are known as gulags. They were typically located in remote, frozen areas of Siberia. Violent criminals were sometimes sent to gulags, but the camps were most infamous for holding political prisoners. If an individual spoke out against the Soviet government, he or she risked being sent to a gulag.

Q: Which of the following is correct about gulags?
(a) They were first conceived as military camps.
(b) They were named after an administrative agency.
(c) Their locations were primarily near Siberian cities.
(d) Their prisoner populations consisted of violent criminals.

29. The American pianist and composer Scott Joplin was one of the most influential musicians around the turn of the twentieth century. He wrote dozens of pieces in the genre known as ragtime, an early version of jazz. The popularity of Joplin's songs helped introduce American music to an international audience for the first time. His work went through a second phase of popularity in the early 1970s. In 1976, 59 years after his death, Joplin was awarded the Pulitzer Prize.

Q: Which of the following is correct according to the passage?
(a) Joplin gained prominence in the early 1800s.
(b) The American public was never fond of ragtime.
(c) Joplin found fame from his music during his lifetime.
(d) The appreciation of Joplin did not wane until the 1970s.

30. New research into the lives of female office workers shows that certain exercises can help prevent shoulder and neck pain in the workplace. According to the firm that carried out the research, over half of all female office workers report this type of pain. The firm suggests specific exercises that can strengthen the shoulders and neck and thus cut down on soreness. One-arm weight lifts, using small weights, is the easiest way to strengthen this region of the body. However, aerobic exercise like running and cycling is most beneficial.

Q: Which of the following is correct according to the passage?
(a) Female office workers often get lower back pain.
(b) Neck pain is felt by a majority of women in offices.
(c) One-arm lifts do little to cut down shoulder soreness.
(d) Females should avoid aerobics if they have neck pain.

31.

Dear Mr. Miller,

This is your third and final notice that your credit card payment for the month of March is overdue. If you do not respond to this letter within a week, we will be forced to take further action. You can avoid this by making a payment for the amount specified on your credit card statement. If you have any questions about your balance, or if you believe you have received this letter in error, contact us immediately at 1-888-555-5398.

Sincerely,
A-Plus Credit Services

Q: Which of the following is correct according to the letter?
(a) There is an error in Mr. Miller's account.
(b) Mr. Miller has not responded to previous letters.
(c) Mr. Miller has one month to respond to the letter.
(d) The credit company has closed Mr. Miller's account.

32. Many vegetables begin their lives in greenhouses before being moved to outdoor farm fields. Unfortunately, the transition can cause quite a shock for the plant, and a small percentage is lost during each transfer. Researchers are looking for ways to help the vegetables survive the move. They have found that, by exposing young plants to certain types of acid while still in the greenhouse, they can actually "teach" them how to survive in the real world.

Q: Which of the following is correct according to the passage?
(a) Some vegetable seeds are not planted outdoors.
(b) Moving a young vegetable plant usually kills it.
(c) Vegetable transplant losses are a mystery to researchers.
(d) Farmers have started treating vegetable crops with acids.

33. Some people feel that playing games of any kind is a waste of time. They believe board games, video games, and word or number games only exist for entertainment. But it has been scientifically proven that the type of thinking stimulated by game play is good for the mind. Solving problems and coming up with creative answers to difficult questions helps us develop our critical thinking skills. These skills come in handy when we are faced with problems in the real world.

Q: What can be inferred from the passage?
(a) The writer enjoys playing games with family members.
(b) The writer thinks people should play games more often.
(c) Certain types of games are more educational than others.
(d) Problem solving skills are hard to develop without games.

34.

> Dear Editor,
>
> I would like to say thank you to you and your staff for including the article on volunteer medical workers in yesterday's newspaper. We do not receive nearly enough recognition for the work we do. Millions of sick people all over the world are being treating by volunteers right now, but you don't hear their stories. This is why your article, which I found both thoughtful and informative, is so important. Hopefully, it will help educate the public about the vital services that volunteer medical workers provide.
>
> Sincerely yours,
> Dorothy M. Smith

Q: What can be inferred about Ms. Smith?
(a) She was mentioned in the article by name.
(b) She personally knows the newspaper editor.
(c) She has participated in volunteer medical work.
(d) She is interested in writing an article for the paper.

35. Before cable television became widespread, most people got their news once a day from a local or national newspaper. However, with cable came the introduction of 24-hour news networks. These networks report on domestic and international news all day long, and currently a large percentage of the population watches cable news. Some believe that 24-hour news reporting has negative side effects. In an effort to fill every moment with news stories, these people say, the networks report on issues that were not considered newsworthy two decades ago. Also, to increase their ratings, they provide information that is not always accurate.

Q: What can be inferred about 24-hour news networks?
(a) They operate in collusion with each other.
(b) They have recently seen a decline in popularity.
(c) They are more influential than newspapers today.
(d) They report more international than domestic news.

36. The passenger pigeon was one of the most common animals in North America. When Europeans first arrived on the continent there were between three and five billion passenger pigeons living there. The bird's abundance quickly made it a popular source of cheap meat, and the pigeons were hunted by the millions in the 1800s. In the final decades of that century, officials realized the species was in danger, and laws were passed to protect it. Unfortunately, these laws were not well enforced, and the last major flock was hunted and killed in 1896. Individual passenger pigeons survived in captivity until 1914, when the species went extinct.

Q: What can be inferred from the passage?
(a) A large percentage of passenger pigeons died of natural causes.
(b) Hunters were aware that the species was close to extinction.
(c) Lawmakers were in favor of saving the passenger pigeon.
(d) Passenger pigeons were considered a pest by Europeans.

37. The United Nations was founded in 1945 to promote international cooperation and world peace. Many of the projects it takes on are admirable, but I feel it could do more. The UN should play a more active role in stopping violent conflicts around the world. It should also get serious about environmental protection. Strict regulations must be set, and the UN should punish countries that do not follow them. The problem is that, at present, the organization does not have the authority to act in this way.

Q: What can be inferred from the passage?
(a) The writer is an employee of the UN.
(b) The UN has not changed much since 1945.
(c) The writer supports increasing the UN's power.
(d) The UN focuses more on conflicts than the environment.

Part III **Questions 38 – 40**

Read the passage. Then identify the option that does NOT belong.

38. With flights to more worldwide destinations than any other carrier, Jetway Airlines can get you where you need to go. (a) And now you have an even better reason to choose Jetway: bonus mileage. (b) Airlines typically award passengers a set number of "miles" per flight, depending on the length of travel. (c) Book a flight with us during the month of June and you'll receive double the mileage. (d) As always, these miles can be exchanged for free award tickets to any Jetway destination.

39. It has been well publicized that frequent use of antibiotics can create bacteria resistant to those drugs. (a) New research shows that the same may occur when disinfectants are used to kill bacteria. (b) Over time, the bacteria evolve to withstand the disinfectant and become more difficult to kill. (c) These findings may affect the policies for how hospitals use disinfectants when cleaning. (d) Several hospitals around the country have seen the death rates of patients rise in recent years.

40. The type of grape used and the methods to make wine do not always totally influence a wine's taste. (a) How long and in what container the wine is aged can contribute significantly to how it tastes. (b) An experiment has shown that the type of lighting in the room where the wine is drunk can change the taste the drinker experiences. (c) Subjects gave the highest ratings to wines served in an environment featuring red or blue light. (d) Yet, when the same wines were served in green- and white-lit rooms, the subjects rated their taste lower.

This is the end of the Reading Comprehension section. Please remain seated until the proctor has instructed otherwise. You are NOT allowed to turn to any other section of the test.

Actual Test 2

Listening Comprehension 🎧 CD

Grammar

Vocabulary

Reading Comprehension

LISTENING COMPREHENSION

DIRECTIONS

1. In the Listening Comprehension section, all content will be presented orally rather than in written form.

2. This section contains 4 parts. In parts I and II, each passage will be read only once. In parts III and IV, each passage and its corresponding question will be read twice. But in all sections, the options will be read only once. After listening to the passage and question, listen to the options and choose the best answer.

⊙ 해설집 P 74

Part I **Questions 1—15**

You will now hear fifteen conversation fragments, each made up of a single spoken statement followed by four spoken responses. Choose the most appropriate response to the statement.

Part II **Questions 16—30**

You will now hear fifteen conversation fragments, each made up of three spoken statements followed by four spoken responses. Choose the most appropriate response to complete the conversation.

Part III Questions 31—45

You will now hear fifteen complete conversations. For each item, you will hear a conversation and its corresponding question, both of which will be read twice. Then you will hear four options which will be read only once. Choose the option that best answers the question.

Part IV Questions 46—60

You will now hear fifteen spoken monologues. For each item, you will hear a monologue and its corresponding question, both of which will be read twice. Then you will hear four options which will be read only once. Choose the option that best answers the question.

TEPS

GRAMMAR

DIRECTIONS

This part of the exam tests your grammar skills. You will have 25 minutes to complete the 50 questions. Be sure to follow the directions given by the proctor.

Part I Questions 1—20

Choose the best answer for the blank.

1. A: Should we eat before the show?
   B: Sure, we can _____.

   (a) on the way grab something
   (b) grab something on the way
   (c) something on the way grab
   (d) grab on the way something

2. A: This house is supposed to be empty.
   B: It looks _____ to me.

   (a) occupying
   (b) to occupy
   (c) occupied
   (d) occupy

3. A: Is the score in the game still tied?
   B: Yes. It's unclear _____ will win in the end.

   (a) who
   (b) whom
   (c) whose
   (d) whoever

4. A: Were you able to catch David at the office?
   B: By the time I got there, he _____.

   (a) will have gone
   (b) had gone
   (c) went
   (d) goes

5. A: I certainly wasn't ready for a pop quiz today.
   B: No, _____.

   (a) neither was I
   (b) wasn't neither
   (c) I was neither
   (d) I wasn't

6. A: The news is showing all the debris in the streets.
   B: Yeah, that _____ some storm.

   (a) being
   (b) could be
   (c) had been
   (d) must have been

7. A: How could you tell Brad my secret?
   B: I'm so sorry. I just said it without _____.

   (a) realizing
   (b) realized
   (c) realizes
   (d) realize

8. A: Looks like the workers pruned the wrong tree.
   B: _____, they broke several of its branches.

   (a) Only that not
   (b) Not only that
   (c) Only not that
   (d) That not only

9. A: Is there any way to lower construction costs?

   B: I'm afraid there's not _____.

   (a) doing a lot we can
   (b) we a lot can't do
   (c) a lot we can do
   (d) we can do a lot

10. A: I'm interested in _____ this book, please.

    B: OK, I'll need to see your library card.

    (a) having checked out
    (b) being checked out
    (c) to checking out
    (d) checking out

11. A: Did you hear about the subway crash this morning?

    B: Yes. Luckily, _____ were injured.

    (a) not many
    (b) not much
    (c) a few
    (d) little

12. A: Where are those weeds you saw?

    B: There, growing _____ the fence.

    (a) among
    (b) during
    (c) within
    (d) along

13. A: Have you been taking good care of your teeth?

    B: I _____ them at least two times a day.

    (a) would brush
    (b) had brushed
    (c) brushed
    (d) brush

14. A: I'm looking for a _____.

    B: All lighting products are in aisle 7.

    (a) large desk lamp
    (b) lamp large desk
    (c) desk lamp large
    (d) desk large lamp

15. A: How extensive is the water damage to the living room?

    B: _____ will have to be replaced.

    (a) Floor
    (b) A floor
    (c) Some floors
    (d) Some of the floor

16. A: How do you know it was Len _____ ate your sandwich?

    B: I saw him do it.

    (a) he
    (b) him
    (c) who
    (d) what

17. A: Are there any tickets left for the concert next week?

    B: Yes, but the number of available seats _____ dropping fast.

    (a) is
    (b) was
    (c) were
    (d) are

18. A: Are you going to Professor Fedley's review session?

   B: Only _____ Simon agrees to go with me.

   (a) whether
   (b) should
   (c) had
   (d) if

19. A: You should avoid _____ while on the medication.

   B: That will be difficult; I exercise a lot.

   (a) to workout
   (b) working out
   (c) the workings out
   (d) workout

20. A: Should we travel to Paris by train or look for bus tickets?

   B: I don't care for _____ option.

   (a) either
   (b) either the
   (c) either of an
   (d) either of those

Part II Questions 21—40

Choose the best answer for the blank.

---

21. The international community has agreed to help Afghanistan _____ its economy.

   (a) having rebuilt
   (b) rebuilding
   (c) be rebuilt
   (d) rebuild

22. The coaching was brilliant, but the team needed _____ than that to win.

   (a) little
   (b) a little
   (c) little more
   (d) a little more

23. If you fail after trying one course of action, you must immediately move on to _____.

   (a) one another
   (b) other one
   (c) another
   (d) other

24. Richard Preston's *The Wild Trees* addresses _____ the canopies of redwood forests.

   (a) the dangers involved in studying
   (b) danger of involvement in study
   (c) study of the dangers involved
   (d) involving study in the dangers

25. The country of Georgia will be
_____ grateful to President
Obama for his support.

(a) longer
(b) forever
(c) once
(d) yet

26. Kylie is upset at her boyfriend
_____ losing his driver's
license.

(a) in
(b) by
(c) for
(d) with

27. Experts predict that by 2025 the
world population _____
8 billion.

(a) to be reaching
(b) having reached
(c) will have reached
(d) had to have reached

28. Cities with a lower standard of living
_____ a higher number of artists
and musicians, studies show.

(a) attract
(b) attracts
(c) to attract
(d) attracting

29. _____, we will look back on the
current speed of computer processors
and laugh.

(a) Years from now
(b) From years now
(c) Now from years
(d) From now years

30. The speed _____ the Mongols
created the largest empire in history is
hard to imagine.

(a) that
(b) what
(c) of when
(d) with which

31. Mr. Chavez smiled at his son,
_____ to see him doing so well
in school.

(a) pleased
(b) to please
(c) pleasing
(d) having pleased

32. The board says it is essential that
a new CEO _____ as soon as
possible.

(a) choose
(b) chooses
(c) be chosen
(d) will be chosen

33. The cans of fish proved toxic;
_____, they were all recalled
immediately.

(a) therefore
(b) otherwise
(c) however
(d) yet

34. Allowing _____ to spend freely
without establishing a budget can lead
to financial disaster.

(a) theirs
(b) its
(c) oneself
(d) itself

35. There is _____ may have died had President Truman chosen to launch a ground invasion of Japan.

(a) telling not to be how
(b) no telling how many
(c) not how many to tell
(d) many telling of how

36. Abby received _____ score in the class for the second time in a row.

(a) the highest
(b) the higher
(c) highest
(d) higher

37. Legends of blood-sucking demons _____ in the region that was once called Transylvania for many generations.

(a) can be existing
(b) have existed
(c) existing
(d) exist

38. It took 2 years and 500 rolls of film, _____ the photographer finally got a good shot of the puma.

(a) but
(b) since
(c) or
(d) so

39. Students _____ to double check their online sources with print material whenever possible.

(a) are urging
(b) are urged
(c) be urged
(d) will urge

40. There is _____ money in the federal budget to increase military spending.

(a) not nearly enough
(b) not enough nearly
(c) enough not nearly
(d) enough nearly not

Part III   Questions 41—45

Identify the option that contains an awkward expression or an error in grammar.

41. (a) A: Is this experiment going to work?
    (b) B: It'd ought or I'll be so disappointed.
    (c) A: Don't worry. Your other experiment was a success.
    (d) B: Yes, but I think I just got lucky that time.

42. (a) A: Hi, I'd like to adopt a pet today.
    (b) B: Great. We have some nice-looking dogs there to your left.
    (c) A: Actually, I'd rather have cat.
    (d) B: Certainly, follow me and I'll show them to you.

43. (a) A: Have you seen the sales figures? They're very disappointed.
    (b) B: I know. I thought we might top 500 units this month.
    (c) A: Right. But we barely sold 400 units!
    (d) B: Well, there's always next month. We'll just have to try harder.

44. (a) A: Isn't it about time to get off the treadmills?
    (b) B: No, let's run for a few more minutes before quitting.
    (c) A: I don't know much how longer I can last.
    (d) B: If you don't feel well, I think you should stop.

45. (a) A: Ed, I'm calling to say the meeting's about to start.
    (b) B: I'm sorry, but I've been stuck in traffic.
    (c) A: I don't think we'll be able to delay it.
    (d) B: That's OK. I'm fewer than a minute away.

Part IV Questions 46—50

Identify the option that contains an awkward expression or an error in grammar.

46. (a) Before the invention of the modern record player, devices known as phonographs were used to play records. (b) The phonograph often had a metal funnel called a horn, which looked like a small tuba. (c) As the record played, the sound it produced traveled through the skinny part of the horn and exited through the wider opening. (d) This amplified the sound so that better people could hear it.

47. (a) Some of the traffic safety laws in our town are sadly out of date. (b) For example, there is a law on the books requiring bicyclists to wear helmets, but there is no such law for motorcyclists. (c) Current records show that there are many more motorcycles on the road as bicycles. (d) We must either do away with the helmet law for bikes or create one for motorbikes.

48. (a) Composting is easy, and you can create a compost bin with things you have around the house. (b) You'll need a large metal or plastic trash can, a hammer, and a thick nail. (c) Use the hammer and nail to create between 20 or 30 evenly spaced holes in the sides of the trash can. (d) This will allow oxygen to enter the bin, which is necessary if the compost matter is to decompose.

49. (a) Everyone seems to have his or her own method for having gotten rid of the hiccups. (b) Some people hold their breath for as long as they can, while others try to scare themselves. (c) Most of the tricks that work the best have one thing in common. (d) They all focus the person's attention on doing something else, and this somehow stops the stomach spasms that cause hiccups.

50. (a) Without a doubt, Socrates is one of the best-known philosophers of ancient Greece. (b) Yet, everything we know about him comes from the writings of the other philosopher: Plato. (c) Some experts even believe that Socrates was nothing more than a character in Plato's stories. (d) If so, he is probably the most influential character that never lived.

This is the end of the Grammar section. Do NOT move on to the next section until instructed to do so. You are NOT allowed to turn to any other section of the test.

VOCABULARY

DIRECTIONS

This part of the exam tests your vocabulary skills. You will have 15 minutes to complete the 50 questions. Be sure to follow the directions given by the proctor.

Part I **Questions 1—25**

Choose the best answer for the blank.

1. A: Do you have any dinner specials tonight?
    B: No, we're only serving what's on the _____.
    (a) menu
    (b) label
    (c) chart
    (d) manual

2. A: We've had such a difficult month.
    B: But I _____ things will get better.
    (a) push
    (b) reduce
    (c) predict
    (d) entail

3. A: It seems like your math _____ is doing a great job.
    B: Yes, I'm learning a lot from her.
    (a) tutor
    (b) major
    (c) placement
    (d) assignment

4. A: Hi, may I speak with Will Michaels, please?
    B: Oh, I'm sorry. He just _____.
    (a) stepped out
    (b) came back
    (c) tuned in
    (d) fell off

5. A: Ben, you look really _____. Are you OK?
    B: I'm fine. I just didn't sleep well last night.
    (a) recuperated
    (b) fatigued
    (c) stylish
    (d) chilly

6. A: You spilled the coffee!
    B: Oh, I can't believe how _____ I am!
    (a) worrisome
    (b) obvious
    (c) careless
    (d) afraid

7. A: I don't think we'll meet the deadline.
    B: We need to pick up the _____.
    (a) antenna
    (b) timing
    (c) clock
    (d) pace

8. A: Some people just enjoy being mean to others!
    B: Well, I _____ we all have some good in us.
    (a) maintain
    (b) process
    (c) imply
    (d) stall

9. A: I'd like my money back for this dress, but I don't have the receipt.

B: I'm sorry, then you can only _____ it.

(a) apply
(b) refund
(c) promote
(d) exchange

10. A: Do you want to take this reusable bag when you go food shopping?

B: No, I won't be able to fit all my _____ in it.

(a) baskets
(b) savings
(c) groceries
(d) registers

11. A: I apologize for insulting you the other day.

B: Well, I was _____ offended by the comment.

(a) loudly
(b) deeply
(c) mainly
(d) heavily

12. A: Doctor, have you been able to find out what's wrong with me?

B: The _____ of your tests will be in tomorrow.

(a) ticks
(b) results
(c) symbols
(d) impulses

13. A: How did you _____ hitting the other cars?

B: I swerved to the left at the last second.

(a) prevent
(b) avoid
(c) limit
(d) ban

14. A: Does this computer come with any kind of _____?

B: Yes, all of its components are guaranteed for two years.

(a) renovation
(b) relief
(c) warranty
(d) disaster

15. A: I want my new sofa to look just like the old one.

B: OK, but it could be hard to find a(n) _____ match.

(a) immediate
(b) profound
(c) exact
(d) blunt

16. A: Would you mind doing a _____ of laundry this afternoon?

B: No problem. I have some things to wash as well.

(a) box
(b) hand
(c) load
(d) weight

17. A: It's amazing how quickly the sky _____.

B: Yeah, I thought it was going to rain all day.

(a) came down
(b) spread out
(c) cleared up
(d) moved in

18. A: How is your team doing in the tournament, Allie?

    B: We've already been _____, unfortunately.

    (a) disinterested
    (b) eliminated
    (c) rewarded
    (d) prepared

19. A: Can you tell me how to get to the tax office?

    B: Take Highway 12 and _____ when you see the stadium.

    (a) migrate
    (b) remove
    (c) stray
    (d) exit

20. A: I really _____ the effort you put into this project.

    B: It was nothing. I was happy to help.

    (a) crave
    (b) inform
    (c) gratify
    (d) appreciate

21. A: There's no way I can finish eating this piece of cake.

    B: You had more than your _____ anyway.

    (a) share
    (b) filter
    (c) swell
    (d) field

22. A: Can I come visit you at work sometime?

    B: Sorry, only employees are allowed inside the _____.

    (a) bracket
    (b) interview
    (c) facility
    (d) median

23. A: Do you know much about wine?

    B: Yes, I consider myself a _____.

    (a) philanthropist
    (b) connoisseur
    (c) harbinger
    (d) liability

24. A: What are you looking for in a savings account?

    B: I'd like my interest to _____ at a rate greater than 3%.

    (a) mingle
    (b) accrue
    (c) prosper
    (d) ascertain

25. A: This soccer tournament has been so exciting!

    B: Yes, and it all _____ tomorrow at the finals.

    (a) cuts to the bone
    (b) stops on a dime
    (c) comes to a head
    (d) flies off the handle

Part II   Questions 26—50

Choose the best answer for the blank.

26. Though the _____ is mostly over, few new jobs have been created.

    (a) interior
    (b) recession
    (c) performance
    (d) employment

27. The updated operating system _____ many of the problems that made the previous one so unpopular.

    (a) forgives
    (b) addresses
    (c) highlights
    (d) calculates

28. The Japanese "haiku" is one of the best-known _____ of short poem.

    (a) stores
    (b) ideas
    (c) forms
    (d) times

29. Following his victory in the Spanish Civil War, Francisco Franco _____ the country for 40 years.

    (a) controlled
    (b) demanded
    (c) released
    (d) assorted

30. Online banking offers customers a _____ way to open accounts, transfer funds, and even pay bills.

    (a) tolerant
    (b) gracious
    (c) convenient
    (d) reluctant

31. Corporations are usually _____ to protect the environment. Thus, government regulations are necessary.

    (a) exceptional
    (b) unwilling
    (c) impelled
    (d) adamant

32. Alex stepped on a rock while running and _____ her ankle.

    (a) wrapped
    (b) stitched
    (c) twisted
    (d) spun

33. Congress needs to take _____ to reassure the public about its ability to handle the health crisis.

    (a) steps
    (b) stairs
    (c) roads
    (d) trial

34. The cause of the hotel fire was _____ to be a lit cigarette in one of the guest rooms.

    (a) determined
    (b) simplified
    (c) confined
    (d) gestured

35. You should only _____ first aid at the scene of an accident if instructed to do so by paramedics.

    (a) mutate
    (b) condition
    (c) distribute
    (d) administer

36. _____ gas prices may keep some American families from taking the traditional summer road trip.

(a) Festive
(b) Artificial
(c) Elevated
(d) Resourceful

37. Experts say there are no more giant _____ of oil to be discovered on Earth.

(a) barrels
(b) reserves
(c) elements
(d) formulas

38. Under Deng Xiaoping, China shifted away from a state-run economy and started to embrace the free-market _____.

(a) image
(b) model
(c) diagram
(d) category

39. After months of _____ arguing, the roommates agreed they should no longer live together.

(a) petty
(b) quaint
(c) scarce
(d) balanced

40. Scotland, including the nearly 800 islands off its coast, _____ of 30,000 square miles of land.

(a) acquires
(b) consists
(c) divides
(d) masses

41. The branches of fruit trees are quite _____, allowing them to bend under the weight of ripe fruit.

(a) rough
(b) scarred
(c) flexible
(d) vulnerable

42. Unable to _____ on what she was reading, Michelle decided to take a quick study break.

(a) focus
(b) recite
(c) retain
(d) grasp

43. Air pollution hung in a dark _____ over London during the early years of Britain's Industrial Revolution.

(a) concern
(b) treat
(c) matter
(d) haze

44. Some companies are relaxing their _____ against the use of social networking sites at work.

(a) margins
(b) formats
(c) policies
(d) overviews

45. Studies show that baby mice are not able to _____ cold until they are two weeks old.

(a) sense
(b) reach
(c) touch
(d) mark

46. Whales travel thousands of miles from where they give birth to their feeding _____ in cooler waters.

    (a) districts
    (b) grounds
    (c) stations
    (d) premises

47. A good computer _____ program is important for preventing damage from viruses.

    (a) security
    (b) bypass
    (c) obstacle
    (d) technical

48. The newspaper reported on the politician's _____ to pay people to vote for him.

    (a) derision
    (b) scheme
    (c) slogan
    (d) aside

49. In centuries past, artisans gathered at weekly markets in the square to _____ their goods.

    (a) peddle
    (b) distress
    (c) caption
    (d) officiate

50. The automobile assembly line is remembered as the _____ of entrepreneur Henry Ford.

    (a) arraignment
    (b) brainchild
    (c) coercion
    (d) probe

This is the end of the Vocabulary section. Do NOT move on to the Reading Comprehension section until instructed to do so. You are NOT allowed to turn to any other section of the test.

READING
COMPREHENSION

Part I **Questions 1—16**

Read the passage. Then choose the option that best completes the passage.

1. Every homeowner knows that time can be unkind to their house. Dead leaves and bad weather damage the roof, the sun discolors the siding, and simple dirt leaves your house looking old and rundown. If this sounds like your home, then you should call the Bedford House Cleaning Service. Our certified cleaning techniques will leave your roof and walls dirt- and stain-free. Call us today for a free estimate. We can ensure your house _____ .

   (a) withstands damage from bad weather
   (b) looks like it was built yesterday
   (c) fits in with the neighborhood
   (d) requires less investment in the future

2. New studies out of Uganda show that chimpanzees organize themselves into gang-like groups. These gangs might then battle to the death over territory. It is tempting to compare this behavior to human warfare or the way urban youth gangs often engage in deadly shootouts to win access to new drug-dealing areas. Yet, scientists feel that the similarities between the battles of chimpanzees and humans should not be overemphasized. They say that the behavior of the chimps says more about the evolution of teamwork than _____ .

   (a) how chimpanzees arrange families
   (b) the effect of humans on animals
   (c) the origins of group violence
   (d) why chimpanzees fight

3. The Peruvian festival of Qoyllur Rit'i is held every June high in the Andes Mountains. It represents a mix of Christian and ancient local traditions. Thousands of rural Peruvians travel to the Sinakara Valley to visit a special church where there is a lot of singing and dancing. However, a notable thing about the festival _____ . People climb the nearby mountains until they reach a glacier, if they collect ice to bring back to the church and distribute as medicine.

   (a) is that it is a strict Christian ceremony
   (b) occurs once medicines are given out
   (c) happens high above the valley
   (d) is carried out by a local healer

4. These days, young people _____. When I was younger, my friends and I were encouraged to be active within the community. We volunteered at the hospital and worked at the homeless shelter. We helped those less fortunate than us lead better lives. But modern teenagers don't think much about others. Their only concerns are about wearing brand name clothing and having the latest gadget. In my opinion, kids these days could learn a few things from the older generation.

(a) have so many opportunities
(b) rely too heavily on technology
(c) spend all of their time with friends
(d) are focused too much on themselves

5. A lot of critics have said that the best days of The Bullfrogs are over. But after attending their concert at the Municipal Auditorium last night, I have to disagree. The performance couldn't have been better. The band is known for their vocal harmonies, which were almost perfect as usual. The instrumental work was also amazing. I've never heard John Watts play better guitar solos than those he delivered last night. If you ask me, The Bullfrogs _____.

(a) certainly leave a lot to be desired
(b) should seriously think about retiring
(c) have many great years ahead of them
(d) do not get enough credit for their singing

6. American writer Raymond Carver is universally acclaimed for his short story writing in the second half of the twentieth century. He believed in "brevity and intensity" in his stories and based a lot of his materials on his own life experiences. His stories focus on the sadness and struggles of real-life blue-collar characters. He describes their human relationships and events in a minimalist style. Sadly, _____. He battled alcoholism for years and died of lung cancer at the age of 50.

(a) he was not approved of by the critics
(b) his short stories were inferior to his poetry
(c) he tended to make other writers quite jealous
(d) his life was as troubled as those of his characters

7. The island nation of Fiji _____. The first consists of the native Fijians, descendants of the Melanesians and Polynesians that have inhabited Pacific islands for thousands of years. The second group includes people of Indian descent. Their history goes back to the late nineteenth century, when Fiji was a British colony. The British transported many workers to Fiji from their colony in India during this time. Ever since Fiji became independent in 1970, these two groups have battled for control of politics on the island.

(a) has been inhabited for thousands of years
(b) receives financial support from Britain
(c) is made up of two main ethnic groups
(d) has a number of political systems

8. New evidence suggests that the human jaw _____. Originally, it was assumed that our smaller jawbones meant we had a weaker bite compared to those of our ape ancestors. However, a study recently looked at the bite force of the two side by side. Despite having smaller, thinner jawbones, the bite of modern humans is more efficient than that of earlier species. Therefore, we are able to apply just as much force with our bite as apes with much larger jaws.

(a) is more powerful than scientists thought
(b) does not compare well with the ape jaw
(c) is the same as that of early apes
(d) may have changed over time

9. This winter, the Pacific Northwest has seen a record amount of snow. Warm, wet winds blowing in from the ocean meet the colder air of western slopes of the coastal mountains, which causes precipitation to develop. Already, over 90 feet of snow has fallen on Mt. Baker. Next week's forecast calls for more Pacific systems to arrive. So, it looks like there will be many more inches of snow

_____.

(a) to add to the record high
(b) falling over the open ocean
(c) on Mt. Baker's eastern slopes
(d) melting away tomorrow morning

10. Photographers _____. When shooting in low-light situations, it is essential for a clear image. It can be very handy for capturing action and wildlife shots, too. For serious photographers, there is no better tripod than the ElitePod F-90. Made of lightweight aluminum, the F-90 is easy to travel with and very durable. It extends from a height of 6 inches to 6 feet, giving you more angle options. Simply put, the ElitePod F-90 has everything you want in a well-made, high-functioning tripod.

(a) sometimes use a tripod effectively
(b) should have more than one tripod
(c) know the importance of a tripod
(d) often shoot without a tripod

11.

Dear Mr. Hancock,

We have received your request for a product exchange. We understand that you would like to trade in the electric saw you purchased for a different model. I regret to inform you that our company does not allow exchanges of this nature. Once an item has been paid for, we will only take it back if it is defective in some way. Again, we cannot exchange a purchase _____. I apologize for the inconvenience.

Sincerely,
Customer Service Team

(a) for any reason whatsoever
(b) unless there is something wrong with it
(c) before you submit your request in writing
(d) unless it was one of our electric saw products

12. In his youth, Nelson Mandela was a member of the African National Congress. This organization fought for more rights for black South Africans. In 1962, Mandela was put in jail for his actions. During his 27 years in prison, he became a leader of the anti-apartheid movement. His release in 1990 _____. It was part of South Africa's process of dismantling the apartheid system. In 1994, he was elected as the country's first black President, and he worked toward peace between blacks and whites.

   (a) was the start of a new era
   (b) delayed the healing process
   (c) did not have popular support
   (d) led to anti-apartheid problems

13. The connection between human activity and the destruction of the natural world is undeniable. Fortunately, there are many things you can do to _____. First of all, leave your car in the driveway whenever possible. Driving burns fuel, which releases gases that cause global warming. Also, you should consider planting a garden. If you grow some of your own food, you will depend less on produce that has to be transported long distances to the grocery store.

   (a) help scientists study the planet
   (b) keep living your normal lifestyle
   (c) educate your friends and neighbors
   (d) lessen your impact on the environment

14. There have been a lot of ideas put forward about what to do with the old Mueller Airport now that the new airport is operational. Most people are suggesting that it be turned into a big shopping mall or blocks of condos. But in my opinion, this land would best be used as a park. Currently, there is no green space in the Mueller district. Residents would benefit from the exercise and leisure potentials that a nearby park would give them. Think about it. Which would you rather have in your neighborhood: another ugly shopping plaza, or _____?

   (a) a more efficient airport
   (b) an inviting natural space
   (c) a block of condominiums
   (d) an outdoor sports complex

15. Coffee has been the subject of so many health studies that it is nearly impossible to keep up with the latest findings. Recent articles have claimed that coffee is beneficial overall. It has been shown to reduce the risk of breast and colon cancer and diabetes in some people. It may even lower one's chances of heart disease. Yet, many other investigations have found that coffee has no effect on these conditions. _____, it can cause heartburn and sleeping problems. The best thing coffee drinkers can do, experts say, is to drink it in moderation.

(a) For instance
(b) What is more
(c) In conclusion
(d) On the contrary

16. The climate of Antarctica is being changed by global warming more quickly than anywhere else on the planet. And the climate of the Western Antarctic Peninsula (WAP) has the fastest rates of change on the continent. _____, scientists are calling for more research on the WAP climate. What happens to the WAP, they say, might give us an idea of what the rest of the world will face.

(a) Rather
(b) Therefore
(c) Meanwhile
(d) Nevertheless

Part II **Questions 17—37**

Read the passage and the question. Then choose the option that best answers the question.

17. It is important for teens to learn about the value of money. Parents can help their teenage children with this by setting a weekly or monthly budget for them. This would include costs like food, entertainment, and school supplies. If you stay firm and stick to the budget you set, your teen will learn to deal with these limits. It is a good way for a teenager to discover that it is sometimes necessary to make sacrifices and to save. This is a very valuable lesson in life.

Q: What is the best title for the passage?
(a) How Much to Budget for Your Teen
(b) Teens Should Work for Their Money
(c) The Value of a Strict Budget for Teens
(d) You Can Trust Your Teens with Money

18. If you're searching for the perfect summer spot for your family, look no further. Mountain View Camp, located in beautiful Triune National Park, has 14 family-friendly cabins fully equipped with beds and a kitchen. During the day, you can hike or go horseback riding on the many trails throughout the park. At night, you can attend star-watching parties under some of the clearest skies in the world. One thing's for sure—once you've seen the stars from Mountain View Camp, you'll never look at the night sky the same way.

Q: What is mainly being advertised?
(a) A star-watching club's night activities
(b) The trail system at a well-known resort
(c) A vacation destination in a national park
(d) The places to stay at Triune National Park

19. The 18th century was a time of great change in England and it was reflected in the work of the writers of the time. Many people moved from the countryside into London, and city life there became a popular subject for writers. Writers were also inspired by new ideas in science. Their works in fiction reflected how people looked at the world around them differently because of science. For example, after the invention of the microscope. At the same time, English authors began to speak out against slavery, as people were becoming more aware of that England's wealth was a result of slavery.

Q: What is the main idea of the passage?

(a) 18th century England produced great writers.
(b) Scientific advances changed literature forever.
(c) 18th century English writers explored new topics.
(d) London experienced many changes in the 18th century.

20. This announcement is just a reminder that my graduation party is going to be held tomorrow at my parents' house in Woodlawn Lake. We are having a barbecue. So, bring your appetite! There will be steaks, veggie burgers, chicken wings, pasta salad, fruit, pie, and cupcakes. All of you are invited to stay over. Bring a tent if you'd like to sleep on the lawn. Otherwise, we'll find a room for you indoors. I can't wait to see you there!

Q: What is the announcement mainly about?

(a) Inviting people to a graduation ceremony
(b) Thanking people for attending a barbecue
(c) Reminding people of a party tomorrow
(d) Asking people to bring food to a party

21. Started in 1948, our company was the first soil testing lab in the Green River Valley. Over the decades, we have earned a reputation as one of the nation's top testing labs for soil and water quality. Our services include mail-in testing kits for home gardeners as well as commercial testing for agricultural businesses. Our staff is the most experienced in the industry and has performed thousands of soil tests. Get in touch with us today and find out how we can meet your testing needs.

Q: What is the passage mainly about?

(a) An organization that grades tests
(b) An agricultural supply company
(c) A company that analyzes soil
(d) A garden supplies company

22. In 1928, the Indian physicist Venkata Raman was doing experiments with light when he made an important discovery. It was such big news in the world of physics that Raman thought he might win that year's Nobel Prize in Physics. However, the award went to someone else. The same thing happened the next year. By 1930, Raman was certain he would win the Nobel Prize. In fact, he booked tickets to the award ceremony months before the winners were announced. When the 1930 prize winners were named, Raman was, indeed, among them.

Q: What is the passage mainly about?
(a) The story behind Raman's Nobel Prize
(b) Past winners of the Nobel Prize in Physics
(c) An experiment that won Raman a Nobel Prize
(d) The winner of the 1928 Nobel Prize in Physics

23. Dogs can be great partners to take running with you. Many have a love of running and will find it a lot of fun to run with you. Plus, taking your dog with you when you run is a good way to make sure that it stays healthy and fit. Just like us, dogs benefit from and need regular exercise. It is better if your dog is taller than your knees. If it's too small, you might trip over it. Poodles, labs, and collies all tend to make good running partners.

Q: Which of the following is correct according to the passage?
(a) It is better to take dogs walking than running.
(b) Dogs do not enjoy running with people.
(c) Poodles are much too small to run with.
(d) Collies are a good dog to take running.

24. The basic goal of basketball is to score points by throwing the ball through the other team's basket. Originally, the baskets used in the game were peach baskets. So, every time someone scored, it was necessary to climb up a ladder and get the ball out of the basket. Nowadays, the baskets are, of course, not actually baskets. Rather, they are nylon nets that are open at the bottom so that the ball can pass through.

Q: Which of the following is correct about early basketball according to the passage?
(a) The players threw the ball over a net.
(b) The ball was retrieved with a ladder.
(c) Nets were used instead of baskets.
(d) Baskets were open at the bottom.

25. Joni Mitchell's song "Big Yellow Taxi" came out in 1970. It is known for its environmental message. The lyrics are about trees being cut down to make a parking lot. According to Mitchell, the idea for the song came when she was on a trip to Hawaii. She opened the window of her hotel room and saw a beautiful view of trees and mountains in the distance. However, the view was ruined by a big parking lot right in the middle. It was a depressing sight that inspired her to write an environmental song.

Q: Which of the following is correct about "Big Yellow Taxi" according to the article?

(a) It is about a 1970 trip Mitchell took.
(b) It was to protest a hotel development.
(c) It is mainly about the beauty of Hawaii.
(d) It was inspired by a parking lot Mitchell saw.

26.

Dear Governor Hoffman,

The reason I am writing is to express my disapproval of the proposed dump in Orsley. A dump would lower the air and water quality in our community. That in turn will cause expensive health issues. Even people who do not live in Orsley will be affected. This is because many of the streams in Orsley drain into rivers that bring water to Cheshire, Samfield, and Millford. Please choose a better site for the dump; one that will not harm so many people.

Sincerely,
Marsha Neff

Q: Which of the following is correct according to the letter?

(a) The environment would be harmed by a dump.
(b) The governor plans to improve water quality.
(c) Orsley will benefit from the dump project.
(d) Cheshire streams supply Orsley's water.

27. In 1901, a French archaeologist dug up a very important ancient stone: the Code of Hammurabi. It is a seven-foot-high piece of stone and the whole structure is covered in very old writing. The writing is actually a list of the laws of ancient Babylon. The laws deal with a lot of the same themes as the laws we have today, like loans, debt, and property. The Code of Hammurabi also lists a number of crimes, and how they should be punished. About 28 of the crimes listed have a punishment of death.

Q: Which of the following is correct according to the passage?
(a) The ancient stone stands seven meters high.
(b) The Babylonians made laws about loans and debt.
(c) The death penalty did not exist in ancient Babylon.
(d) The ancient stone's laws all come with death sentences.

28. In many parts of the world, insects are known to be a tasty and nutritious source of food. They typically contain a lot of protein, iron, and vitamins, which your body needs. Another good thing about eating insects is that, compared to animal food sources, they do not need much water or fuel to raise and harvest. There are around 1,400 different types of insects that can be eaten. Beetles, ants, and grasshoppers are some of the more commonly eaten insects.

Q: Which of the following is correct according to the passage?
(a) Insects are not famed for their nutritional value.
(b) Much water is needed to raise insects as food.
(c) Multitudes of types of insects can be eaten.
(d) Beetles are rarely an insect food source.

29. Captain James Cook was a British explorer who traveled all over the world making maps. During the 1760s, he spent years mapping the Canadian island of Newfoundland. His map of Newfoundland was detailed and accurate, and it impressed a British science organization enough to hire Cook and send him to the Pacific. That enabled Cook to make a map of the entire coast of New Zealand. Next, he visited the southeastern coast of Australia, the first known European to do so.

Q: Which of the following is correct about Captain James Cook according to the passage?
(a) He made the first map of the interior of Newfoundland.
(b) He was the founder of a British science organization.
(c) He mapped the entire coast of New Zealand.
(d) He visited the western coast of Australia.

30.

> Dear Customer,
>
> This letter is to let you know about some changes at our company. We are changing our billing policy to make it simpler. Previously, our monthly billing period started on the 15th of the month. This was confusing and inconvenient to some of our customers. We have decided to start our billing period on the 1st of the month. Starting in September, you will be billed on the 1st of the month. Thank you for your understanding.
>
> Doug Felder
> Finco Accounts Manager

Q: Which of the following is correct according to the letter?

(a) Customers should pay their bills on the 1st or 15th.
(b) The next billing period will start on September 15.
(c) The new billing policy will begin in September.
(d) Bills must be paid by the 15th of the month.

31. The first FIFA World Cup tournament was played in 1930. It was held in the South American country of Uruguay. Uruguay was chosen as the host country because it was celebrating 100 years of independence that year. The two teams that made it to the final game were Uruguay and Argentina. About 93,000 fans watched the two teams play. Uruguay won, becoming the first country ever to win a World Cup.

Q: Which of the following is correct according to the passage?

(a) Uruguay hosted the World Cup a year after independence.
(b) Argentina gained its first World Cup victory in 1930.
(c) The host country was the winner of the first World Cup.
(d) The first World Cup was seen by 100,000 people.

32. Food might seem like a simple thing, but out in space it's not. The main issue is how to package food so that it will not float away when it's opened in a spacecraft. Even if just a few tiny crumbs of food float away, they can become dangerous. They could get stuck in delicate equipment, or someone could even choke on them! For that reason, salt and pepper are stored as liquids. Salt is mixed with water, and pepper is mixed with oil.

Q: Which of the following is correct according to the report?

(a) The main problem with space food is preserving it.
(b) Food in space needs less packaging than normal food.
(c) Crumbs of food in space can be a hazard.
(d) Salt is stored in oil to be used in space.

33.

> Dear Editor,
>
> I am writing to respond to the article "Roads Are for Cars" by Alan Sneal. Mr. Sneal's main point was that bikers like me should stay off the roads because they were built for cars. However, our roads have special lanes that were built for bikes. So, his argument doesn't make sense. There is room for cars and bikes on our roads. Car drivers and bike riders are both responsible for using our roads safely. It is silly for Mr. Sneal to argue otherwise.
>
> Thank you,
> Natalie Chisholm

Q: What can be inferred from the letter?

(a) Mr. Sneal uses the bike lane when he rides.
(b) Mr. Sneal was in an accident with a biker.
(c) The author often complains about cyclists.
(d) The author rides her bike on the road.

34. Some people are against zoos because they think wild animals should be free. I agree that animals should be free, but I also think that zoos help save wild animals. They play an important educational role. Many people do not know that much about wild animals because they do not have opportunities to interact with them. Zoos can give the public a chance to see animals they would never see in the wild. They can teach the public how saving the environment helps protect animals in the wild.

Q: What can be inferred from the passage?

(a) The writer thinks zoos can be beneficial.
(b) The writer is opposed to the idea of zoos.
(c) Wild animals respond well to zoo visitors.
(d) Zoos are more popular now than in the past.

35. It is with regret that we must announce the closing of our Danvers office. We hope to find new positions for the fifteen employees that currently work there. However, these positions will likely be in Marshall. Our goal is to focus on our headquarters in Marshall and increase the number of employees there. Because of the way the economy is right now, we have no choice but to take these actions.

Q: What can be inferred from the announcement?

(a) A new office will open soon in Danvers.
(b) Fifteen employees are needed in Marshall.
(c) Danvers staff may have to move to Marshall.
(d) The Marshall office will also close before long.

36. Research shows that when women are faced with breast cancer a second time, they live longer if they get counseling. Counseling is important because it helps women manage their stress. It also encourages them to pay attention to what they eat and to exercise regularly. Unfortunately, cancer patients do not typically get the kind of counseling that the study participants received, for it is seen as another cost on top of all the others.

Q: What can be inferred from the passage?

(a) Exercise is the best way to fight breast cancer.
(b) Counseling can be expensive for cancer patients.
(c) Women are more likely to survive cancer than men.
(d) Counseling is only helpful for overstressed patients.

37. In some cultures, tipping is essential. In the United States and Mexico, for example, tipping is expected. This is because many servers do not receive normal paychecks. They depend on tips in order to make enough money to live on. Visitors from other cultures should know that leaving a 15- to 20-percent tip is an important custom. People who do not tip risk making their servers angry. If you do not tip at a restaurant, you probably should not go back there again!

Q: What can be inferred from the passage?

(a) Failing to tip could result in poor service.
(b) Tipping is optional in some parts of Mexico.
(c) Leaving a 17-percent tip could be considered rude.
(d) Tipping is spreading from the US to other countries.

Questions 38 — 40

Read the passage. Then identify the option that does NOT belong.

38. *Living with Trees* is the latest work by Brett McDyess, author of bestsellers like *Understanding Nature* and *Plants: Necessary for Life*. (a) In *Living with Trees*, McDyess explains everything you ever wanted to know about trees, starting by categorizing the world's trees by family. (b) Experts in the field estimate that trees make up around a quarter of all plant species on the planet. (c) Then, in the second half of the book, he looks at the importance of trees in stories from around the world. (d) A great thing about it is that it mixes science with popular culture in a way that makes both more interesting.

39. Indira Gandhi, the powerful Indian politician, was responsible for a number of firsts. (a) Her election in 1966 made her the country's first female Prime Minister. (b) She went on to serve four terms in this position, for a total of 15 years in office. (c) This also earned her the title of longest-serving female Prime Minister in the world. (d) It is a common belief that Indira Gandhi was related to Mahatma Gandhi, but this is not the case.

40. According to the Federal Highway Administration, 11.9% of all trips made in the US in 2009 were done on foot or by bicycle. (a) This is a large increase from 1994, when the figure was just 7.9%. (b) Officials explain the change as a combination of environmental awareness and economic troubles. (c) A majority of people polled said they support measures to stop global warming. (d) Whether to save money or save the planet, Americans appear to be driving less than in the past.

This is the end of the Reading Comprehension section. Please remain seated until the proctor has instructed otherwise. You are NOT allowed to turn to any other section of the test.

Actual Test 3

Listening Comprehension 🅒🅓

Grammar

Vocabulary

Reading Comprehension

LISTENING COMPREHENSION

◆ 해설집 P 128

Part I Questions 1—15

You will now hear fifteen conversation fragments, each made up of a single spoken statement followed by four spoken responses. Choose the most appropriate response to the statement.

Part II Questions 16—30

You will now hear fifteen conversation fragments, each made up of three spoken statements followed by four spoken responses. Choose the most appropriate response to complete the conversation.

Part III **Questions 31—45**

You will now hear fifteen complete conversations. For each item, you will hear a conversation and its corresponding question, both of which will be read twice. Then you will hear four options which will be read only once. Choose the option that best answers the question.

Part IV **Questions 46—60**

You will now hear fifteen spoken monologues. For each item, you will hear a monologue and its corresponding question, both of which will be read twice. Then you will hear four options which will be read only once. Choose the option that best answers the question.

TEPS

GRAMMAR

Part I   **Questions 1—20**

Choose the best answer for the blank.

1. A: _____ surprise to see you here!

   B: I didn't expect to see you here, either!

   (a) What nice
   (b) How nice a
   (c) How a nice
   (d) What a nice

2. A: My new roommate is not only smart, _____ very athletic.

   B: Wow, he must be very popular with the girls!

   (a) and he is also
   (b) but he is also
   (c) and as well he is
   (d) but as well he is

3. A: Do you want to know how the magician made the girl _____?

   B: Sure, that was an amazing trick.

   (a) disappear
   (b) disappearing
   (c) disappeared
   (d) to disappear

4. A: Have you ever been to New York?

   B: Yes, I _____ there in 2005 on business.

   (a) go
   (b) went
   (c) will go
   (d) have gone

5. A: What _____ this evening?

   B: Not much. I'm just staying home and relaxing.

   (a) will you have done
   (b) have you done
   (c) are you doing
   (d) did you do

6. A: Why did you choose this research topic?

   B: It's really _____ to think of the origin of the language.

   (a) interest
   (b) interested
   (c) interesting
   (d) being interested

7. A: Are you and Anne going out to eat?

   B: No. She just wanted _____.

   (a) have delivered to a pizza
   (b) to have delivered a pizza
   (c) a pizza to have delivered
   (d) to have a pizza delivered

8. A: I am new in this neighborhood and _____.

   B: Why don't you join a club? It's the best way to make friends.

   (a) have no one hanging out
   (b) have no one to hang out with
   (c) with no one I am hanging out
   (d) no one I am with for to hang out

9. A: Is your sister in the art business?

    B: No, but she _____ .

    (a) is being
    (b) used to be
    (c) had been
    (d) would be

10. A: The performance was awful, wasn't it?

    B: I don't think it _____ any worse.

    (a) should be
    (b) ought to be
    (c) had better be
    (d) could have been

11. A: Don't you regret not asking Lena out on a date?

    B: Yeah. _____, she wouldn't be with that other guy right now.

    (a) I did so
    (b) Did I so
    (c) Had I done so
    (d) I had so done

12. A: I find this French class too difficult for me.

    B: You should have taken the French _____ for beginners first.

    (a) course designed
    (b) designed course
    (c) designing course
    (d) course designing

13. A: How did you enjoy your time with your friends?

    B: We had fun _____ together.

    (a) to sing and dance
    (b) singing and dancing
    (c) singing and to dance
    (d) to have sung and danced

14. A: Do you have a ruler?

    B: Maybe. I _____ have one on my desk.

    (a) will
    (b) do
    (c) shall
    (d) might

15. A: You are the most brilliant student in this class.

    B: Thank you. That's _____ a nice thing to say.

    (a) such
    (b) much
    (c) very
    (d) so

16. A: We're finally going on vacation!

    B: Yeah. Just think, _____ tomorrow we will be in Hawaii.

    (a) the time by
    (b) by this time
    (c) this time by
    (d) by the time

17. A: Can you tell me where the nearest post office is?

    B: Sure. There's one _____ the street.

    (a) underneath
    (b) through
    (c) beyond
    (d) across

18. A: I'm from a small town called Queenstown in New Zealand.

    B: What a coincidence, _____ .

    (a) so is my wife
    (b) my wife is so
    (c) so my wife does
    (d) my wife does, too

19. A: Can you come to the concert tomorrow?

B: I don't think I _____. I have too much work to do.

(a) am
(b) will be
(c) will be able to
(d) am able to do

20. A: What were you two talking about?

B: She just asked _____ these days.

(a) of me how my mom doing
(b) me how my mom is doing
(c) me my mom was how doing
(d) how to me is my mom doing

Part II   Questions 21—40

Choose the best answer for the blank.

---

21. The man's illness began three months ago, and _____.

(a) now it seems it's getting worse
(b) it seems it's getting now worse
(c) now it's worse getting it seems
(d) it's getting it seems now worse

22. A recent study found _____ Japan's leading cause of death.

(a) it cancer to be
(b) it cancer being
(c) cancer being
(d) cancer to be

23. This bookstore is _____ in town that has an extensive collection of foreign books.

(a) the only one
(b) only the one
(c) the only other
(d) only the other

24. The writer has a house in San Francisco, but he _____ in New York at this moment.

(a) lived
(b) is living
(c) has lived
(d) has been living

25. It costs twice as much to fix a printer than to buy a new _____.

(a) ones
(b) them
(c) one
(d) it

26. Greek literature was influential during the Renaissance, with its stories _____ in poetry at the time.

(a) have been using
(b) to have used
(c) been using
(d) being used

27. The economic figures released by the government _____ very gloomy.

    (a) is
    (b) are
    (c) was being
    (d) were being

28. When she took out a handful of _____ from her pocket, the clerk frowned.

    (a) small change
    (b) small changes
    (c) a small change
    (d) the small changes

29. The patient asked the physician for the name of someone _____ showed the same symptoms.

    (a) in which
    (b) whose
    (c) what
    (d) who

30. The president of the committee has the right to appoint _____ he believes is right for the job.

    (a) which
    (b) that
    (c) whoever
    (d) whomever

31. _____ stepped away so quickly, he would have been hit by the skater.

    (a) If the man had
    (b) Had the man not
    (c) The man not had
    (d) Were the man not

32. The Motor Vehicle Department requires all drivers _____ once every five years.

    (a) to have their licenses renewing
    (b) to have their licenses renewed
    (c) have their licenses renewable
    (d) have their licenses renew

33. Even a part-time employee must work at least 20 hours _____.

    (a) for week
    (b) the week
    (c) a week
    (d) week

34. It is a shame that the party didn't get _____.

    (a) votes to win more in the election
    (b) votes more in the election to win
    (c) more in the election to win votes
    (d) more votes to win the election

35. The upcoming political forum on TV is _____ for candidates to make themselves known to the public.

    (a) perfect opportunity
    (b) the perfect opportunity
    (c) any perfect opportunity
    (d) other perfect opportunity

36. No sooner had the woman left the room _____ the phone started to ring.

    (a) than
    (b) then
    (c) after
    (d) as

37. On almost every page of the book _____ the student's comments.

    (a) be
    (b) was
    (c) were
    (d) to be

38. The conference will begin once everyone _____.

    (a) had arrived
    (b) has arrived
    (c) arrived
    (d) arrive

39. Mr. Song was the best person to lead the class, so people decided _____.

    (a) to vote him
    (b) voting him
    (c) voting for him
    (d) to vote for him

40. It is believed _____ through an underground passage.

    (a) the prisoner escaping
    (b) that the prisoner escaped
    (c) that the prisoner was escaped
    (d) for the prisoner to escape

Identify the option that contains an awkward expression or an error in grammar.

41. (a) A: Hi, this is Joshua from Marketing. Is Ms. Kelly there?
    (b) B: I'm sorry, but she's in meeting right now.
    (c) A: Oh, what time will she be done, do you know?
    (d) B: Around 4:00, but I'm not quite sure.

42. (a) A: What a wonderful picture! The colors are amazing.
    (b) B: Yes, it has been popular at this exhibition.
    (c) A: Do you know who is the photographer?
    (d) B: Actually, this is one of my pictures.

43. (a) A: Hi, Dana. You look depressed. Is anything wrong?
    (b) B: I didn't do very well on the test. I don't think I am passed.
    (c) A: Sorry to hear that. Do you think you can retake it?
    (d) B: No. I might have to do the course over again!

44. (a) A: Do you happen to know where my Coke is?
    (b) B: If you're talking about the one in the fridge, I drank it.
    (c) A: What? How dare you take my drink without asking me!
    (d) B: Relax. Only it's a bottle of Coke.

45. (a) A: Jackie, have you reserved those plane tickets for us?
    (b) B: Yes, I've booked the flight yet.
    (c) A: Oh, good. What day are we leaving?
    (d) B: Your departure is on April 4, at 3 p.m.

Identify the option that contains an awkward expression or an error in grammar.

46. (a) Mercury is a chemical element that can be released into the air throughout pollution from factories. (b) It falls from the air and can accumulate in streams and oceans. (c) Fish then absorb this mercury in the water and it builds up in their bodies over time. (d) Larger fish therefore end up with a lot of mercury in their bodies because they eat smaller fish that are full of mercury.

47. (a) Sumi-e is unique art form from Japan that is more than two thousand years old. (b) It is a kind of painting where an artist draws on paper with a brush filled with ink. (c) This type of painting is difficult because a mistake cannot be erased once it is made. (d) The aim is to create a painting with just a few perfect brush strokes.

48. (a) Charles Monroe Schulz was a famous American cartoonist best known for his Peanuts comic strip. (b) He has died in California on February 12, 2000 after losing his fight against colon cancer. (c) At the time of his death, there were many millions of fans around the world who enjoyed his comics. (d) The Peanuts cartoon strip could be found in 2,500 papers in 76 countries.

49. (a) Some students copy research papers off the Internet and submit them as if they were their own work. (b) So, a new website has been developed that can help teachers catch these copiers. (c) Teachers can submit papers on the site and it tells them whether or not a student's work is original. (d) To do this, it compares a student's paper from every other term paper on the Internet.

50. (a) Sometimes even small earthquakes can have disastrous effects if they shake weak buildings. (b) That is because weak buildings usually create more damage than solid one would and endanger lives. (c) Buildings might be weak because of bad design, inferior materials or poor construction. (d) Often it is very hard to tell if a building is weak from the outside, but it becomes obvious when an earthquake strikes.

This is the end of the Grammar section. Do NOT move on to the next section until instructed to do so. You are NOT allowed to turn to any other section of the test.

TEPS

VOCABULARY

DIRECTIONS

This part of the exam tests your vocabulary skills. You will have 15 minutes to complete the 50 questions. Be sure to follow the directions given by the proctor.

Part I **Questions 1—25**

Choose the best answer for the blank.

1. A: I'm starving. When are we eating?
   B: Soon. I'll _____ some dinner.

   (a) fix
   (b) sit
   (c) put
   (d) let

2. A: How did you end up so badly in debt?
   B: I _____ a few bad investments.

   (a) fell
   (b) took
   (c) made
   (d) knocked

3. A: Are there any women's shoes stores near here?
   B: Yes, over there, but I wouldn't shop there. The prices are _____.

   (a) illicit
   (b) affordable
   (c) outrageous
   (d) competitive

4. A: Don't you want to talk about your exam results?
   B: No, let's _____ the subject.

   (a) kick
   (b) drop
   (c) throw
   (d) delete

5. A: Online movie services are gaining popularity.
   B: Right, they're becoming a big _____ around the world.

   (a) job
   (b) career
   (c) industry
   (d) commerce

6. A: Should we _____ a date for the next meeting?
   B: Yeah, let's meet at 2 p.m. next Tuesday.

   (a) set
   (b) glue
   (c) judge
   (d) match

7. A: Bruno asked you out last week, didn't he?
   B: Yeah, and I also have a(n) _____ with him tonight!

   (a) date
   (b) action
   (c) notice
   (d) promise

8. A: What are you looking for?
   B: My cell phone. I must have _____ it.

   (a) replaced
   (b) misplaced
   (c) outplaced
   (d) displaced

9. A: Did you understand the book I gave you?
   B: Actually, no, it was not _____ to me.

   (a) interior
   (b) intelligible
   (c) instinctive
   (d) intellectual

10. A: Daley, you look _____.
    B: I didn't get to sleep a wink last night.

    (a) lean
    (b) skinny
    (c) amused
    (d) haggard

11. A: Are you going to get your money back from Tom?
    B: Yes, I will _____ him about it today.

    (a) handle
    (b) delude
    (c) confront
    (d) refurnish

12. A: You'd better fasten your seat belt. We're expecting turbulence.
    B: I hope it won't get too _____.

    (a) wavy
    (b) stony
    (c) lumpy
    (d) bumpy

13. A: Did you hear that the CEO of ABC Mobile died last night?
    B: Yeah, I saw his _____ in the newspaper.

    (a) ad
    (b) editorial
    (c) obituary
    (d) classified

14. A: Mom, I think someone is at the door.
    B: Please go and _____ it.

    (a) deal
    (b) inquire
    (c) answer
    (d) organize

15. A: Excuse me, will this road lead me to the main road?
    B: No, this road comes to a _____ end up ahead.

    (a) final
    (b) dead
    (c) blank
    (d) ultimate

16. A: Do you know where the _____ for the convention is?
    B: No, but you can ask at the information desk.

    (a) venue
    (b) vector
    (c) venture
    (d) venison

17. A: Did you make a reservation at the Marian Hotel?
    B: No, I didn't because the room _____ were too high.

    (a) tolls
    (b) fares
    (c) rates
    (d) sales

18. A: It's getting late. When are you going to bed?

    B: I have to work all night to _____ the deadline.

    (a) top
    (b) meet
    (c) delay
    (d) forsake

19. A: Sorry, I didn't know it would _____ so much of your time.

    B: No worries. It was a pleasure to help you.

    (a) take up
    (b) break up
    (c) pass over
    (d) come across

20. A: What should I do with these empty bottles?

    B: Don't throw them out. We can _____ them.

    (a) remake
    (b) recover
    (c) recycle
    (d) renew

21. A: What would you like to eat?

    B: I can't decide. Every _____ looks great.

    (a) dish
    (b) taste
    (c) food
    (d) menu

22. A: How do you feel about the new warranty plan?

    B: It's okay, but it doesn't address the _____ faults with the product.

    (a) underachieving
    (b) overlapping
    (c) underlying
    (d) overreaching

23. A: I thought I'd stop over. Am I _____ you?

    B: That's OK. I wasn't doing anything.

    (a) boring
    (b) dismissing
    (c) interrupting
    (d) entertaining

24. A: Do you follow what I'm saying?

    B: Sorry, but can you say that again in _____ English?

    (a) flat
    (b) plain
    (c) vulgar
    (d) popular

25. A: Last night's play was pretty disappointing.

    B: I agree. The lead actress _____ everything.

    (a) turned down
    (b) wrote off
    (c) messed up
    (d) figured out

Part II   Questions 26—50

Choose the best answer for the blank.

26. It is difficult to _____ some products online without seeing them in person for yourself.

    (a) prize
    (b) orient
    (c) appraise
    (d) fabricate

27. Through the _____ of the painting, historians were able to learn more about the time in which it was painted.

    (a) redirection
    (b) reconfiguring
    (c) reconstruction
    (d) reestablishment

28. Twelve people _____ their lives in a plane crash in California yesterday.

    (a) lost
    (b) died
    (c) took
    (d) failed

29. While renting the house, the tenant must pay for home's insurance and assume _____ for all damages.

    (a) liability
    (b) corrosion
    (c) vindication
    (d) impediment

30. Sometimes a good walk will cheer you up if you are feeling _____.

    (a) down
    (b) loose
    (c) hard
    (d) undone

31. She was as _____ and it showed in the joy on her face.

    (a) blind as a bat
    (b) happy as a lark
    (c) light as a feather
    (d) sick as a dog

32. Insects are the most populous _____ of tropical rainforests.

    (a) clients
    (b) inmates
    (c) residuals
    (d) inhabitants

33. About 150 representatives from around the world _____ in Nagoya to discuss the problem of global warming.

    (a) attended
    (b) convened
    (c) generated
    (d) transgressed

34. The New World welcomed _____ from all around the world because of the need for labor.

    (a) fugitives
    (b) reformers
    (c) candidates
    (d) immigrants

35. Punishment acts as a _____ and stop students from making the same mistakes.

    (a) pistol
    (b) catalyst
    (c) stopover
    (d) deterrent

36. The committee has _____ strict criteria for who should be allowed to vote.

    (a) tinted
    (b) seasoned
    (c) established
    (d) interpreted

37. He was forced to liquidate all of his assets to avoid _____ for bankruptcy.

    (a) filing
    (b) declaring
    (c) complaining
    (d) announcing

38. The seminar aims to solicit private financial support to _____ the so-called digital divide in poor countries.

    (a) tie
    (b) cut
    (c) bridge
    (d) adhere

39. Different countries have different _____, which sometimes can lead to conflict.

    (a) customs
    (b) custodies
    (c) costumes
    (d) cosmetics

40. Any user who has _____ to the Internet can input and revise information on a real-time basis.

    (a) exit
    (b) access
    (c) contact
    (d) entrance

41. The main actor in the film was _____ even before the director was chosen.

    (a) cast
    (b) thrown
    (c) played
    (d) branded

42. The characters and the scenery in the new video game look amazingly realistic even though they are just part of a _____ world.

    (a) virtual
    (b) flimsy
    (c) truthful
    (d) negligent

43. He is a(n) _____ person who likes socializing with people.

    (a) reticent
    (b) consistent
    (c) introverted
    (d) gregarious

44. Scientists could identify differences between _____ organisms with the invention of the microscope.

    (a) blunt
    (b) minute
    (c) gigantic
    (d) celestial

45. She felt a _____ of guilt about how badly she had treated her friends.

    (a) remorse
    (b) pang
    (c) sound
    (d) state

46. He was _____ to the regulations he had to deal with to buy a house as a foreigner.

    (a) valiant
    (b) soothed
    (c) contradicted
    (d) unaccustomed

47. Ricky Schroder was a child _____ who won a Golden Globe Award at the age of nine.

    (a) delusion
    (b) prodigy
    (c) predator
    (d) hurdle

48. You need to separate waste and _____ that can be burned such as wood, plastic, or paper.

    (a) detours
    (b) deformities
    (c) commodities
    (d) combustibles

49. New York has always been _____ with diversity, art and style.

    (a) integral
    (b) identical
    (c) anonymous
    (d) synonymous

50. The family was advised to forget about what happened and start

    _____.

    (a) afresh
    (b) morbid
    (c) unhinged
    (d) necessary

This is the end of the Vocabulary section. Do NOT move on to the Reading Comprehension section until instructed to do so. You are NOT allowed to turn to any other section of the test.

READING COMPREHENSION

Part I Questions 1—16

Read the passage. Then choose the option that best completes the passage.

1. Some people believe that _____. But a new study says differently. Scientists tested very young children. They found that babies are friendly and helpful to others. This may show a natural willingness to help in humans. They found that after the age of one, infants will help adults find objects. Chimpanzees, in comparison, do not do this.

(a) everyone is born to be helpful
(b) using tools is only a human trait
(c) humans are basically born selfish
(d) chimpanzees are as smart as infants

2. Why do babies hate being left alone for long periods of time? That is precisely what Dr. John Bowlby wanted to know when he began his research into the subject. He looked at children's _____. He concluded that it could be explained by the long-held need for infants to be with their mothers and be protected from the constant presence of predators. That is, we have built-in fears because we evolved in the wilds of Africa alongside dangerous animals.

(a) feelings when they are scared
(b) modern eating and drinking habits
(c) innate fear of the dark and strangers
(d) ability to recognize different objects

3. *In Shadow of the Sun: My African Life*, the author notes that Europeans and Africans
_____. Europeans, he says, see time as an absolute
concept and are ultimately slaves to it. They are always checking their watches and
clocks to make sure they are not late for the next thing they "must" do. Africans, on
the other hand, see time differently. For them, it is a much more subjective concept. It
is man who influences time, not the other way around. Time appears as a result of our
actions, and vanishes when we neglect or ignore it.

(a) inhabit the same time zones
(b) struggle with issues of slavery
(c) have very different concepts of time
(d) are constantly battling with each other

4. Coming up next, *Wild Frontiers*. This documentary _____.
Please be advised that because of violence and mature content it is not recommended
for viewers under the age of 14. Viewer discretion is strongly advised. The views
expressed in this documentary are those of its producers, not of this network.

(a) is recommended for the whole family
(b) will delight nature enthusiasts of all ages
(c) has been edited to remove graphic content
(d) contains scenes that may disturb some viewers

5 Carnival is a big celebration on the streets that takes place in many countries. It has a
great influence on the culture of Trinidad and Tobago. French settlers brought Carnival
to Trinidad in the late eighteenth century. In the beginning, only the elite could
celebrate. While the wealthy rode on floats, the poor and slaves were not able to do so.
They could only watch the festivities. With the abolition of slavery in 1834, however,

_____.

(a) slaves still had very little money
(b) rich and poor people were divided
(c) landowners had the biggest floats of all
(d) slaves and poor could participate

6. Please be advised that _____. As a consequence, the
hot and cold water will both be shut off throughout the building between 9:00 a.m.
and 5:00 p.m. on Tuesday, August 21. We are extremely sorry for the inconvenience.
A maintenance crew must fix the pipe at once before it develops into an even more
serious problem. If you have any questions or concerns, please see the concierge in the
lobby. Again, please accept our sincere apologies for this inconvenience.

(a) construction of a roadway will begin today
(b) the heating system is now fully functional
(c) tenants are responsible for recycling
(d) a pipe has burst under the building

7. Not everyone goes through a museum in the exact same way. In my case,
_____. I'd rather spend more time looking at something
that captures my attention. Although I might not look at every painting at an art
gallery, I can spend up to an hour looking at one that I love. The point is, I don't go to
museums to become "smarter" or "more cultured." I go to enjoy myself, and not simply
learn about things that people say I should be interested in.

(a) I walk past objects and exhibits that don't interest me
(b) I spend a lot of time studying each and every piece
(c) every kind of museum bores me to death
(d) nobody knows more about art than I do

8. A Korean guitarist by the name of Lim Jeong-hyun (Jay Lim) performs under the
pseudonym "funtwo." He recorded his cover of *Canon Rock* in 2005 and uploaded it
to the Internet. It was then uploaded to YouTube by a viewer who was impressed with
Lim's version of Pachelbel's masterpiece. It was not long before Lim's song gained a
huge following online. Millions of people admired _____.

(a) his new South Korean anthem
(b) his now famous guitar playing
(c) him for his unprecedented guitar lessons
(d) him for playing many other classical tunes as well

9.

> Dear Mr. McCaul,
>
> It has come to our attention that your subscription to the *Globe & Mail* is set to expire on April 30. In light of this, we have some special offers that might interest you. _____, you will receive a 15% discount on the already low subscription rate. If you decide to renew for two years, you will receive a 25% discount. We hope you seriously consider these one-time offers and respond to the address below at your earliest convenience.
>
> Respectfully,
> Sales Department Globe & Mail

(a) Because you have a subscription with us
(b) Since you already applied for a renewal
(c) If you agree to renew your subscription for one year
(d) As you do not have a subscription with our newspaper

10. In the state of New York, passing rates _____.
Surprisingly, New York City's have gone up even more. This year, 82 percent of city students passed in math and 69 percent in English, up sharply from 42 and 38 percent, respectively, in 2002. Progress has been made across the city's five boroughs, which include the Bronx, Brooklyn, Manhattan, Queens, and Staten Island. Queens and Staten Island now rank among the top counties in elementary school math scores.

(a) are nowhere near those in Queens
(b) are going up in all subjects
(c) are relatively similar to those of 2002
(d) have risen for English and math tests

11. Ostrich meat is _____. It is often described as a dense meat with a rich flavor. Similar to traditional red meat favorites like hamburgers and steaks, ostrich meat has a slightly sweeter and richer taste. It is better for your heart than hamburgers and steaks, and raising ostriches is better for the environment than raising cows.

(a) a tender and lean red meat alternative
(b) leading some to give up eating all meats
(c) encouraging people to be health conscious
(d) not more harmful to your heart than red meat

12. The term "Big Five," which includes the African buffalo, elephant, leopard, lion and rhinoceros, refers to the five animals that are traditionally seen as the hardest animals for man to hunt and kill in the wild. The best places to see all of the Big Five in a relatively small area are South Africa's Kruger National Park and the Serengeti of northern Tanzania and southwestern Kenya. However, many people are not aware that Asia is also home to _____ .

   (a) equally large national parks
   (b) these kinds of animal species
   (c) animals like tigers and cheetahs
   (d) many types of small animals

13. More than a gaming console, the Nintendo Wii has games with famous Nintendo characters like Metroid, Zelda and Mario, as well as new classics like Wii Sports and Wii Play. You can even create your own Mii character to star in Wii games. Play friends online over the Nintendo Wi-Fi Connection or use the Internet Channel to surf the Internet from the comfort of your own living room. Or why not download classic Nintendo games using the Wii Shop Channel. The bottom line is,

   _____ .

   (a) Wii has something for everyone
   (b) Wii can do everything but surf the Internet
   (c) Wii is less expensive than other gaming consoles
   (d) Wii has a greater market share than the Play Station 3

14. The winner of this year's annual Youth Writing Prize is Clare Bosworth. Clare is a 13-year-old grade 7 student from Gary, Indiana. She wrote a short story about a girl who has a special ability to catch criminals. The judges of the award stated that "Clare's story was both original and thought provoking. Her main character was a very likeable young lady who readers are sure to love." Clare said she

   _____ .

   (a) thought the young writer did really well
   (b) hopes to become an author in the future
   (c) is happy to win the non-fiction award
   (d) plans to write other romance novels

15. Rooibos is a tea native to South Africa. It is an Afrikaans word that means "red bush." This red tea has plenty of health benefits, especially if it is consumed on a daily basis. It not only helps stave off cancers from forming or blood vessels from clogging, but it can reduce the strength and frequency of headaches, irritability, nervous tension, and sleeplessness as well. _____, it can soothe tense muscles in the stomach, while also acting to soothe the digestive system.

(a) However
(b) Therefore
(c) Nevertheless
(d) Furthermore

16. Most airlines belong to one of three major airline partnership groups: Star Alliance, Oneworld or SkyTeam. Each airline partnership has its own strengths, but One World probably offers the best round-the-world ticket. For about $3,500 US you can buy a ticket that takes you to nine destinations anywhere that Oneworld flies on airlines that include British Airways, American Airlines and Qantas. _____, you must fly in one direction within a 365-day period until returning to your original point of departure.

(a) Consequently
(b) Conclusively
(c) However
(d) Instead

Part II   Questions 17—37

Read the passage and the question. Then choose the option that best answers the question.

17. Galata is an old neighborhood in Istanbul, Turkey with long, winding streets and elegant buildings. It is an area rich in culture. The neighborhood used to be run-down, but nowadays there are many stylish shops and restaurants. At the neighborhood's center is the Galata Tower, built in the 12th century. A few years ago, the city banned cars around the tower and created a square where people could walk around.

Q: What is the best title for the passage?
(a) Things to See and Do in Istanbul
(b) Istanbul's Galata Neighborhood
(c) Galata Sees Rise in Commerce
(d) Culture Comes to Galata Area

18. In 1971, a severe flood killed 100,000 people in North Vietnam. This flood was one of the century's worst weather events. But few details are known about it, as the Vietnam War was raging at the time. We now know a few things about the flood. Heavy rainfall overwhelmed the Red River. As well as killing many people, the flood damaged valuable crops, causing further hardship. Without the crops, people had a hard time finding food, especially because there was a war going on. Even today, the area can flood easily.

Q: What is the passage mainly about?
(a) A 1970s Vietnamese flood
(b) The frequency of floods in Vietnam
(c) Rough rain conditions in Vietnam
(d) Consequences of the Vietnam War

19. Stuttering is a speech problem that is still something of a mystery to researchers, but many doctors and scientists believe that stuttering may have a genetic cause. People who stutter have a hard time getting the words out. They may repeat sounds until they say the word. Kids who stutter are three times more likely to have a close family member who also stutters. If you stutter, you may have a grandfather, parent, or brother or sister who stutters or once did.

Q: What is the main idea of the passage?
(a) Stuttering may be genetically related.
(b) Scientists are studying speech problems.
(c) Stuttering is a problem that can be fixed.
(d) Many problems among children are genetic.

20. Bread contains a protein called gluten, which is also in other food products made with wheat, rye, and barley. Most of us eat food with gluten. But for some people, eating gluten can make them sick. They might get stomachaches and diarrhea and suffer from weight loss. If so, they probably have what is called celiac disease. If someone with celiac disease eats gluten, the body starts damaging the villi, which normally help us absorb vitamins and nutrients from food. Without nutrients, their bodies cannot stay healthy.

Q: What is the passage mainly about?
(a) How to avoid celiac disease
(b) The side effects of eating too much bread
(c) How nutrients are needed for health
(d) The gluten allergy called celiac disease

21. Yellowstone National Park has many bison. When the weather turns cold, bison leave the park in search of more grass to eat. They usually go to Montana, but stray bison can make farm cattle in Montana sick. So, Montana officials try to chase stray bison back into Yellowstone National Park. If the bison refuse to go back, they are usually shot and killed. Thankfully, volunteers try to save the bison. They ski into snowy areas to find wandering bison, and then lead them back to the park.

Q: What is the best title for the news report?
(a) Bison From Yellowstone Struggle in the Winter
(b) Yellowstone Bison Unwelcome in Montana
(c) Stray Bison Are Dangerous to Cattle
(d) Farmers Attack Bison in Montana

22. Costa Rica is a country in Central America. Its name in Spanish means "Rich Coast." It borders Nicaragua to the north and Panama to the south. In 1502, Christopher Columbus was the first European to reach Costa Rica. Spain colonized Costa Rica 20 years later. In 1821, Costa Rica gained independence from Spain and became part of the Mexican Empire. Even though the Mexican Empire dissolved in 1823, it took 15 more years for Costa Rica to become a fully independent country. Today, Costa Rica is known for its natural surroundings and is a popular tourist destination.

Q: What is the passage mainly about?
(a) Promoting tourism in Costa Rica
(b) The influence of Spain on Costa Rica
(c) Costa Rica's rich, tropical environment
(d) The history of Costa Rica since colonization

23. Muscle is tissue in the body and is a source of power. Walking, running—even playing—can make your muscles stronger. Indeed, any movement can make you strong because you are using your muscles when you move. However, you also need to eat the right food for strong muscles. While foods high in protein can make you strong, that is not enough to maintain your overall health. You should keep your body strong and healthy by eating a variety of nutritious foods.

Q: Which of the following is correct according to the passage?
(a) Muscles cannot be strengthened while walking.
(b) Muscles are strengthened through movement.
(c) The body does not need much protein.
(d) The body requires more than nine essential vitamins for optimal health.

24. A.A. Milne was the author of the *Winnie-the-Pooh* stories. He based characters in the stories on things related to his son, Christopher Robin Milne. Winnie-the-Pooh gets his name from Christopher's teddy bear, which was named by Christopher after Winnie, a bear at London Zoo. The name "Pooh" comes from a swan the Milnes met while on vacation. Some of Christopher's other toy names were also used for other Winnie-the-Pooh characters. In 1961, Walt Disney started making Winnie-the-Pooh movies and made the bear character even more popular.

Q: Which of the following is correct according to the passage?
(a) A.A. Milne named Winnie-the-Pooh after a pet bear.
(b) Christopher Robin Milne invented Winnie-the-Pooh.
(c) Some *Winnie-the-Pooh* character names come from toy names.
(d) Walt Disney is responsible for coming up with Winnie-the-Pooh.

25. Farmers in California are planting crops with DRiwater. DRiwater is a package of jelled water which melts slowly. This allows it to water the plant for up to three months, saving time and labor. Farmers can then work on other tasks. Scientists hope that DRiwater will help grow trees in the desert. Two million trees have been planted near the Sahara Desert with two quarts of DRiwater per each tree. The tree must live on the water for months until its roots touch ground water.

Q: Why were packages of DRiwater planted with trees near the Sahara Desert?
(a) To allow farmers to see its effects
(b) To help scientists develop a better DRiwater product
(c) To assist in the growth of three million trees
(d) To provide them water until their roots grow longer

26. E-books are the new trend in reading. You can read an e-book on your computer or cell phone. E-Readers 'R Us provides e-books at great prices. Get your first 30 days of our E-Readers 'R Us membership plan free. This includes a credit for one e-book. Choose any book you want from our library. After your 30-day trial, your membership will renew each month. You just pay $10 per month for two credits. Cancel your membership before your free trial period is up and you will not be charged.

Q: Which of the following is correct about E-Readers 'R Us according to the ad?
(a) It sells its own e-reader devices.
(b) Its first 30-day membership costs $10.
(c) It provides two credits in the first month.
(d) Its cancelation policy includes no expense.

27. In 1941, Japan bombed Pearl Harbor, Hawaii. In retaliation for this unprovoked attack, American officials put many Japanese-Americans in internment camps. These camps had barbed wire around the outside of them. In addition, many Japanese-American young men were called into the US army. Some joined the MIS (Military Intelligence Service), a secret group that fought against Japan during World War II. This secret group translated maps and papers, questioned Japanese prisoners, and sometimes translated diaries written in Japanese.

Q: Which of the following is correct about Japanese-Americans according to the passage?
(a) They participated in Pearl Harbor's bombing.
(b) Japan imprisoned them during World War II.
(c) They worked with an American intelligence service.
(d) Japan used them as spies against America.

28. Falun Gong is the name of a spiritual movement which teaches truthfulness and compassion. It was started in China by Li Hongzhi. It claims 100 million followers around the world. The Chinese government calls Falun Gong a cult, and in 1999 it banned the movement. Members of Falun Gong are now prevented from practicing their faith. Many followers have been tortured and put in prison. But the foreign media's coverage of Falun Gong is a worry to the Chinese government.

Q: Which of the following is correct according to the passage?
(a) Falun Gong originated in India.
(b) China banned Falun Gong in 1995.
(c) Falun Gong members have been tortured.
(d) China's government respects Falun Gong members.

29.

I am writing to express my concern with the television show *Crime & Punishment*. In my opinion, this program encourages violence and crime. It should therefore not be shown too early in the evening when many children are still watching TV. Please move *Crime & Punishment* from its present time slot before 10 p.m. to a later time slot, any time after 10 p.m. Until I see you take any action, I will no longer watch programs on your channel. I will also tell friends and family members not to.

Janice Canter

Q: Which is correct about *Crime & Punishment* according to the letter?
(a) It shows the bad effects of crime.
(b) It was made primarily for children.
(c) It is shown before 10 o'clock at night.
(d) It was cancelled because of Janice Canter.

30. On July 20, 1969, American astronaut Neil Armstrong became the first person to ever walk on the moon. Millions of people watched it live on television. Edwin Buzz Aldrin joined him next. The astronauts collected soil samples and set up scientific experiments. Astronauts last visited the moon in December 1972. NASA plans to send astronauts back to the moon in 2020. Its goal is to build a base on the moon so astronauts can live there for months at a time.

Q: Which of the following is correct according to the passage?
(a) Americans have visited the moon twice.
(b) Buzz Aldrin last visited the moon in 1972.
(c) Neil Armstrong performed experiments on the moon.
(d) NASA has recently sent astronauts to the moon.

31. Native to the rainforests of Malaysia and Indonesia, fewer than 60,000 orangutans are left in the wild. These great apes are endangered. Their forests are destroyed by human development, and experts say the apes could be extinct within 20 years. However, scientists have discovered a new population of orangutans, as many as 2,000 of them, living on the island of Borneo. This new discovery gives hope to the orangutans' survival, according to experts.

Q: Which of the following is correct according to the passage?
(a) Orangutans in Indonesia number about 60,000.
(b) Orangutans are native to Malaysian forests.
(c) Orangutans could be extinct in 10 years.
(d) Orangutans no longer live on Borneo.

32. Although the nine-spotted ladybug was very common just two decades ago, today it is rare, as are other native species of ladybugs. That is why the Lost Ladybug Project program was launched. It asks children to search for missing ladybugs. The kids take photos and send them to a website (www.lostladybug.org). The project started in 2004 and the site has since received over 2,000 images. Ladybugs help farms and gardens by getting rid of aphids, a type of bug that feeds on crops. Scientists think climate change or some other factor is killing ladybugs. More research is needed for a definite cause.

Q: Why are some native species of ladybugs disappearing?
(a) They are being killed off by aphids.
(b) Plants they once ate are disappearing.
(c) Global warming is causing them to die.
(d) The answer is still unknown to scientists.

33. Silk is used to make dresses and scarves. In the future, it may be used to make bulletproof vests and strong parachute cords. Silk might also do good things for the human body. Scientists are trying to use silk to support growing cells, as it might be a good material to give growing cells something to hang on to. Researchers are studying everything they can about different kinds of silk. They are examining spiders, worms, and caterpillars. They are even trying to get silk from animals such as goats.

Q: What can be inferred from the passage?
(a) Silk can be created from the human body.
(b) Spiders, worms, and caterpillars produce silk.
(c) Silk is not as strong as cotton-made materials.
(d) Goats produce silk-like material in their milk.

34. Mount Redoubt is a volcano located in Alaska. It is 10,200 feet tall and last erupted in 2009—six times from March 22 to 23. Clouds of volcanic ash flew more than nine miles into the air. It was the first time in 20 years that the volcano had a series of eruptions. Airplane flights in and out of Alaska were canceled because of the eruptions. Some local businesses closed. Luckily, no one was badly hurt. That's because of an early-warning system and good wind conditions. The wind carried the ash away from Anchorage, the biggest city in Alaska.

Q: What can be inferred from the passage?
(a) Mount Redoubt is unlikely to erupt again.
(b) Taller volcanoes tend to have bigger eruptions.
(c) The volcanic ash made flight conditions difficult.
(d) The eruptions from Mount Redoubt were unexpected.

35. Cleopatra ruled Egypt more than 2,000 years ago. Much is known about her reign but little was known of where she was buried until now. Archaeologists believe they have finally discovered her tomb. For three years, teams have been digging at the Taposiris Magna temple, which is located near ancient Egypt's capital, Alexandria. They discovered tombs containing 10 mummies. Historians believe that Cleopatra and Mark Antony, a Roman leader, were buried together somewhere near the temple. Clues found near the temple indicate that their tomb lies nearby.

Q: Which is likely to follow in this passage?
(a) An account of Cleopatra's reign over Egypt
(b) Various examples of the clues found nearby
(c) A description of the location of Cleopatra's tomb
(d) Details of Cleopatra and Mark Antony's relationship

36. Millions of years ago, there were flying reptiles. They were called pterosaurs. Some had wingspans of more than 40 feet. Scientists believe they did not have feathers. While experts initially thought that pterosaurs jumped off the ground with their back legs, further studies showed that the back legs alone could not support the weight of these animals. A new study says they needed the power of all four limbs to take off and soar.

Q: What can be inferred about pterosaurs?
(a) Their wings were too heavy to flap.
(b) They had a great deal of body hair.
(c) They flew the way birds fly today.
(d) They were very heavy creatures.

37. In sport stacking, players arrange 12 plastic cups to build pyramids. Then they dismantle them by taking cups away in a particular order. They try to do it as fast as possible. It is a fun pastime but it can also help develop your brain. Research shows that stacking improves hand-eye coordination and reaction time. It trains the brain for sports and other activities. It can help with math and other skills where patterns are involved. In addition, because it requires both hands, it can also help people with other activities such as playing a musical instrument or using a computer.

Q: What can be inferred from the passage?
(a) Sport stacking involves sequences and patterns.
(b) Children are better at stacking items than adults.
(c) People who stack are also interested in computers.
(d) Stacking can help improve language development.

Part III Questions 38 — 40

Read the passage. Then identify the option that does NOT belong.

38. In the 1950s, the US nuclear submarine Nautilus did some things no other vessel had done. (a) It was the first submarine to travel under nuclear power. (b) It achieved the longest submerged cruise by a submarine. (c) It completed the first undersea voyage to the North Pole. (d) It was commanded by Commander William R. Anderson.

39. "Superfoods" contain chemicals that protect your body against certain diseases. (a) These foods include tomatoes, onions, garlic, and olive oil. (b) Organic fruits and vegetables have lower levels of pesticides and higher levels of phytochemicals. (c) Superfoods contain compounds called phytochemicals such as beta-carotene that occur naturally in plants. (d) These chemicals can reduce the risk of cancer, boost the immune system, and protect the heart.

40. All students wishing to enroll in History 312 should read the following. (a) If you are in this class, you must submit your essays with a standard cover page. (b) The enrolment form for this class is available outside Room 227 in Salomon Hall. (c) The completed form and a copy of your transcript must be returned by September 6. (d) The documents can be submitted to Professor Monroe's office or faxed to 873-6759.

This is the end of the Reading Comprehension section. Please remain seated until the proctor has instructed otherwise. You are NOT allowed to turn to any other section of the test.

Test of English Proficiency
developed by
Seoul National University

TEPS

Test of English Proficiency
developed by
Seoul National University

성명 영문 / 서명

성 명 (성·이름순으로 기재)

EX HONG GIL DONG

응시일자 : 20 년 월 일

〈부정행위 및 규정위반 처리규정〉

1. 모든 부정행위 및 규정위반 적발 및 이에 대한 조치는 TEPS관리위원 회의 처리규정에 따라 이루어집니다.

2. 부정행위 및 규정위반 행위는 현장 적발 뿐만 아니라 사후에도 적발될 수 있으며 모두 동일한 조치가 취해 집니다.

3. 부정행위 적발 시 당해 성적은 무효 화되며 사안에 따라 최대 5년까지 TEPS관리위원회에서 주관하는 모든 시험의 응시자격이 제한됩니다.

4. 문제지 이외에 메모를 하는 행위와 시험 문제의 일부 또는 전부를 유출 하거나 공개하는 경우 부정행위로 처리됩니다.

5. 각 파트별 시간을 준수하지 않거나, 시험 종료 후 답안 작성을 계속할 경우 규정위반으로 처리됩니다.

단체 구분
학생 / 일반

질 문 란

1. 귀하의 TEPS 응시목적은?
a 입사지원 b 인사자료
c 개인실력측정 d 입시
e 국가고시지원 f 기타

2. 귀하의 영어권 체류 경험은?
a 없다 b 6개월미만
c 6개월이상1년미만 d 1년이상2년미만
e 3년이상5년미만 f 5년이상

3. 귀하께서 응시하고 계신 고사장에 대한 만족도는?
a 0점 b 1점
c 2점 d 3점
e 4점 f 5점

4. 최근 2년내 TEPS 응시횟수는?
a 없다 b 1회
c 2회 d 3회
e 4회 f 5회 이상

직업 / 전공 / 학력 / 학교

직무공무원, 교사준비, 교사, 군인, 의료인, 자영업, 학생, 회사원, 공무원, 기타

인문, 사회과학·법학, 경제학·경영학, 자연과학, 위학·약학, 공학, 예체능·기술, 음악·미술·체육, 기타

졸업 / 재학

초등학교, 중학교, 고등학교, 전문대학, 대학교, 대학원

직책 / 종직

원장, 공장장, 과장, 대리, 계장, 사원, 인턴, 기타

임원, 외환, 금융, 무역, 무역품질관리, 영업, 전산, 생산관리, 직장인, 설비, 수리, 기타

TEPS

Test of English Proficiency
developed by
Seoul National University

응시일자 : 20 년 월 일

성 명 (성·이름순으로 기재)

EX HONG GIL DONG

단체 구분	
학생 ◯	일반 ◯

질 문 란

1. 귀하의 TEPS 응시목적은?
ⓐ 입사지원 ⓑ 인사정책 ⓒ 개인실력측정 ⓓ 입시 ⓔ 국가고시지원 ⓕ 기타

2. 귀하의 영어권 체류 경험은?
ⓐ 없다 ⓑ 6개월 미만 ⓒ 6개월~1년 미만 ⓓ 1년 이상 3년 미만 ⓔ 3년 이상 5년 미만 ⓕ 5년 이상

3. 귀하께서 응시하고 계신 교사정에 대한 만족도는?
ⓐ 0점 ⓑ 1점 ⓒ 2점 ⓓ 3점 ⓔ 4점 ⓕ 5점

4. 최근 1년내 TEPS 응시했는수?
ⓐ 없다 ⓑ 1회 ⓒ 2회 ⓓ 3회 ⓔ 4회 ⓕ 5회 이상

학력
재학 / 졸업·중퇴
초등학교, 중학교, 고등학교, 전문대학, 대학교, 대학원

전공
인문, 사회과학·법학, 경제·경영, 자연과학, 의학·약학·간호학, 교육, 음악·미술·체육, 기타

직업
공무원, 교사/교원, 교사, 군인, 의료인, 자영업, 학생, 회사원, 무직, 기타

직종 / 직책
무역, 외무, 자금, 공무, 의무, 품질관리, 진산, 행정, 생산, 시설, 기타
고위임직원(과·차·부장급), 전문직(전문직·법률·회계금융), 기능, 영업, 홍보, 인사, 경영, 기획, 구매

〈부정행위 및 규정위반 처리규정〉

1. 모든 부정행위 및 규정위반 적발 및 이에 대한 조치는 TEPS관리위원회의 처리규정에 따라 이루어집니다.

2. 부정행위 및 규정위반 행위는 현장 적발 뿐만 아니라 사후에도 적발될 수 있으며 모두 동일한 조치가 취해집니다.

3. 부정행위 적발 시 당해 성적은 무효 처리되며 사안에 따라 최대 5년까지 TEPS관리위원회에서 주관하는 모든 시험의 응시자격이 제한됩니다.

4. 문제지 이외에 메모를 하는 행위와 시험 문제의 일부 또는 전부를 유출하거나 공개하는 경우 부정행위로 처리됩니다.

5. 각 파트별 시간을 준수하지 않거나, 시험 종료 후 답안 작성을 계속할 경우 규정위반으로 처리됩니다.

TEPS

Test of English Proficiency
developed by
Seoul National University

답안지(Side1)

수험번호 Registration No.		문제지번호 Test Booklet No.	감독관확인란
성명 Name	한글		
	한자		

청해 Listening Comprehension

1~60

문법 Grammar

1~50

어휘 Vocabulary

1~50

독해 Reading Comprehension

1~40

주 민 등 록 번 호
National ID No.

수 험 번 호
Registration No.

비밀번호
Password

고사실란
Room No.

좌석번호
Seat No.

서 약

본인은 필기구 및 기재오류와 답안지 훼손으로 인한 책임을 지고, 부정행위 처리규정을 준수할 것을 서약합니다.

답안작성시 유 의 사 항

1. 답안 작성은 반드시 **컴퓨터용 싸인펜**을 사용해야 합니다.
2. 답안을 정정할 경우 **수정테이프(수정액 불가)**를 사용해야 합니다.
3. 본 답안지는 컴퓨터로 처리되므로 훼손해서는 안되며, 답안지 하단의 타이밍마크(▮▮▮)를 찢거나, 낙서 등으로 인한 제손시 풀이익이 발생할 수 있습니다.

4. 답안은 문항당 정답을 1개만 골라 ① 와 같이 정확히 기재해야 하며, 필기구 오류나 본인의 부주의로 잘못 표기한 경우에는 답 관리위원회의 OMR판독기의 판독결과에 따르며, 그 결과는 본인이 책임집니다.

Good ● Bad ⓘ ◐ ⓧ ⓥ

5. 감독관의 확인이 없는 답안지는 무효처리됩니다.

TEPS

Test of English Proficiency
developed by
Seoul National University

응시일자 : 20 년 월 일

〈부정행위 및 규정위반 처리규정〉

1. 모든 부정행위 및 규정위반 적발 및 이에 대한 조치는 TEPS관리위원회의 처리규정에 따라 이루어집니다.

2. 부정행위 및 규정위반 행위는 현장 적발 뿐만 아니라 사후에도 적발될 수 있으며 모두 동일한 조치가 취해집니다.

3. 부정행위 적발 시 당해 성적은 무효 처리되며 사안에 따라 최대 5년까지 TEPS관리위원회에서 주관하는 모든 시험의 응시자격이 제한됩니다.

4. 문제지 이외에 메모를 하는 행위와 시험 문제의 일부 또는 전부를 유출하거나 공개하는 경우 부정행위로 처리됩니다.

5. 각 파트별 시간을 준수하지 않거나, 시험 종료 후 답안 작성을 계속할 경우 규정위반으로 처리됩니다.

성 명		
영문		
서명		

학력				전공	직업
	졸업				공무원
	재학 중퇴		인문	고시준비
초등학교			사회과학·법학	교사
중학교			경제학·경영학	군인
고등학교			자연과학	의료인
전문대학			의학·약학·간호학	자영업
대학교			공학	학생
대학원			교육	회사원
			음악·미술·체육	직무
			기타	기타
				타

직책			업종
임원		무역	
부장		언론	
차장		자금	
과장		공무	
대리		의료	
계장		품질관리	
사원		진행	
인턴		생산관리	
기타		서비스	
타		기타	
		판매	

고 가 임 의 적 원 | 전문직(과학공학) | 전문직(교육) | 전문직(예술/체육/금융) | 기 영 | 상 용 | 소 용 | 인 | 경 기 | 기 구

단체구분

학생 ○	일반 ○

질문란

1. 귀하의 TEPS 응시목적은?
ⓐ 인사자원 ⓑ 인사정책
ⓒ 개인실력측정 ⓓ 입시
ⓔ 국가고시지원 ⓕ 기타

2. 귀하의 영어권 체류 경험은?
ⓐ 없다 ⓑ 6개월미만
ⓒ 6개월이상1년미만 ⓓ 1년이상2년미만
ⓔ 2년이상3년미만 ⓕ 3년이상

3. 귀하께서 응시하고 계신 고사장에 대한 만족도는?
ⓐ 0점 ⓑ 1점
ⓒ 2점 ⓓ 3점
ⓔ 4점 ⓕ 5점

4. 최근 1년에 TEPS 응시횟수는?
ⓐ 없다 ⓑ 1회
ⓒ 2회 ⓓ 3회
ⓔ 4회 ⓕ 5회 이상

성 명 (성·이름순으로 기재)

EX HONG GIL DONG

A B C D E F G H I J K L M N O P Q R S T U V W X Y Z

(Each row A–Z with bubbles Ⓐ Ⓑ Ⓒ Ⓓ Ⓔ Ⓕ Ⓖ Ⓗ Ⓘ Ⓙ Ⓚ Ⓛ Ⓜ Ⓝ Ⓞ Ⓟ Ⓠ Ⓡ Ⓢ Ⓣ Ⓤ Ⓥ Ⓦ Ⓧ Ⓨ Ⓩ)

Memo

How to TEPS 실전력 600
목표! TEPS 600점!

TEPS 600점 획득을 위해 반드시 알아야 할 문제로만 구성
시험 직전 핵심 정리를 위한 출제 유형 매뉴얼 증정
취업, 승진, 진학, 고시 등 영어시험 기준 점수 획득을 위한 실전 모의고사